中国传媒大学新闻系传播系组编

New media 新传媒时代
新闻传播学系列教材

新闻学核心课程 JOURNALISM 12

新媒体编辑

Editing for New Media

詹新惠◎著

中国人民大学出版社
·北京·

总 序

媒介融合时代新闻传播教育的“变”与“不变”

媒介融合时代，传统媒体纷纷出现了与新媒体融合发展的趋势，新闻传媒的变革日新月异，而社交媒体、公民新闻的出现使传统的新闻传播格局面临重新“洗牌”的巨大压力。业界的这些变化自然也会传导到新闻传播教育上来，迫使新闻传播教育面临一系列转型。在这样一个充满激荡变革的时代从事新闻传播教育工作，首先需要厘清哪些素质和能力是新闻传播工作者永恒不变的坚守，哪些能力又是需要与时俱进、不断变革更新的核心。只有把握住了“变”与“不变”的关系，才能在新闻传播人才培养上做到心中有数、方向明确。下面，我们不妨对这一问题做些具体分析。

传统的新闻信息生产和传播是这样进行的：现实生活中，人们每天需要了解外部世界的最新变化，由于每个人的生活范围很有限，于是诞生了一批媒体机构和新闻记者，他们每天到处采集各种最新发生的真实信息，然后通过报刊、广播和电视将这些信息传递给大众。人们接收到信息之后，虽不是亲眼所见，但会将其视为现实中真实存在的事情，从而对外部世界形成各式各样的印象和看法。

媒介融合时代的新闻信息生产和传播则是这样运作的：人们每天需要了解外部世界的最新变化，不仅职业的新闻记者在从事新闻信息的生产和传播工作，普通民众也加入到新闻信息的采集、制作和传播活动中来。他们将采集到的信息制作成文字、图片、音频、视频，或通过互联网向公众发布，或通过自媒体和社交媒体传递给自己熟悉或不熟悉的个人。他人接收到这些信息后，会将其视为现实中真实发生的事情，并由此对生存环境形成各式各样的印象和看法。

不难看出，在媒介融合时代，新闻信息的生产和传播领域发生了两个重大变化：一是出现了一大批自媒体和公民记者，形成了职业记者与普通民众同时进行新闻信息生产和传播的新格局；二是原先报纸、广播、电视“井水不犯河水”的格局被打破，出现了不同媒体与网络新媒体融合发展的趋势。在这种背景下，职业记者怎样才能体现自己的存在价值就显得十分重要，这也直接决定着新闻传播教育和新闻传播人才培养的走向。

近年来，我们走访了国外许多知名新闻院校，也经常就这一话题进行探讨，对媒介融合时代新闻传播教育“变”与“不变”的关系逐渐形成了清晰认识，那就是媒介形态可以千变万化，新闻教育的核心不会改变。

那么，在媒介融合时代，新闻传播工作者不变的素质和能力有哪些呢？归纳起来，大致有以下几点：

一是新闻传播工作的职业精神不会改变。新闻工作是一种能够点燃人们理想抱负的职业，是站在桅杆上眺望远方的守望。任何时代，只要从事新闻传播工作，就都需要高度的职业理想和工作热情，这样才能把每次报道任务完成好，才能在信息泛滥和众声喧哗的时代始终坚持把核实新闻信息放在第一位，才能在充满压力和诱惑的时代始终坚持传播新闻事实的真相，才能以高度的社会责任感去捍卫公众利益，才能以人文情怀去关注黎民百姓的疾苦和心声。研究中外名记者的经历，我们发现，他们的成功都离不开对新闻工作的激情，离不开高度的社会责任感和敬业精神。反过来，如果一个人仅仅将新闻工作视为谋生的饭碗，那么，最终他只能庸庸碌碌，在新闻岗位上走不了太远。在多年的教育工作中，我们体会到，新闻传播职业精神的培养不能只靠课堂的说教，一个行之有效的路径是搭建平台，鼓励同学们走出校门，到基层去，到火热的生活中去。只有深入实地，让学生对社会有了深切感知，才有可能培养起社会责任感来。这些年来，我们一直在进行这方面的尝试和努力。从 2006 年开始，中国传媒大学新闻系和传播系在学生中开展了“子牛杯”大学生社会调查征文比赛活动，迄今已坚持了 7 年，有上千名学生参加到活动中来，涌现出了一大批饱含社会责任感和职业精神的调查报告。通过开展这项活动，我们明显感受到了同学们的成长与进步。

二是新闻采写的基本能力不会改变。媒介融合时代，信息的获取日益方便快捷，而如何核实信息的真伪，保证所获得的新闻信息是准确无误的，则需要记者具有扎实的采访作风。这也是新闻媒体赢得公信力的必由之路。与此同时，在媒体竞争日趋激烈的今天，获得独家新闻、首发新闻已成为提升媒体竞争力和影响力的重要指标，这同样需要记者有深入现场的采访作风以及敏锐的新闻发现能力。而在新闻表达阶段，新闻写作能力是学生必须练好的基本功。总体上看，学生良好的新闻表达能力建立在对新闻事实的深入了解和对受众心理的准确把握基础上。具体来说，新闻表达能力有两个层次的要求。第一个层次是能把新闻事件讲明白。这需要学生在全面掌握新闻事件的各种信息之后，具备清晰的逻辑思维能力和良好的语言表达能力，不能出现事实不清、逻辑混乱、词不达意等现象。第二个层次是能把新闻事件讲得有吸引力。这需要学生在把新闻事件讲清楚的基础上，还善于把握受众的接受习惯和接受心理，懂得叙事技巧，通过设置悬念等诸多手法来吸引受众的注意力。这是对新闻表达的更高要求，学生如果在这方面也能过关的话，他的新闻写作能力就完全达标了。

三是多学科的知识结构要求不会改变。新闻报道的对象是大千世界，新闻的内容来自社会的不同领域，新闻只是一种形式，传媒也只是一种工具，都不是内容本身。在社会分工日益细分化和专业化的今天，只懂得新闻和传媒技巧是不够的，还需要掌握其他学科知识。目前，国内外新闻和传播院系解决这一问题的途径主要有两种。第一，尽量多提供跨专业课程，同时规定选修课中其他学科课程的最低比例。例如，美国密苏里大学新闻学院就规定学生选修的非新闻专业课程学分要占新闻专业总学分的一半以上。第二，联合培养第二学位学生，学生可以先学习哲学、历史、法律、社会学、经济学、管理学或自然科学等专业，然后再来学习新闻专业。例如，美国纽约大学就规定新闻专业的学生要完成 128 个学分，其中，必须用 64 个学分来拿一个非新闻专业的学位。中国传媒大学新闻系从 20 世纪 80 年代就开始招收新闻学第二学位学生，近年来，又面向校内招收辅修新闻学第二学位的学生，一直在进行这方面的努力。

在分析了媒介融合时代新闻传播人才不变的素质和能力之后，我们还要知道什么能力是当前新闻传播教育必须高度重视培养的新能力。

从总体来看，媒介融合时代，新闻传播教育自然需要培养学生适应媒介融合发展的能力。具体来说，由于制作方式数字化、传播渠道网络化、接收终端多样化，当前的新闻传播教育主要应该培养学生的多媒体报道能力。也就是使学生从具有报纸、广播、电视单一媒体的报道能力向具有多媒体融合报道能力转变，培养一批能够熟练采集和发布多媒体新闻的“全能记者”和“全能编辑”。

对“全能记者”和“全能编辑”来说，能够熟练使用多媒体新闻采制设备，洞悉文字、图片、声音、图像的文本特性和传播优势就显得十分重要。为了帮助大家理解这一问题，我们从新闻传播角度出发，可以将人们对新闻信息的需求归纳为三个基本维度：一是快捷需求，即人们想在第一时间简明扼要地了解新闻事件主要信息的需求；二是直观需求，即人们想亲眼目睹、直观感知新闻事件现场及氛围的需求；三是探究需求，即人们想深入了解新闻事件的来龙去脉、意义背景等内在信息的需求。而不同的媒介和文本符号在满足上述需求上各有自己的优势。培养“全能记者”，就要培养学生在面对重大新闻事件时，能用照相机拍摄出最具典型意义的瞬间图片，能用摄像机记录下最有现场感的发生过程，能用录音设备记录下新闻事件现场最典型的声音，能用电脑在第一时间写出新闻消息，将新闻事件的主要信息告知受众，还能写出深度报道，把新闻事件的原因、背景、经过、细节、意义、展望等深层信息揭示出来。总之，媒介融合时代，新闻传播教育需要打破过去报纸、广播、电视之间的壁垒，培养学生用文字、图片、音频、视频来全方位、立体化地展示新闻事件的能力，也就是培养学生多媒体采访、写作和编辑的呈现能力。

中国传媒大学新闻系、传播系作为国内较早开办新闻学专业和传播学专业的院系之一，多年来，积累了一些办学经验，也形成了一定的办学特色，在培养新型新闻传播人才上也一直在进行积极探索。摆在大家面前的这套“新传媒时代新闻传播学系列教材”（内含“新闻学核心课程”、“新闻学特色课程”和“传播学核心课程”）就是对近年来新闻学专业和传播学专业教学工作的总结。总的来说，编写这套系列教材，主要有这样几个出发点：

一是立足学科，整体打造。新闻传播学科发展到今天，已经形成了比较稳定的知识体系。这套系列教材立足新闻传播学科进行整体打造，既注重介绍新闻学和传播学基本的理论知识和专业技能，又注重学科历史、理论、方法和应用的体系性。在教材编写过程中，注意到前后衔接，按照由浅至深、循序渐进的规律进行整体推进。

二是立足时代，与时俱进。新媒体的出现推动了媒介融合的发展，这是传媒业的大势所趋。这套系列教材立足这一时代背景，不仅增加了媒介融合、新媒体编辑、多媒体报道等与媒介发展密切相关的教材品种，而且许多传统教材在编写过程中注意到了与新媒体的结合，体现出了与时俱进的时代要求。

三是立足教学，保留个性。教材编写需要对实践中一些最新动向进行沉淀，以便形成相对稳定的知识体系。从这一点上说，“与时俱进”并不是说这套教材可以与传媒实践发展实现“无缝对接”，而是需要与媒体实践保持适度距离，以便进行观察、总结和提升。另外，教材编写必须立足教学需要，采用相对成熟、稳定的知识体系作为教材内容，这样才能实现知识传承。但是编写教材并不排斥作者的个性和创造性，因为同样的知识内容可以采用不同的体例和案例来编写，编写的侧重点也会有所不同，这些都体现出作者的个性化思考。

四是立足市场，突出特色。目前，传播学专业的教材在市场上比较零散，我们这次将集中力量推出传播史、传播学史、传播学研究方法、媒介分析、传播心理学等教材，形成“传播学核心课程”系列教材。新闻学专业的有些教材在教学工作中很需要，但市场上很少见到。我们这次就推出了“新闻学特色课程”系列教材，包括新闻报道原理、社会调查方法、精确新闻报道、新闻传播学专业英语、新闻传播学学术论文写作指导等品种，在满足教学需要的同时，也为系列教材增添特色。

为了让大家对系列教材的总体框架一目了然，附上系列教材的结构示意图。

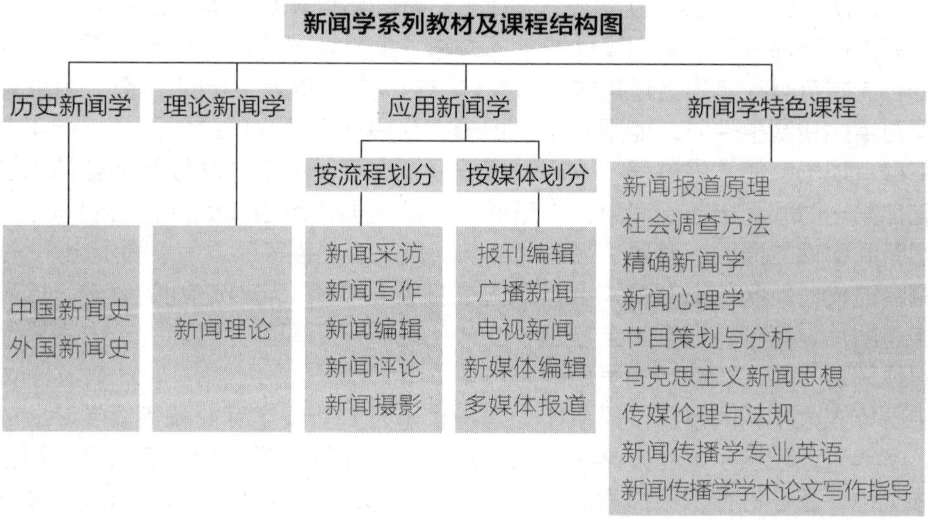

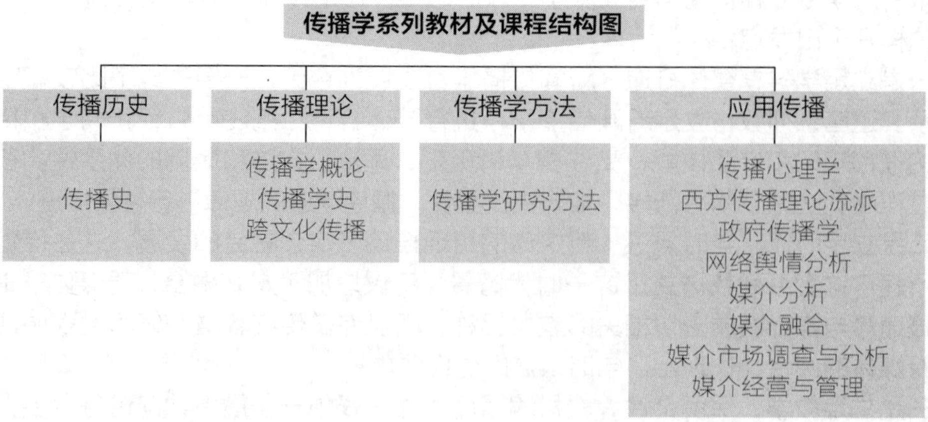

需要说明的是，从学科范畴上看，传播学的学科外延比新闻学要宽泛一些。目前，全国开办传播学本科专业的院校有 80 多所，各自的办学方向也不尽相同。但从知识结构来看，该学科的知识体系大体应该包括传播史、传播理论、传播研究方法和应用传播。在本科阶段，应用传播领域可以开设的课程及方向很多，诸如公共传播、组织传播、政府传播、体育传播、健康传播、科技传播、农业传播等，不一而足。我们所提供的教材也仅供大家参考。

由于作者水平和能力有限，加之时间仓促，许多教材还存在不足之处，我们热忱欢迎广大读者提出批评和改进意见，以便在今后修订再版时改进提高。

“新传媒时代新闻传播学系列教材”编委会

2013 年 6 月

前　言

当新闻的传播渠道从PC端互联网扩展到移动互联网，传播介质从台式机、笔记本电脑延伸到电子阅读器、智能手机时，新媒体，无论是认定它的内涵和外延，还是划定它的边界和范畴，都已经成为新闻传播研究的重要对象。

关于新媒体的定义林林总总有十多种，而被划归为新媒体的介质也从新兴媒体的“网络媒体”、“手机媒体”、“互动电视”，到新型媒体的“车载移动电视”、“楼宇电视”、“户外高清视频”等不一而足。内涵与外延的混乱不清，边界与范畴的模糊不明，既反映出新媒体发展之快、变化之多，也说明关于新媒体的研究目前尚不成熟、不系统。在当前人们对新媒体没有一个清晰的、一致认可的定义的状况下，我们没有纠缠于概念、特征、类型等学理认知，而是从更为现实和务实的角度出发，抓住“数字技术、互联网技术、移动通信技术”的技术维度和“双向传播、用户创造内容”的传播维度两个指标，把新媒体限定为“网络媒体”和“移动媒体”两大类型，由此确定新媒体编辑的对象与框架。

新媒体编辑的前身是网络新闻编辑。自20世纪末互联网出现以来，网络新闻采、写、编、评等业务随着网站的诞生、网络媒体的发展应运而生，并成为网络传播研究的一大类别。随着移动互联网时代的到来，互联网的新闻编辑自然需要加入移动媒体的编辑，但这不是简单的外延拓展，而是要对两类媒体的编辑业务重新审视，概括、总结它们的传播规律和编辑原理，用全新的新媒体编辑思想和理念来指导实践。

虽然新媒体编辑是一门新兴的业务课程，但传统的网络新闻编辑研究依然沿袭着报刊编辑的规程，并未凸显出互联网的传播特点。本书首先在内容架构上打破条框，以互联网的快速、海量、多媒体、互动特性为基点，结合传统新闻编辑的通识性知识，将网络新闻编辑的实务分为稿件判断与选择、基础编辑、整合编辑、动态新闻编辑、多媒体新闻编辑以及互动编辑，前两者为所有新闻编辑的基本业务，后四者则为网络新闻独有的且体现出互联网传播特点的编辑业务。其次是对移动媒体的新闻编辑做出梳理，在强调移动传播的特点、规律和手机、平板电脑两类移动终端特殊性的基础上，以移动媒体的不同形态——手机报、手机视频、手机新闻客户端、平板电脑客户端——来阐述编辑原理和方式、方法。在网络媒体新闻编辑和移动媒体新闻编辑上采用两套不同的划分方式，并非逻辑混乱，而是从实际出发的更符合现实要求的一种考虑。

无论是“古老”的网络新闻编辑，还是新兴的手机、平板电脑新闻编辑，都需要面对一个不容回避的问题：如何更好地服务于用户，提升用户浏览新闻的阅读体验。因为新媒体编辑是“所有人面对所有人传播”的编辑，用户不再是被动的信息接收者，而已成为新媒体新闻传播的一个环节，用户的感受、参与和点评直接影响到传播内容、传播路径和传播效果。因此，我们倡导用户至上的新型新媒体编辑理念，即对粗放整合的海量内容深耕细作，改变“二次传播”，加强策划原创，追求可视化多媒体报道，用互动引导来重建新媒体舆论环境。将这些思想、理念融会贯穿到新媒体编辑实操中，就成为本书中所展现的各种有针对性的编辑方式与方法。

作为一本业务教材，案例解析是必不可少的一种选择。客观地说，一本好的业务教材，选择、设计案例之艰难远远超过论述本身。案例的经典性、代表性和长久性不仅考量着著作者的敏锐眼光和业务能力，更是对其视野、学识和理论功底的全面测评。笔者七年的互联网从业经验、七年的高等学府专业课教学经历，为如何挑选案例、如何解析以符合学生要求奠定了基础。比如，在为“平板电脑的新闻编辑”一章中的新闻客户端选择案例时，笔者共下载了 100 多个各类媒体和网站的新闻客户端，通过进行横向对比研究后才确定最终的结果。而在设计案例时，文中的案例例证、单独的案例解析、截图式的案例说明、超链接的案例导读等各种方案一一呈现，其目的在于方便学生接受，也为教师教学提供了原始素材。

著述新媒体教材，无论怎样“焚膏油以继晷，恒兀兀以穷年”，都赶不上新媒体的发展速度，跟不上其变化多端，非皓首穷经之所能。因此，本书完成之际，即是新的研究开始之时。从新媒体及新闻传播发展的趋势看，未来的新媒体编辑将不再是条块分割的网络媒体、移动媒体，而需要更深入地了解用户需求，考虑用户体验，从用户出发总结传播规律，设计编辑流程，研究编辑手法。如是，则新媒体编辑不仅能成为新媒体学科体系中一门独立的、基础而必修的课程，且将会改变传统新闻编辑的思路、理念和方法，创造出一种以用户价值为依归的、全新的新闻编辑学。

目　录

代绪论　中国新媒体 2002—2012 发展回望

2002 年，当我们用电脑在线收看唯一一次在亚洲举办的韩日世界杯时，寥寥的几段视频，缓慢的下载速度，让我们不得不端坐在电视机前定时、定点收看。

2012 年，当我们用 iPhone、iPad 收看远在英伦三岛的奥运会时，我们不需要考虑收看的时间和地点，不需要考虑是否错过直播，不需要考虑下载的速度。因为在任何时间、任何地点，以任何方式都可以接收到奥运一线的快讯、图片、视频和互动。

2002 年，《国民经济和社会发展第十个五年计划信息化重点专项规划》颁布，确定中国信息化发展的重点包括推行电子政务、振兴软件产业、加强信息资源开发利用、加快发展电子商务等。

2012 年上半年，政府机构微博达到 25 866 家，其中，省部级以上政府机构微博 58 个，厅局级以上政府机构微博 1 154 个。[①] 电子商务的市场交易规模在 2012 年第一季度达到 1.76 万亿元。[②] 网络广告市场规模达到 511.9 亿元，首次超越报纸广告 453.6 亿元的规模。

从 2002 年到 2012 年，新媒体历经 10 年征程完成了从边缘到主流的蜕变，从输血到造血的重塑，不仅在互联网世界构建起成熟、完善的传播格局，而且成为新闻传播的重要渠道。网络问政的主要平台，更因强大的新媒体舆论监督彰显出独特的力量。

一、 形成成熟、 完善的新媒体传播格局

2012 年 7 月，中国互联网络信息中心发布的第 30 次《中国互联网络发展状况统计报告》数据显示，中国网民数量已经达到 5.38 亿，其中 73%的网民会选择在线浏览新闻，手机网民 3.88 亿，其中 58.3%的网民会选择通过手机浏览新闻。[③] 统计自 2002 年以来的报告可以看到，通过网站、手机等浏览新闻一直位列新媒体应用的前五位，2008 年网络新闻的在线浏览甚至上升到了第二位。

---

① 参见《2012 新浪政务微博半年报告：务实应用新阶段》，http：//news.ccidnet.com/art/11097/20120713/4049069 _ 1.html。

② 参见艾瑞咨询：《2012Q1 中国电子商务市场交易规模达 1.76 万亿》，http：//ec.iresearch.cn/57/20120426/170805.shtml。

③ 参见中国互联网络信息中心：《第 30 次中国互联网络发展状况统计报告》，http：//www.cnnic.net.cn/hlwfzyj/hlwxzbg/hlwtjbg/201207/t20120723 _ 32497.htm。

不断上升的网民数以及大多数网民对网络新闻、手机新闻长期、持续的需求是新媒体快速、健康成长的外部环境。自 2001 年 8 月 20 日《关于深化新闻出版广播影视业改革的若干意见》[中办发（2001）17 号文件，即“17 号文件”] 出台以来，围绕着新闻网站的建设，中央不断加大力度，调整布局，制定规划，最终形成目前的三级新闻网站格局——以中央级媒体为主办单位的国家级重点新闻网站，省级宣传部门主管或省级新闻媒体单位主办的省级重点新闻网站，以及新闻媒体创建的媒体类新闻网站。

在战略定位上，三级网站根据各自的媒体属性、发展规划和经营布局，形成了差异化的发展方向——综合性新闻网站如人民网、新华网，地方新闻门户如东方网、千龙网、南方网，网络新闻、资讯原创策源地如环球网、新京报网。

目前，中央级重点新闻网站共有 13 家，获得国务院新闻办公室批准、具有新闻登载权的网站 280 多家，传统媒体大多数完成了媒体内容的数字化转换，拥有了相应的网络版、电子版或手机新闻发布平台。在中央，重大新闻报道活动现场都有国家级重点新闻网站的身影；在地方，地方重点网站进入宣传报道梯队，基本形成了一报两台一网的格局。而传统媒体的网站则成为其报网融合、台网联动、数字化转型的重要阵地。

在新闻网站之外，还活跃着一支新媒体新闻报道队伍，即商业门户网站的新闻频道。虽然拥有新闻登载及转载资质的商业网站并不多，但它们凭借在互联网领域开展综合性业务所带来的用户群与流量，带动了网络新闻的浏览量和传播效果，成为新闻网站主要的竞争对手。相比较而言，新闻网站由于业务相对单一，报道内容集中且同质化，在传播力与影响力上稍逊于商业网站的新闻频道。但是，新闻网站的时政新闻、社会新闻和重大热点报道等却是商业网站的主要新闻来源。两支网络报道队伍优势互补，相互配合，形成了互联网上网络新闻报道与传播的繁荣局面。

2011 年 10 月 18 日，中共十七届六中全会审议通过了《中共中央关于深化文化体制改革 推动社会主义文化大发展大繁荣若干重大问题的决定》。该决定对各类网站在网络文化建设中的作用有了明确的阐述和界定：“支持重点新闻网站加快发展，打造一批在国内外有较强影响力的综合性网站和特色网站，发挥主要商业网站建设性作用，培育一批网络内容生产和服务骨干企业。”① 时任国新办主任王晨在《发展健康向上的网络文化》一文中更进一步阐述了各类网站的责任和任务：“网站是重要的思想文化阵地，发展健康向上的网络文化，必须把加强阵地建设作为一项战略任务来抓，努力形成以重点新闻网站为骨干、知名商业网站相配合、各类网站积极参与、共同推进网络文化建设的生动局面。”②

此外，手机媒体、社会化媒体也正在形成各自的报道队伍。手机媒体中有以三大运营商主导的手机早晚报和各传统媒体开设的手机报，有获得 3G 手机视听资质的中央电视台、上海文广集团、《人民日报》、新华社、中国国际广播电台、央广视讯、视

---

① 中国政府网：《中央关于深化文化体制改革若干重大问题的决定》，http：//www.gov.cn/jrzg/2011－10/25/content_1978202.htm。

② 王晨：《发展健康向上的网络文化》，http：//news.xinhuanet.com/politics/2011-11/03/c_122232097.htm。

讯中国、华夏视联等开办的手机电视，有新浪、搜狐、腾讯等商业门户网站及各垂直网站开办的手机 WAP 网；社会化媒体中有天涯网、猫扑网、19 楼、百度等创建的论坛、贴吧，人民网、新华网、央视网等新闻网站和新浪、腾讯、搜狐等商业网站创建的博客、微博平台，有开心网、人人网、豆瓣网等创建的 SNS 社会化网络社区。手机移动媒体、社会化媒体与网络媒体共同构建了新媒体时代的新闻传播格局。

二、 新媒体新闻报道从边缘到主流

2008 年，微软首席执行官史蒂夫·鲍尔默（Steve Ballmer）接受美国《华盛顿邮报》采访时说："今后 10 年内，所有媒体消费都将通过互联网渠道进行。届时传统意义上的印刷版报纸、杂志将不复存在，所有东西都将以电子版的形式发行。"①

虽然现在还不能断言新媒体将完全取代传统的报纸、杂志，但在新闻报道上，新媒体快速、海量、互动、多媒体、随时随地的传播优势已经成为用户浏览新闻的第一选择，也成为信息言论的集散地和社会舆论的放大器，新媒体从边缘到成为主流角色已不再被质疑。这一点，无论是在重大主题新闻、突发新闻事件的报道上，还是日常、普通的新闻报道中都得到了印证。

2003 年只有网站类网络媒体报道了"神舟五号"载人飞船的发射和回收消息，当时主要采用文字、图片和快讯的方式，主要新闻网站用中文、英文、法文、西班牙文、俄文和阿拉伯文等语种不断滚动播报。2012 年"神九"发射并与"天宫"对接，新媒体的报道队伍扩大到手机媒体和社会化媒体，不仅实现了现场直播、滚动播报，而且用 Flash 三维动漫演示七大系统的工作流程、发射对接过程，同时邀请嘉宾与网民对话，边看边详解对接技术和要点。部分网络媒体还派出记者到发射前方采访有关人士发回原创报道。手机媒体则在第一时间发布快讯、手机报，用户可以通过手机随时随地收看手机电视的发射直播。社会化媒体为网民提供了开放的实时讨论、交流平台，用户可以边看边聊，随意转发、分享即时新闻。

2008 年汶川地震报道是新媒体报道突发事件的经典案例。新华网于 2008 年 5 月 12 日 14 点 46 分发出地震的第一条快讯："12 日 14 时 35 分左右，北京地区明显感觉到有地震发生。"随后，新闻网站、门户网站、视频网站、手机媒体以及各类 Web2.0 社会化网络社区，都在最短的时间内调动各种手段和资源投身抗震救灾的报道。整个报道行动之迅速、手段之丰富、规模之宏大、创新之多样、配合之紧密，均达到前所未有的水平。新媒体不仅着力于新闻报道，更是利用互联网独特的功能，开设网上捐款、网上义捐拍卖、寻亲、网民哀悼、网络公祭、关爱孤儿等诸多平台，让广大网民便捷地表达哀思和奉献爱心。最令人难忘的是在全国哀悼日（5 月 19 日至 21 日）三天中，中国网络媒体的页面颜色全部改换成黑灰色，游戏及各类娱乐频道停止了服务。网络媒体的主流担当和社会责任意识被网民广泛称道。

---

① 《鲍尔默：10 年内互联网将垄断媒体》，http：//net. chinabyte. com/467/8162467. shtml。

10 年中，先后有“党的十七大”、“北京奥运会”、“建国 60 周年”、“上海世博会”、“建党 90 周年”等重大新闻，相继发生过“SARS 病毒肆掠”、“2008 南方冰雪冻灾”、“四川汶川地震”、“甘肃舟曲泥石流”、“青海玉树地震”、“7・23 甬温动车追尾事故”等突发事件。每一次报道就是新媒体经历的一次洗礼，也是新媒体走向成熟、走向主流的一个台阶。新媒体的正能量在一次次重大、突发事件的报道中展现得淋漓尽致。

10 年中，新媒体创造了多个新闻报道的第一：新华网第一个向全世界发出美国空袭伊拉克中英文快讯；人民网“强国论坛”首次在国外设坛邀请俄罗斯第一副总理梅德韦杰夫网上视频与网民互动；多家新闻网站第一次打破常规第一时间报道四川汶川地震消息；搜狐网成为第一个奥运会互联网内容服务赞助商；多家网站联合首次开设“网上大讲堂”活动，邀请各方面专家，以网上视频授课、文字实录以及与网民互动交流的方式，向网民在线传播内容丰富的文化知识。

新媒体的主流价值不仅在广大网民中获得认可，也在官方层面得到首肯。中国记者协会于 2006 年首次在中国新闻奖中设立了网络评论、网络专题、网络新闻专栏三个奖项；2008 年又增加了新闻访谈和新闻网页设计这两个形态较为成熟、有清晰界定和评价标准的评选项目，同时还把新闻网站首发的新闻摄影作品和新闻漫画作品纳入评选范围，从而使网络新闻作品可以参评的项目增加到了七个。奖项的设立说明新媒体成为我国重要传媒形态的地位进一步得到确立。

三、 新媒体舆论监督彰显力量

众所周知，2003 年的“孙志刚事件”是新媒体舆论监督的起点，但在 21 世纪初的几年里，互联网刚刚经历过网络泡沫，网民群体尚未形成规模，来自网络媒体的舆论监督可谓凤毛麟角。因此，当“孙志刚事件”、“刘涌案”曝光于虚拟的网络论坛，被网民热烈议论、争鸣，并最终影响到现实社会时，人们第一次认识到互联网的力量，惊叹网络媒体的舆论监督效果。

随着 Web2.0 时代的到来，互联网技术为网民参与话题讨论、发表意见观点、点评新闻事件提供了极大的方便，无论是博客、SNS 还是微博，都以用户贡献内容、高度互动参与为基本特质，因而网民实时在线转发、分享、评论成为可能，实时直播报道也有了发布的空间和舞台。

以 2006 年“虐猫事件”、“铜须门事件”为发端，新媒体的舆论监督一年胜过一年，监督方向也很快从网络世界指向现实社会，聚焦于社会热点、问题、矛盾和冲突，特别是种种贪污腐败、社会不公现象，新媒体成为直接干预现实社会的重要力量。仅 2009 年一年就发生了“央视新址火灾事件”、“工信部要求预装‘绿坝’过滤软件事件”、“杭州飙车撞人事件”、“成都公交车燃烧事件”、“云南晋宁看守所死亡事件”、“河南灵宝追捕王帅事件”、“湖北石首群体事件”、“湖北巴东邓玉娇事件”、“吉林通钢群殴总经理致死事件”、“上海倒楼事件”、“上海‘钓鱼’执法事件”……同时还伴生出当年的网络流行语：“70 码”、“楼脆脆”、“躲猫猫”、“临时性强奸”等。

当重大事件发生时，网民已不再是单纯的“围观者”，而是成为积极的“报道者”。2009 年 2 月 9 日晚，中央电视台新址发生严重火灾，大火从楼顶烧到楼底，扑救达六小时之久。从火灾发生的那一刻起，网民就利用手机、网站留言、论坛发帖等手段报道火灾过程，随后围绕火灾原因、损失、责任等在互联网上展开评论、问责。汶川地震发生后，一些公民甚至立即前往当地，利用自己的博客或其他网络传播途径发出报道，有的主动发起汶川地震学生死亡人数的调查，有的主动进行专题采访或长途采访。在中国的新闻传播格局中，网络“公民记者”、“公民记录者”的活跃正使公民新闻开始形成气候。

著名互联网研究学者丹·吉尔摩（Dan Gillmor）指出：“近几年来，越来越多的普通公民成为新闻记者和社会评论员。他们以令人惊叹的速度建立起加入社会和政治讨论的平台。”① 新媒体一方面充分展现了网民意愿、情绪和社会诉求，为网民的高度参与、深度监督搭建平台，进而彰显出新媒体舆论的监督力量；另一方面也在极力引导网络舆论，建立网络舆情预警、监测系统，及时发现网络舆论动向，适时运用网络舆论调控手段和方法，为互联网营造一个健康、良性的发展环境。

谈到新媒体的舆论监督，特别需要提到近两年发展壮大的微博。过去的新媒体舆论监督主要是通过网站以多种形式集中报道，以及网民通过新闻跟帖、论坛上帖等手段来实现。自微博出现后，其集四大传播方式——人际传播、群体传播、组织传播、大众传播——于一体，集四大功能——转发、关注、分享、评论——于一身的先天优势，使我们看到微博的能量、传播力和影响力之大已然超乎想象。目前，来自微博平台的舆论监督正在成为新媒体舆论监督主要的策源地。

四、 新媒体成为网络问政的重要平台

2008 年 6 月 20 日，胡锦涛总书记做客《强国论坛》与网友在线交流成为新媒体发展的里程碑事件。尽管网络交流、互动时间很短，但新媒体作为上下沟通的平台价值和作为执政党与民交流的渠道作用已然凸显。

从 2009 年到 2011 年连续三年，温家宝总理通过新华网的在线视频访谈与广大网友交流，每次时长约 2 小时，围绕国内经济、民生、教育、医疗等话题回答网民 10 多个问题。

其实，早在 2003 年“非典”肆虐期间，中央高层就已开始通过互联网了解社情民意。胡锦涛总书记在广州对一位医生说：“你的建议非常好，我在网上已经看到了。”温家宝总理在北京大学宿舍对几位大学生说：“我在网上看到同学们在留言中表达了同全国人民一起抗击 SARS 的决心，令人感动。”②

2005 年“两会”期间，一条征集“总理记者招待会网民最想问的问题”的帖子出

---

① 转引自闵大洪：《2007 年的中国网络媒体》，http：//media. people. com. cn/GB/40606/6709207. html。

② 张玫、张云龙、陈键兴：《胡锦涛温家宝上网 网络促进民主下情上达》，http：//news. sina. com. cn/c/2004-03-11/09393011430. shtml。

现在新华网发展论坛，拉开了新媒体利用互联网平台推动上下沟通的序幕。在此之后的每一年，各大网络媒体都运用不同的表现方式和表达手段，搭建下情上达的便捷通道。

在新媒体长期、不懈的努力下，10 年间，一大批各级党政领导干部借助这一平台以各种方式与网民对话。时任广东省委书记汪洋和广东省省长黄华华通过奥一网发布《致广东网民朋友的一封信》，邀网民“灌水”、“拍砖”；时任中共中央政治局委员、上海市委书记俞正声通过东方网与网民在线交流；51 位省委书记、省长通过人民网开设的“地方领导留言板”公开回应网民留言。

随着微博应用的迅猛发展，政务微博适时出现，不仅重塑了政府的执政形象，而且成为党政机关妥善处理社会事件的重要工具。2012 年 2 月底排名政务机构 TOP10 榜首的@上海发布接到来自市民秦岭关于“癌症晚期父亲就医辗转无医院收治”的公开信，中共中央政治局委员、上海市委书记俞正声很快通过“上海发布”登载回信，表示“你的心痛也是大家的心痛”、“争取在制度上有所前进”。2012 年 3 月 1 日，青岛政府启动“增绿行动”，第一个月便种下 180 万棵树，但随之被百姓质疑为劳民伤财的“面子工程”。4 月 17 日下午，青岛市人民政府新闻办公室官方微博“青岛发布”回应称：针对市民和网友对青岛植树增绿大行动的看法，市政府有关部门高度重视，已着手研究解决存在的问题和不足，并答复相关问题。最终该项目因网友意见而暂停。类似的实例还有“深圳交警应对 5·26 事件”、“武汉市环保局、武汉市气象局等积极应对武汉黄雾事件”。

根据《2012 年上半年新浪政务微博报告》的研究，政务机构、党政官员微博都朝着民生化、实用化方向发展，通过及时回应民情、公开辟谣、征求民意等方式，不断影响着社会事件发展的格局。同时，多地政府部门联合建设微博发布厅，促进政务微博集群化发展，使得原本孤立的政务微博得以相互配合、相互监督、相互促进。以“北京发布”为主力的“北京微博发布厅”、以“上海发布”牵头的“上海微博发布厅”、以“首都健康”为主账号的首都健康微平台等都是微博集群的典范。微博集群不仅让便民服务信息更加多元，而且拓宽了网友反映问题的渠道。

站在社会发展的历史高位，新媒体不仅仅是新闻发布、传播的平台，更需要担负起各级党政机关网络问政的使命，需要以社会责任感和历史责任感来推进中国社会的发展。国务院新闻办公室原副主任蔡名照曾提出：“网络媒体要大力推进与社会主义和谐社会要求相适应的和谐网络建设，使广大网民共享和谐网络、和谐文化，团结和激励广大网民积极投身社会主义和谐社会建设。”①

五、 新媒体经营从财政拨款到资本运营

在 10 年的发展征程中，商业网站的投融资、私募、并购、上市等资本运营风生水

---

① 《蔡名照：构建和谐网络 营造和谐舆论》，http：//news. xinhuanet. com/newmedia/2007-02/08/content _ 5715852. htm。

起，共有 30 多家互联网公司登陆资本市场。相比较而言，新闻网站则举步维艰，体制的束缚、观念的滞后、技术的薄弱以及人才的匮乏都影响到新闻网站的运营。

新闻网站大多脱胎于传统媒体。无论是作为所属媒体的一个部门，还是逐渐地成为独立的机构，新闻网站都深深地打上了传统体制的烙印。加之早期对新闻网站经营发展、资本运营的束缚，如 2001 年“17 号文件”明确指示的“新闻网站可在新闻出版系统内融资，必要时可吸收国有大企业参股，不吸收私人资金和外资，暂不上市”①，新闻网站的体制之困几成重弊。

“17 号文件”的政策规定使得新闻网站长期在体制内以双轨制方式运转，资金上只能依靠自身力量慢慢滚雪球式发展和国家有限的专项资金，相比商业门户网站依靠风险投资和上市融得数十亿资金，新闻网站的资金短缺问题严重制约着其技术研发、市场拓展和多元化发展。

2004 年人民网迈出了体制、机制改革的一大步，从报社编辑部的一个内设机构转为报社的直属机构，同时作为报社岗位管理的试点单位，进行了网站规模最大、最彻底的一次内部人事制度改革，在规范全员聘用制的基础上，取消行政级别，实现了由身份管理到岗位管理的转变，为网站的转企改制和上市融资奠定了基础。

此后的五年，虽然有北青传媒控股千龙网、东方网控股凯迪网络等个案出现，但新闻网站的体制改革总体上处于停滞状态，大多数网站入不敷出。2009 年，国务院新闻办下发《关于重点新闻网站转企改制试点工作方案》，人民网、新华网、中国网络电视台、千龙网、东方网、北方网、大众网、华声在线、浙江在线和四川在线 10 家中央和地方的重点新闻网站被确定为试点单位，试点单位要按照党的领导与现代企业制度相结合的原则，建立现代法人治理结构，完成股份制改造，建立产权清晰的业务赢利模式，待转企改制工作按照要求全部完成后，具备上市条件的试点网站可随时进入上市程序，申请在国内证券市场上市融资。同年 6 月 20 日，人民网股份有限公司正式成立，2012 年 4 月人民网在上海证交所上市，融资 10 多亿元，成为首家上市的新闻网站以及首家整体上市的中央媒体。

转企改制、上市融资要求新闻网站在体制机制、传播手段、服务方式、内容营销、新技术开发等各个方面都要发挥比以往更多的创新性和主动性，真正按照市场的规律、按照现代企业的规律、按照资本运作的规律进行操作。10 年来，从“暂不上市”到上市融资 10 多亿元的转变，不仅反映出新媒体体制政策的松动、管理理念的转变，也反映出新闻网站整体实力和水平的提高，新闻网站具备了进入资本市场“游泳”的能力。

六、 新媒体管理趋于规范完善

2011 年 5 月 4 日，国家互联网信息办公室（简称“国信办”）正式设立，这意味着民间俗称互联网管理“九龙治水”的局面将得到改变。自新媒体诞生以来，多头管

---

① 詹新惠：《新闻网站上市竞争力几何》，载《传媒》，2010（8）。

理导致的宏观规划缺失、政出多头、协调困难、管理效率低下等问题一直困扰着互联网行业，也在一定程度上成为新媒体发展无法跨越的障碍。时任国信办主任王晨指出："国家互联网信息办公室挂牌成立，我国互联网信息服务和管理工作进入了一个新的阶段。"①

客观地说，我国对于新媒体的管理一直有些滞后，这一方面源于互联网技术快速发展、业务模式层出不穷，另一方面也由于互联网是新生事物，建章立制需要审时度势，严格谨慎。但是中央有关部门以及国家领导人对互联网及新媒体管理一直高度重视，从 2004 年到 2011 年，相继就互联网、新闻网站建设、网络文化管理等做出各种指示（见附件）。

互联网管理一直采取两手抓的管理办法。一方面建章立制，规范、完善各项条例、制度。目前，关于网络媒体管理的法规、条例已较为全面，既有全国性的《互联网新闻信息服务管理规定》、《互联网视听节目服务管理规定》、《互联网著作权行政保护办法》、《非经营性互联网信息服务备案管理办法》等，又有地方性的《北京市微博客发展管理若干规定》，还有行业协会的自律公约，如《互联网新闻信息服务自律公约》、《博客服务自律公约》等。另一方面实施专项打击行动。2009 年 1 月，国务院新闻办公室（简称"国新办"）等七部委联合开展整治互联网低俗之风专项行动，关闭违法违规网站上千家；2010 年，新闻出版总署先后分七批公布了 438 家网站的名单，这些网站提供淫秽色情网络小说、手机小说、Flash 游戏等违法内容。针对网络侵权盗版所呈现出的集团化、专业化、高技术化的情况，国家版权局等启动 2010 年"剑网行动"，加强了对音频视频及文学网站、网游动漫网站以及网络电子商务平台的监控力度。

网络媒体、手机媒体和社会化网络社区，作为互联网上新闻、信息和内容产品的最重要传播平台，既是新媒体管理的对象之一，又是维护新媒体环境、推动新媒体健康发展的主体之一。10 年来，各类新兴媒体不断提高政治意识、大局意识、责任意识，除了自觉删除色情、有害低俗内容外，还能够自觉抵制，恪守社会责任和社会良心，坚持"文明网站，绿色流量"，为社会文明的进步发挥了重要作用。

附件：新闻网站和网络文化建设与发展大事回顾

2003 年 8 月，中共中央办公厅、国务院办公厅《关于进一步改进和加强国内突发事件新闻报道工作的通知》和《中共中央宣传部关于当前思想理论领域的形势和下一步工作措施》两个文件相继颁发。文件强调，要切实加强重点新闻网站建设，要高度重视互联网上的报道。

2004 年十六届四中全会通过的《中共中央关于加强党的执政能力建设的决定》指出："高度重视互联网等新型传媒对社会舆论的影响，加快建立法律规范、行政监管、

① 王晨：《以更加开放的姿态，向世界传播中国声音》，http://news.xinhuanet.com/politics/2012-01/18/c_111448690.htm。

行业自律、技术保障相结合的管理体制，加强互联网宣传队伍建设，形成网上正面舆论的强势。”

2006 年十六届六中全会通过的《中共中央关于构建社会主义和谐社会若干重大问题的决定》指出：“加强对互联网等的应用和管理，理顺管理体制，倡导文明办网、文明上网，使各类新兴媒体成为促进社会和谐的重要阵地。”

2006 年《国家“十一五”时期文化发展规划纲要》明确提出，要加快建设一批综合实力强、在国内外有广泛影响的新闻网站，形成若干个与我国地位相称的、具有较强国际竞争力和影响力的综合型网络媒体集团，争取其中一到两家重点新闻网站进入世界前列；要拓展即时通信、博客、播客、聚合新闻服务等业务领域，实现多渠道、全方位新闻信息发布的技术调整和业务整合，提升技术应用水平和业务保障能力；要发展手机网站、手机报刊、IP 电视、移动数字电视、网络广播、网络电视等新兴传播载体，丰富内容，创立品牌，不断提高市场占有率；要完善地方互联网新闻事业发展格局。

2007 年 1 月，中共中央政治局进行第三十八次集体学习，主题为“世界网络技术发展和我国网络文化建设与管理”。胡锦涛总书记强调指出：“我们必须以积极的态度、创新的精神，大力发展和传播健康向上的网络文化，切实把互联网建设好、利用好、管理好。”6 月 1 日，中共中央办公厅、国务院办公厅下发的《关于加强网络文化建设和管理的意见》成为较长一段时间内指导我国网络文化建设和管理的纲领性文件。“十七大”报告中，“加强网络文化建设和管理，营造良好网络环境”再次被写入。

2008 年 6 月，胡锦涛做客人民网强国论坛与网民交流，并在考察讲话中指出：“互联网已成为思想文化信息的集散地和社会舆论的放大器，我们要充分认识以互联网为代表的新兴媒体的社会影响力，高度重视互联网的建设、运用、管理，努力使互联网成为传播社会主义先进文化的前沿阵地、提供公共文化服务的有效平台、促进人们精神生活健康发展的广阔空间。”

2010 年 6 月，国务院新闻办公室发表《中国互联网状况》白皮书，明确提出“积极利用、科学发展、依法管理、确保安全是中国政府的基本互联网政策”。这是中国政府自 1994 年正式接入互联网以来首次以白皮书的形式阐明中国的互联网方针：“积极利用是基本目的，科学发展是客观要求，依法管理是必要保障，确保安全是重要前提。”

2011 年 5 月，国家互联网信息办公室正式挂牌，标志着我国互联网信息服务和管理工作进入了一个新的阶段。国信办的成立是加强虚拟社会管理机制上的保证，将改变因多头管理而带来的缺乏宏观规划的弊病，强化各部门间的协调，同时也将保证从中央到地方管理体系的垂直高效，改变目前各地管理机构名称不统一、隶属关系不统一的局面。

2011 年 10 月，十七届六中全会通过的《中共中央关于深化文化体制改革 推动社会主义文化大发展大繁荣若干重大问题的决定》中提出：“支持重点新闻网站加快发展，打造一批在国内外有较强影响力的综合性网站和特色网站，发挥主要商业网站建设性作用，培育一批网络内容生产和服务骨干企业。”

第一章 网络媒体新闻编辑概述

本章要点

认识互联网的多平台属性和网络新闻的传播特性，理解网络新闻编辑的内涵与外延，重点掌握网络新闻编辑的六大基本原理，深入了解网络传播发展和格局变迁带来的编辑新理念。

关键词

互联网特性　网络传播特征

当 1995 年 1 月《神州学人·电子版》进军互联网成为国内第一份上网的中文电子刊物时，没有人会料想到，18 年后互联网会撬动传统媒体和新媒体，改变整个新闻传播格局。从互联网到网络媒体、网络新闻、网络新闻编辑，一切都是顺理成章，一切又都是有章可循。

第一节 | 网络新闻的传播特性

互联网是计算机技术、网络技术和数字通信技术相结合的产物，了解网络新闻的传播特性，首先需要了解互联网的技术特征，以及建立在这些技术特征基础上的互联网功能。互联网具有多平台价值，新闻传播功能只是其中的一种，但是从互联网诞生之日起，浏览网络新闻就成为网民上网的重要应用之一。尽管对于网络新闻有各种版本的定义和解释，但关于网络新闻传播特性的认识基本上是一致的，网络新闻编辑工作的环节也是相对明确的。

一、互联网的技术特性

自互联网诞生之日起，网络就被贴上"自由、平等、开放、共享"的标签，人们开始认识和发掘网络的特性。基于目前对网络技术、计算机技术和数字通信技术的开发，我们认为互联网具有六大技术特性。

第一，开放性。这是互联网最本质的特性，也是其他一切技术特性的基础。网络的开放性表现在系统开放、传播开放、用户开放三个层面。在系统开放中，包括不同硬件共存、不同软件系统共存、不同网络共存；在传播开放中，包括时空开放、信源开放、信道开放、内容开放和反馈开放；在用户开放中，包括进入无限制、退出无限制、表达无限制、互动无限制。

第二，超时空性。互联网不受时间和空间的限制，只要一根网线、一台计算机，世界上任何一个角落、任何人都可以通过互联网接收和传播任何信息。而随着无线网络技术、3G 及未来 4G 网络的应用，我们甚至可以抛弃网线，在一个覆盖无线网络的区域中随意进入网络世界。曾经的"地球村"构想在今天已经成为现实，互联网构成了一个跨地域、跨国界、跨文化、全球一体的传播空间。

第三，海量性。网络信息的发布、存储依靠的是服务器，传输的载体是宽带，从理论上讲，服务器可以无限量增加，带宽可以无限级扩展，在这样两个"无限"的驱动下，网络空间就好似无边无际的海洋，无论是发布信息还是存储信息都能达到海量级。

第四，超文本性。超文本是一种按照信息之间关系非线性地存储、组织、管理和浏览信息的计算机技术，它的本质是在文本内部和文本之间建立关系，然后采用超链接的方式，实现不同空间的文字信息间的快速访问、实时交互，从而将原先单一的文本变成无限延伸、扩展的超级文本、立体文本，原先的线性文本变成可以通向四面八方的非线性文本，最终构织成一个庞大的文本网络。读者可以在任何一个节点上停下来，进入另一个文本，然后再点击，进入又一个文本，理论上，这个过程是无穷无尽的。

第五，超媒体性。互联网采用比特信息处理方式，将所有的声音、文字、图像都转化为数字化的形式，然后进行数字化的记录、传输与处理。超媒体以数字化为基础，可以将文字、图形、图像、声音、动画或影视等多种形式融为一体来呈现信息内容，它打破了传统的线性思维，也超越了传统媒体的单一形式，实现了平面媒体、广电媒体、网络媒体甚至手机媒体的全面融合，制作出融合新闻，产生出融合性的全媒体。

第六，交互性。网络的交互性体现在两个方面：一方面是人与机器的互动，另一方面是人通过机器与他人的交流互动。它是一种双向的信息交流活动，用户不仅是网络信息资源的消费者，同时也是网络信息资源的生产者和传播者。网络技术的发展为网民提供了便利的交互手段，如电子邮件、社区论坛、网络聊天、即时通信、留言评论、贴吧、博客、播客、维客、掘客等手段越来越丰富，形式越来越简单，使用越来越便利。

二、互联网的多平台价值

互联网诞生之初，一个反复被提及的问题是：互联网是什么？有人说是媒体，有人说是工具，有人说是交易渠道。经过十几年来人们对互联网的实践和应用，我们认为互联网的功能不是单一的，它是多功能的综合体，具有多平台的价值。

数据平台。指利用互联网的海量空间特性来满足用户浏览新闻、信息，查阅资料，存储各类文档，发布各类信息、资讯、作品等与数据相关的多方面的需求。其主要应用包括网络新闻、网上报纸、网络电子杂志、网络广播、网络视频、网络文学、网上图书馆、网络数据库等。网上的信息到底有多少，没有人能给出一个准确的数字。只要你有足够的时间，就可以访问网上的任何一个网站，根据自己的兴趣浏览网上所有的内容，而浏览信息也绝对能让你做到“独坐家中环行八万里，足不出户尽知天下事”。

交流平台。指利用互联网的互动特性构建的个人与个人、个人与群体、群体与群体之间沟通、分享、传播的交流空间。其主要应用包括电子邮件、即时通信、BBS 论坛、SNS、博客、微博等。电子邮件是互联网交流平台上最早、最广泛的应用。1972 年，世界上发出了第一封电子邮件；1987 年，中国发出了第一封电子邮件。论坛、博客、社区都是网络环境中费用低廉（几乎没有成本）、快捷方便的交流平台，使同处一地或是远隔重洋的人们都能实时地沟通信息、交流思想，真正做到了“海内存知己，天涯若比邻”。微博是当下最时尚、最热门也是最具影响力的互动工具，140 字的简短文本降低了网络写作的门槛，使每一个人拥有话语权成为可能。

商务平台。指利用互联网开放、超时空的特性来实现个人与个人、个人与企业、企业与企业的在线异地交易、远程交易、网络营销等。其主要应用包括 B2B、C2C、

B2C、网络支付、网上银行、网络招聘、网络交易等。商务平台以数字技术、网络技术为手段，以商务为核心，把原来传统的销售、购物渠道移植到互联网上来，打破国家与地区有形无形的壁垒，使生产企业达到全球化、网络化、无形化、个性化。购物、消费等商务交易站点建立在虚拟的数字化空间里，它借助网页来展示商品，利用多媒体特性来强化商品的可视性、选择性，在线交易已成为网络生活的重要组成部分。

娱乐平台。指利用互联网的海量特性、多媒体特性满足用户的音乐、影视、游戏等娱乐需求。其主要应用包括网络游戏、网络音乐、网络影视、网络文学等。根据中国互联网络信息中心发布的《CNNIC 第 30 次中国互联网络发展状况统计报告》，在排位前 10 名的网民网络应用中，娱乐应用占有四席，音乐、视频、游戏分别排在第三、第六、第七的位置。由此可见在线娱乐是中国网民的主要网络应用。

工具平台。指利用互联网的开放性提供各类软件、各种工具及相关网络服务。其主要应用包括搜索引擎、RSS 简易聚合、TAG 社会化标签、Widget 个性化定制、BT 下载、FTP 文件传输等。随着网络的普及和网民人数的增加，人们对网络技术的研发已经从纯技术领域向大众生活延伸，使之成为社会应用中的一个重要工具。

政务平台。指利用互联网的交互性、海量性、超时空性为政府搭建的政务新闻发布、社会职能服务和政民沟通交互的网络空间。其主要应用包括各级政府网站、部委网站、社会团体网站等。2007 年 1 月 1 日中国政府网的上线开通。目前已经建成中央、省、市、县四级政务网站，各部委、厅、局等行业信息服务网站等。这些网站是各级政府和行业管理部门以信息化建设为基础，通过网络公共平台，面向社会提供各种政务信息、职能服务并实现网络办公、与社会公众互动交流的通道。

三、网络新闻的传播特性

互联网的媒体属性是网络诸多功能性应用之一，互联网的技术特性自然延展为网络媒体的特性，并在与新闻传播规律结合后形成网络新闻的传播特性。主要表现在以下几个方面。

快速及时，同步传播。从技术上看，网络传播的载体是光纤通信线路，光纤传递数字信号的速度为 30 万公里/秒，瞬间可达世界任何角落；从内容制作上看，网络空间无时间和容量限制，新闻稿件可以随到随发，24 小时不间断发稿，受众只要联网就可在第一时间同步知晓所发生的一切新闻事件。

信息量大，海量存储。互联网将全世界的计算机连为一体，技术创造的电脑网络时空几乎可以将全世界的新闻信息全部包揽，构建了一个巨大无比的在线数据库。得天独厚的技术优势使网络传播可以摆脱报纸版面、广播电视固定时段、节目容量等诸多限制。进入 Web2.0 时代，传播主体多元化、“人人皆为信息源”的态势更使得网络信息如江河入海，海量无限，生生不息。

多样传播，并存交融。互联网络将人际传播、群体传播、组织传播、大众传播等各种传播形态集于一身。借助它不仅可以向全社会进行开放性的大众传播，而且可以实现“点对点”的人际传播（如电子邮件、网上通话、网上短信）、小范围的群体传播（如讨论组、聊天室等）、组织机构或单位的组织传播（如群发电子邮件、各单位内部的局域网运作）。

手段汇集，多媒体化。互联网络是电脑、电视、录音机、电话机、游戏机、传真机等媒体性能的总汇，它将以往各自独立的、单一性的传播方式融合为一体，又将文字、口语、音响、图表、图片等各种传播形式汇于一身，并能从一种形式转换到另一种形式，或者让几种形式并举，做到图、文、声、像并茂，真正实现多媒体的传播。

交互性强，传受频繁易位。网络传播与传统的印刷传播最大不同之处就在于交互性。一方面，网络中的各种技术应用如新闻留言、论坛、博客、微博、社区等可以方便用户发表意见，提交看法，反馈信息，实现传统媒体很难达到的高度互动；另一方面，网络传播中传受双方的角色位置可以方便、频繁地变换，传受者之间的界限模糊。

超文本建构，检索功能强大。与传统媒体用字符串表达，以线性形式组织、处理信息不同，网络传播是建构在超文本、超链接之上的全新传播模式。它不是以字符，而是以节点（node）为单位组织各种信息，一个节点是一个“信息块”，节点内的信息可以是文本、图像、图形、动画、声音或其组合，节点间通过关系链加以链接，从而构成表达特定内容的信息网络。超文本特性使得网络检索系统变得异常强大，网状的信息结构可以提供按不同查询条件进行检索的结果并提供超链接的浏览方式。

第二节 | 网络新闻编辑的内涵与外延

1998 年 5 月，时任联合国秘书长安南在联合国新闻委员会上提出，在加强传统的文字和声像传播手段的同时，应利用最先进的第四媒体——互联网（internet）。自此，互联网作为继报刊、广播、电视之后的“第四媒体”的身份正式得到承认。

伴随着网络媒体的出现，网络新闻应运而生。但由于网络媒体构成复杂，人们对于网络新闻、网络新闻编辑各有不同的定义和解读，特别是进入 Web2.0 时代，博客、微博、掘客陆续出现后，在人人都拥有麦克风，人人都能作为发布者、传播者、编辑者以后，对于什么是网络新闻、什么是网络新闻编辑的认识就更为模糊。

一、网络新闻的界定

理解网络新闻编辑的内涵，首先需要界定网络新闻的含义。互联网诞生伊始，国内学者就从不同角度对网络新闻的含义进行了释义。

从传播渠道的角度，网络新闻是指通过互联网发布、传播的新闻，其途径可以是万维网（WWW）网站、新闻组（usenet news）、邮件列表（ mailing list ）、公告板(BBS)、网络寻呼（ICQ）等手段的单一使用或复合使用，其发布者（指首发）、转发者可以是任何机构，也可以是任何一个人。

从传播载体的角度，网络新闻是指传受基于互联网的新闻信息。具体说来，它是任何传送者通过互联网发布或再发布，而任何接受者通过互联网视听、下载、交互或传播的新闻信息。

从新闻传播理论延伸的角度，网络新闻是指通过互联网传播的新近变动和正在变动的事实的报道和评论。网络新闻有广义与狭义之分，广义网络新闻是在互联网上传播的一切新闻性信息及其评说。狭义网络新闻则是指网络媒体所传播的新闻报道及其评论。

2005 年国务院新闻办公室和信息产业部联合发布的《互联网新闻信息服务管理规定》也对互联网新闻信息进行了界定："互联网新闻信息，是指时政类新闻信息，包括有关政治、经济、军事、外交等社会公共事务的报道、评论，以及有关社会突发事件的报道、评论。"

根据这一定义，网络新闻信息被特指为"时政类新闻信息"，而非时政类新闻信息如体育、娱乐、健康、生活等都不被纳入新闻信息的范围。从行政管理的角度看，这一定义缩小了互联网新闻信息的范围，有利于加强针对性管理，同时给予网络媒体和新闻网站更大的灵活性，但从目前网络新闻的发展现状看，这一定义一方面不适应当前网络新闻的快速发展所带来的问题，另一方面也使行政管理界限不清，处于一种模糊执行中。

网络新闻的发展日新月异，每隔一段时间就会出现新的新闻形态、新的报道手段和新的传播方式，它们对网络新闻传播格局不断产生影响。当前，网络传播者不限于个人、团体、组织、政府和专业媒体机构等，网络传播方式不限于文字、图片、音频、视频、Flash、电子杂志等，网络传播渠道不限于网站网页、软件客户端、论坛、贴吧、社会化媒体、手机、移动终端等。

综合上述网络新闻的定义以及对网络新闻所进行的现实管理，我们将网络新闻界定为：有资质的网络媒体机构通过互联网中的网页、论坛、博客、微博等传播渠道，运用文字、图片、音频、视频、Flash、电子杂志等多种手段，对新近发生和正在发生的事实进行的报道和评论。这里的"有资质"，是指根据《互联网新闻信息服务管理规定》，国家或地方有关部门允许网站从事互联网新闻信息服务业务而颁发给网站"互联网新闻信息服务许可证"。

二、网络新闻编辑的内涵

目前，关于网络新闻编辑存在着两种看法。一种认为网络新闻编辑应该侧重网页技术制作，内容编辑工作与传统新闻编辑差别不大，只要学好新闻编辑，网络新闻编辑也自然可以掌握、套用。另一种认为网页技术制作是实现编辑的最后手段，网络新闻有其特殊的表现方式和传播渠道，内容和形式是网络新闻编辑学习与研究的重点。而且，大多数网络媒体都还没有新闻采访权，现场采访在网络新闻报道中所占比例较小，大量工作还是要依赖编辑。

本书取后一种看法，认为网络新闻编辑的重点应在网络新闻内容和表现形式方面，网页技术操作和页面呈现是融入编辑工作中，为编辑服务、实现编辑思想的一种工具。

（一）网络新闻编辑的定义

编辑有两种释义：一是指工作、活动，是根据社会文化需要，按照指导方针，使用物质载体和技术手段，对精神产品进行组织、采集、鉴审、选择和编序加工，并构成一定的文化符号模式作为社会传播媒介的活动；二是指岗位、职业、人员，是组织、采录、收集、整理、纂修、审定各式精神产品，使之传播展示于社会公众的工作和从事这项工作的人员。

结合上述网络新闻的概念和编辑的含义，我们认为，网络新闻编辑是指有资质的网络媒体充分运用各种网络传播手段，对网络新闻报道和评论的内容和形式进行选择、鉴审、加工、制作、设计、策划、组织，并通过各种网络传播渠道呈现出来的活动。同时，从事编辑工作、编辑活动的人员及其相对应的岗位，亦可称为网络新闻编辑。

（二）网络新闻编辑的内涵

对于网络新闻编辑活动，我们认为一个网站的编辑流程包括三个层次 10 个方面。三个层次指基础层——选择鉴审，核心层——加工制作，提高层——策划组织；10 个方面包括选择稿件、判断稿件、修改稿件、制作标题、加工文本、整合制作、组织设计页面、互动组织与管理、策划新闻报道、架构频道专栏。这是从具体业务角度来认识和解读网络新闻编辑的内涵。

（1）选择稿件：就是依据一定的选稿标准从不同的新闻源初次筛选新闻，并将新闻归入不同类别的稿库，以便于下一步的加工制作。选择稿件包括四个方面：从何处选、选取的方式、选取的标准和选取的归类。选择稿件是网络新闻编辑后续活动的基础，选择的结果会影响到编辑加工、制作的最终效果。

（2）判断稿件：包括两次判断，第一次是在选择稿件时做出的判断，第二次是在调整网页新闻排序时做出的判断。两次判断要从新闻价值要素、网络传播特点和网站性质、要求等多方面来审定一条新闻的价值，决定新闻在网站页面上的位置。判断稿件考量的是编辑的新闻感、网络感和互动感，是对网民阅读兴趣、爱好和习惯的整体把握。

（3）修改稿件：编辑加工制作的第一环包括错别字、语法错误、知识性错误、标点错误、事实性错误。稿件如果是来自传统媒体的，修改的内容会少些；稿件如果是来自网民投稿或者论坛、博客的，修改的压力要大些。修改稿件考量的是编辑工作的基本功，无论是传统媒体的编辑还是网络媒体的编辑，也无论处在何种级别的编辑岗位上，改稿都是最基础的工作。

(4) 制作标题：这里的制作标题，主要是指那些需要发布在以新闻列表为呈现形式的网页上的标题。标题的制作有严格的规范和要求，比如，要求单行题，一行控制在一定的字数内；实题，要有具体内容，突出亮点和兴奋点；题文一致，不能为了增加访问量和点击率成为“标题党”；等等。

(5) 加工文本：指对新闻文本进行删减、增加和改写。删除冗余信息和新闻价值小的部分；增加提要或摘要、图片、视频、超链接、背景资料、调查等扩展延伸阅读的内容；在特殊的情况下对新闻正文进行改写，以便于受众阅读和理解文章的内容。

(6) 整合制作：互联网拥有海量的空间，能够存储无限内容，但网络新闻内容是一种碎片化的呈现。针对过剩的、碎片化的内容，网络新闻需要进行整合制作，小到单篇文本新闻的编辑，大到一个事件的专题报道，都要通过有创意、有策划、有思想的整合编排来完成网络新闻编辑。

(7) 组织设计页面：包括设计网站页面、频道页面、专题页面、文本层页面和其他栏目页面等。设计页面一般需要编辑和美工共同完成，编辑提出思路、方案和设想，然后将编辑思想、内容需求和完成要求与美工沟通，在页面设计完成后再由编辑组织内容对页面进行测试。

(8) 互动组织与管理：包括设计互动环节、组织网站与网民的互动活动、监测与编辑网民分享与共享的互动内容、制定互动管理规章制度等。随着 Web2.0 的发展，网络媒体目前拥有多样化的互动方式，包括电子邮件、论坛、博客、播客、微博、SNS、贴吧、留言板、网络调查等。

(9) 策划新闻报道：尽管网络新闻没有采访权，策划新闻报道不能在采访环节实施完成，但编辑还是可以针对已经发生或将要发生的新闻事件进行设计与规划，并利用网络特殊的表现手段呈现发布，以达到策划和议程设置的目的。策划报道是网络新闻编辑的高级阶段，是编辑发挥主观能动性的直接体现。

(10) 架构频道栏目：是指在初建网站、频道或对网站、频道、栏目进行改版时，设计出合理的板块，安排好页面的编排，确定互动的栏目，区分出网页的呈现层次，同时考虑到后台系统的设计、网络技术的支持、频道栏目设计与网站整体风格协调等问题。

如果对以上 10 个方面进行定位，那么选择、判断稿件是网络新闻编辑的基础层，修改稿件、制作标题、加工正文、整合制作、组织设计页面、互动组织与管理是网络新闻编辑的核心层，策划新闻报道和架构频道栏目是网络新闻编辑的提高层。总体而言，这 10 个方面基本囊括了网络新闻编辑的全部内容。

涉及网络新闻编辑人员的相关内容，我们将在第十一章“全能的新媒体新闻编辑”中专门介绍。

三、网络新闻编辑的外延

如上所述，网络新闻编辑有两种释义，在这里我们主要针对网络新闻编辑活动这一层释义来讨论网络新闻编辑的外延。

网络媒体类型多样，有中文网站、外文网站，有新闻类网站、社区论坛类网站，有图文网站、视频网站，同时，网站内层级丰富，有首页层、文本层，有频道、栏目、专题，不一而足。我们根据网站的性质、内容和语种等对网络新闻编辑进行分类。

（1）从编辑对象分，有网页编辑、电子杂志编辑、论坛编辑、博客编辑、微博编辑；

（2）从编辑形式分，有文字编辑、图片编辑、音视频编辑、Flash 编辑；

（3）从编辑岗位分，有主页编辑、频道编辑、栏目编辑、专题编辑、论坛编辑；

（4）从编辑内容分，有时政编辑、财经编辑、文体编辑、教育编辑、军事编辑等；

（5）从网站语种分，有中文编辑、外文编辑、少数民族语编辑；

（6）从网站性质分，有新闻网站编辑、门户网站编辑、电子商务网站编辑、政务网站编辑、企业网站编辑、校园网站编辑等。

类别不同，编辑的要求、方式和重点差异也很大。如网页新闻编辑注重标题制作、文本修改、专题策划，论坛社区编辑则注重互动组织；主页编辑注重新闻稿件的价值判断，专题编辑则注重稿件的组织、新闻的策划；文字编辑注重稿件的修改、加工，音视频编辑则注重内容的分类、切割和整合。

随着网络技术的发展、网络应用的普及，网络媒体的类型和网络新闻的表现形式会愈加丰富，网络新闻编辑的外延也会不断扩展。

第三节 | 网络新闻编辑原理

网络新闻的载体是集计算机技术、数字技术和网络技术等高新技术于一体的互联网络，三大技术的特点和优势通过互联网自然嫁接到网络新闻报道上，产生了特有的网络新闻编辑方式。网络新闻编辑原理就是在深入理解并掌握网络传播规律的基础上，结合新闻传播规律，概括、归纳出的指导网络新闻编辑的基本理论与方法。

一、快速传播与即时式编辑

众所周知，网络传播的特征之一是快速传播。网络的开放性——时间与空间的开放——使得互联网传播处于一种无障碍的状态，网络新闻、信息能够在第一时间实现自由流动。站在新闻传播的角度，地球上任何一个角落发生的新闻都应该第一时间传递出去，以体现出新闻传播价值中的新鲜度。网络传播既然能实现新闻快速传播的要求，那么在新闻编辑上就必须为完成这一要求而采取相应的编辑手段——即时式编辑。

何谓即时？这是一个表述时间的概念，既可理解为与长时间相比的相对时间，解释为当下、立刻、马上，也可理解为绝对的时间，特别是在网络传播中，即时几乎等同于同步，时差可以控制在 1 分钟、1 秒钟范围内。比如在即时通信上的对话和信息传递，一方发送出信息的同时另一方就可以接收，一方桌面截图的文件几乎同步传送到另一方的桌面上。

即时式编辑中的即时包括五个层次：第一是即时发布，即对最新鲜、最有价值的新闻进行选择、推荐、更新；第二是即时策划，即根据新闻事件的发展、变化即时制定编辑思路，确定编辑手段；第三是即时调整，即对新闻发布位置、停留时间和展现方式等进行调整；第四是即时删除，即对不良信息、错误信息随时监控，快速处理，及时删除；第五是即时互动，即对网民反馈的信息、评论实时跟踪，并适时与网民展开互动交流。

起初，网络新闻编辑主要强调即时、实时、快速发布，要求新闻事件第一时间在网页上被呈现出来，而新闻发布后的诸多环节则没有跟进和追踪。随着互联网进入 Web2.0 时代，网络技术的发展对新闻编辑提出了更高的要求，要想真正实现网络新闻的快速传播，就必须完整、系统地运用即时式编辑，在发布、策划、调整、监审和发送等五个层面都能做到第一时间，实现网络新闻的立体编辑。

需要注意的一点是，即时有绝对时间概念，也有相对时间概念。比如，在体育比赛报道中选手夺取金牌和网站发布夺牌新闻几乎没有时差。2008 年在对北京奥运会的报道中，搜狐网凭借赞助商的身份获得第一时间发布比赛数据的资格，网站发布的各类比赛数据与大会比赛系统中的数据几乎同步，比其他网站要快出 1 分钟，这就是绝对时间概念上的即时编辑；而网站每隔两个小时更换一次新闻头条，轮换新闻图片和要闻区新闻，这就是相对时间概念上的即时编辑。

二、海量信息与整合式编辑

网络媒体发展到今天，一方面互联网的无限空间能承载海量信息，能给予网民无尽的知识和乐趣；另一方面海量信息并不全是有效资讯，良莠不齐的新闻、信息扰乱了网民对正常信息的接收，在一定程度上增加了网民的负荷。因此，网络编辑有必要对发布在网上的信息进行二次筛选，用互联网的编辑手段对网络新闻进行整合编辑。

何谓整合？整合就是将一些零散的、有意义或看似无意义的内容通过某种方式重新编排组合到一起，形成系统化的一个整体。通过信息系统的资源共享和协同工作，新的整体不仅能提升原有内容的价值，而且能展现出新的形态，创造出新的价值。

整合编辑，是指运用计算机技术、数字技术、网络技术和视频多媒体技术，采用集成、配置和深度加工等编辑手法，围绕着单条新闻、单个话题或问题、单个新闻事件的相关新闻或多篇新闻报道进行编排、组合，最后形成符合网络特点的、具有原创色彩的、新闻价值获得整体增值的网络新闻报道。在整合编辑的过程中，需要有目的地创意、策划、编排，需要对新闻源进行必要的优化配置，对单条内容进行有目的的摘选，对话题角度、层次和表现形式进行组合，对新闻的内在逻辑进行梳理，以实现对新闻资源的挖掘、加工和组织。

整合编辑的价值体现在四个方面：可以满足用户对简约、精要而又认知多元、平衡的内容的需求；可以改变网络新闻报道生态，避免同质化，增强差异化，打造网站品牌；可以聚合、梳理民意，强化议程设置，提升网络媒体的舆论引导力；可以增强网站编辑的主观能动性，体现网络编辑的思想和价值观。

整合式编辑包括三个层次：宏观整合、中观整合和微观整合。

宏观整合在网络新闻报道中大多以专题的形式表现出来。专题能整合不同来源的新闻，包括传统媒体的稿源、用户贡献的内容、网站自采的稿件以及编辑翻译的外电等；能整合不同体裁的新闻报道，包括消息、快讯、述评、评论、图片、音视频等；能整合各种各样的网络报道手段，包括滚动报道、直播、访谈、调查、图表、Flash、电子杂志等；甚至一些大型专题还可以整合各个相关的小专题。宏观整合编辑，不仅可以使受众在专题中看到新闻事件发生、发展的完整过程，了解事件的前因后果，而且还改变了单条新闻、单个报道手段单一、零碎的状况，整体提升了新闻的品质和价值。宏观整合编辑一般适用于重大突发事件或重点新闻报道，如“两会”、奥运会、世界杯或地震、海啸类灾难性新闻。

中观整合在网络新闻中以话题策划、主题性专页的形式表现出来。网络媒体在面对热点话题、焦点新闻时，如果用专题形式则显得过于宏大和复杂，如果用单条文本则显得过于单薄和肤浅，因此需要采用中观整合编辑的方式，通过对话题角度、层次和表现形式的策划，用主题专页的形式展开报道。中观整合编辑不是将所有内容源进行集纳，也不是将所有报道手段全部运用，而是根据编辑思想、话题内容和网页需求，对新闻源进行必要的筛选，对单条内容进行摘选，对新闻的内在逻辑进行梳理，然后再与页面融合，形成一个新的整体。中观整合编辑类似于报纸的专版、期刊的封面报道，强调的是从不同角度、运用相应的报道手段对新闻进行集纳式解读，展示出新闻的深刻内涵。

微观整合在网络新闻中以文本层融合新闻的形式表现出来。微观整合编辑是网络媒体针对海量信息和发挥多媒体特性而进行的最基本的编辑操作。微观整合编辑的对象是单条新闻、单幅照片和碎片化的微内容，编辑手法就是在制作单条新闻时尽可能地做“加法”，将该条新闻的文字报道、图片、视频和相关新闻整合到一个页面上，将留言评论功能、分享功能和工具功能整合进文本层页面，将新闻排行榜、新闻推荐、广告等推广性功能借助文本层整合营销，最后在文本层上呈现出一个全新的融合新闻。

三、形态多样与多媒体编辑

人类处理的信息分为五种形式：视觉、听觉、符号、语义和行为。报纸擅长文字符号的表达，从视觉获取信息，缺少听觉信息、语义信息和行为信息；广播擅长语义的表达，从听觉获取信息，缺少视觉信息、符号信息和行为信息；电视擅长语义的表达，从听觉、视觉、行为获取信息，缺少符号信息；网络媒体则包容了视觉、听觉、符号、语义和行为五种信息，成为迄今为止信息处理手段最为全面的媒体。

网络媒体处理信息的多样化手法决定了网络新闻要采用多媒体的编排思路和编辑手法。多媒体编辑就是利用互联网的图文、视听、互动、专题、直播、访谈等各种手段，将其有效地施用于每一篇新闻报道，在合理、科学、统筹使用之后使新闻报道达到刺激用户所有感官的目的，最终实现最佳的传播效果。

网络新闻的多媒体编辑不仅要完成与报纸、广播和电视一样的新闻组织、配置与编辑，而且要发挥出网络媒体特有的互动传播手段。在进行类似报纸的深度报道上，网络新闻可以采用新闻专题和主题式专页或单元新闻的手段，就某一事件进行全面、深入、细致、充分的报道；在进行类似广播、电视的声像报道上，网络新闻可以采用图片、图表、声音、视频、Flash、3D动漫的手段，使报道生动形象、现场感强，具有视听冲击力。网络媒体最为强势的是互动，目前已有网络发帖、留言、调查、访谈、论坛、博客、微博、问答、视频分享、RSS和网摘等多种互动方式，多媒体编辑就是将这些互动方式与新闻报道有机结合起来，形成立体报道。如果说传统媒体的报道曾使人感官失衡的话，那么媒介融合下的网络新闻多媒体化则“使人恢复到自然的感官平衡”①。

多媒体编辑要求编辑人员首先要建立多维报道新闻的理念，转变过去只用一维手段表达内容的局限，随时随地意识到调用不同手段服务于各类报道；其次要掌握文字、摄影、摄像、网页制作、图片处理等多种报道和技术技能，为熟练运用各种手段进行全方位报道奠定基础；最后要在编辑过程中学会根据报道内容、性质选择合适的报道方式，并能将各种手段灵活搭配、合理组合、适时变换。在多媒体编辑中还要注意到，手段丰富并不意味着在一篇报道中要把所有的手段都用上，而是要根据新闻内容的不同选择合适的多媒体手段灵活运用。

四、网页限制与标题式编辑

网络新闻的展现依赖于网页，网络新闻的存储依赖于服务器。从理论上说，网页的长度不受限制，可以无限延长页面的长度；存储的空间也不受限制，可以无限增加

---

① 董天策：《网络新闻传播学》，3版，50页，福州，福建人民出版社，2009。

网站的层级结构，两者都能达到无限增加文字、图片、视频等各种内容的要求。但是网页的展现受制于电脑屏幕，用户第一眼接触的内容仅限于网页第一屏的内容，要想看到更多内容，就需要拖拉滚动条或者借助超链接进入新页面浏览。为了能让用户在有限的空间里方便、快捷地浏览到尽可能多的内容，减少网站的层级结构，在编辑网络新闻时就需要采取不同于传统媒体题文合一的编排方式，即标题式编辑。

标题式编辑就是在网站的首页、频道、专题、专栏等各层页面上，采取标题列表的样式，只呈现出标题或标题组合而隐藏新闻正文的内容，借助新闻标题的导读、导引作用，引导用户点击进入下一层页面。标题式编辑最直观的反映是做好每一条新闻的标题，但其背后考量的是编辑在选择推荐新闻稿件时对新闻价值的准确判断。因此，标题式编辑首先是要依据一定的选稿准则挑选好每一条新闻，然后再根据标题制作原则和要求做好每一条标题，最终实现网页有效展示空间的价值最大化。

在标题式编辑中存在两个误区。一是严重依赖标题而忽视对新闻稿件本身的价值判断。标题固然重要，但没有价值的新闻即使有个好标题，也只能带来一次无效的点击，浪费一次用户的信任。当用户通过标题点击新闻后没有看到实质性内容时，就会产生抱怨甚至反感，从而影响到用户对网站的长期忠诚。二是为了在有限的页面空间中显示更多新闻，采取太多技术手段而忽视网民的用户体验度。比如将所有网页空白都填满，在一行中制作两个毫无关联甚至让人产生误解的新闻标题，页面上标签切换新闻太密、太频繁。这些看似增加了页面新闻数量，但却有可能影响用户的阅读舒适感，使其面对密密麻麻的文字内容望而生畏。

标题式编辑存在的严重问题是随意曲解原文标题，夸大新闻事实，断章取义，制造噱头，为了吸引眼球不顾法律、道德的底线而炮制、使用失实、错误的标题。因此标题式编辑第一要义是题文一致，准确明了，同时突出亮点、兴奋点，传神、传情，从而真正激发起用户深度阅读的欲望。太直白、中规中矩的标题无法吸引住网民，太煽情、太哗众取宠的标题又有滑向失实的危险，这就需要处理好两者之间的关系，要把握好分寸，保持均衡，在确保标题真实准确、题文一致的基础上尽可能做到既有吸引力又有可读性。

五、稿件多元与把关式编辑

随着各类机构大量建立网站和网站新闻发布门槛的降低，网络新闻稿件来源呈现出多元化的态势。有来自传统媒体的新闻和资讯，包括报纸、期刊、广播、电视已刊发和播报的；有来自网络媒体原创的新闻和资讯，包括自采稿、翻译稿、资料整合、访谈、调查、直播、专供稿等；有来自网络创造的内容（user generate content，UGC），包括网络来稿、博客文章、微博文、论坛帖文、新闻跟帖、知识问答、视频分享等；有来自党政机关和社会机构的新闻和资讯，包括各级政府、国家部委和地方厅局、社会团体和协会通过官方网站或官方微博发布的内容；还有来自行业及企业的新闻和资讯，包括各类行业协会、各类大中小型企业等通过官方网站或微博发布的新闻和资讯。面对如此众多来源的新闻，网络编辑的第一要务就是筛选、过滤和把关。

在传播学中，“把关人”是一种普遍存在的现象，起着决定继续或中止信息传递的作用。从整个社会的角度来看，传播媒介是全社会信息流通的把关人；从传媒内部来看，不同层级存在着不同的审核和把关人。传统媒体从新闻信息的提供、采集、写作到编辑、刊发播出，全过程都在把关人的监审、控制之下。相比较而言，网络媒体虽然编辑流程也很复杂，但一般只有一个编辑完成从选稿、写作到编稿的所有任务。在网络媒体稿件来源复杂而把关层次又相对较少的情况下，网络编辑的把关尤为重要。

也有一种观点认为，网络媒体是一种“去中心化”的“互动媒介”，并不存在着一个固定的传播者的概念，传受之间的界限在模糊，网络传播使昔日的“把关人”失去了信息传播中的特权，“把关人”这一传统角色在逐渐弱化。[①] 同时，网络传播信息的迅捷性和海量性在很大程度上降低了把关的有效性。传播的速度与覆盖的广度使得“把关人”可能根本来不及做出反应，一些文章、帖子就已经发布出去；海量的信息也会让“把关人”监审疲劳，慢慢丧失对信息真假的辨识与判断能力。

有无把关是性质问题，把关效果好坏是技巧和操作问题。站在媒体社会责任角度，网络媒体必须要对网络新闻进行把关式编辑，每一个网络编辑人都要树立媒体人的理念，对每一篇稿件、每一个专题、每一个网站的内容负责；要建立多层次的把关制度，包括针对网络突发新闻的核实机制、网络言论的审核机制、网络新闻和网络视频的版权管理机制；要在把关和网络多元之间寻求平衡点，在把关与新闻访问量之间寻求平衡点，坚持长期把关的思想和态度，以此来确立网络新闻的公信力与权威性，保证网络媒体能更好地发挥出信息平台的作用。

六、交互传播与引导式编辑

信息传播的双向互动是网络传播的本质特征和社会意义的集中所在。交互传播具有三个重要特征：信息的传播者不再享有信息特权，与受众一道成为真正意义上的平等交流伙伴；网络用户不仅可以平等地发布信息，还可以平等地开展讨论与争论；舆论监督功能在网络振荡中不断放大，具有无比的威慑力量。交互传播的特征一度让人们认为网络媒体只能被动地传播信息而不能再发挥舆论引导作用。

但是，网络环境的复杂性和网络舆论的影响力又特别要求网络媒体发挥引导作用，主动设置议程，而且网络技术也为网络媒体的议程设置和舆论引导提供了各种手段和方法。特别是网络媒体具有强大的互动性，如果能将舆论引导置入互动之中，则能达到事半功倍、润物无声的效果。因此，我们提出网络新闻编辑要进行引导式编辑。

引导式编辑，就是网络媒体在引导网络舆论时，不是由网站直接出面，生硬地、僵化地进行灌输和说教，而是将编辑的观点、立场和态度融入与网民的各种交互过程中，并借助网民的言论、文章和争辩体现出来，网民在自我互动、与网站互动中进行

---

① 参见杨令羡：《网络论坛谣言对“把关人”理论的挑战》，载《青年记者》，2008（9）。

辨析，获得认知。

做到引导式编辑需要了解网民的心理和行为习惯，灵活运用互联网的网页语言和各种直接、间接的互动手段，掌握一定的编辑艺术和技巧，比如根据不同的用户群来进行针对性的新闻推动，组织网民展开话题讨论，适时对网民内容进行推荐、置顶、加星等处理，利用网页位置、色彩、特殊符号等方法编排新闻的位置、停留时间和相关组合。总之，要充分发挥出互动的作用和价值，善于在与网民的交互传播中有意识地进行舆论引导。

第四节 | 网络新闻编辑新理念

从 1995 年第一份电子刊物出现，我国的网络媒体走过了近 20 年时间。云计算、大数据等新兴互联网技术正在带动网络媒体发展，也正在日益渗透和改变网络新闻编辑的传统理念。

一、早期的网络新闻编辑理念

1987 年，美国《圣何塞信使报》创建电子版，成为全世界第一家发展网络新闻产业的媒体；1995 年《神州学人》杂志通过互联网发行电子版，成为我国第一家走上互联网的媒体。早期的网络媒体大多是纸质媒体的翻版，只是将传统媒体的内容和版式原汁原味地搬移到互联网上，作为传统媒体的电子版或网络版的形象出现。可以说，新生儿时期的网络媒体并无成形的编辑思想，也未建立网络媒体自己的编辑理念。

伴随着互联网"门户网站"的出现，以新浪网为代表的商业网站面对没有原创新闻资源的劣势，开创出一条依靠整合、堆砌来搭建新闻聚合平台的道路。新浪网认为，"信息整合是网络媒体最重要的工作，是提供网络新闻传播效果的根本"，因此他们提出，网络媒体应充分发挥互联网的海量存储空间和页面无限扩展的优势，集成各类媒体、各种形式的内容，走新闻整合之路，最终建成网络新闻的发布平台和各类信息的集散地。

新浪网新闻整合理念的树立和推行，成为其他几家门户网站及各大新闻网站效仿的样板。几乎所有网站都萧规曹随，跟进模仿，形成今天我们所看到的新闻海量罗列、标题制作雷同、页面结构相仿、网站风格全无的状况。

除了新闻整合理念之外，早期网络新闻编辑的新闻理念重点在快速上，即利用互联网超时空、无疆界的优势，力争抢发新闻，实现快速发布、快速传播。1998 年"两会"期间，人民网通过在人民大会堂现场的《人民日报》记者，第一时间报道朱镕基当选总理的消息，开创了重大新闻网站首发重大新闻的先例；2001 年，新浪网第一个发布美国世贸大厦被撞的消息；2003 年新华网第一个向全世界发出美国空袭伊拉克的中英文快讯。

可以说，整合、快速既是网络新闻编辑早期的理念，也是网络媒体优于传统媒体的两个支点。整合体现出网络媒体的内容覆盖宽度，快速体现出网络媒体的渠道传播速度，传统媒体由于版面空间、播出时长、出版和播出周期的限制，内容容量与传播速度一直是其短板。因此，在网络媒体的发展初期，整合、快速的编辑理念成为其与传统媒体抗衡的利器，而且也确实在一定程度上打败了传统媒体，特别是纸质类的报纸、杂志。

然而，在网络媒体发展早期的理念建树中，缺少一个重要的理念——互动。互动应该是网络媒体区别于传统媒体最本质的、最有价值的特征，不仅可以快速与网民、受众沟通、交流，获得第一手反馈信息，而且可以从中获得新闻线索、现场信息以及观点意见。但是，网络媒体因早期用户积累有限，网民上网尚未普及，因而互动理念、重视用户体验的思想是缺失的。

二、树立网络新闻编辑的新理念

中国互联网经过 10 多年的发展，在基础设施、带宽速度、网民数量、信息容量、用户行为习惯等方面都发生了深刻的变化。截至 2013 年 6 月，中国网民数量已达 5.91 亿，手机上网人数达 4.64 亿，互联网普及率为 44.1%，国际出口带宽、家庭宽带网民规模数以亿计，内容从稀缺到过剩，渠道从单一到多元，这也意味着网络媒体所面对的外部环境发生了深刻的变化。

庞大的用户群和不断增长的市场占有率决定了互联网在人们生活中的地位和影响，同时也对互联网的内容和应用提出了要求。网络媒体在贴近基层、反映民生、推进社会发展方面有一定的优势，网络媒体通过传递信息、交流互动、提供服务来满足网民的需求，但网民成分复杂，知识水平不一，层次参差不齐，其需求是多样化、动态变化的，已经从单纯地浏览新闻、搜索信息等被动的、客观的需求转移为抒发情感、表达意见、价值认同和建立关系等主动的、主观的需求。这就要求网络新闻传播改变以往粗放式的编辑思路和理念，针对新的传媒生态环境和舆论格局，树立网络新闻编辑的新理念。

（一）树立在二次传播中进行精编整合的理念

网络媒体发展初期，网络新闻内容稀缺。一是传统媒体没有大批量创建网站，来自报刊、广电的优质内容资源少；二是网民数量少，上传内容门槛高、不方便，自然也就缺少来自网民贡献的内容；三是社会机构、行业企业无网络意识，不仅没有建设官方网站，而且也没有通过互联网发布新闻资讯的诉求。已搭建信息发布平台的网站为了填满网络空间，为了满足网民对信息的渴求，为了快速发展各自的网站，几乎都以从各方收集新闻与资讯充实网站内容为宗旨，在收集、添加的过程中甚至无筛选、无过滤，以致形成了快速整合、海量堆砌的编辑模式。

随着互联网的快速发展和普及，网上内容呈现出泛滥、过剩、碎片化的问题。来自 go-global 的 infographic “60 秒” 数据[①]显示，在 1 分钟之内：

Google 提供的搜索服务被查询超过 694 445 次

Flickr 上有超过 6 600 张照片被上传

600 条共计 25 小时的 video 被上传到 Youtube

Facebook 上有 695 000 条状态更新，79 364 篇文章和 510 040 评论被发布

20 000 个新帖子在微博客平台 Tumbler 上发布

…………

面对数量庞大的网络信息和数据，网络新闻编辑不可能抱持传统的理念，而必须要树立精耕细作、简约精编的理念，为网民的浏览进行二次筛选和过滤，注重对新闻的解读和深度策划，在此过程中建立网络媒体的特色和风格。在 2012 年的“两会”报道中，腾讯网精心挑选每一天的内容，设置“图片报道”、“视频报道”、“要闻导读”、“热点人物”、“热点语录”、“独家策划”、“高端访谈”、“微博议政”等小栏目，制作完成“2012 全国两会每日要闻”，成为“两会”当天新闻的简约版、精华版。在解读“两会”报告时，不仅对 2012 年“两会”报告内容进行逐条解析，而且联系历史数据，对十年政府工作报告和十年经济民生数据进行总结与回顾，用网络新闻特有的编辑手段为网民呈现出中国社会十年发展的全景图（见图 1—1）。

（二）树立从文本为主到多媒体新闻发布的理念

虽然互联网诞生伊始就具有超文本属性，但受网络带宽、传输速度、计算机软硬件、网络服务器容量等技术条件制约，网络媒体在早期新闻编辑中只能以发布文本内容为主。当前，技术环境发生了很大的变化，中国国际出口带宽已达到1 389 529 Mbps，有些地区的家庭带宽已达到 20M，视频流媒体技术把连续的影像流媒体技术和声音信息经过压缩处理后放上网站服务器，让用户一边下载一边观看、收听，大大提高了网民观看网络视频内容的速度和兴趣。

家庭、网民拥有的硬件也在变化。电脑屏幕越来越大，电视向互联网电视、云电视发展，智能手机正在普及，平板电脑逐渐成为都市人的随身必备品。过去只能坐在电脑前看图、看视频的网民，现在可以坐在电视机前方便、快捷地获取网络视频内容，可以用移动设备随时随地地进行网络视听。2011 年国内网络视频用户达到 3.25 亿，用户规模较上一年增加 14.6%，使用率升至 63.4%。每天上网时长超过 5 小时的用户占比较高，达到 39.3%。

---

① 参见《2011 中国互联网生态报告》，http：//www.chinalabs.com/html/jiaodiandaodu/20111207/41956.html。

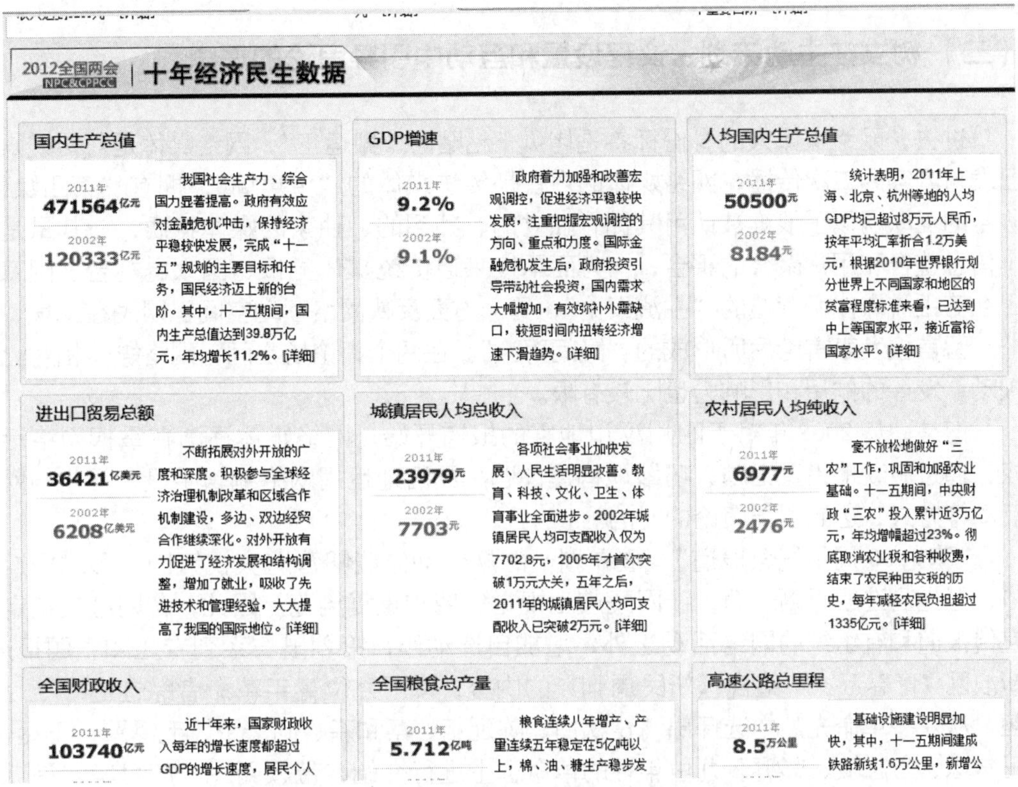

图1—1　腾讯网2012年“两会专题”之十年经济民生数据网页截图

资料来源：http://news.qq.com/zt2012/2012lh/。

技术水平的提高、智能终端的开拓以及用户习惯的改变对新媒体新闻编辑提出了相应的要求。过去不敢大量使用高清照片，首页、文本层照片都需要限制像素和体积，现在可以放开了；过去害怕视频收看速度慢、图像不清晰影响用户体验，现在可以上传大量的各类视频了。在2012年的“两会”报道中，南都网推出亿像素①“两会”开幕式照片，“通过简单的鼠标操作，可以把开幕会场每个人的表情看得一清二楚，甚至可以看到图像上任何角落的多个细节”，“像素达到12亿”②，给网民带来一次全新的视觉体验。

图片、视频无屏障的发布加快了“融合新闻”的应用。“融合新闻”又称“多样化新闻”、“多媒体新闻”，主要利用数字化技术将文字、声音、图片、图像和Flash集于一体，在内容传达上丰富多样、形象生动，打开了用户的看、听、视等多种感觉器官，调动用户立体式地浏览新闻，从而降低了用户接受新闻信息的费力程度而体现出人性化与简易化。例如，当用户打开一条新闻的页面时，既可以收听新闻的音频，收看新闻的视频报道，对照文字仔细研读，同时还能通过在线互动工具与他人交流，发表意见，这条新闻几乎就被这个用户全盘接受了。

---

① 参见“南都亿像素”栏目：http://nd.oeeee.com/mnews/ndmpx/default_3.shtml。

② 丁建庭：《放大放大再放大，南都亿像素照片“深度”看两会》，载《南方日报》，2012-03-07。

（三）树立在主动策划、议程设置和互动中引导舆论的理念

过去，网络媒体人的身份标签是拷贝＋粘贴的“搬运工”，网络媒体是对传统媒体已发布内容的二次传播，网络媒体的声音是传统媒体的“传声筒”，拥有“第四媒体”称号的互联网似乎很难被认可其拥有独立的、独到的、独家的媒体特质，充其量是一个信息整合和用户聚合的平台，一方面承接来自传统媒体党报、国家电视台、国家通讯社等主流媒体所营造的“主流舆论”，另一方面反映网络互动空间里网民在论坛、贴吧、留言板发表言论后所形成的“民间舆论”。在两个舆论场之间，网络媒体相对比较被动，发挥的作用和影响力也比较有限。

但是，从 2008 年对于四川汶川地震的报道开始，网络媒体逐渐在掌握网络话语权，通过主动地设置话题、巧妙地构建议题、灵活地运用网络编辑手段、强化与网民互动等方式，达到引导舆论的目的。

“建党 90 周年纪念报道”，整齐划一的规定动作能够营造庆祝氛围，形成报道声势，但也易造成千网一面，让网民产生视觉疲劳和重复浏览。因此，各网站在指定的宣传报道和有组织的网络活动之外，增加自选动作，策划出一系列专题和主题报道。新浪网“青春万岁”整合《新民周刊》的内容，以“九位青年革命者踪迹追寻”为主题，从众多革命先烈中选择出“瞿秋白、陈延年、蔡和森、向警予、毛泽覃、王尽美、王尔琢、方志敏、彭湃”九位年轻的革命志士进行介绍，带领网民一起思考“马克思主义对这一代渴望拯救中国的热血青年意味着什么？又是什么支持这些年轻的中国共产党党员奋斗、抗争一生？”搜狐网“集体的力量”则是通过选取党史上 10 个感动人物和 10 个精彩故事来表达一个中心主题：“集体是个人的集合，个人则是构成集体的元素。一个不弘扬个人价值的社会没有集体可言，人类的社会之所以可以进步，就在于让每个个人的价值和特性得以体现和发展。”凤凰网的“理想的力量”用图片、幻灯结合文字描述的方式介绍了赵一曼、黄慕兰、叶挺、江竹筠等放弃优越生活条件、背叛自己家庭的革命先烈走上革命道路的事迹，以此来回答“中国共产党为何胜利”这一宏大主题。

借助互动引导舆论也是网络媒体的一大优势。在 2012 年的“两会”报道中，新型互动工具微博成为引导舆论的亮点。腾讯网设置了“微心愿”，且针对不同的群体分别设置“省部级高官微心愿”、“代表委员微心愿”和“网友微心愿”三个部分。新浪的“远方的心愿”是将离乡千里、在外打工的农民工们最朴实的心愿发布在网上，让他们在“两会”期间也有一个渠道能够表达自己的心声，该板块同时开辟了留言板、滚动留言、视频播放，让网友也能更直观地体会到这一部分人的生活。

（四）树立在编辑中统筹经营与营销的理念

在传统新闻学的观念中，记者与编辑是相对独立的，与经营、营销彼此不产

生交织。媒体机构一直强调采编与经营分离，甚至采编分离，因为如果采访与编辑一体化，将编辑与经营、营销结合就会涉及有偿新闻，就会影响新闻的客观与公正。

网络媒体也需要遵循新闻的客观主义、专业主义，遵循新闻的独立与公正。但在具体的业务操作中，网络媒体可以利用技术手段以及与网民的强力互动统筹考虑编辑与经营、编辑与营销的结合，从单一的新闻编辑走向立体的网络编辑。

所谓编辑与经营结合，就是通过编辑高品质的新闻频道、栏目和专题，赢得用户的高访问和高点击，广告主直接针对频道、栏目或专题进行广告投放。在 2012 年的“两会”报道专题中我们看到，除了有传统的形象广告、弹窗广告，还多了栏目冠名广告、视频贴片广告。栏目冠名广告一般放置在“两会关注”、“两会热议”等访问量较高的栏目上，视频贴片广告也是放置在热播的新闻和记者招待会视频之前。这些栏目和视频之所以能吸引到广告，在很大程度上是因为新闻内容和编辑质量得到认可，高访问量的背后自然会带来相应的广告量。

编辑与经营结合还体现在日常的网络新闻编辑中。众所周知，搜索引擎是网络新闻获得外部访问的主要源头，用户一般都是通过搜索引擎检索某条新闻或某个网站。要想达到能被搜索引擎抓取到的目的，就需要在编辑过程中依据搜索引擎算法进行新闻编辑的优化，比如做好标题、摘要，添加好关键词、相关新闻，抓住当前热点、焦点等，同时这些易于被搜索引擎捕捉的编辑手法在客观上也起到了带动经营的效果。

所谓编辑与营销结合，就是在编辑过程中充分利用各类网络工具和网络应用，为网站的新闻、专题、栏目、频道以及网站本身做营销推广工作。网络新闻浏览属于主动式阅读，需要用户主动到自己所关注的网站点看自己所喜欢的内容，非用户所关注的内容则不会进入其眼球。基于此种阅读性质，网络媒体可以在编辑新闻过程中采用多种推送的方式，比如通过客户端弹窗直接推送突发新闻、热点新闻，通过电子邮箱向注册用户发送周刊类、杂志类新闻，通过在文本层页面添加分享工具引导用户转发新闻，开设微博账号在微博中定时发送带超链接的新闻资讯等。

树立编辑与经营、营销统筹的理念，需要防止出现一味追求经营与营销而忽视基本编辑原则和方针的倾向，更要防止出现名为统筹实为有偿新闻的各种行径。2012 年国家互联网信息办公室协调相关部门依法关闭 89 家招摇撞骗、敲诈勒索的网站。这些网站“或以刊载负面新闻要挟，向有关单位索取所谓‘赞助费’、‘广告费’或‘会员费’；或假冒国家机关网站，实施敲诈、诈骗等违法行为，甚至派专人到北京等地‘拉生意’，骗取钱财；部分网站还结成‘经营同盟’，相互勾结，对有关单位、企业和个人实施敲诈”①。

① 《国信办关闭 47 家打“反腐”旗号敲诈勒索的网站》，http：//politics. people. com. cn/GB/18240076. html。

（五）树立在多元传播格局中做有责任主流媒体的理念

当今社会是一个多元生态的时代。具体到新闻传播领域，则出现了从传播思想到传播内容、从传播形式到传播载体的各类多元特征，同时也带来了相应的问题。

在传播信息内容方面，丰富的资讯、海量的信息、几乎无所不包的内容，在传播过程中集中凸显或逐步展现，既给用户带来了广阔信息的选择空间，也带来了判断传播内容、甄别虚实信息和选择性接受的难度；在传播方法形式方面，单向式、双向互动式、多向交互式、延迟式、现场即时式等各种传播交织并行，传播无方向、多角度、无模式都增加了传播的不确定性和不可控性；在传播载体方面，各种新兴媒介和新媒体层出不穷，人人都拥有麦克风，人人都是自媒体，多元主体不仅带来了舆论的复杂性和调控难度，也带来了主体间残酷的竞争与角逐。

面对多元化的传播格局，网络媒体作为受众覆盖面广、传播时效性强、影响力呈上升趋势的新媒体，需要对自己的地位有一个清醒的认识，需要明确自己的性质和定位，明确自己的社会责任和历史使命。"网络媒体的地位确立并不是一件容易的事情，它是经过了不断磨炼才能被人们认知的一种客观反映，是网络媒体本身的发展决定了影响面和影响力，决定了主流媒介的性质。"①

作为网络媒体应该清楚，能否成为主流媒体不单是财富的增长、网民数量的增加、网络对社会的渗透程度，决定性的因素是公信力和权威性，是在复杂的网络舆论环境和纷杂的社会舆论声音中表现出来的社会担当和中流砥柱作用。目前，网络媒体还在多方面存在着信任危机，比如：网络虚假新闻多，近年来的十大假新闻中都包含首发于网络的新闻，而且网络在假新闻的传播中起到了推波助澜的作用；网络低俗媚俗现象严重，网页中充斥着大量低俗、暴力、色情的信息，出现了"标题党"等不和谐的现象；不良广告、广告新闻多，一些网络媒体不顾国家利益和公众利益，登载一些非法医疗广告、含有欺诈性质的快速致富信息、虚假承诺的房地产广告和用新闻包装起来的所谓软广告等；恶意炒作的网络新闻多，专业的"网络写手"、职业的"网络推手"严重危害了网络媒体的公信力。

总之，一方面网络媒体的影响力在上升、在放大，主流的地位在凸显，另一方面网络媒体遭遇诚信危机、价值危机。这两种现象的存在都要求网络媒体树立主流媒体的理念，把国家、社会、民族、大众和网民的利益放在首要位置，一旦网站、公司、个人利益与它发生冲突，要优先考虑国家与社会、民众的利益，坚持正确的舆论导向，同时恪守新闻真实性原则，自觉抵制低俗、媚俗内容，规范自身的行为和风范，建构起网络媒体的公信力和权威性，发挥出网络媒体的正能量。

---

① 李舒：《互联网已成中国主流媒体 社会责任需放在第一位》，http：//news. sohu. com/20090119/n261830240. shtml。

思考题

❶ 网络新闻编辑的流程与传统新闻编辑有何不同?

❷ 比较网络新闻编辑原理与传统新闻报道原理的异同。

❸ 网络新闻编辑新理念会给网络新闻报道带来哪些变化?

第二章 网络新闻稿件的判断与选择

本章要点

认识网络新闻稿件多源的现状、归因及影响，了解网络新闻选稿的流程及判断准则，强调处于流程的不同阶段有相应的判断准则，重点掌握网络新闻选稿的方法和技巧。

关键词

稿件多源　流程　判断准则　网络选稿

“选择，作为新闻传播中的一条重要规律，并不是哪个人臆想出来的，而是事物矛盾性的客观要求与必然反映。新闻选择规律的内涵和要求就在于：对新闻信息的容量要强中选强；对新闻传播的范围与社会效果要好中选好。”[①]判断稿件价值及选择稿件是网络新闻编辑的起点，依据一定的原则和标准挑选、推荐新闻是网络新闻编辑的基本功。

① 彭朝丞:《新闻编辑艺术》,99~100 页,北京,中国新闻出版社,1998。

第一节 | 网络新闻稿件多源

与传统媒体以编辑、刊发本机构记者采写的内容为主不同，网络媒体是一个信息集成与用户聚集的平台，一方面主动搜寻、采集各类新闻、评论和资讯，另一方面包容来自各发布主体所贡献的内容。网络媒体在稿件来源上形成多样化的特点，既有历史的原因，也有现实的归因，这种特点直接影响到网络新闻的编辑。

一、网络新闻稿件的来源

网络媒体的新闻主要来自五个方面（见图 2—1），随着网络媒体的发展，每个板块在整个稿件构成里所占的比重逐渐发生着变化。

一是转载传统媒体的新闻。报纸类以转载各级党报、行业报以及都市报的新闻、资讯为主；期刊类以市场化的、立足新闻报道的杂志为主，少量转载学术性期刊的文章；电视类以中央电视台和各省级卫视的新闻性和专题性节目为主；广播类以各级广播电台的新闻节目为主。从转载传统媒体的内容看，文字、图片类是转载重点，音频和视频都比较有限。目前报纸有 1 900 多种，期刊有 9 000 多种，电台、电视台有 400 多家，报刊为网络媒体提供了大量的、有品质的、规范的文字、图片内容，音视频内容提供更多的是在线同步收听、收看。

二是网络媒体原创的新闻内容。包括网站编辑自己采写的稿件和有传统媒体背景网站的母媒体记者提供的稿件，翻译外电外刊的新闻，针对海量新闻编辑整合后的策划或报道，约请专家学者、社会知名人士进行文字或视频访谈后整理出的内容，在网站设置在线调查后根据调查结果写出的调查分析或报告，针对新闻发布会或重大事件进行图文与音视频直播的内容，相关机构或企业专为网站提供并授权发布的稿件，网站就某一问题或事件特别约请相关人员撰写的文章。目前已经开放部分网站的记者证发放，分别为新华网、人民网、中国经济网、中国日报网、中国国际广播电视网络台、中国网络电视台等中央级网站。商业网站在非时政新闻如体育、娱乐、健康、生活、科技等领域也在进行着原创采集。

三是用户创造的内容，或称为网民原创。网络技术门槛很低，发布的渠道多样化，有 PC 电脑、手机、PAD 及其他手持终端，甚至一些相机也具备了同步即时传输的功能，因此网民很容易通过各种互动应用工具如博客、播客、微博、论坛、贴吧、留言板、问答等，同步或异步快速、便捷地发送文字、图片、视频信息和资讯。

四是党政机关和社会机构的稿源。国家信息化工程推动了各级政府、国家部委和地方厅局的电子政务建设。电子政务的功能之一就是通过政府网站及时发布、公告相关资讯。这类新闻信息权威、准确、专业，与政经、民生、百姓社会生活息息相关，正在成为网络媒体的新闻来源。在 2012 年“中日钓鱼岛争端事件”中，外交部通过其官方网站从 9 月 3 日到 28 日连续发出 20 条“外交部发言人洪磊例行记者会”新闻，及时、准确、权威，成为这一时期最受关注的网站和网络媒体关于钓鱼岛事件的主要新闻源。

五是行业及企业网站的稿源。各行各业、各类大中小型企业都已创建自己的网站或微博账户，官方网站和官方微博已成为它们新型的、自主的媒体平台，在这一平台上发布的内容及时、准确、权威，没有信息损耗，也不会产生误解和歧义，因而也成为网络媒体的新闻源之一。

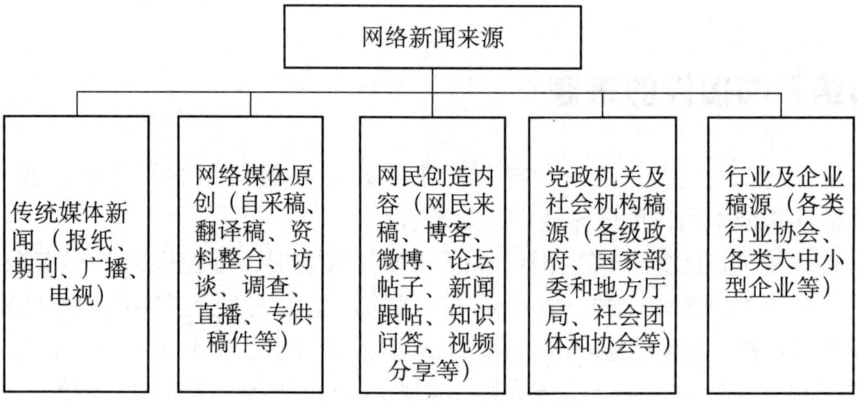

图 2—1　网络新闻来源多元化示意图

五方面的新闻来源品质不同，数量不同，在整体构成中的比重也在变化，因而对网络编辑的选稿也提出了不同的要求。从品质上看，第一、第二、第四类新闻来源准确、真实、权威、可信度高，可以信赖，可以较为放心地选稿；第三类来自网民的内容庞杂多样，良莠不齐，需要慎重选择，多加辨识；来自行业、企业的内容一般也可以信赖，但需要辨识哪些是新闻，哪些是软文，哪些是广告。从数量上看，第一、第三类新闻是目前网络内容构成的主体，是编辑选稿的主要对象，特别是第三类数量会越来越多，增加了编辑选稿的难度，但如果选择适度、恰当，则会平衡网络新闻的构成，提升网络媒体对用户的黏度。

随着网络媒体越来越重视原创，党政机关、社会团体及行业企业越来越重视新媒体发布渠道，网络新闻的构成比例将发生变化，第二、第四、第五类新闻来源会逐渐呈增长趋势。这就要求网络编辑在选稿时要重视多选取原创新闻，多关注政府网站、企业网站，及时从上述来源选择稿件。

二、网络新闻稿件多源的归因与影响

网络媒体自诞生以来就是一个新闻、信息聚合的平台，但早期整合的都是传统媒体的内容，还不能算是稿件多源。出现今天这样一种庞杂、海量、无序的网络新闻现状，是多方面因素作用导致的结果。同时，这种多源的状况对网络新闻编辑是一把双刃剑，产生了积极和消极两方面影响。

形成网络新闻稿件多源的原因主要有四个方面。

（1）历史归因。1995 年《神州学人》杂志电子版诞生，标志着中国网络媒体的出现。但直到 2000 年我国才出台《互联网站从事登载新闻业务管理暂行规定》。在此之前，商业网站相继创建，在网络新闻管理无法可依、无序竞争的环境下，商业网站由于没有新闻来源，率先采取集纳、整合传统媒体新闻的做法，造成了今天网络信息整合各方内容的现实。

（2）技术归因。从互联网的发展历史看，技术是网络媒体成长的基因，每一次的技术进步都会创造条件降低网络运用门槛，让用户便捷地进入互联网，高效地使用互联网。从 Web1.0 到 Web2.0，从博客、播客到 SNS、微博，用户在互联网上发布文字、图片和视频等内容的便利性、快捷性远远低于在传统媒体上的发布。可以说，技术为用户创造内容打开了一扇窗。

（3）社会归因。当前社会正处于转型期，各方利益冲突不断，矛盾问题重重，房价问题、拆迁问题、医改问题、教育问题、社会贫富差距拉大问题、社会价值体系遭遇危机问题等，让现实生活中的民众困惑、迷茫、愤懑，网民需要诉求、表达，需要一个倾诉话语的场所，需要一个表达意见的渠道。因此，各方人士都在借助互联网发表着各种形式的内容，造就了网络海量而又碎片化的信息。

（4）媒体归因。当所有网络媒体都采用整合多方新闻的模式时，互联网上就不可避免地出现“千网一面”的尴尬了。因此，网络媒体需要摒弃同质化，追求差异化，通过自己的原创打造特色内容，从而吸引用户、留住用户。这是网络媒体自身发展需要而带来的多源。

以上四方面因素造成了网络新闻多源的现状，也深刻地影响到网络新闻编辑及其选稿。一方面，来自四面八方的新闻和资讯丰富着网络媒体的报道，平衡着网络媒体的观点，活跃着网络用户的互动，推动着网络技术的创新，为编辑选稿提供了更多的选择，也在一定程度上帮助编辑对稿件价值进行判断，与网民形成强力互动。另一方面，海量信息造成了网络内容过剩，干扰了网民及时、快速、准确地获取有价值的信息，良莠不齐的内容加重了编辑审核、把关的负担。此外，多源观点产生的舆论不一很容易混淆视听，引发社会震荡。

第二节 | 网络新闻选稿流程与判断准则

在一般情况下，网络媒体每天转载的稿件量在 3 000～10 000 条，这些稿件都需要编辑从方方面面的稿源里挑选出来，同时还要把其中重点的、有价值的稿件调至不同的页面上。这就需要制定规范的选稿流程和基本的选稿要求，它既能帮助编辑在流程标准化的操作中提高效率，又能让编辑在选择新闻时坚持“一把尺子”的原则，用同一个标准去衡量、判断稿件的价值。

一、网络新闻的选稿流程

网络新闻选稿有两次过程、两种方式：第一次过程是从上述五类稿源里一般性地选择稿件，第二次是从已进入本网站稿库的稿件中选择重要稿件发布到频道首页、新闻中心首页或网站首页上；第一种方式是人工手动选择，第二种方式是机器自动抓取。

第一次过程被称为选取，也就是平时提及最多的 CP（copy-paste）。网络媒体建设早期，没有相应的技术支持，网站只能采用手工方式选稿。现在一些网络媒体已经开始借助抓取软件自动从各供稿源抓取新闻到稿库。抓取前设置抓取时间、关键词，标识被抓取的网站等，综合性门户网站基本每 5～10 分钟就抓取一次，只要被选对象有新闻更新，抓取软件都能即时发现并抓取到本网站，然后自动配置到各相关频道。网站还可以设置专门的初稿编辑部，由初级编辑或助理编辑负责本网站所有稿件的初选，并将初选的稿件归类到不同的频道。

但是，网站不能完全依赖于自动抓取，虽然自动抓取效率高，但准确度低，有时还可能遗漏重大新闻。大多数网站采取的是自动抓取与人工选取相结合的方式，用自动抓取保证新闻的量、新闻的及时更新，以及对其他网站的监看，用人工手动选取保证新闻的质，因为人脑的判断终究要强于机器的简单判断，选取后的稿件与网站的标准比较一致，采用率也会较高。

第二次过程是推荐，是一次高级选择的过程。互联网能存储海量信息，但不是每一条新闻都能被网民浏览到，因为承载重要新闻的空间是有限的，网民的视线也是相对集中的，要想让一些重要的、有价值的、涉及相关话题的新闻让网民第一时间看到，就需要对入库稿件进行有选择的编排和发布。按一个网站每天转载传统媒体 3 000 条稿件计，能发到首页的不到 10%。网站编辑要从 3 000 条稿件中选出 300 条，就需要网络编辑根据新闻规律、网络传播规律和网站自身的要求等对稿件进行选择、推荐。编辑有权决定选择什么样的稿件，稿件是放到网站首页上还是新闻首页上、是放在频道中还是放在滚动新闻中，稿件以什么形式出现，稿件在各级页面上该放置多长时间等。这一推荐过程也被认为是网络媒体议程设置的过程。

二、网络新闻价值判断的四项准则

无论是第一次选稿的选取，还是第二次选稿的推荐，网络媒体都需要建立一套自己的稿件判断原则和价值评判标准，制定网络媒体选稿的基本准则和要求。这涉及国家制度法规、新闻价值规律、网络媒体传播规律以及网站自身要求四个方面。

（一）根据国家法律、法规准则判断网络新闻

国务院新闻办公室、信息产业部 2005 年 9 月 25 日联合发布《互联网新闻信息服务管理规定》，其中第十九条规定：

> 互联网新闻信息服务单位登载、发送的新闻信息或者提供的时政类电子公告服务，不得含有下列内容：
>
> （一）违反宪法确定的基本原则的；
>
> （二）危害国家安全，泄露国家秘密，颠覆国家政权，破坏国家统一的；
>
> （三）损害国家荣誉和利益的；
>
> （四）煽动民族仇恨、民族歧视，破坏民族团结的；
>
> （五）破坏国家宗教政策，宣扬邪教和封建迷信的；
>
> （六）散布谣言，扰乱社会秩序，破坏社会稳定的；
>
> （七）散布淫秽、色情、赌博、暴力、恐怖或者教唆犯罪的；
>
> （八）侮辱或者诽谤他人，侵害他人合法权益的；
>
> （九）煽动非法集会、结社、游行、示威、聚众扰乱社会秩序的；
>
> （十）以非法民间组织名义活动的；
>
> （十一）含有法律、行政法规禁止的其他内容的。

根据国家法律、法规准则判断网络新闻是选稿的根本原则，是不容突破的“高压线”。任何一篇文章、稿件中出现有危害党、国家和人民利益，涉及煽动、诽谤、侮辱、泄密、造谣、教唆、传播淫秽、侵犯隐私权等内容的，网络编辑都要毫不犹豫地剔除不用，否则将会带来严重的后果。2009 年新疆发生“7·5 事件”后，国内有网站因选择了违反上述根本原则的稿件，以及没有严格审核来自网民的稿件而被关闭。

面对众多稿源时，要根据这一原则严格把关，慎重判断筛选，特别是要严格审看来自网民创造的内容，因为网民的写作没有经过专业的训练，没有条条框框约束，对于国家政策、法规也不是很了解，容易出现一些不该出现的问题。

（二）根据新闻价值规律判断网络新闻

网络新闻稿件首先是新闻稿件，因此首先要遵循新闻价值规律，根据新闻价值要素来判断稿件。

新闻价值是选择和衡量新闻事实的客观标准，即事实本身所具有的足以构成新闻的要素总和。新闻价值要素包括时新性、重要性、接近性、显著性和趣味性。要素越丰富，价值就越大。

（1）时新性。指新闻事实在时间上是新近发生的，在内容上是人们未知的，在发布上用最快的速度把新闻报道出去，简言之为事实新、时间近，及时迅速报道最新鲜的事实。新闻事件的发生与公开报道之间的时间差越短，新闻价值就越高；新闻内容在公开传播之前知道的人越少，越是出乎人们的意料，其新闻价值就越高。

（2）重要性。表现为新闻事实对受众和社会生活切实利益的影响程度，主要分为两类：一类为事实在客观上对受众的影响程度，受影响受众的数量；另一类为事实对社会生活产生影响的范围、程度和时间长短等。重要性原则是网络编辑进行二次选稿即新闻推荐时的主要判断标准。

（3）接近性。表现为新闻事实与新闻受众的内在关联性。在一般情况下，新闻价值与受众的距离成反比，这里的距离既指地理上的距离，也指心理、职业及共同经历等方面的距离。对特定受众来说，距离越近，新闻价值越大。地方网络媒体的新闻编辑在选稿时，应更多地考虑地方新闻稿件的选取，在报道同一事件的多篇新闻中，也应侧重选择与本地网民相关的新闻。

（4）显著性。主要考察新闻事件与新闻人物等在社会生活中的地位与知名度。过去，传统媒体将显著性主要定位为领袖人物、社会精英和重大、突发社会事件，但在网络新闻的报道中，显著性的范围扩大了，不仅涵盖前者，还包括网络草根、意见领袖、民生新闻和对社会产生很大反响的社会新闻。

（5）趣味性。指新闻报道能使人感到愉快、能引起兴趣、富有人情味和情趣性。在网络新闻排行榜中，趣味性新闻一般都是网民浏览量较高的新闻，而网站编辑为追求点击率也在选稿上偏重于趣味性的稿件，但趣味性不代表煽情。趣味性也不是要走向低俗、庸俗、媚俗，两者之间必须要严格划清界限。

（三）根据网络传播规律判断网络新闻

网络新闻具有快速、海量、互动、多媒体等特点，因此在选择网络新闻时要遵循网络传播规律，突出真实性、时效性、权威性、多元性、多媒体性和实用性。

（1）真实性。真实是新闻的生命，无论传统媒体还是网络媒体，都必须遵循这一基本新闻传播规律。真实的含义包括信息中涉及的事物是客观存在的，信息的各个要素都是真实的。而失实的新闻分为三种：一是通篇内容都是假的；二是主要事实是真实的，但有些细节是假的；三是事实和细节是真实的，但描述的手法、写作的方法不恰当，容易引起人们的误解。网络媒体的快速传播和无限放大的特点，微博分享瞬间达到几何级数转发的特点，决定了选择网络新闻时要特别重视真实性。因为虚假新闻一旦借助网络“二次传播”，其社会危害面更加广泛，社会影响更加恶劣。2003 年一则比尔·盖茨被杀假新闻的快速传播大大损伤了网络媒体的公信力和声誉度。

（2）时效性。传统媒体选择稿件强调时新性，但网络媒体对时效的追求更为强烈。网络新闻报道已经从传统媒体“昨天的新闻今天报”（yesterday news today，YNT）发展为“今天的新闻今天报”（today news today，TNT）、“现在的新闻现在报”（now news now，NNN）。因此，网络新闻编辑首先要建立抢发新闻的意识，尽量做到即时监控通讯社发稿、外电外报稿件，实时关注论坛、博客和微博的新闻稿件。在选稿上，既要选择最新发布的、新闻事实发生时间距离公开传播时间差最小的稿件，也要关注到第一时间已发布过但又有了实时更新的新闻，同时从保证新闻准确性角度考虑，要及时修正和删除一些已选择并发布的新闻稿件。在考虑新闻选稿时效性的同时，还要处理好及时与准确的关系，所有即时、实时与瞬时的稿件都要建立在真实、准确的基础上。

（3）权威性。权威性是网络新闻选稿的优先原则。在重大事件发生时，网络新闻信息几乎井喷式爆发。面对来自方方面面的信息，网络编辑在选稿时会无所适从，选择权威媒体、权威来源、权威人士的文章、稿件、言论可以帮助编辑提高选稿效率，减少对新闻价值的误判。权威媒体有一定的社会知名度和公信力，权威来源对新闻质量有保障，权威人士的言论有一定的社会吸引力和影响力。尤其当遇到对新闻事件各方评述不一、声音嘈杂的时候，优先选择权威性的稿件也是对网络媒体自身的一种保护。

（4）多元性。互联网有“海纳百川”的容量，具备多元呈现的条件。因此，编辑在选稿时要尽量考虑稿件的多元性，不同观点、不同角度、不同来源的新闻都应纳入选稿范畴，特别是一些社会争议性强的热点、焦点新闻和问题，更应通过编辑的全面、均衡的选稿，帮助用户厘清对问题的认识，获得较为完整的认知。2012 年伦敦奥运会刘翔伤病退赛，传统媒体、社会人士、普通网民都发表了对此问题的不同看法和认识，网络编辑这时的选稿就需要更多地考虑多元性，呈现出关于这一事件的完整报道。

（5）多媒体性。随着网络用户浏览习惯的变化，网络媒体的新闻报道正在从以图文为主体转向图文＋视频的多媒体形态，因而网络编辑在选稿时应拓展稿源渠道，多考虑视频类新闻，并将视频新闻与文本新闻融合，达到真正的多媒体报道。

（6）实用性。虽然新闻浏览是网民上网的主要目的之一，但浏览的内容在发生变化。观察各大网站的新闻排行榜会发现，实用性新闻总能赢得用户的眼球。因为网民的网络行为已经多样化，包括有网上购物、网络远程教育、网上社交等。网民需要通过网络获取日常生活信息，实用性的新闻与重大、热点新闻几乎等价齐观。因此，网络编辑选稿也应有意识向实用性资讯倾斜。

（四）根据网站自身要求判断网络新闻

目前，具有登载、转载新闻资质的网站大致分为两种：官方新闻网站和商业网络媒体。两者的身份不同、背景不同、承担的社会责任和使命也不尽相同。而同为官方新闻网站或商业网络媒体，网站在选稿、登载、转载新闻上也有各自的目标和任务。比如中央级的重点新闻网站和省市级的地方新闻网站，在时政类新闻选稿时前者侧重于宏观的、全局的、战略的新闻报道，后者侧重于地方的、区域的、中微观的新闻报道。

以下部分摘录国内两家网站关于选稿的规定，从中可以看出不同网站对于稿件判断、选择都有自己的内部要求和规范。

第一家网站：

——任何新闻信息都必须有来源（稿源）说明。

——时政类新闻信息，包括有关政治、经济、军事、外交等社会公共事务的报道、评论，以及有关社会突发事件的报道、评论，原则上只能选用规定的可供网站转载的新闻单位发布的新闻信息。

——在选择纸质媒体稿件时，尽量选取媒体记者编辑采写的职务作品，控制选取非职务作品的数量；原则上，一个频道从一个媒体选取非职务作品，每天不超过两篇。

——未经书面许可（与其签约），不得转载任何商业网站的信息。

——直接选用书籍上的信息，需获得出版社或作者书面授权，并标明来源。

——不摘选网络中流传的、非正规来源的信息，如来自 MSN、QQ、论坛、博客的信息，本网站论坛、博客除外。

——不摘选过时新闻信息，除资料外，原则上只选当天和前一天的媒体报道。

——不摘选非权威来源（《人民日报》、新华社、中央电视台、组织部除外）关于国家党政领导人事变动的报道，不选择人事变动的预测性、猜测性稿件。

——慎重选择有关社会名人、精英名流的新闻报道，尽量采用中央媒体和省报的稿件。

——慎重选择有关股市、汇市、期货的评论性报道。

第二家网站：

——摸准媒体更新规律，及时捕捉新闻，选用新闻价值高，可读性强，具有知识性、实用性、趣味性的稿件。

——对热点新闻注意从不同角度选稿，多方面报道，连续报道，深度分析，形成气候，但内容相同的只选一篇。

——信息量除达到不漏重要新闻外，还要捕捉更多能吸引人的新闻。

——不得选用与中央宣传口径不一致，中伤我国，不利于祖国统一，攻击党、政府和国家领导人，违反民族、宗教、外交及其他政策，以及宣扬封建迷信、色情、暴力和明显失实、泄密的稿件，选稿时要通读全文，绝对保证无上述内容。

——报纸和新华社都有的，用新华社稿。

——ICP 网站专稿慎用，其转抄稿找到原出处再用。

在网络新闻价值判断的四项准则中，根据国家法律、法规准则判断是原则，不容置疑和妥协；根据新闻价值规律判断是基础，保证了网络新闻符合新闻报道的基本规范；根据网络传播规律判断是特色，凸显出网络媒体的独特价值；根据网站自身要求判断是规范，体现出不同网站的性质和风格。

第三节 | 网络新闻稿件的选择

判断稿件价值是网络新闻编辑的起点，四项准则是网络新闻编辑对稿件进行选择的依据。但在具体选择每条新闻时，这些准则和要求会有不同的权重，彼此间也可能产生冲突。因此，在根据准则和要求选稿时，要处理好彼此间的关系，尽量做到协调一致。同时，除了四项准则外，还有其他因素会影响编辑的判断，左右编辑的选稿。

一、从基本准则和要求出发选择稿件

四项基本准则和要求提出了若干判断网络新闻价值的准则，但是在实际业务工作中，很难做到选择一篇稿件兼顾到所有准则与要求，特别是当要求与要求之间发生冲突时，孰轻孰重，孰先孰后，如何取舍，就成为判断与选择的难点。处理好网络新闻选稿中的几对关系，掌握好网络新闻价值判断的要点，有助于网络编辑快速、准确、高效地进行筛选。

（一）处理好基本准则和要求中的若干关系

1. 处理好真实性与其他要求的关系

网络新闻报道对新闻的时效性要求比较高，一些新闻网站为了在第一时间发布消息，往往抢发一些未经核实的消息，这就严重影响了网络新闻的质量和网站的公信力。

因此，在选择稿件的过程中，当真实性原则与时效、重要、趣味等其他原则发生冲突时，真实性是第一位的。

2008 年 5 月 12 日，四川汶川大地震发生后，国内众多网站上都转载着一条新闻“据悉，北京今天夜间有地震”。站在时效性角度，快速、及时转发这条新闻是必要的，也是实时的，但前提是这条新闻是真实的。如果这条新闻不真实或未经核实，一味为了抢时效而转发这条新闻，造成的后果就会很严重。事实证明，这条新闻是谣传。在缺乏求证的情况下把一些传言当做新闻发出去，甚至把道听途说的谣言当做事实来报道，网络就会沦为“谣言传播的工具和虚假信息泛滥的场所”[①]。

2. 处理好权威性与其他要求的关系

为了提高网络新闻选稿的效率和准确性，对于提出同一内容的新闻，我们应尽量选择来自权威机构、权威媒体或权威人士的稿源，正如上文一家网站在内部选稿规定里写的那样：“报纸和新华社都有的，用新华社稿。”但是，权威来源的稿件一样也要以新闻真实为基准，特别是在一些重大新闻的发布上，必要的审查、核实是不能省略的。

2009 年 1 月 20 日，中国政府发表《2008 年中国的国防》白皮书，第 14 章“军控与裁军”的第二段“核裁军”的第一句话是：“中国主张所有核武器国家明确承诺全面、彻底销毁核武器，并承诺停止研发新型核武器，降低核武器在国家安全政策中的作用。”这句话被部分权威媒体错误地解读，而误读后的新闻又被网络媒体大量转载。例如，

- CCTV4、《北京晚报》、中国网、中国新闻网：《中国停止研发新型核武器》
- 人民网：《国防部：中国停止研发新型核武器》
- 新加坡联合早报网：《中国国防白皮书承诺停止研发新型核武》
- 英国 BBC：《白皮书表示，中国已承诺停止研发新型核武器》

从表面上看，是部分媒体对原文的断句出现误读，但本质上是网络编辑政治常识不足，新闻敏感不足，编辑面对这样一条稿源过分相信权威而缺失了自己的思考：中国是不是真的宣布停止研发核武器？这符不符合中国一贯的军事政策？中国单方面宣布停止研发核武器的目的是什么？这样一条重大新闻，《人民日报》和新华社为何没有报道？

3. 处理好绝对时效与相对时效的关系

无论是按照新闻价值规律选稿，还是按照网络传播规律选稿，时新性、时效性都是网络新闻选稿的重要依据。能像直播体育赛事那样在第一时间选择、发布最新鲜的新闻，是一种绝对时效。但绝对时效不是判断新闻价值的唯一维度，还要兼顾其他新闻价值，这就出现了相对时效。一般情况下，在网络新闻选稿的第一环节“选取”，要

---

① 李德敏：《论网络新闻价值取向的误区》，载《新闻爱好者》，2011（3）。

追求绝对时效；第二环节“推荐”，则要把时效性与其他要求结合，把一些时效性不高但综合价值高的新闻突出处理。

图 2—2 是一个网站新闻中心页面的截图，可以看到，在新闻排序上，《山西盂县煤矿办公楼爆炸死者身份公布》、《南京最牛房产局长被双开 涉嫌严重违纪》、《河北男子羁押期间死亡 家属交涉被关押》三条绝对时效不高的稿件编排在了更突出的位置。这三条新闻虽然是前一天或以前发生的，但现在有了新的发展和结果，且新的发展和结果是备受关注的。排在下面的三条，是对正在发生或新近发生事实的及时选稿，从时效性上看高于上面的三条，但综合判断其价值则不高，因而在新闻排序上偏下。

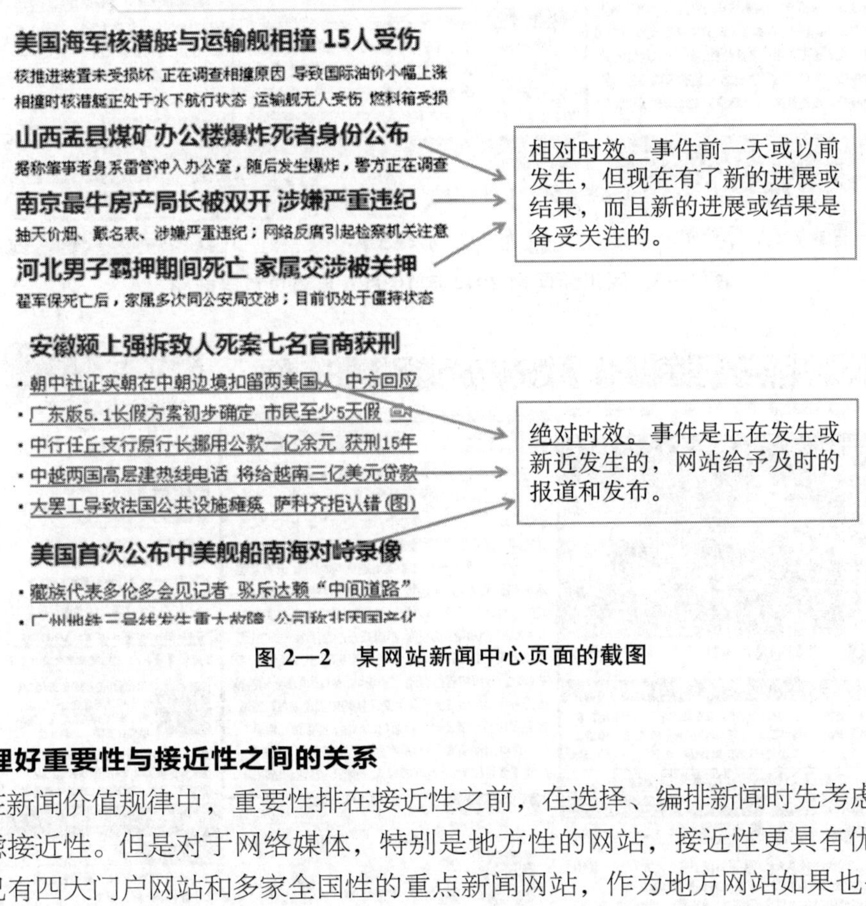

图 2—2　某网站新闻中心页面的截图

4. 处理好重要性与接近性之间的关系

在新闻价值规律中，重要性排在接近性之前，在选择、编排新闻时先考虑重要性，再考虑接近性。但是对于网络媒体，特别是地方性的网站，接近性更具有优先权重。国内已有四大门户网站和多家全国性的重点新闻网站，作为地方网站如果也去登载全国性的重要新闻，就很难凸显出地方网站的特色和价值，也无法吸引当地网民的浏览。在重要性与接近性之间，网络编辑选稿要权衡比重，合理分配稿件的数量和排序。

我们截取了 2012 年 10 月 6 日四川新闻网和南方网的首页首屏（见图 2—3 和图 2—4），两家网站都是省级重点新闻网站，但是两家网站在要闻区推荐的稿件截然不同。四川新闻网大头条加 10 条列表新闻中，共有七条是四川当地的新闻，且地方新闻占据了大头条和要闻区前六条，都在最靠前的位置。南方网大头条加 14 条列表新闻中只有一条香港新闻，两条广东新闻，大头条的新闻群中只有一条广东新闻，其他都是国内、国际重要的时政新闻。

图 2—3　四川新闻网 2012 年 10 月 6 日首页首屏截图

图 2—4　南方网 2012 年 10 月 6 日首页首屏截图

（二）掌握网络新闻选稿的要点

在网络新闻选稿过程中，除了要处理好基本准则和要求中的若干关系，还要以基本准则为依据，掌握网络新闻选稿的一些要点。

1. 采用“四看”方式判断稿件真实性

在选稿过程中，新闻稿件的时新性、重要性、接近性、多元性、多媒体性、实用性等价值要素相对较好判断，难以处理的是新闻真实性与权威性的判断。在判断新闻稿件真实性时，要用“四看”的方式来审查。

第一看，查看稿件的新闻来源。本网站原创稿件质量容易得到保障，可以直接采用；转载国内传统媒体稿，质量也比较高，但应注意选择与本网站有签约协议的媒体的稿件，在选择社会新闻时一般的地方小报、都市类报纸的稿件要谨慎选用；看稿件来源还要看稿件是媒体首发还是转发，若为转发还需要找到源头以保证稿件的质量，不能轻易使用来历不明的信息。2009 年 10 月 28 日，中国日报网转载一则消息《杨振宁证实夫人翁帆怀孕三个月》，后经查实，该消息为假新闻，编辑解释的原因是“该稿来源不详，并不是自己的采访稿”。

第二看，查看稿件内容。查看信息要素是否齐全，如事件发生的时间、地点、人物、原因、过程等；查看稿件中的引语、背景资料等，最好能交代清楚可靠的来源；查看与分析信息的细节，保证信息准确。可以通过逻辑推理、调查以及与有关方面或有关资料核对等方法，对信息进行深入的判断。

第三看，查看重要新闻的更多报道源头。重大突发事件如地震、矿难、医疗卫生、食品安全等公共新闻，要寻找更多的新闻源，查看是否来自权威的消息，然后再判断稿件的真实性。

第四看，如果要转载网络媒体的稿件，首先要看该网站是否具备新闻网站的资质，其次对这类网站的原创稿件、论坛、博客、网友留言稿件等慎重选择。

2009 年《新闻记者》杂志评出年度十大假新闻，从以下这条新闻的出炉便可以看出媒体在很多环节都负有失察之责。

虚假新闻：中国海军索马里护航逼出跟踪潜艇①

刊播媒体：《华西都市报》、《青岛早报》

发表时间：2009 年 1 月 18 日、19 日

投稿作者：童其志（化名长歌、淡薄、田园）

原发新闻：我军赴索马里水域执行护航任务的舰队遭到不明身份潜艇的跟踪，我军舰与之斗智斗勇，最终成功逼其浮出水面逃走。该报道并未指出潜艇的国籍，但许多网站在配图时均配上了“印度海军基洛级潜艇”的资料图片。更有消息称，《印度时报》、《印度教徒报》等报纸也对该事件进行了报道。一时间，中印之间的这次军事较量成为“铁血”、“强国”、“新浪军事”等各大论坛上网友热议的焦点。

事实真相：3 月 9 日《中国新闻出版报》报道，2009 年 1 月 18 日、19 日，

① 参见贾亦凡、陈斌：《2009 年十大假新闻》，载《新闻记者》，2010（1），选取时有删节。

《华西都市报》、《青岛早报》刊登了题为《深海围“鲨”》、《猎“鲨”行动》等有关我舰艇编队索马里护航情况的稿件，稿件均为社会自由撰稿人个人杜撰。两报未遵守《关于加强军事新闻宣传管理的通知》相关规定，擅自刊登军事新闻，也未按照《报纸出版管理规定》对稿件严格把关，致使虚假报道见报，并经网络转载、改编后在国内外造成了严重不良影响。对于以上虚假报道，新闻出版总署要求四川省新闻出版局、山东省新闻出版局对相关媒体和责任人做出处理。目前，《华西都市报》、《青岛早报》分别刊发了更正致歉声明，并对相关责任人做出辞退、停职等处理。杜撰该虚假新闻的社会自由撰稿人将被禁止从事新闻采编工作。

有关点评：假新闻炮制者童其志交代："我分别从新华网、中国新闻网等网站上下载当天的最新相关新闻，进行篡改整理成为一篇篇假纪实报道稿子，每天都发到《华西都市报》。如果当天没有新闻更新，我就搜索以前有关舰队出访的一些纪实报道进行整合。从 2008 年 12 月 28 日开始一直到 2009 年 1 月 25 日结束，我共发给《华西都市报》26 篇稿子，《华西都市报》全部采用刊发，其中包括《深海围‘鲨’》和《猎‘鲨’行动》稿件。这两篇稿件完全是我个人将 2008 年 4 月份某杂志刊登的一篇中国海军舰艇反潜纪实的稿子改头换面、杜撰拼凑出来的。"由此可见，《华西都市报》、《青岛早报》所发的这一系列报道，都是假新闻，这恐怕也创下了"持续时间最长的假新闻"的世界纪录。

更可悲的是，许多权威新闻网站如凤凰网、央视网、中国网在转载此文时，都标明来源于《青岛晨报》。其实，这是一张世界上根本不存在的报纸，因为只有《青岛早报》而无《青岛晨报》。自古有"锦上添花"一词，如今又有"假上添假"之说。

2. 采用"三审"方式判断稿件的权威性

在选稿过程中，可以从新闻刊载媒体、新闻内容的提供者、新闻稿件中的人物，或者是信源即出处权威，或者是新闻信息的发布者权威，或者是新闻稿件中的人物权威等方面来判断稿件的权威性。

(1) 审信源是否权威

新华网：山西盂县煤矿大楼爆炸 4 人死亡 排除人为因素

这是一件发生在地方的矿难事件，涉及人员死亡和事故原因排查，如果由地方媒体报道，很难核实和求证消息的真实性与准确性，但是由新华网来发布，信源权威，信息的可信度显然提高。

《潇湘晨报》：专家称中国不适合征收汽车排污费

据中央人民广播电台报道，近日，国务院发展研究中心资源与环境研究所副所长李佐军透露，政府正在酝酿对汽车征收排污费，目前处于论证阶段，预计在"十八大"后实施。

公共卫生、食品安全、征费增税等都是与百姓利益攸关的民生问题，这样的新闻一旦处理不慎，新闻失实就会酿成社会危机，造成社会动荡不安。因此，这类新闻尤其需要注意信息发布者的权威。《潇湘晨报》是一家地方都市报，由它发布“中国不适合征收汽车排污费”并不权威，真实性也值得怀疑，但新闻稿引用的稿源是“中央人民广播电台”，发布者是“国务院发展研究中心资源与环境研究所副所长”，两个权威性来源同时佐证，增加了消息的可信度。

(2) 审信息发布者是否权威

公安部：最大限度把警力投向路面 保返程平安畅通

国家质检总局：携带转基因生物入境需提供证书

美银美林：黄金周数据显示中国经济不会硬着陆

药监局：板蓝根分散片等 32 种药品转换为非处方药

以上四条新闻都有一个共同的特点，信息发布者权威。在一些重大社会事件、突发事件和争议、热议事件发生时，选择来自权威发布者的稿件能在一些是非问题上帮助用户廓清事实，辨析方向，还公众一个真实、准确的新闻。

(3) 审新闻稿中的人物是否权威

任志强：房地产限购不是好方法

争议性话题一般都会各方评议纷呈，网络编辑很难取舍稿件，选择一些权威人士、专业人士的讲话、言论能提升新闻质量和公众对新闻事件的认识。任志强是房地产业的知名人士，对于房地产行业的情况比较了解，有一定的话语权，他来谈房地产限购自然令问题具有一定的权威性。

此外，在判断新闻稿权威性的时候，还可以通过同类信息的比较发现它们是否有差别，从而进一步去找到最具权威性的材料。

二、从网民心理和行为习惯角度选择稿件

网民的心理生活空间具有方向性，表现在三个方面：无方向（寻找目标）、引力（指向目标）和斥力（脱离目标）。当网民还未形成某种明确的需要，或者虽然已经有了某种需要，但是还没能找到可以满足这种需要的网络环境（即目标）时，就会随意点击，在网上漫游，直到找到合适的目标，再将行为的方向指向那个目标；当某个网络环境符合网民的需要时，他便被吸引，经点击进网，并在此滞留；当某个网络环境不能满足网民的需要，甚至被网民厌恶时，在他的心理生活空间中便出现了斥力，其行为表现是暂时或长久脱离网络。①

如果把网络新闻当做产品来看待的话，网民之于网络新闻就像顾客之于商场，是否点击、浏览，一方面取决于新闻价值、新闻的品质，另一方面也要看产品是否暗合用户的消费心理，是否符合用户的行为习惯，有适宜网民消费的网络环境。网络编辑选择新闻，虽然不能一味迎合网民的口味，但深入了解网民的网络行为特征，掌握网

---

① 参见刘京林：《浅析网民的心理生活空间》，载《新闻三昧》，2002 (6)。

民的想法和心理，创造出健康、有序的网络环境，进行针对性的网络选稿，还是非常有必要的。按照网民心理和行为习惯选择稿件、发布新闻，能在一定程度上增强用户的阅读体验，带来更好的传播效果。

1. 可以根据网民的上网时间来选择稿件

在一般情况下，网民上网时间多为工作日，高峰时间是 9—11 点、14—16 点、19—22 点，这些时间网民浏览新闻的需求比较大，因此可以在这些时间及时推荐、更新一些重要新闻，特别是希望被网民关注到的新闻，可以在这三个时间段加大话题设置力度。周末上网较少，如果周末发生了重要新闻，应在周一或工作日再突出呈现。

2008 年 10 月 26 日，各大网站都报道了一条“香港检出含三聚氰胺鸡蛋”的新闻，但 26 日是星期天，非工作日，而这条新闻又是关系到百姓食品安全的大事。人民网、新华网、凤凰网在 26 日对新闻做了常规报道发布后，就将此条新闻归于旧闻了。而央视网、新浪网、搜狐网、网易网和腾讯网则在 27 日（即周一，工作日）将这条新闻再次拿出，放置到要闻区。[①] 这两种不同的做法反映出网络编辑对用户行为特征的认知。

2. 可以根据网民心理特点来选择稿件

虽然每个网民都有个性化的阅读心理，但也存在着普适性的受众心理，如粉丝心理、猎奇心理、表现心理等。比如可以在“两会”报道中适当多选择些知名代表、委员的发言，他们的显著性特征能暗合网民的粉丝心理；可以在世界杯、奥运会的报道中适度选择些运动员的场外新闻、花絮新闻，这种趣味性、人情味的新闻能暗合网民的猎奇心理；可以在日常新闻报道中多选择些来自网民的文章和稿件，满足网民的个性表达、对外展示的表现心理。

3. 可以根据网络环境来选择稿件

网民行为虽然取决于个体需求，但也会受网络环境影响和支配。大多数人上网浏览新闻往往没有很强的目的性，不是为着寻找某条特定的新闻，他们只是想了解每天的大事、大家都在谈论什么话题等。对于热点、焦点事件网民的关注度会相对较高，对于热议、热评的事件网民也会更加重视，甚至加入讨论。这样一种网络环境决定了网络编辑在选稿时对于热点、焦点事件应有侧重，对于热议、热评问题在页面位置上应有推荐。营造一种适宜网民浏览新闻的网络环境，能够增加网民对网站的黏度。

三、从社会效果角度考虑选择稿件

网络媒体与传统媒体一样具有传播报道新闻、反映引导舆论、传承教化和服务社

① 参见詹新惠：《一条网络新闻不同方式处理的思考》，载《网络传播》，2008（11）。

会的功能，但是，网络媒体的传播效果却在很大程度上与传统媒体不同，互联网超时空、强互动的特性使之成为网络信息的集散地和社会舆论的放大器。《新闻记者》杂志每年选评一次年度十大假新闻，虽然“入围”的大多是传统媒体报道的新闻，但网络媒体是一个重要的“帮凶”，一些小报小刊的报道正是因为网络编辑的选稿而被网民浏览到并广为传播，原本不为人知的新闻经过网络的转发、分享与互动迅速放大，扩大了传统媒体假新闻的传播速度和传播范围。

网络编辑应该站在社会效果角度慎重选择热点新闻的稿件。网络编辑喜欢选择热点新闻，一则能吸引网络的关注，带来超高的访问量，二则即使判断有误，因为大家都在转载，也不用担当责任。目前，点击率和访问量已成为一些网站的“指挥棒”，市场投资者是否青睐，各类广告商是否眷顾，年度、季度财报是否好看，包括编辑的收入、职位的晋升和年终考评都需要拿访问量、点击率说事。网络编辑为了完成访问量硬指标，想尽一切办法选择转载有噱头、有看点、有卖点的稿件，而不去考虑新闻转载后的社会效果。2008 年“艳照门”事件就是一个典型的案例，大大小小的网站都乐此不疲地转载各种艳照，导致网络媒体公信力一落千丈。

网络编辑应该站在社会效果角度慎重推荐新闻。2011 年 3 月日本大地震发生时，正值国内召开“两会”，如何平衡处理这两大重要新闻，如何在重要区域呈现它们成为摆在所有网站面前的一道难题。是放弃“两会”报道而转向日本大地震报道，还是坚持“两会”报道少量报道日本大地震呢？抑或是寻找到更好的网络编辑和呈现方式来获得一种平衡呢？新浪、网易在处理这一事件时采用了相同的策略（见图 2—5、图 2—6），一是保证两大热点新闻都出现在首屏页面，二是利用网页语言巧妙推荐，将“两会”新闻依然置于头条位置，并且有显著的“两会”题图和专题链接，标题用红色非常显眼，但压缩了新闻条数，只有三行。将“日本大地震”新闻置于“两会”内容之下，看似排序在后，但采用了一定的编辑技巧，标题采用黑色既与头条形成鲜明的对比获得反衬的效果，又符合新闻的性质，凸显话题的沉重，页面上不吝啬面积，给予了足够的空间位置来放置十几行的地震新闻，同时一反过去图片与要闻不重复的常规，放上了地震的图片。通过这样一些编辑处理，要闻区推荐的这两条重大新闻达到了一种均衡，都成为当日的头条新闻，社会效果显而易见。

网络媒体从社会效果角度判断稿件价值及选择稿件，必须要考察稿件的社会效益，摒弃以假新闻、低俗内容、社会效果为代价换取流量、换来广告的不健康做法，辩证地看待访问量、点击率与社会效果之间的关系，提倡“绿色”点击、“绿色”访问量，树立以“高质量的流量”吸引“高端广告、高效广告”的理念。网络媒体还需要建立多元化评价指标和体系，以“不登载道听途说的新闻，不断章取义转载新闻，不恶意炒作新闻”为网络媒体基本底线，将社会效果、社会评价作为选稿的重要标准。

网络媒体从基本准则和要求出发选择稿件是基于新闻稿件本身做出的评判，从用户心理、行为习惯角度选择稿件是基于对象做出的评判，这两类选稿都是对于已知情况进行的判断，而从社会效果角度考虑则是对未知情况的预判，是对网络编辑提出的一项更高的要求。无论是已知还是未知，准确地判断网络新闻价值，适宜地选取与推荐网络稿件，都需要网络编辑具备一定的发现力、判断力和呈现力，善于从海量信息中发现有价值的、符合网络传播特点的内容，善于从稿件数据库中辨识新闻的价值、主次轻重，善于在推荐新闻时灵活运用各种呈现方式。网络新闻的判断与选择是对网络编辑基本功的考核。

图 2—5　2010 年 3 月 11 日新浪网新闻中心首屏截图

图 2—6　2010 年 3 月 11 日网易网新闻中心首屏截图

思考题

❶ 选择某一天的某一时间点，比较同类网站的头条、要闻区新闻登载的情况，观察网站的选稿判断和标准。

❷ 选择某一天的某一时间点，比较不同性质网站的头条、要闻区新闻登载的情况，观察网站的选稿判断和标准。

❸ 除了书中所提到的网络新闻的判断标准外，还有哪些不确定因素会影响到编辑对稿件的选择与判断?

第三章 网络新闻的基础编辑①

本章要点

掌握单条网页新闻的修订、改写、增添和删除等基础性工作，了解网络新闻内容管理系统及其发布方式，重点学习网络新闻标题的编辑和制作。

关键词

修订　增添　改写　发布　标题制作

单条网页新闻是网络媒体传递新闻、信息的主要载体，是网民浏览新闻的最终落脚点，也是承载网络广告的重要页面之一。针对单条网页新闻的编辑，无论是文本新闻、图片新闻还是视频新闻，都是最为基础性的一项工作。从修改、删添、发布到标题制作，都关系到网络新闻后期编辑的品质和传播效果，决定着网站对网民的黏度，甚至在一定程度上影响到网站的广告收益。

① 本章的基础编辑与第四章的整合编辑分属网络新闻编辑的基本内容和特色内容。基础编辑是指适用于所有网络新闻的编辑操作。

第一节 | 网络新闻的修改与删添

单条网页新闻编辑相当于报纸、杂志对单篇稿件的编辑。传统媒体的编辑包括修订、删除、增添和改写四个方面，单条网页新闻编辑也是围绕着这四个方面展开的。但由于网络新闻传播有其自身特点，因而单条网页新闻的修订、删除、增添和改写与传统媒体有着很大的不同。

一、修订

稿源不同，网络新闻编辑的修订重点也有所不同。如果是来自传统媒体的稿件，编辑改错的重点在文章复制、粘贴中的技术性错误、源代码错误和行文格式的差错，文字、事实的订正相对较少；如果是网站原创、翻译和选取网民的稿件，差错的表现形式就会多种多样，如政治性错误、事实性错误以及文字性错误等。

（一）修订政治性差错

随着网络媒体影响力的提升，网站编辑参与时政性新闻报道的机会越来越多，比如“两会”、“建国 60 周年”、“建党 90 周年”、国新办新闻发布会、国台办新闻发布会等。参与这类新闻报道的采写与编辑，就需要有高度的政治敏感和自觉的政治意识，对政治性差错要保持高度的警惕。

第一是修订观点错误。要确保新闻观点正确，不能违背党和国家的路线、方针、政策、法规，新闻报道中的观点、事实不能与大政方针产生冲突甚至完全背离的错误。编辑要把好稿件的政治关、思想关，及时了解国内国际政治形势，及时掌握分管领域的政策动向和法规条例，要具备一定的政治鉴别力、政治敏锐性和新闻敏感性。

第二是修订常识性错误。时政性新闻编辑涉及国内、国外的国家领导人的职务、排序，国家机构、社会团体的专有名词和用法等，对于这类常识性的政治类用词、用语要确保准确、完整。比如要熟悉国家领导人的职务和排序；在国际活动中介绍我国情况时应称中国或中华人民共和国，不能称“大陆”；使用称谓时，台、港、澳不能与“中”（即中国）并列，不能在新闻报道中使用“中台合资”、“中港交流”、“中澳合资”等写法；不得将海峡两岸和香港并称为“两岸三地”；“台湾”与“祖国大陆（或‘大陆')"为对应概念,"香港、澳门"与"内地"为对应概念,不得弄混;台湾当局官方机构和具有官方背景的机构或组织名称,一律要加引号。

第三是修订民族、宗教问题上的错误。民族、宗教报道事关民族团结、社会稳定、国际关系,任何一点微小的差错都会引起各方敏感,编辑一旦处理不当,就会引发严重的后果。因此,在编辑涉及少数民族问题的稿件时,要尊重各民族的风俗习惯和禁忌,不对少数民族习俗做猎奇式报道,重视对民族称谓的写法。比如涉及信仰伊斯兰教的民族的报道,不要提"猪肉";穆斯林宰牛、羊及家禽,只说"宰",不能写做"杀";"穆斯林"是伊斯兰教信徒的通称,不能把宗教和民族混为一谈,不能说"回族就是伊斯兰教"、"伊斯兰教就是回族";报道中遇到"阿拉伯人"等提法,不要改称"穆斯林";有两个民族的自治地方的称谓不可任意简略其中任何一个,如湘西土家族苗族自治州等。

第四是修订历史问题上的错误。要以马克思主义的历史观为指导,正确把握,审慎处理新闻稿件中涉及的历史及党史、新中国历史中的重要人物和事件,要按照有关文件规定如《关于若干历史问题的决议》和《关于建国以来党的若干历史问题的决议》等来统一认识,把握报道口径。对历史研究成果类的报道,要遵循历史唯物主义的发展观,一般不传播研究者个人的观点或结论。

(二)订正事实性错误

新闻的五要素包括时间、地点、人物、新闻事件和起因结果。这些要素在自采稿件中都有可能出现错误,并最终影响到新闻事实的报道。因此在新闻编辑过程中要注意订正以下几方面事实性错误。

(1)注意对突发事件中的各新闻要素的核实。网络媒体对于突发事件的报道有先天的时效优势,但有时也会出现为了抢发报道,在没有弄清事实的情况下匆忙发稿,最终导致新闻失实的情况。2008 年汶川大地震发生后,网络上曾流传北京当天晚上也有可能发生地震的谣言。有些网络媒体在没有核实信息来源和基本事实的情况下,就发出了"传言北京今晚将发生地震"的新闻,虽然标题中不是肯定的语气,也用了"传言"两字,但终究这是一条不负责任的报道,没有核实清楚新闻事实就匆忙发布出去了。

(2)注意灾情、疫情报道中新闻要素的准确和错误的及时更正。灾情、疫情都直接关系到人民群众的生命和生活,关系到社会的稳定,甚至关系到国家安全和对外关系,因此对于灾情、疫情的报道要慎重,首先要确保消息来源的权威性和可靠性,不能采用媒体、个人自行发布的消息。当灾情和疫情发生变化时,要随时跟踪,及时更新,如果之前发布的有错误信息,要及时更正,确保新闻事实的准确无误。对于一些灾难报道中的死亡数字,要注明"截止时间"。

(3)注意对多点报道的事实订正。在报道重大新闻事件时,一般都有多个现场报道点。编辑在与前方记者连线直播时,要注意记者的所在位置和发稿地点是否统一,发稿时间与事件发生是否一致。比如"建国 60 周年"的网络直播报道,前方记者分布比较散，有在天安门广场的，有跟随阅兵部队的，有在天安门观礼台的，还有在外围制高点的。当多路记者都通过连线的方式向后方发回快讯、图片报道时，后方编辑就需要仔细核对记者的位置、报道的时间和内容，防止出现时间、地点和新闻不对应的错误。

（4）注意稿件转发过程中的信息失真。网站转载稿件有些是从原始出处转载，有些是转载后的再转载，对于后一种情况，网站编辑时要慎重处理。因为第一次转载的网站可能会根据本网站的定位和要求对新闻进行了再加工、再编辑，特别是在标题上进行了处理。最好的办法是依据文中标明的路径找到最原始的出处；如果没法找到原出处，就需要凭借编辑经验进行判断，尽量防止出现信息损耗、信息错漏和信息扭曲的差错。

（三）修订技术性错误

技术性错误包括文字上的错别字和网页呈现上的错误。

按照国家相关规定，出版报刊、图书都有文字性错误的最高限，一般报社要求文字错误率要控制在万分之三以内，报纸、期刊和图书都设有专门的校对进行文字方面的一校、二校。但是，网络媒体从诞生伊始就没有对文字错误率进行严格规定，大多数网站编辑对文字性错误没有足够的重视，网民对网络新闻中出现的文字性错误似乎也见怪不怪，最终导致网络新闻被冠以粗制滥造的“恶名”。

网络新闻的文字性错误虽说有些是因输入法操作疏忽大意造成的结果，但有时会产生歧义、阻碍阅读，比如将“季度”打成“嫉妒”，将“春节”写成“纯洁”，特别是一些英文缩写，稍一不慎就成为莫名其妙的中文，如 CNN 变成“纯牛奶”，BBC 变成“本帮菜”等，不仅意思扭曲，简直就是贻笑大方。

网络新闻是依托互联网技术、计算机技术和数字技术的产物，网络编辑过程中不可避免地会遭遇技术问题，一旦处理不当，出现如标题折行、文章断行、网页行文格式和网络技术代码等错误后，就会导致网页呈现错位、页面变形等。图 3—1 右侧新闻下出现了多行空白，就是因为左侧有五条新闻标题字数控制不严出现了折行而导致的结果。

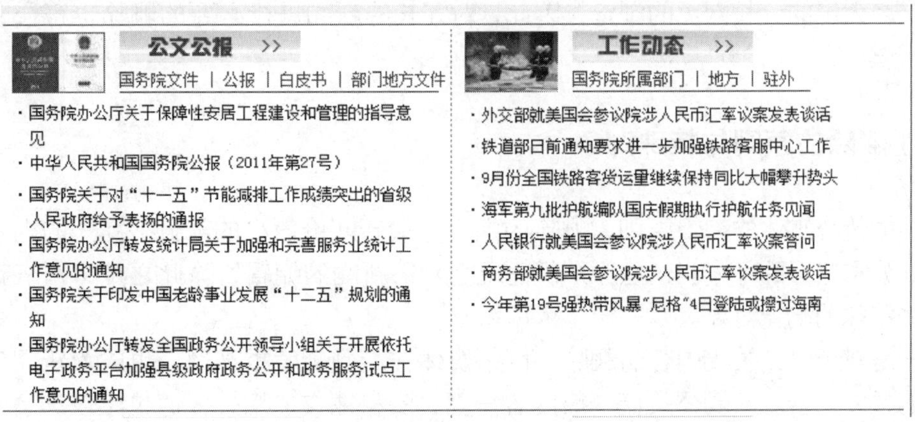

图 3—1　网页因标题折行而导致的页面错位截图

二、删除

在网络媒体发展之初，对于编辑工作中的删除并不重视，甚至到了忽略不计的地步。但随着网络媒体逐渐成为主流媒体，大众阅读逐步转向网络阅读后，删除的意义和价值开始凸显，删除工作除了遵循传统媒体的编辑原则外，还有网络媒体特殊的对象和要求。

（一）从忽视删除到强调删除

传统媒体受到版面、页面和时长的限制，对文章的压缩、删除工作高度重视，编辑为了在有限的版面和规定的时间里刊发、播出新闻，会对新闻稿件改了又改，删了又删，甚至有时要将长达 2 000 字的稿件删减成 200 字的消息稿。但是，网络媒体，特别是在互联网发展初期，并不太重视删除的编辑工作。一是因为网络服务器可以无限添加，理论上可以有无限的存储空间，编辑想发多少条就发多少条，有多少字数就发多少字，在编发稿件时基本上保持稿件的原样，几乎没有删除的压力；二是早期的互联网中文信息非常少，大家都在尽可能地增添互联网的中文信息，很少考虑到删除的问题。

但是，随着网络媒体越来越多，发布的新闻量越来越大，网民贡献的内容越来越丰富，网络新闻呈现出过剩的趋势，庞杂、冗余的信息充斥其中，干扰了网民对有效信息的接收。基于此，网络媒体开始强调删除工作，要求编辑从网民的需要出发，为网民提供更精练、更有价值的新闻，减少网民寻求有效信息的时间。

强调删除工作还有一个因素就是要体现出网站编辑的能力。通过编辑对新闻的精编，一方面改变过去信息海量、信息粗放、信息过剩的弊病，另一方面树立网站风格、特色，制作出差异化新闻，从而在与其他网站的竞争中占据优势。毕竟网络阅读是不适合长篇大论的、长网页的浏览，因此，对冗长的新闻进行必要的删除也符合网民的阅读习惯。

（二）删除的原则与特殊对象

根据传统媒体的编辑原则，删除的内容包括新闻价值小的部分、冗长的内容、多余的部分和错误的部分。这些原则都适用于网络新闻的编辑，除此之外，网络新闻还有一些特殊的删除对象。

一是对新闻公关稿内容的删除。网络媒体在受到高度重视后，也成为新闻公关稿发布的重要平台。新闻公关稿一般内容全面，资料翔实，相关报道也比较丰富，网络新闻编辑对于这类稿件应该加以删除、提炼，区分、甄别出新闻、软文和形象广告文体，然后再编辑出最有价值的新闻奉献给网民。

二是对相似图片的删除。数码相机在带来拍摄成本降低、拍摄便捷和传输方便的同时，也带来了照片数量泛滥、质量低下的弊端。有些网站为了增加新闻点击率，为一条新闻配发十几张内容、主题近似的图片，不仅浪费网民的阅读时间，也浪费网站的存储空间。因此，网站在发布图片新闻或为新闻配图时，应精挑细选，角度、画面相近的照片应果断删除，保留下最有冲击力、最具现场感、最能体现新闻事实的照片。

三、增添

与网络新闻的删除工作相比，网络先天的技术优势为增添创造了条件，也使增添成为网络新闻编辑的重点。换言之，网络新闻编辑更注重“加法”，通过不停地添加，可以将一条“单薄”的文本新闻变成“丰腴”的多媒体新闻、融合新闻。

（一）增添的内容与方式

网络新闻的增添包括三类内容和两种方式。三类内容指新闻内容、互动内容和广告内容；两种方式指自动添加方式和手动添加方式。

新闻内容的增添包括基本信息的增加、新闻增值阅读的增加和新闻延伸阅读的增加。基本信息的增加有电头、来源、时间、责编等；新闻增值阅读的增加有图片、音视频、提要、摘要、背景资料等；新闻延伸阅读的增加有相关专题、相关新闻、关键词超链接、热词超链接等。

互动内容的增添包括直接互动的增加和间接互动的增加。直接互动有直接表达意见和观点的留言板、评论区等窗口，间接互动有转发、分享、挖掘以及链接到论坛、博客和微博的转接按钮。

广告内容的增添包括 24 小时新闻排行榜、评论榜等新闻推广，网站自身或网站频道的形象广告，文字链或图片或视频的商业广告，电子商务广告以及搜索联盟的广告。

上述三类内容，新闻内容中的基本信息、互动内容和广告内容的增添一般设定为自动增添，即将这些内容写入网络新闻发布模板，并放置在固定的位置，轻易不会改变位置或从模板中剔除。新闻内容中的增值阅读和延伸阅读属于手动添加，需要编辑根据新闻报道的内容及其价值先进行判断，然后确定增添哪些内容。需要注意的一点是，不是每篇报道都要完整增添增值阅读和延伸阅读的内容，可以根据新闻事实相应配置。

（二）增添的操作技巧

无论国内还是国外的网络媒体，在处理单条新闻时都高度重视编辑中的增添，通过增添扩展新闻价值、延伸新闻阅读、加强网民互动，力图做出立体化的网络新闻。下面我们以《纽约时报》网站一条新闻的处理为例，来分析网络新闻是如何进行增添的。

这是一条关于世界知名汽车公司克莱斯勒公司寻求破产保护的新闻。围绕着这样一条普通、平常的新闻，《纽约时报》网站进行了 14 项增添（见图 3—2），增添的内容以新闻增值阅读、新闻延伸阅读为主，辅之以互动内容和广告内容。

在新闻增值内容的增添上，主要有①图片、⑨更多图片、③新闻视频、⑦新闻音频，丰富了新闻报道的形式，为网民提供了多样化的浏览选择；延伸阅读增添是针对本条新闻的深度内容，主要有②克莱斯勒公司产业重组的相关数据图表、④发生时间点之前的 12 个月内影响克莱斯勒公司破产的主要新闻事件、⑤克莱斯勒公司破产的相关文件，这些内容可以有效地帮助网民了解克莱斯勒公司申请破产的背景、原因、详细情况和未来的发展前景。

互动内容的增添在这条新闻的报道中也很突出。直接的互动有让网民辩论、讨论的争鸣区，让网民发表意见的评论区，评论区还将参与评论的人数直接标示出来；间接互动有分享到 Twitter、Facebook、Myspace、Linkedin 等网络社区的超链接，有登录到邮箱转发该条新闻的按钮，还有为网民提供打印、复印等各种服务的技术性功能。根据有关研究的统计，在一篇网络新闻报道里一般会有 7～8 个间接的互动接触点，这些互动接触点现在已经被一些网站写进新闻模板，成为网络新闻发布时的“标配”。

在这条新闻中，广告内容的增添并不多，只有三个简单的矩形板块，其中内容推广采用标签轮换的方式。

《纽约时报》网站的这条新闻除了增添的内容比较丰富、全面外，增添内容的位置安排也值得分析。国内的新闻网站一般都将增添的内容置于主体文章之后，网民需要浏览完全部文章或者拖拽网页滚动条才能看到增值内容或延伸阅读，互动板块更是在页面的最底部。这样的位置安排给网民的浏览造成了很大的不便，没有耐心的网民几乎不会拖拽到页面底部去浏览增添的内容，增添的意义也就此失去。

《纽约时报》网站将这条新闻的增添内容编排在文章的左右，左边为增值阅读内容，从上至下依次为图表、视频、相关新闻、音频、互动讨论、评论，这样的编排一方面符合网民浏览新闻对内容需求的次序，另一方面也满足了网民在浏览正文时随时关注相关内容，随时移动鼠标点击进入的要求。同时，提供给网民评论的窗口在正文的上下都有设置，这也是考虑到网民浏览新闻时有随时发表评论的愿望。在广告位置安排上，由于广告内容量较少，右边三个矩形广告以下的区域都是空白，尽管看上去整个页面左重右轻，左右失衡，但网民浏览新闻时受广告的干扰减少了，有利于网民更专注地阅读新闻。

图 3—2 《纽约时报》一条新闻的增添

资料来源：http：//www.nytimes.com/2009/05/01/business/01auto.html？hp.

从图 3—2 中可以发现：

①增添了图片；

②增添了克莱斯勒公司产业重组的相关数据图表；

③增添了新闻视频；

④增添了发生时间点之前的 12 个月内影响克莱斯勒公司破产的主要新闻事件；

⑤增添了克莱斯勒公司破产的相关文件；

⑥增添了与克莱斯勒公司破产相关的新闻；

⑦增添了新闻音频；

⑧增添了让网民辩论、讨论的互动板块；

⑨增添了更多图片；

⑩增添了让网民评论的互动板块；

⑪增添了分享、打印、复印等工具性板块；

⑫增添了商业广告；

⑬增添了新闻推广；

⑭增添了网站杂志的形象广告。

增添是网络新闻编辑经常性的工作，每一个编辑不但要时刻有增添的意识，还要懂得如何为一条网络新闻增添合适的各类内容，如何将增添的内容编排到适当的位置。增添得当，能增加新闻的厚度，提升新闻的品质；反之，则会成为新闻的累赘，变成阅读的负担。

四、改写

（一）改写的对象与方式

在网络新闻的编辑中，改写并不是一项经常性的工作。只有在面对特殊的单条新闻、需要重点强调的单条新闻或者需要技术处理的单条新闻时，才会运用改写的编辑手段。

网络新闻编辑中的改写不同于传统媒体的改写。传统新闻编辑中的改写主要是针对文章、报道的内容，从写作角度进行修改，改结构、改导语、改辞章、改写法，有时甚至是重新撰写；网络新闻编辑中的改写主要是运用互联网的技术、网络的表现形式对内容进行的加工、包装和重新组合，对内容本身并不进行大的修改。

网络新闻的改写包括三个方面：一是针对新闻模板进行的技术性改写，二是针对冗长文章进行的分篇和分页，三是针对内容进行的整体包装和重组。

新闻模板是网络新闻发布系统中用于生成静态新闻页的标准化格式，编辑可以通过模板大规模、批量化制作出风格、样式统一的新闻，可以将日常新闻发布、更新、维护工作格式化、标准化，减轻工作量，提高工作效率。但是，模板是一种统一定制的预设模块，适用于一般的、普通的、大众化的新闻，而需要特殊处理的、个性化的新闻，模板系统就得不到满足了。因此，编辑要学会一些网络语言，通过手工写入网页源代码对新闻进行技术性改写，部分改变新闻的呈现模样。比如模板设计的图片位置一般是居于新闻标题之下和正文之上，但如果图片与正文里的内容有密切的联系，就需要改变图片的位置，将图片插入与之有关的正文上下文之间，这时就需要在新闻模板里加入相关页面代码，手动改变图片的位置。

冗长的文章可以进行分篇、分页，将一篇报道从结构上拆分成几篇文章，每一篇文章只报道一个事件或诉求一个主题，在保持页面统一、美观的基础上最终形成层次分明、脉络清晰、有内在逻辑性的网络式的新闻。

针对内容的改写主要是用网页语言、网络的表现手段等对内容进行加工、包装和重新组合。这些语言和手段包括字体、字号、颜色、行间距、底纹、线条、特殊符号、装饰图、超链接、网页结构、网页样式等。网民浏览网页是一种从上而下的、有顺序的、拖拽式的浏览，有时需要不断拖拽滚动条来照顾上下文的阅读、浏览，如果能采取一定的编辑手段和编辑技巧改写文章，就能让网民在滚动中抓住文章重点，理解文章主题思想。比如对需要重点强调的段落用特殊颜色突出出来，对正文中的小标题进行加粗、加黑处理，都能便于网民的阅读，提高网民的用户体验度。

（二）改写的操作技巧

当前，网络阅读是一种扫描式阅读，也是一种浅层次阅读。网民能否将一条新闻从头至尾完整浏览，一方面取决于新闻内容的价值和可读性，另一方面取决于新闻的呈现形式给网民留下的直观印象。特别是对一条冗长的新闻，形式的包装在很大程度上影响并决定着阅读的效果。下面是两家网站对同一条冗长新闻的不同处理（见图 3—3 和图 3—4），由此可以看到简单的技术性改写与针对整条新闻内容进行的重新包装所产生的不同效果。

原文长达 5 000 多字，配有四幅图片，第一家网站在发布新闻时虽然做了技术性和局部内容的改写，如将四幅照片穿插在正文之间，对原文的小标题加粗、加黑以示区别和突出，但是整篇文章并没有做更深入的改写处理，直接用新闻模板发布，以至于看到的结果就是如图 3—3 所示，冗长、堆砌，需要滚动 5～6 个屏才能看完，内容的重点不突出，看不到文章的核心价值和主题思想，整个页面给人以视觉的压力感和阅读的沉重感，阅读不是一种享受而是一种负担。

另一家网站则对文章进行了全面的改写、改造（如图 3—4 所示）。首先，突出了文章标题，将标题单独制作为带有压题图片的大标题，并对个别关键词用美术字装饰，让浏览者一下子就能抓住文章的核心。其次，分解了文章的结构，将原文的三大部分分别构建为三个大的板块，每一个板块保留原小标题的文字内容，但在形式上用特殊字体凸显标题，用带颜色的底纹显示出板块的分区，又用统一的标识表明三个板块的平行的逻辑关系，层次清晰，脉络明了。然后，在每一个板块里，用“现象”、“分析”、“批语”等关键词索引的方式精选出文章精华，以引发用户的关注；用摘要后的“详细”超链接引导用户深度阅读文章全文；用原文图片和新增添的图片补充、完善内容，装饰、平衡页面。最后，用统一、规范的格式合成各部分内容，使之形成重点突出而又疏朗、宽松的新闻网页。整个改写没有改变原文的内容，但呈现出的样式美观、大气，内容层次分明，让网民在不知不觉中被编辑引导阅读，同时又有一定的选择性。

网络新闻编辑中的改写对编辑有很高的要求。一是要熟练掌握各种计算机和互联网的技术手段，学会将这些技术手段与内容结合，用恰当的形式来包装相应的内容；二是要对改写的新闻慎重选择，不是所有的新闻都能拿来改写的，也不是所有的新闻都需要进行整体改写的，改写的目的是通过形式的包装来提升内容，而不是改变内容去迁就形式；三是要认真阅读原文，理解文章的核心和亮点，只有这样才能做到合理分拆文章结构，提炼摘选文章精华，确立改写后的页面框架，从而达到改写的目的。

图 3—3　新闻未改写之前模板发布的页面截图

搜狐传媒

新闻网站首页 不能承载之重

【新闻网站首页】 从简到繁，不堪重负

曾记得一位网站老总对于网民这样、那样网站说过一句耐人寻味的话：第一次不来怪你，第二次不来怪我。此语从一个侧面道出了网站首页之于网站形象乃至网站生存的价值。浏览今天的网站，我们不禁这想，新闻网站首页的特性和功能到底是什么？

现象：商业网站和新闻网站陆续改版首页

网站首页是一个网站的"脸面"，决定着对用户的吸引力和用户的驻留率，决定着网站新闻的点击率和网络广告的经济价值。近两年来，商业网站和新闻网站都陆续对网站首页进行了规模不等的改版、调整。综观各大网站的全面改版或局部调整，一个总体印象是都在给网站首页做加法，加大新闻信息量，增加广告位。【详细】

批语：加大新闻信息量，增加广告位，方便赚钱还是方便网友？

关注指数：★★★★★

分析：国内各大新闻网站首页、首屏信息统计数据

笔者对四大门户网站首页和新闻网站首页进行了的统计，得出相关数据如下表。在统计中，由于各网站在新闻处理上方法不同，有的一行一条新闻，有的一行两条甚至三条新闻，因而新闻量按行数计算，统计首页广告时不包括贯顶广告、弹出广告、漂移广告、视频广告、对联广告等，文字链的切换广告计算在内。【详细】

批语：面对数据，还是不明白新闻网站首页的特性和功能

关注指数：★★★★★

【新闻网站首页】 三种特性&三大功能

独特的呈现方式和多样化的表现形式决定了新闻网站首页三大特性：稳定而有限性、整合性、丰富性，基于以上三大特性，新闻网站的首页也承载了三大功能：导航、导读和导"告"。

分析：独特呈现方式、多样表现形式决定新闻网站首页特性

论及新闻网站首页的特性，首先需要研究网站内容的呈现方式与网络新闻的表现形式。网站内容的呈现方式既不同于报纸的一览无余式，也不同于广播电视的"循规蹈矩"式。互联网多媒体的特性决定了网络新闻登载、发布的立体化。不仅是在网页文本层表现出新闻报道的立体化，更在首页层用组合标题、多媒体编排方式所达到的最佳的传播效果。【详细】

批语：网站首页受众多制约，如何架构是个难题。

关注指数：★★★★☆

分析：新闻网站首页承载三大功能：导航、导读、导"告"

随着技术的不断发展，现在阅读新闻早已不像以前那样从首页一层一层的点击进去，人们越来越多的通过搜索，手机报、rss订阅、桌面阅读等各种途径来阅读新闻。要想让偶然到来的网民留驻在网站，要想让长期的网民加深对网站的依赖，要想为网站增加经济效益，导航、导读、导"告"是网站首页必须承担的任务。通过导航，为网民展示网站的深度；通过导读，增强网民对网站的黏度；通过导"告"，为首页广告增加点击率和浏览量。【详细】

批语：要想创收，导航、导读、导告是网站首页第一任务

关注指数：★★★☆☆

【新闻网站首页】 面临多重矛盾，寻求轻重和谐

首页作为网站的第一入口，自然应成为网站最光鲜夺目的"脸面"，最光彩照人的"脸蛋"。但时下，对新闻网站诟病最多的恰恰是其首页。内容同质、结构趋同、色调混乱、空间壅塞等，都成为新闻网站首页遭受批评的源头。

分析：海量信息与有限空间是新闻首页最大矛盾

首页作为网站的第一入口，自然应成为网站最光鲜夺目的"脸面"，最光彩照人的"脸蛋"。但时下，对新闻网站诟病最多的恰恰是其首页。内容同质、结构趋同、色调混乱、空间壅塞等，都成为新闻网站首页遭受批评的源头。回顾前文分析的七大网站首页数据，单是一个网站首页之重，就已让我们看到新闻网站首页面临的诸多矛盾。【详细】

批语：首页不堪重负，"千网一面"。

关注指数：★★★★☆

拓展：通用设计中开辟出蓝海，满足网络个性化定制需求

Web2.0时代，随着博客、播客、微博客等个性化产品的出现，满足网民的个性化需求成为网站的一种追求。新闻网站首页编排终究是一种通用设计，如何能在通用设计中开辟出一块蓝海，满足网络个性化定制的需求，一些网站已经在尝试并初见成效。目前，个性化首页有两种。一种是基于网站提供的选项服务，局部、微观改造首页达到实现部分的个性化。一种是基于搜索引擎提供的全面个性化主页。【详细】

批语：突出报道质量、不只重视报道数量，达到轻重和谐。

关注指数：★★★★☆

图 3—4　新闻改写后的页面截图

第二节 | 网络新闻的发布

与报纸、杂志、广播、电视有各自的编发、排版、播出系统一样，网络新闻也有基于计算机软件的发布系统。网络新闻需要借助内容管理系统（content management system，CMS）来实现单条新闻、信息的录入、分类、编辑、预览、发布以及网站整体的页面调整、专题制作、后台审核等工作。

一、内容管理系统的功能和优势

内容管理系统又叫信息、新闻发布系统，它可以把杂乱无章的新闻信息有效地组织起来并有序地呈现给前端客户，是新闻网站基于新闻和内容的一种管理应用工具。它具有双重作用，即对外的新闻信息发布与对内的操作记录管理。在对外发布上，它可以将多来源、多形式、多类别、动态性的新闻信息集中录入到稿源库，然后在系统提供的操作界面将新闻信息分别录入相关数据库，最后通过预制的新闻模板和审核流程发布出去；在对内管理上，它可以记录编辑或发布员的登录时间、业务操作痕迹和稿件处理情况，为网站内部对编辑的考核和管理提供依据。

（一）内容管理系统的功能

内容管理系统的功能主要有以下几点。

（1）内容的更新与维护。提供在后台输入、查询、修改、删除、添加等各项编辑操作，操作对象包括新闻及其新闻类别、栏目、新闻专题等。

（2）内容的分类和发布。提供后台系统的分类界面便于编辑自动选择，自动发布网页新闻，自动生成网页新闻列表和超链接，自动显示信息的发布时间。

（3）内容的选择与调用。对进入数据库的新闻信息进行选择，调用经过选择的新闻到网站首页、频道首页上，并决定新闻的排序和位置。

（4）提供新闻审核、过滤机制。对进入数据库的新闻、信息设置审核、过滤等级，提供不同账户的管理员的审核、管理权限。

（5）提供在线编辑器。提供像 Word 软件一样的编辑界面，可插入图片、Flash 动画、多媒体视频等，对信息内容进行可视化编辑，操作灵活方便。

（6）提供各类后台管理系统。包括多用户分级管理系统、图片库管理系统、文章（新闻）库管理系统、产品库管理系统、留言管理系统、页面管理系统、表单管理系统、在线投票系统、论坛管理系统等。

(7) 提供扩展性接口。一般的内容管理系统都是采取模块化开发，这样可以增加系统的可维护性与可扩展性，比如与信息检索系统结合可实现检索功能，与社区系统结合可以实现信息和用户的双重管理，与多媒体系统结合可以更方便地调用多媒体内容。

（二）内容管理系统的优势

内容管理系统有三方面的优势。第一，方便网站编辑对首页、频道、栏目、专题等各层级新闻进行管理，大大减轻了网站更新维护的工作量，提高了新闻更新的速度，保证了网络新闻发布的时效；第二，所见即所得的编辑界面有利于网站编辑即时地进行修改、删除和添加，可以在新闻发布之前进行预览，保证了新闻发布的安全性；第三，内容管理系统标准化、模块化的操作流程为用户展现出一个相对稳定的页面结构，便于网民浏览。

二、网络新闻的多层级发布

单条新闻经过修订、删除、增添或改写等一系列编辑之后，最后一个环节就是借助内容管理系统将新闻呈现到前台客户端，网民通过浏览器方便自如地点击阅读。在发布的过程中，由于网络媒体的特殊架构，网络新闻发布需要遵循一定的发布规则。

一个网站一般有三层基本的架构：首页层、频道页层和文本页层。大型综合性网站的层级结构会有四层、五层甚至达到六层。以某一网站为例，第一层为网站首页层；第二层为网站新闻中心页层，下设时政、国际、社会、传媒等若干频道；第三层为频道首页层，下设资讯、聚焦、互动、服务等子频道；第四层为子频道首页层，下设各分类栏目，如传媒资讯下的互联网、报纸期刊、广播电视、移动媒体等；第五层为栏目层；第六层为单条新闻文本层（见图 3—5）。

如此复杂的层级结构对新闻发布提出了相应的要求。在传统的报纸、杂志上，重稿的现象是绝对不允许出现的，如果在一期报纸或杂志中发现了重复新闻，则被认为是编辑事故。唯一能重复出现的是新闻标题，可以作为导读出现在报纸的头版和杂志的目录页。网络新闻在发布时则被要求将单条新闻划归到相应的层级、频道、栏目和专题，这一点从新闻文本层的路径条就可以看到。比如一条传媒新闻“第 95 届普利策奖公布”，它的导航路径是“新闻中心 > 传媒 > 2011 普利策奖揭晓专题 > 正文”，说明这条新闻既归属于传媒频道，又同时归属于“2011 普利策奖揭晓专题”，如果这条新闻有足够的新闻价值，那么它会被推荐到新闻中心首页和网站首页。

网络新闻为何要有如此重复的归类、发布呢？除了网站复杂的层级结构的要求外，还与网民个性化的阅读、网络新闻实时更新和历史存储价值有密切的关系。

有些网民浏览新闻只浏览主页新闻，有些则直接进入频道，有些喜欢浏览大众化

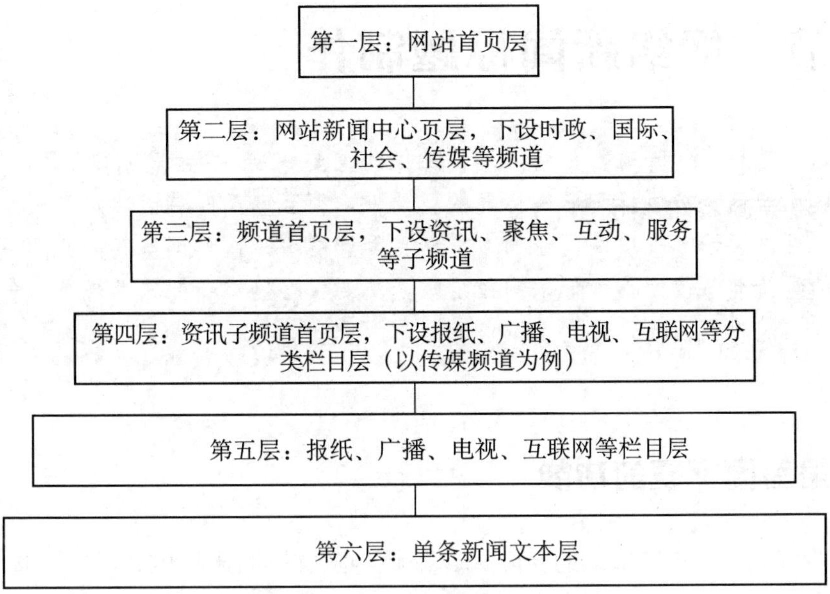

图 3—5　网站新闻层级架构

的新闻，有些则根据自己的喜好、兴趣有针对性地浏览，甚至有些网民将自己喜欢的网站、频道直接收藏到自己的收藏夹中。如果单条新闻只发布到首页，那么直接进入频道的网民就看不到重要的新闻，如果单条新闻只保留在频道或栏目里，那么只看主页的网民也同样会遗漏重要新闻，因此网络新闻发布会出现多层级发布的情况。

网络新闻是实时更新的，特别是首页重要区域的新闻，每隔两三个小时就会更新一次，为了能在主页新闻或频道新闻更新后还能看到这些新闻，就需要在不同层级进行发布，这样才能满足网民不同时间点的浏览需求，带给网民更好的阅读体验。

众所周知，今天的新闻是明天的历史，网络新闻的多层级发布不仅服务于今天的新闻阅读，也是为了明天的新闻检索。全面的新闻发布能提高新闻的检索效率，也能在人们检索新闻之后看到更完整的新闻。2001 年“9・11 事件”发生后，各大新闻网站都制作了专题，有些网站专题收录的新闻全面、丰富，囊括了与“9・11 事件”相关的所有文字、图片、视频、Flash 和幻灯等各类新闻，而有些网站则意识不够，收录不全，只满足了当时新闻发布的需要。10 年后，当我们再回顾历史的报道、场景和画面时，当初多层级发布新闻的意义和作用就显现出来了。

因此，在发布单条新闻时，要从当前和未来两个角度认识多层级发布新闻的价值意义，尽可能将新闻归类到相应的频道、栏目和专题，在发布系统和新闻模板中建立正确的发布路径。此外，还有一些特殊新闻的处理。对于时效性特别强的新闻或信息，可以将它们归到“最新新闻”、“滚动新闻”等栏目中，以便更快地与读者见面；如果稿件的内容涉及重要人物、重大活动、重要事件等，可以将它们归为“重要新闻”等栏目中。同样，这些稿件都需要归入它们本该归属的频道和栏目。

第三节 | 网络新闻标题制作

标题，是新闻的眼睛，是新闻编辑工作的重要环节。“看报先看题”、“题好文一半”这两句话充分概括了新闻标题的重要性，而互联网的特点决定了网络新闻标题在扩大网络阅读、吸引网民注意力方面更具影响力。制作网络新闻标题，不仅需要遵循传统新闻价值规律和标题制作要求，更要符合网络新闻传播规律，体现在线阅读特点，满足网民的网络阅读需求。

一、网络新闻标题的功能

在一般情况下，传统报纸的新闻标题都是与正文同时出现的，题文一体化。都市类报纸会在头版选列出部分重点文章的标题，使头版成为导读版，几篇文章的标题在此将决定当天报纸的吸引力和零售量。因此，报纸标题的主要功能是概括新闻内容、评价新闻的意义、吸引读者的注意和美化新闻版面。网络媒体的新闻标题，特别是重要网络新闻的标题一般分两处显示，一是与正文分开，以标题列表的形式出现在网站首页、新闻中心首页、各分类频道首页或新闻专题页面；二是标题与正文同处于一个文本层页面。从网络新闻传播特点和传播规律可看到，网络新闻标题的功能主要体现在前者，即当题文分开的时候，标题有导读、导向、导航和导“告”的功能。前两个功能与报纸的“概括新闻内容、评价新闻的意义”相同，后两者则与报纸完全不同。

（一）标题是导读，明示内容

标题是导读，是指网民通过浏览标题第一时间做出选择判断，决定是否继续点击深度阅读完整的网络新闻。网络新闻标题与正文内容的自然分割导致网民对标题的阅读依赖。网民每天面对庞杂的网页结构和海量的新闻信息，注意力相对不如读报时集中，阅读的跳跃性和选择性较大。一条新闻能否在长长的列表中凸显出来，进一步吸引网民点击阅读详细内容，很大程度上取决于标题是否在第一时间抓住了网民的“眼球”。尽管标题吸引网民阅读的方式有很多，但标题中所蕴涵的正文内容能否完整、突出地呈现、传递出来，则是吸引的第一要素。

导读是网络新闻标题的第一功能，它通过在标题中明示内容达到引导阅读的效果。制作网络新闻标题像写作新闻导语一样，用最精练的词语将正文内容概括到标题中，在限定的字数内尽可能多地展现导语中的各新闻要素，标题包含的要素越多，明示的内容自然就越全面、丰富，其导读的价值也就越大。同时，网络新闻标题要起到良好的导读效果，还需要研究网民的心理，满足网民在信息、情感和求知等各方面的需求。

（二）标题是导向，评价引导

标题是导向，是指在制作网络新闻标题时，除了概括事实、明示内容外，还可以在标题中直接或间接地表明态度、观点或立场，引导网民理解新闻的意义，起到一定的舆论引导的作用。

标题的引导作用表现为直接引导和间接引导。直接引导是在标题中直接发表议论，表明态度，让网民直接感受到网站的立场。如：

- 人社部工资研究所发布报告吁抑制垄断行业薪酬
- 韩海警开枪打死中国船员　中方强烈不满
- 解放军 99 坦克三项指标出色　可与国外三代坦克抗衡
- 中国—东盟博览会举办以来成果丰硕
- “中国式过马路”，期待以法律手段加强治理

这些标题观点鲜明，编辑的态度都包含在标题之中，用一些简单的词语如“吁”、“强烈不满”、“成果丰硕”、“期待”，让网民一看便知标题背后新闻的立场和倾向。

间接引导是标题中遣词造句比较有倾向性，虽然不直接表明鲜明的态度与立场，但通过对内容的选择、语言的表达和一些符号的运用来达到评价引导的目的。如：

- 工资连续四年两位数增长　钱都哪儿去了？
- 总理教官员吃饭：一碗小米粥，两个素包子
- 2010 年世界杯预选赛遭遇下下签　中国队被“抽”死？
- 安全星级越低保费越高　微车又遭一记“闷棍”

这些标题虽然没有直接表明编辑的态度，但从标题的用词用语如“钱都哪儿去了”、“一记‘闷棍’”，选择的新闻事实“教官员吃饭：一碗小米粥，两个素包子”等显现出网站的观点和立场。

对于同一个新闻事实，网站站在不同的角度，采取不同的态度，标题的引导价值区别明显。比如，同样是对黄宗江去世的报道，新浪、搜狐和腾讯做出了不同的新闻标题：

（1）电影传奇黄宗江逝世　10 岁写剧本 81 岁还演戏（新浪）

（2）纪念老头儿黄宗江　那一代民国艺术青年大多去了（搜狐）

（3）著名艺术家黄宗江去世　10 月 28 日举行追悼会（腾讯）

标题（1）既有新闻的基本事实，又用“10 岁写剧本 81 岁还演戏”一句话隐性评价黄宗江的人生历程和对艺术一生的追求；标题（2）除了纪念黄宗江，还延伸出更深刻的内容，即“那一代民国艺术青年”，追溯其生活的时代背景；标题（3）只是平铺直叙了新闻事实，没有起到评价和引导的作用。

（三）标题是导航，说明形态

标题是导航，是指网络新闻简短的标题除了明示新闻内容外，还附加其他成分，

如新闻文体、出处、类别或所属栏目等，旨在说明新闻的各种呈现形态，暗含告知、辨识、分类、分层阅读的意思，有类似网站导航条的作用。这是传统报纸标题所不存在的一种功能。

网络新闻具有多媒体优势，但如果不在标题中点明，网民只看标题很难判断该条新闻是图片、视频、访谈或其他形式。新闻网站频道、栏目众多，内容覆盖面广，在标题中点明新闻所属频道或栏目，既能让网民清楚地辨识新闻的内容，也能对频道或栏目超链接，进而起到宣传、推广的作用。网络新闻来源广泛，为了表现新闻的真实性与权威性，可以在标题中点明出处，由此直接建立网民对新闻的信任度，同时也为新闻源进行了推介，加强了与新闻源的合作。此外，还可以在标题中表现出新闻的体裁、文体，或是评论，或是深度报道，或是直播，为网民是否进一步点击阅读提供辨识与便利。如：

- ［直播］教育部 2007 年第九次例行新闻发布会（点明类别，属直播类）
- ［访谈］科技日报总编辑陈泉涌谈科技报道（点明类别，属访谈类）
- ［调查］专家：沪博大医院虚构“神奇疗法”副作用大（点明类别，属调查类）
- ［台海观察］台湾“有感经济”能否当月交卷（点明栏目，属于“台海观察”栏目）
- ［今日问政］网友说幸福 便民服务不能玩虚的（点明栏目，属于“今日问政”栏目）
- 中国青年报：因污染河南沈丘惊现癌症村 人口负增长（点明出处，来自《中国青年报》）
- 北京日报：大学生股民基民报告 赚钱者仅占两成（点明出处，来自《北京日报》）
- 人民时评：一“喜”一“忧”看“3 700 万”（点明体裁，属评论类）
- 十强赛综述：10 人伊朗胜韩国 澳大利亚迎首胜（点明体裁，属综述类）

（四）标题是导“告”，间接关联广告

虽然报纸标题也强调吸引力，强调用标题第一时间“勾住”读者，但标题与广告之间不存在太大的关联，也不会出现标题带来广告的效果。网络新闻标题则不同，与广告之间存在着紧密的逻辑关系。广告主向哪些网站、哪些栏目、哪类文本层投放广告，一方面要考虑网站的品牌价值、用户性质和新闻内容，另一方面则直接依据网站的 PV（pageview，页面访问量）、UV（unique visitor，独立访客/唯一访问者）。站在网络媒体的角度，要想获得广告主的青睐，提升广告效益，就需要网站通过各种办法让网民经常关注，并在网站看更多的新闻，以此提高 PV 和 UV。如何黏住用户、增加用户在网站停留的时间呢？标题无疑具有此种功能和价值。

说标题是导“告”有两层含义。一是指网站通过标题直接吸引来到本网站的网民的“眼球”，聚集相当数量的用户及其带来的访问量，因用户和访问量的提升而影响到广告；二是指标题能影响到文章的收录、搜索引擎的抓取，好的标题一旦被收录、抓

取后就能间接给网站导入流量，进而产生广告效益。

消费心理学研究显示，消费者对任何一种商业信息传播的关注、兴趣只有五秒钟的时间，如果传播主体不能在五秒钟内让消费者产生兴趣，吸引住他们的眼球，那么消费者就会快速转移视线，进行下一个选择。这就是信息传播的五秒钟法则。在一个快消费、短阅读的时代，五秒钟法则随处可见。在街头报亭，用户选择某一报纸并做出判断和购买决策的时间只有五秒，因此报纸的头版设计或头版标题要做到在五秒钟内吸引到用户；在打开一个网站时，用户等待的忍耐度也只有五秒钟，超过五秒用户就会显现出焦虑、烦躁的情绪，会不停地滑动鼠标，随时关闭页面。

五秒钟法则同样适用于网络新闻标题。在一般情况下，网民进入网络媒体第一触及的就是新闻标题，在快速扫描标题后是否进一步点击，留给网民判断的时间也就五秒钟左右。标题能在瞬间决定网民的行为，进而决定网站有没有可能在瞬间获得更多的点击和访问。因此，网络媒体的新闻标题不仅起到导读、导向和导航的作用，而且是产生经济效益的源头。

二、网络新闻标题的特点

网络媒体具有多层级结构，除了文本层页新闻标题与正文在一起，其他层级大多数时候都只能看到标题而没有正文。文本层页的新闻标题具有与传统报刊新闻标题一样的特性，其他层级的网络新闻标题则呈现出不一样的特点。

第一，题文分开。与报纸新闻标题、杂志文章标题受制于各自的载体一样，网络新闻标题也受制于网站的页面。众所周知，尽管互联网可以承载海量信息，拥有无限空间，但能够第一时间呈现给用户的有效网页是有限的，要想在有限的网页上看到更多的内容，就只能将正文和标题分开。另外，互联网具有超链接特性，快速、便捷和多指向的超链接为网络新闻题文分开提供了技术保证。

第二，单行题多。纸质新闻标题往往由主题、引题（或肩题）、副题组成，采用不同的字号、字体，形成多行题。有些报纸为了在第一时间吸引读者的注意，甚至采取“厚题薄文”的操作方式，整个版面标题内容丰富，易于形成阅读强势。网络媒体采用题文分开的形式，就是为了实现网民在有限空间内新闻、信息浏览量最大化，如果和传统新闻标题一样采用多行题，题文分开的意义和效果就无法体现了。因此，网络新闻标题一般采用单行题，字体、字号基本一致，整个页面看上去干净、整洁、清楚。虽然近年来也有一些网站在标题形式上寻求变化，比如采用标题＋摘要的方式，但总体上还是单行题多。

第三，实题为主。由于网络新闻标题与正文分开，且只能用单行题的形式表现内容，为了清楚明了地概括出新闻内容，吸引网民点击阅读正文，在制作网络新闻标题时就只能用实题，将更多的新闻要素包含在实题中，这样才能起到导读的作用。如果是空洞的议论和空泛的虚题，网民则很难判断新闻内容，也就不会点击进入下一级页面了。

第四，呈现灵活。网络新闻标题以单行题为主，但却可以利用网络技术改造标题，让标题呈现形式多样化。可以根据内容价值让标题中的个别字、词、词组变色、加粗、字号加大等，可以利用特殊符号、特殊图形装饰标题，可以将多个单行标题集纳做成标题集群，有时甚至可以用一个词、一个词组代替整个句子作为标题。因此，网络新闻标题具有灵活呈现的特点，可以在一个页面上用不同形式的标题来调节用户的阅读疲劳。

三、网络新闻标题的制作原则

报纸编辑学认为，标题是新闻的概括和浓缩。新闻标题必须忠实于新闻，以准确、具体为原则来制作标题。网络新闻标题也不例外，同样需要遵循传统新闻标题的基本制作原则，同时还要结合网络的特点，确立网络新闻标题的制作原则。

（一）准确

标题是反映新闻内容的第一“向导”，标题准确与否影响到网民对新闻内容的判断和理解，影响到网络媒体的信誉度和公信力，影响到网民对网络媒体的认知度和信任度。因此，制作标题要把握准确、题文一致的基本原则，在概括新闻事实、展现新闻五要素、对新闻评述和用词用语上都要力求客观、准确，切不可为了增加新闻点击率，拟制一些以偏概全、偷梁换柱、耸人听闻甚至无中生有的新闻标题。这种标题可能会暂时提高网站访问量，但长此以往地误导网民，最终会损毁网站的权威性和公信力，影响到网站的品牌和信誉度。

网络在转载新闻时拟制的失实的标题多种多样，主要表现为无中生有、断章取义、以偏概全、主观臆断等，其实质都是以制造噱头、吸引眼球为诉求，其结果违背了内容原意，传递出的信息与原标题要表达的主旨不符。

无中生有类——

原题：湖北襄樊：员工“枕头大战”宣泄工作压力

网站修改后的标题：法官与酒店女服务员枕头大战；法官要解压酒店小姐就要陪玩

分析：这是为制造轰动的新闻效应、吸引网民眼球、赚取点击率而无中生有，随意篡改标题，把原本员工间的活动移花接木到法官身上，因为“普通酒店员工间的枕头大战在某些媒体眼中已经没有什么新意，只有捕风捉影加入‘法官’这一佐料，才能增加卖点，引起轰动效应”①。

---

① 《有些媒体的无聊让人愤怒：从“法官枕头大战”说起》，http：//www.dffy.com/fayanguancha/sd/200708/20070803064621.htm。

原题：农村基础设施存在薄弱环节，市防汛办：北京还需不断提高城市建设标准

网站修改后的标题：北京官方未公布暴雨最新伤亡情况

分析：原文报道内容主要为北京的基础设施总体建设标准与世界发达国家的世界级城市仍存在差距，以及农村地区基础设施存在薄弱环节。整个文章围绕的是基础设施建设，完全没有涉及“公布伤亡情况”的内容，网站为炒作凭空捏造负面新闻，造成了恶劣的社会影响。

断章取义类——

原题：质检总局：多批进口乳清蛋白粉检出阪崎杆菌

网站修改后的标题：质检总局：贝因美部分产品可能致新生儿生病

分析：原文为质检总局在贝因美产品中检出阪崎杆菌，文中提到“阪崎杆菌对新生儿可能致病”，但不能因此就推断“贝因美部分产品可能致新生儿生病”。做出这样的标题会导致企业产品失去消费者，失去市场，进而给企业带来危机，网络媒体自身也有可能会因标题失实而被起诉。

原题：审计署发布全国社会保障资金审计结果

网站修改后的标题：审计署：超 17 亿社保资金被挪用为部门经费等；审计署披露社保基金违规：近 6 亿做工作经费

分析：原文中“违规支出”的内容仅占整个社保资金审计结果中很小的一部分，网站用断章取义的方式，将“发布社保资金审计结果”的新闻曲解为“披露违规”，明显违背新闻标题题文一致的原则。

以偏概全类——

原题：狂犬病是罪魁祸首，长沙一家犬“吻”死 8 岁男孩

网站修改后的标题：长沙进入狂犬病高发期，爱犬“吻”死 8 岁小主人

分析：将个体当成整体，将个别事实当成群体事实，让人以为长沙地区流行狂犬病，事实是，长沙并未进入狂犬病高发期，这只是一个个案，但这个标题却使外地人对长沙避而远之。[①] 该标题以偏概全，完全偏离了原文的含义。

主观臆断类——

原题：组图——京津焦点战场面火爆 天津球迷烧国安队服发泄

网站修改后的标题：组图——京津焦点战场面火爆 天津泰达输球又输人

分析：天津队员谭望嵩一次飞踹获红牌，将其作为普通的红牌事件处理即可，不必要定性为“输球又输人”，更何况这次飞踹动作并未定性为恶意伤人，这样处理不够客观，基本是编辑主观的臆断和自我定性，偏离了新闻事实。

2012 年 9 月，北京网络媒体协会（现首都互联网协会）发出要求，北京地区大型门户网站的新闻要闻频道在转载新闻时，必须加注原标题，杜绝“标题党”。“‘标题党’让网络新闻标题走向另一个极端，损害了网络媒体的整体形象。违背新闻真实原

---

① 参见《读题时代如何防范新闻标题失实》，载《传媒观察》，2006（3）。

则的‘标题党’导致网络媒体公信力下降，不利于网络媒体的健康、持续发展。”① 同时明确，“如相关网站在删改标题后，又未加注原标题，造成内容失实、社会影响恶劣，相关责任人将受到处罚”②。

在网络新闻标题的制作中，为吸引眼球不顾法律、道德的底线，不忠实原文和原题，随意篡改标题造成失实和错误，不仅有失网络媒体的社会责任和道德良知，严重者还会碰触到法律的底线，受到法律的制裁。

2009 年 2 月 5 日，搜狐公司在其新闻网页上发布了对昆明女留学生杨丽（曾化名易兰）的公开道歉函。事情的缘起就是因为一条新闻标题。2007 年 11 月，国内时政刊物《南风窗》以《偷渡，留学中介与国家赔偿》为题，报道了杨丽在奥地利留学期间卷入一起离奇偷渡案的新闻。国内最大的门户网站之一搜狐网在转载这篇报道时，使用了《中国女子偷渡奥地利留学被关押四个月精神分裂》的标题，并一度被列为“搜狐出国”专题的头条。法院在判决此案件时认为，搜狐公司以“中国女子偷渡奥地利留学被关押四个月精神分裂”为标题的行为与《偷渡，留学中介与国家赔偿》一文报道的主题相悖，违反了法律规定。北京搜狐公司擅自更改标题的行为使得众多不明真相的读者和网友望文生义。③

（二）突出

网络新闻标题要发挥导读的作用，引导网民多层点击，进入深度阅读。如何达到导读、导“告”的目的呢？这就需要在制作网络新闻标题时以突出为原则，选择新闻五要素中最有价值的要素进入标题。突出的目的是要让网民在浏览标题时，新闻的某个要素给网民留下第一印象，让网民跟随第一印象产生进一步阅读新闻全文的意愿。如果一条网络新闻的标题突出的要素不是新闻中的重点、亮点、兴奋点，那么标题就失去了导读的功能，就不能让网民产生眼前一亮的感觉。

突出哪些内容做进标题呢？在一般情况下，新闻中时间、地点、人物、内容、结果、评价等要素都可以出现在标题中。但是，不同的新闻进入标题的价值要素不尽相同，需要根据新闻性质、报道对象、要素排序进行单一或综合判断。以会议新闻为例，在时间要素上，一般会议新闻开会时间不是很重要，但对于重大会议新闻如“两会”、“十八大”，开会时间就可能是第一要素，就需要把时间放到标题中去；在会议性质上，一般开什么样的会议如电视电话会、现场办公会、远程视频会等并不重要，但如果是针对一些对象迅速处理解决问题的，就需要把“现场办公会”突出选入到新闻标题中；在会议地点上，一般的会议地点很少会被选入标题，但对于像“六方会谈”这样的新闻就需要突出会议地点，因为这关系到会议的性质。通过下一组标题的对比就可以看到，同一事件，突出点不同，标题制作侧重点不同，传

---

①② 《北京大型门户网站转载新闻须加原标题 遏“标题党”》，载《北京日报》，2012-09-21。

③ 参见《一个标题赔三万 搜狐向昆明女留学生公开道歉》，http：//www.wowa.cn/Article/72590.html。

播效果有明显差异。

以下是一组关于“暴雪”的标题，五个标题各有突出。

突出地点和时间要素——

标题一：北京延庆昨晚降下暴雪 今日西部山区有暴雪

突出地点要素——

标题二：北京、河北局地将有暴雪或大暴雪

突出内容要素——

标题三：北京雨雪恐持续 40 小时

突出结果要素——

标题四：山西北中部大部分地区降雪 多条道路交通管制

突出评价要素——

标题五：北京延庆降下暴雪 为今冬初雪

一场暴雪降临，网民关注点各有不同，网站在制作标题时也会根据暴雪的进展各有突出。在暴雪来临之前，网民关注点在时间和地点，即什么地域、什么时间会有暴雪，因此标题一和标题二重点突出这两个要素，将时间和地点置于单行标题句之首；当暴雪降临后，网民关注点在暴雪的强度、带来的影响等，因此标题三的“恐持续 40 小时”和标题四的“多条道路交通管制”重在突出内容要素和结果要素；对于暴雪，相关的评议也会很多，标题五则突出“为今冬初雪”。同一事件，五个标题分别突出时间、地点、内容、结果和评价要素，能够满足大多数网民的不同诉求。

（三）接近

接近性，包括时间的接近、地理位置的接近、心理的接近、利益的接近和兴趣爱好的接近，是新闻价值的组成要素之一。新闻与受众在时间、地理位置、心理、利益、兴趣爱好上的距离越近就越容易受到关注，因此，在标题中突出接近性是吸引网民注意力的有效方法。比如，地方性网络媒体在制作标题时，偏重于考虑地域的接近性，将贴近本地网民的区域性内容在标题中体现出来；全国性综合新闻网站在制作标题时，偏重于考虑心理的接近性，将引起网民普遍心理共鸣和相似经历的新闻要素体现在标题中。又比如，以人物为对象的网站应多考虑兴趣爱好上的接近，以社会民生为报道内容的网站应多考虑生活利益上的接近，以行业性内容为主的网站应多考虑专业上的接近。以下几个标题在接近性上各有侧重。

时间接近——

标题一：“十一”国庆驾车出游部分高速要绕行

分析：纪念日、节假日、重大事件会议日都是特殊的日子，也是特别容易引起网民关注的日子，把这些特殊的日子如“十一黄金周”、“春节”、“十八大”、“两会”做到标题里，突出了时间上的接近。

心理接近——

标题二："感动中国"人物丛飞遗孀邢丹罹难，疑遇砸车抢劫

分析：如果单纯提"邢丹"估计没有太多人知道，但"丛飞"却是大家都熟悉的人物，因此用"'感动中国'人物丛飞遗孀"就有了贴近性，拉近了新闻人物与受众的距离。

利益接近——

标题三：山西省率先上调电价，发改委同意每度涨 2.6 分

分析：水、电、气等日常生活消费品的价格是老百姓最敏感也最关注的话题，标题中特别标明"每度涨 2.6 分"，非常贴近百姓的生活，触及百姓的根本利益，能瞬间聚焦网民的注意力，吸引网民深入阅读了解更进一步的新闻事实。

（四）简练

古人云："百炼成字，千炼成句"。标题是新闻的眼睛，要想达到"立片言而居要"的境界，标题的锤炼是必不可少的。另一方面，网络新闻标题受到网页空间的限制，标题的字数需要控制，一般在 20 字左右。这就要求制作标题时概括性强，言简意赅，在用词用语上字斟句酌，尽量去掉多余的字词，删除重复意义的词语，删除某些不需要修饰的限制成分，用最为精练的词语表达出准确、丰富、完整的新闻内容。

制作简洁凝练的网络新闻标题，可以适当采用简称，巧用数字、符号说话，比如以下一些体育比赛的结果就可以直接用简称来代表球队全称，将比赛结果、比分放到标题中，简洁实用。同时还可以留出更多的空间展示其他的有价值的内容。

- 山东 1 比 1 惜平青岛延期夺冠
- 重庆 2 比 1 北京 王锴比赛中防守
- 辽宁 1 比 0 送南昌入降级深渊
- 长沙 1 比 2 负河南保级不容乐观

在遵循简练原则时，要把握好简练与准确、简练与突出的关系，无论是压缩重复性的语言，还是删繁就简，使用简称或数字，都要保证网民准确理解新闻事实，不因删减、精练使标题失去吸引力，甚至产生歧义，构成阅读障碍，也不能为了简练而简练，错误判断新闻价值，将本该在标题中突出的内容、要素忽略了。

以下一组标题是关于科技部公布"三公"经费的标题，单纯从字数来看，新华网的标题最短，但是因为没有将核心内容放入标题中，虽然简练但缺少吸引力。大众网的"领跑"则不是很明确，忽略了"中央部委"这个范围，有可能让读者产生误读。中国新闻网和搜狐网的标题则在简练和准确、突出上做到了很好的平衡。

- 科技部公布"三公"经费，有数字无详细说明（搜狐网）
- 科技部领跑公开"三公"经费，预算 4 018.72 万元（大众网）
- 科技部率先在中央部委中曝"三公"经费逾 4 000 万（中国新闻网）
- 科技部公开 2011 年"三公"经费（新华网）

四、网络新闻标题的制作方法和技巧

一个网络编辑每天要面对几十条甚至上百条网络新闻，虽然不需要对每条网络新闻的标题都进行处理，但修改、制作标题是每一个网络新闻编辑的基本功。从实际工作出发，一个网络新闻编辑仅仅掌握标题制作的基本原则是不够的，还需要掌握一定的标题制作技巧，学会一些简单、实用的标题制作方法。

（一）掌握不同类别的新闻的标题制作方法

根据新闻内容的性质，一般将新闻报道分为时政新闻、国际新闻、社会新闻、法制新闻、生活新闻和行业新闻等。每一种类型的新闻报道其新闻价值点各有侧重，因而制作标题时也应该根据内容性质有针对性地编辑标题。

1. 针对时政类、国际类新闻

在强调新闻性、时效性的同时，要突出重要性、显著性。可以采用单行题两句话的句式，前一句表达新闻性，后一句显示重要性。如：

标题一：温家宝在湖北武汉调研经济 强调靠创造提高竞争力

标题二：胡锦涛与奥巴马通电话 称将推动气候变化会议成功

标题三：国家海洋局长慰问一线海监队员：坚定不移维国权

单行题两句话，前后句之间有紧密的关联，可以是两个实题，也可以一实一虚，中间一般用空格或标点符号隔开，前一句概括新闻要素，明示基本内容，后一句或突出重要内容、强调意义和价值，如标题一；或进行补充、说明，完整表述新闻内容，如标题二；或是进行评议、评价的虚题，如标题三。

2. 针对社会类新闻、法制类新闻、突发类新闻

可以选择新闻中最具贴近性、冲突性的内容或新闻中最具体的数字、细节进入标题，以此来吸引网民的眼球。网络新闻是非强迫性的阅读，但社会民生类新闻和突发事件报道一般都是网民浏览的重点，在制作这类新闻的标题时，要将新闻价值点和网民的心理及诉求结合起来，将新闻的核心要素融入标题的煽情中，激发网民的阅读欲望。

标题一：福州：司机为躲检查车内装睡 三民警轮流敬礼13次后开门

分析：标题中有地点要素，突出接近性；有数字元素，突出具体细节；还有“司机躲检查车内装睡”和“民警轮流敬礼”的对比，冲突性显而易见。

标题二：环卫工捡包雪中苦等10小时 坚决拒收失主答谢金

分析：社会新闻中经常出现人与人、人与社会、人与组织、人与环境之间温暖、

仇恨、冲突、矛盾的情节和细节，“雪中苦等”、“10 小时”、“拒收答谢金”等细节都是在反映着弱势群体“环卫工”的一种精神，这些具有戏剧性情节的内容出现在标题中，很容易激发网民的注意力和阅读兴趣。

标题三：夫妇办豪华娱乐场组织卖淫 10 个月敛财逾千万

分析：在法制新闻中，直接出现数字既能看到新闻的核心内容，也便于控制字数，完整表达新闻内容。这则标题用了“10 个月”和“千万”两个数字，具体而显眼。

标题四：飓风“桑迪”致美 74 人死亡，居民忙寻失散宠物（组图）

分析：对于突发新闻、灾难新闻，网民关注点之一是事件进展情况、伤亡情况，因此应在标题中体现具体的数字和细节，如这条新闻标题中的“74 人死亡”和“居民忙寻失散宠物”。

3. 针对生活类新闻和资讯

网络新闻中有大量生活类、健康类的新闻和资讯，虽然这类新闻时效性、新闻性不强，但往往在网站新闻排行中点击率较高。因为这类新闻、资讯与网民生活最为贴近。因此，针对这类新闻，最简易、最有效的标题制作技巧就是将新闻中最有价值的实用性内容挑选出来，用简洁、直白、平实的语言表述，产生贴近生活、贴近实际的效果。比如：

- 警惕！肉类中多种物质与癌相关
- 养生须知：红枣润肺健脾 秋冬吃红枣七大好处
- 2013 春节旅游产品上线 游轮产品最受关注
- 赴美留学签证预约困难 提前两至三个月申请

4. 针对深度报道、科技知识类资讯

网络阅读是扫描式的快速阅读，网络新闻中的深度报道和科技知识类资讯都面临一个同样的问题，内容较为复杂，文章较为冗长，长时间阅读会产生视觉疲劳。因此，需要在标题制作上多做文章，适度增加点悬念、反差或有趣的内容，引发网民的好奇心、求知欲，网民会通过点击来满足自己了解此事的欲望。比如，“调查：乳业‘陷害门’，到底谁最受伤?”，“奥巴马靠什么打败罗姆尼获得连任?”，“失业大学生为何有业不就?”，“婴儿胎死腹中为何故，凶手竟然是新买代步车”。

但是，运用悬念、反常的制作手法不等于哗众取宠、耸人听闻，也不等于无中生有、随意篡改，在将悬念、反常性突出在标题中时，要注意区别于猎奇、煽情，必须遵循网络新闻标题准确、题文一致的基本原则，不能一味追求效果而不顾新闻的真实与准确。

（二）根据内容性质确定标题的呈现形式

网络新闻标题具有导读和导览的作用，这就要求在制作标题时不仅要考虑内容，

而且要考虑呈现形式。标题的呈现灵活多样，包括单行题、单行题组合、双实题、标题加新闻摘要和标题集群等多种形式。一般情况下，网络新闻采用单行实题的形式，但不同的新闻内容、不同的位置区域以及不同的时机环境，需要标题有所变化，借助标题呈现形式的变化来满足不同的要求。从页面视觉角度看，一个网页上多样化的标题形式能调剂单一的新闻列表模式，带来阅读的跳跃感和节奏感。

1. 在面对重大突发事件时，可以采用标题集群的形式

围绕着一个主标题，从不同的角度选择若干条新闻的标题，同时可以添加与主标题新闻相关的关键词、图片集、视频、微博、互动等超链接，形成组合标题。如新浪网新闻中心在报道 2008 年汶川大地震时采用的两组标题集群（见图 3—6），其中有“哀悼”、“动态”、“灾情”、“公益”等多角度新闻，也有“幻灯集”、“视频”、“评论集”、“博客”、“滚动”等报道手段的超链接，还有“在线寻亲”、“心理救助”、“寻亲伤员名单”等关键词，它们共同构成了厚重的、以标题为主的专题报道导读。

图 3—6　新浪网新闻中心 2008 年汶川地震报道中的标题集群网页截图

2. 在强调、突出某单条新闻时，可以采用标题加简短摘要的形式

当前，相当数量的西方主流新闻网站在首页面采用标题与摘要结合的编排方式，如图 3—7《纽约时报》网站首页标题的编排。这种方式能弥补题文分开、标题单薄带来的阅读障碍。此外，还有一种情况可以考虑这种编排方式，即当新闻量较少、页面更新要求不高时，标题加摘要的组合能充实页面的内容，让网民对网站重要新闻一览无余，如图 3—8“互联网的那点事”网站标题＋摘要的呈现形式。

3. 在强调、突出标题中某个关键词或需要标明栏目、出处、类别时，可以采用在单条标题中灵活编排的方式

一个网页上标题的字体、字号、颜色基本是统一的，但在遇到特殊情况时，可以对标题做局部或整体的改变。在“国庆 60 周年”、“建党 90 周年”、“十八大”等喜庆

RESORT IS HERE
MARCJACOBS.COM

The New York Tim

Thursday, November 8, 2012 Last Update: 12:20 PM E

Search | Orange Savings Account | Follow Us

WORLD
U.S.
POLITICS
NEW YORK
BUSINESS
DEALBOOK
TECHNOLOGY
SPORTS
SCIENCE
HEALTH
ARTS
STYLE
OPINION

Autos
Blogs
Books
Cartoons
Classifieds
Crosswords
Dining & Wine
Education
Event Guide
Fashion & Style
Home & Garden
Jobs
Magazine
Movies
Music
Obituaries

ELECTION 2012 ELECTION MAPS | THE CAUCUS | FIVETHIRTYEIGHT

Demographic Shift Brings New Worry for Republicans

By MICHAEL D. SHEAR

Changes in the American electorate have left many Republicans, who have not won as many electoral votes as President Obama did on Tuesday in 24 years, concerned about the future.

- Election Results: President Big Board | Exit Polls | Map
- In Record Turnout, Latinos Solidly Back Obama
- Interactive Graphic: Obama's Diverse Base

Post a Comment | Read (554)

Back to Work, Obama Is Greeted by Looming Crisis

By JACKIE CALMES and PETER BAKER

President Obama moved quickly to open negotiations

Patrick T. Fallon for The New York Times

Little to Show for Big Donors' Cash Flood

By NICHOLAS CONFESSORE and JESS BIDGOOD

The prizes most sought by the new class of megadonors, a group that includes Sheldon Adelson, right, the biggest single contributor in political history, eluded their grasp.

Post a Comment | Read (25)

Senate Races Expose Extent of Republicans' Gender Gap

By JENNIFER STEINHAUER

图 3—7 《纽约时报》网站首页新闻标题十摘要的呈现形式

Informa Telecoms and Media：调查表明所有连接Wi-Fi热点的设备中 40%为智能手机

Informa Telecoms and Media 的一项调查表明，智能手机已经超过笔记本，成为使用 Wi-Fi 热点...

comScore：2012年Q3美国电子商务营业额达419亿美元

来自 Venture Beat 的消息，comScore 最新调查显示，2012 年第三季度美国在线零售消费超过...

Totango：研究发现大部分公司免费体验转化率低于8%

有很多科技类的创业公司都会抛出限时性免费体验这个诱饵，吸引客户尝试他们的新品或服务，然后心怀希望，期待这些客户会...

Sandvine：数据显示33%网络视频下行流量被Netflix占据 超过Youtube

在美国，在线流媒体付费服务公司有很多，比如Hulu、HBO、Amazon Prime等。但目前所有的公司，没有一...

Tablets 17%
Smartphones 40%
Laptops 39%

Informa Telecoms and Media：调查表明所有连接Wi-Fi...

2012年,十一月 9

Informa Telecoms and Media 的一项调查表明，智能手机已经超过笔记本，成为使用 Wi-Fi 热点设备中数量最多的一类。该调查显示...

Read more →

图 3—8 “互联网的那点事”网站标题十摘要的呈现形式

报道中，大多数网站都将标题变成了红色，在“汶川地震”、“玉树地震”、“舟曲泥石流”等灾难性事件的报道中，标题的颜色又都变成黑色。

在图 3—9 中我们看到，网站在标题之前和之后都添加了辅助内容，标题前的内容标示出新闻的类别和归属，起到导航的作用；标题后的内容标示出互动性，且用加红的方式突出新闻的受关注程度，以引起更多网民的关注和阅读。

[苹果新闻专区] 苹果股价周三大跌3.83% 共170个网友关注
[新机图赏] 无敌安卓系统的山寨iPhone5 共484个网友关注
[Lumia 920] 诺基亚920裸机售2800你要么 共536个网友关注
[手机博物馆] WP8手机对比8X VS Ativ S 共239个网友关注

[iPhone 5] iPhone5与快递员一起失踪案 共3024个网友关注
[iPhone 5] 传iPhone 5行货12月14日开卖 共1168个网友关注
[手机拍照] 特别活动：光棍节我们不孤单 共687个网友关注
[热点话题] 资深摩粉对MOTO设计的研究 共732个网友关注

图 3—9 单条新闻标题的灵活编排

（三）抓原标题的主题，确保题文一致

网络新闻标题制作主要是针对转载自传统媒体的原标题进行改写，把多行题改成符合网络新闻报道要求的单行题。如何做到修改后的标题与文章内容题文一致呢？一个简易而高效的做法是抓多行题中的主题，抓主题中的关键内容。

传统媒体新闻报道的标题都是经过字斟句酌、精推细敲才拟就的，特别是做成多行题的新闻，肩题、主题和副题分别承担什么功能清楚明了，主题如果不是虚题，一般都起着明示新闻主体内容、揭示新闻价值点的作用。因此，在改写多行题为单行题时，应忠实于原标题的主题，尽可能保留主题，同时将肩题或副题中的某一个或两个要素与主题融合。

原标题：【肩题】云南陆良县两辆公交车超载被罚引来争议
【主题】公交超载该不该罚
【副题】支持：属于机动车，超载就该罚
反对：公交不超载，乘客能坐啥

网站修改后的标题：人民日报：云南陆良公交车“玩”超载该不该罚？

分析：这是一条原发自《人民日报》的新闻，采用的是肩题、主题和副题齐全的多行题形式，连同标点符号共有 54 个字，几乎将新闻五要素都涵括到了标题中。但是，站在网络媒体角度，这样的新闻转载后标题必须要进行修改，要将多行题变成单行题，同时要控制字数。网站在修改这条标题时，紧紧抓住了主题，保留了主题的全

部内容，然后将肩题中的地点要素“云南陆良”和主体要素“两辆公交车”与主题融合，虽然对于副题所表达的争议性内容完全舍弃，但网站用一个带引号的动词“玩”表达了一种评价和态度，修改后的标题与原标题无论在内容上还是评价上都做到了题文一致。鉴于这是一条带有争辩性、批评性的新闻，网站在制作标题时用标明出处“人民日报”的方式形成简单组合，突出权威性，以达到提升新闻力量的效果。

原标题：【肩题】内部人透露行业关键词：主持人能“白话” 专家要“牛气” 概念靠“忽悠”

【主题】电视购物何时还消费者“反悔权”

网站修改后的标题：电视购物行规：主持人“白话” 专家“牛气” 概念靠“忽悠”

分析：修改后的标题糅合了肩题和主题的内容，但是以肩题为主，忽略了主题要表达的内容。主题强调的是“电视购物”与“消费者”之间的关系，突出的是“何时还消费者‘反悔权’”的问题，肩题介绍的是电视购物行规，只是新闻报道的一部分内容，如果仅仅保留肩题而放弃主题，整个标题就有可能出现题文不一致的情况，有可能把新闻中涉及很少的内容放大了，新闻真正的主旨则被错过了。

（四）抓原标题或原文章中的关键词，简洁凝练

制作网络标题经常遇到一个问题，即要把长标题压缩为字数限制内的短标题，把一些原本不在原标题中的阅读点增加到标题里但又要简洁凝练。如何解决这个问题呢？一个简单的方法是找出原文章、导语中的关键词，在确定若干个关键词之后根据新闻价值进行排序，最后按照要求组合成新闻标题，这样既能保证重要内容都体现在标题中，也便于控制字数，做到简洁明了。

【肩题】国务院派出八个督查组

【主题】专项督查房地产市场调控落实情况

【导语】从4月上旬开始，国务院派出八个督查组，对16个省（区、市）贯彻落实国务院房地产市场调控政策措施情况开展专项督查。

分析：这条新闻的关键词有“国务院”、“八个督查组”、“专项督查”、“房地产市场调控落实情况”、“4月上旬开始”、“16个省（区、市）”。这些关键词里面基本包含了新闻的多个要素，如时间、地点、人物、事情等，但如果把这些要素都做进标题，就难免字数超长，重点不突出。根据新闻价值排序，“国务院”、“专项督查”、“房地产市场调控落实情况”、“16个省（区、市）”这几个要素更为重要，将这些关键词进行组合，可以做成如下标题：“国务院4月起专项督查16地房地产调控落实情况”。

（五）抓具体的内容、数字、情节或细节进入标题，增加阅读点

制作网络新闻标题首先要具体，要言之有物，切忌空泛笼统，特别是一些会议、文件、报告、计划等时政新闻，更需要将最有价值的新闻事实在标题中具体阐明，扩

大标题的信息量和阅读点，吸引网民的眼球。我们来看针对同一个新闻事件六家网站分别制作的标题：

- 水情稳 粮食稳——治淮 60 年筑起中原粮仓生命线（东北新闻网）
- 中国“最难治理河流”见证今昔变迁（新华网）
- 新中国治淮 60 周年纪念大会举行 温家宝做批示（东方网）
- 治理淮河 60 年纪念大会召开 水污染等问题依然突出（中国广播网）
- 在新中国治淮 60 周年纪念大会上的讲话（中国政府网）
- 淮河流域基本建成防洪、除涝及水资源利用体系（安徽广播网）

分析：面对“治理淮河 60 年纪念大会”这一新闻事件，六家网站做出了不同的标题，除了中国政府网的标题外，其他五家网站都在会议召开的新闻之外，具体点明了会议的重要、具体内容，有的是“温家宝做批示”，有的是“见证今昔变迁”，有的是“水污染等问题依然突出”，有的是“筑起中原粮仓生命线”，有的是“基本建成防洪、除涝及水资源利用体系”，虽然角度各有不同，但都在基本新闻事实之外，在标题中标示出第二新闻点。

除了以上所述标题制作技巧外，网络新闻标题制作时还需要注意用词用语，多用名词和动词，富于个性的动词常常能使文句简练而传神，使人眼前一亮。美联社对记者提出的 10 条写作要求中也明确规定：“要牢记，一个句子汇总，至少有一个实体动词，而这个动词，应当是句子里最重要的词。”少用形容词和副词，形容词和副词主观性较强，缺少客观性，容易产生歧义。同时，可适当使用形象化的词语，吸取口语化、大众化的语言，借用古诗词、俗语、名言警句、谚语或流行语来“包装”标题，赋予标题文采。还可以巧用各种修辞手法，不仅能使标题言简意丰、通俗易懂，增强标题的可读性与感染力，而且能使网民在获得信息的同时感受到标题的整体之美。

思考题

❶ 为什么网络新闻基础编辑里增添多而删除少？

❷ 网络新闻编辑发布与传统媒体的新闻发布有何不同？

❸ 结合教材理论内容，选择某一网站首页分析其标题制作形式及其特点。

第四章 网络新闻的整合编辑

本章要点

学习整合编辑的内涵和类型，认识整合编辑的价值，了解整合编辑的流程，重点掌握网络新闻的三种整合——微观整合、中观整合、宏观整合——的编辑方式与方法。

关键词

整合编辑　微观整合　中观整合　宏观整合

互联网拥有海量的空间，理论上能够存储无限内容，但网络新闻内容是一种碎片化的呈现，对于用户而言，海量的信息既是一种满足，也是一种负担，很多时候用户大量的时间浪费在碎片化、散乱的阅读中，甚至会被各种无价值的超链接牵引迷失在各个网页中。针对过剩的、碎片化的内容，网络新闻需要从粗放式的简单编辑推进到精耕细作、简约精编的整合编辑，小到单篇文本新闻，大到一个事件的专题报道，都需要有意识地进行有创意、有策划、有思想的整合编排。

第一节 | 整合编辑概述

网络新闻诞生伊始就有“原创为王”和“整合为王”之争。争端的起因在于以新浪、搜狐、网易为代表的互联网站在没有新闻来源的情况下，创建了中国式的新闻信息整合模式。为了吸引网民、满足各类网民的不同需求，它们整合来自传统媒体的稿件，构筑大而全的新闻、信息网络平台。集纳、整合式的网络新闻报道与传统媒体原创、采集式的新闻报道形成了鲜明的对比，究竟谁为“王者”并没有一个最终的结论，但整合编辑却成为中国网络媒体延续至今的独特的新闻报道模式。

一、整合编辑的界定与演变

所谓整合，就是把一些零散的资源、要素通过某种方式彼此衔接，使其成为有价值、有效率、有机的一体，产生 1+1>2 的效果。在整合的过程中，要进行深度挖掘，寻找各资源、要素之间的逻辑关联，要进行有效配置，通过协同作业将一些原本散乱、无价值的要素提升为有意义的整体，使其达到高度融合。

站在新闻编辑角度，整合是编辑的手段之一，是将杂乱无章的内容通过深度挖掘、加工、配置及一定的编排方式，重新再组织，以实现新闻信息的增值。具体到网络媒体，针对网络新闻的整合编辑，是指运用计算机技术、数字技术、网络技术和视频多媒体技术，采用集成、配置和深度加工等编辑手法，围绕着单条新闻、单个话题或问题、单个新闻事件的相关新闻或多篇新闻报道进行编排、组合，最后形成符合网络特点的、具有原创色彩的、新闻价值获得整体增值的网络新闻报道。

网络媒体从 Web1.0 时代进入了 Web2.0 时代，整合编辑也从早期的粗放式整合进入到今天的集约式、精编式整合。

早期的整合是一种粗放式整合，可以用“拿来”、“堆砌”和“海量”三个词来概括。“拿来”就是简单地复制、粘贴传统媒体已经发布过的新闻、图片和视频，几乎不加过滤和筛选；“堆砌”就是将所有的新闻不加整理地归入各个频道、栏目，最后形成了一个新闻信息海洋；“海量”则成为互联网典型的标签之一。但是，这种简单的整合模式带来一个难以解决的问题，即各个网站“千网一面”，缺少各家的特色和风格。

今天的整合是一种建立在策划基础上的整合，可以用“策划”、“组织”和“特色”三个词来概括。这种整合不仅可以将所有内容源进行集纳，将所有报道手段全部运用，而且还可以根据网站性质、编辑思想和舆论议程，对单条新闻、单个话题或问题、单个事件进行深度的创意、策划，在编排中对新闻源进行必要的优化配置，对单条内容进行有目的的摘选，对话题角度、层次和表现形式进行组合，对新闻的内在逻辑进行梳理，实现对新闻资源的挖掘、加工和组织，从而形成独具特色的、增值的网络新闻报道。

今天的整合被认为是“网络传播的最强利器，也是所有作为新媒体而成功的网站的最重要的特征”，甚至被看做网络媒体的深度报道、网络特色的原创新闻。

二、整合编辑的类型

新闻传播过程就是对新闻信息资源的发现、挖掘、加工、重组使之形成合理结构、合适呈现的过程。随着网络技术的进步、编辑手段的丰富、编排形式的多样化以及网民需求的多元化，整合编辑成为实现新闻传播的重要手段。根据不同的划分标准，我们将整合编辑进行相应的分类。

从内容性质角度分，有新闻消息整合、观点评论整合、深度报道整合、资料材料整合等。比如观点评论整合，针对来自不同媒体、丰富多样的新闻评论，可以做出同一主题列表式的整合，可以做出同一新闻事件各方观点的整合，可以做出同一主题正反观点式的整合，也可以做出同一体裁的评论的整合，还可以做出专家学者的评论专辑。经过整合编辑后的网络评论，在内容与形式上都显示出与单篇评论迥然不同。图4—1 红网的“PK 擂台”，就是对同一主题正反观点的整合。

图 4—1 红网的“PK 擂台”页面截图

资料来源：http：//pk. rednet. cn/。

从表现形式角度分，有图片整合、视频整合、Flash 整合、互动整合和多媒体整合等。比如视频新闻整合，就是围绕着一条视频新闻，选择出与之相关的其他新闻形成一组报道群，让网民在看到主新闻的同时还能看到更多关联密切的内容，扩展、延伸了网民的阅读。图 4—2 凤凰网“牛视”栏目的编排，就是围绕一条主打新闻“解放军三大海域同时发力”集纳了 18 条相关视频新闻，内容的适度配置、有机整合不仅让网民看到更多之前的相关视频，更呈现出关于这一新闻完整的动态报道过程。

图 4—2　“解放军三大海域同时发力”新闻报道的页面截图

资料来源：http：//v. ifeng. com/v/chinawhhqjx/index. shtml＃faa93747 - cb10 - 4491 - b5ae - 81a511f18a40。

从对象与规模层次角度分，有针对单条新闻的微观整合、针对某一话题或主题的中观整合和针对某一新闻事件的宏观整合。理论上，整合能够达到对所有新闻体裁、新闻手段的集纳编排，但在实际操作中，需要根据内容的价值、报道的规模和网民的需求有所取舍，制作出不同规模的整合新闻。从技术制作层面看，微观整合主要是基于新闻发布模版而实现的网页融合新闻，新闻量较少，形式较为单一，规模较小；中观整合是基于网页专门策划设计的专页式报道，新闻量适中，形式较为多样，规模中等；宏观整合是指基于新闻专题模版或单独设计的专题报道，新闻量多，形式丰富多彩，规模庞大，有些宏观整合类似一个小型网站。以下三个页面截图分别是同一个事件“韩国海警打死中国渔民”三种规模的整合。图 4—3 围绕这一事件中单条新闻配置了图片、视频及若干条相关阅读，形成一种微观整合；图 4—4 是围绕这一事件中的一个话题，从不同角度选择新闻再配置图片、视频、互动和评论等，形成对这一话题深度解读的中观整合；图 4—5 是围绕这一事件的所有新闻报道的收集与编排，以专题的形式呈现出来形成一种宏观整合。

腾讯新闻 新闻 > 国际新闻 > 国际时事 > 正文

韩国海警曾向中国渔民开5枪 最后一枪致命

2012年10月18日03:05 新京报 高美 我要评论(2649) 字号：T | T

当地时间10月17日，韩国木浦，前日因在韩国海域非法捕鱼被韩警卫队逮捕的中国渔民。图/CFP

新京报讯 （记者高美）17日下午，韩国海警发布了对韩国海警发射橡皮弹致一名中国渔民身亡事件的初步调查报告，称海警发射了5发橡皮弹，最后一发击中了张姓船员的左胸，致其身亡。

韩方称将尸检确认中国渔民死因

因涉嫌非法捕捞而被扣留的“鲁营渔”号等2艘中国渔船17日上午抵达木浦海警专用码头。韩国海警对两艘渔船的船员进行了讯问，并发布了初步的调查结果。

图4—3 微观整合“韩国海警曾向中国渔民开5枪 最后一枪致命”的融合新闻

资料来源：http：//news. qq. com/a/20121018/000055. htm。

今日话题 Today Topic 用常识解读新闻

渔民被韩国警察打死，我们该怎么看

[1343]人参与

导语

10月16日，又一起悲剧在中韩之间海域发生：一位中国渔民在“非法捕鱼”时，抗拒韩国海警执法，结果被橡皮子弹打中左胸不幸身亡。上一次悲剧则是中国船长刺死了韩国海警，被韩国法院判处23年监禁。

同胞惨死，也让国人的同情感油然而生，《环球时报》更是义愤填膺地称，渔民的反抗都是弱者的被迫反应，而“韩国方面需要正视中国舆论的愤怒”。我们该表达的情感，真的是愤怒吗？...[详细]

01 是谁在渲染“民族主义”？

相关专题

图4—4 中观整合“渔民被韩国警察打死，我们该怎么看”的话题新闻

资料来源：http：//view. news. qq. com/zt2012/ymbds/index. htm。

图 4—5　宏观整合“韩国海警打死中国渔民”的专题报道

资料来源：http：//news. qq. com/zt2012/hghjzgym/index. htm。

三、整合编辑的价值

任何一家传统媒体，如果没有原创只靠整合，形不成自己的特色、风格和思想，是很难立足的。因此传统媒体一般都拥有一支自己的采访队伍，重采轻编，重原创轻整合。同时，传统媒体版面、时段都是有限的，不会出现如互联网般的“无底洞”，记者采写的内容基本能满足媒体报道的需求。

网络媒体与传统媒体有着本质不同，一则无边无沿，没有填满的边界，二则大部分网站都没有采访权，无法进行独立的新闻采访，生产不了自己的新闻产品。新浪网总编辑陈彤表示：“即使没有政策上对于门户网站在采访权方面的限制，（网络媒体）也应该充分发挥互联网在新闻整合方面的优势，因为信息整合是网络媒体最重要的工作，是提高网络新闻传播效果的根本。”①

网络媒体之所以高度重视整合编辑，将其作为网络新闻编辑的基本原理和重要表现形态，就在于整合编辑具有满足用户需求、改变报道生态、设置报道议程和增强编辑主观能动性四个方面的价值。

网络新闻内容经历了从稀缺到过剩的演变过程，特别是进入 Web2. 0 时代后，UGC（user generate content，用户创造内容）产生了大量碎片化而又良莠不齐的微内容，这意味着网民的阅读时间变得珍贵而稀缺。站在网民角度，他们当然不愿意陷入新闻、信息的汪洋大海之中，让自己的宝贵时间随着垃圾资讯白白流失。因此，网民

① 陈彤、曾祥雪：《新浪之道》，51 页，福州，福建人民出版社，2005。

希望网站能从专业角度对新闻做出评价和筛选，能用网络的方式呈现出简约、精要、有价值的内容。整合编辑可以帮助网民进行新闻的二次过滤，为网民提供各种不同介质的报道、不同性质媒体的报道以及不同媒体差异化的报道，可以通过扩大报道的广度和深度来满足用户对信息量的需求，也可以通过提供客观、全面、公正的报道来满足用户认知多元和平衡的需求。

当越来越多的网络媒体将传统媒体新闻作为网站内容的主要来源时，网络新闻同质化就难以避免了。"千网一面"不仅是一种资源浪费，而且很难吸引用户、留住用户。因此，"在外部环境、报道对象、报道事件大致相同的情况下，媒体要想取得所期望的新闻信息的传播质量与效果，必须根据自身条件、风格特色、受众定位、环境状态来进行新闻信息资源的整合"[①]，注重新闻、资讯、材料等资源的二度开发，创意、策划出适合网站风格和理念的特别报道。通过整合编辑，可以改变网络媒体"传声筒"的形象，将策划、创意和创新作为网站新闻编辑的理想和追求；可以增强网络新闻的差异化，打造出具有鲜明网络特色的原创；可以树立网站的品牌，凸显出网络媒体的传播力、影响力以及品牌价值。腾讯的"今日话题"，网易的"网易另一面"、"网易发现者"，搜狐的"搜狐论座"、"点击今日"，都是以"整合编辑"为身份标签的品牌栏目，当每一个网络媒体都能有自己的独特报道、原创新闻时，网络传播生态必将随之变化。

整合编辑还具有迅速聚合、梳理民意、强化议程设置、提升网络媒体舆论引导力的价值。互联网的技术特性决定了网络传播具有广泛的覆盖面和受众群，网络媒体具有强势的传播力和影响力，但在引导力方面，单纯地集纳各方信息来源、简单地吸纳各方观点意见，还达不到良好的舆论引导效果，需要更强有力的报道手段来传递网站的思想和态度。整合编辑可以通过对已有新闻的二次编辑与传播，"过滤噪音，筛选虚假、重复和无价值的信息，避免片面报道、失实报道"[②]，可以通过提出议题、设置话题、编排议程来传递网站或编辑的思想意图，在展现多元舆论的同时驾驭多元舆论。

自网络媒体诞生以来，网络新闻编辑工作被简单地理解为复制+粘贴，网站编辑人员被贴上"搬运工"的标签。这样一种认识导致编辑的主观能动性被抑制，编辑的策划、创新能力得不到发挥。其实，随着网络新闻来源多样和信息数量剧增，网站尤其需要编辑在面对浩如烟海的新闻时能进行准确的筛选和重组，能将杂乱无序的信息进行逻辑的梳理和形式的包装，能运用合适的编辑手段提升新闻的意义和价值。整合编辑就是网站编辑提高编辑水准、发挥主观能动性的一种手段，它能有效地调动编辑的积极性和创新力，将编辑从简单、枯燥的"搬运工"变为有创意、有设计的"策划人"。

---

① 许向东：《从"神舟5号"的报道看新闻信息资源的整合》，http：//tech. sina. com. cn/me/media/gc/2003-10-31/1526250867. shtml。

② 蒋晓丽：《网络新闻编辑学》，248页，北京，高等教育出版社，2004。

四、整合编辑的流程

随着网络新闻信息呈几何级数增长，整合编辑越来越成为网络新闻编辑的重要手段，其编辑流程也逐渐形成，包括选题、选稿、配置与制作四个环节。

选题，即从海量新闻信息中选取有意义、有价值以及具备整合条件的报道主题，将其作为整合编辑的对象。新闻每天都在发生，网站编辑每天都会面对形形色色的新闻事件和社会问题，但是关于这些事件和问题的报道并不都能拿来进行整合，网络编辑要依据一定的标准从中选择、确定适宜做整合报道的主题。而从网络新闻编辑的工作性质出发，编辑人员也做不到对每一个新闻事件进行整合处理。同时，站在议程设置与舆论引导角度，网站没有必要对每一个事件和问题都进行整合报道，更多的时候是选取那些有影响力、关系到舆论发展方向的主题。因此，作为整合编辑的主题，首先要具备新闻的重要性、显著性、贴近性等要素，其次要具备网络新闻的及时性、互动性和多媒体性等特征，最后要具备热度、关注度和报道量等条件。

选稿，即在确定选题后根据主题内容和整合编辑的要求对相关稿件、内容进行过滤和筛选。整合编辑要改变原始粗放式的新闻堆砌，实现整合编辑满足受众需求、议程设置的价值，选好稿、选对稿是必不可少的环节。选稿的过程既是对新闻主题和内容解读的过程，也是间接而含蓄地表达出网站的观点和态度的过程。在选稿的对象方面，既可以选择来自传统媒体的稿件，也可以选择来自网民的内容，既可以选择文字、图片，也可以选择视频和 Flash，既可以选择观点、评论，也可以选择背景资料和历史材料。在选稿过程中，微观整合和中观整合的选稿更为简约、精要和细致，宏观整合的选稿则相对自由、宽泛。

配置，即在选稿的基础上依据编辑意图有组织地配备稿件，编排、布置相关内容。整合编辑中的配置有标配与选配两种模式，标配即可以配置到任何一条新闻中的内容，如相关新闻、背景资料、相关图片和视频报道等，同时呈现出一种固定的表现样式；选配则指为该事件或该条新闻单独配备的报道，比如配置网络调查、互动跟帖、Flash 新闻等，同时给予报道特别的布置与安排。无论标配还是选配，都强调要根据新闻选择合适的、匹配的内容，而不是为了丰富而配置，为了多媒体而配置。围绕配置而进行的整合编辑目的在于优化新闻资源，增值新闻价值，同时反映出编辑的思想、观点和网站的导向、方针，客观上起到舆论引导的作用。

制作，即在上述三项工作后运用计算机技术、网络技术和网页设计软件等完成页面制作，实现对内容的包装和呈现。整合编辑是网络新闻内容与网页表现形式两方面相互影响、相互作用的结果。整合编辑能否通过整合达到新闻信息增值的效果，取决于选题、选稿和配置，但制作的水准和页面的设计对新闻的包装也是非常重要的一环。一般情况下，我们强调形式为内容服务，但对于网络新闻传播而言，精美的形式能在一定程度上提升新闻的阅读感，提高用户体验。

第二节 | 网络新闻的微观整合

基于对象与规模层次的不同，整合编辑被分为微观整合、中观整合与宏观整合。互联网中存在着大量碎片化的新闻、资讯和评论，需要运用合适的编辑手段和方法将这些内容整合起来，以达到完整呈现新闻事实、意义和思想的效果。微观整合就是针对网络新闻中碎片化内容的一种整合。

一、微观整合的对象与性质

众所周知，网络新闻中大量存在的是单幅页面、单条新闻以及散乱的资讯、评论，同时互联网又有数十种表现手段。如何编辑处理这些碎片化的内容，又如何结合表现手段有效地呈现出来，是网络新闻编辑需要思考的问题，也是实际工作中的难点问题。站在网民阅读角度，文本层的新闻浏览是网民阅读的最终落脚点，如何利用好这个底层页面，用一个页面、一次阅读来增加用户的兴趣，增强用户的黏度，更是文本层需要担当的“责任”。

微观整合的对象是一篇篇文章、一幅幅新闻照片、一条条视频新闻、一段段留言评论、一个个数字数据，微观整合编辑就是运用超链接技术和相应的网络编辑手段，把那些零散发布的但有着内在逻辑关联的微内容有机组织起来，集中到一个页面上，使“单薄”的单条新闻变得“丰满”，使用户在打开一个页面后能够获得附加阅读和愉悦阅读。

在编辑过程中，微观整合基本依托于网站内容管理系统的原有文本层模版，外在形式上不改变原模版的整体框架，只是在展示内容的区域内进行编辑、改动。这一点明显区别于中观整合和宏观整合，后两者在外观上都表现为脱离文本层模版而单独设计的模板或单独设计的页面。因此，微观整合一般不需要单独设计页面，其编辑重点在内容层面，以内容为核心完成整合编辑从选稿到配置的工作，流程中的“制作”环节所下的工夫较少。

二、微观整合的编辑方式与方法

面对网络新闻信息资源的多样性和无限性，网络媒体需要充分利用网络传播的优势，对网络信息进行有序的、合理的、创造性的整合工作，通过整合将新闻信息所包含的延伸内容挖掘出来，在实现新闻整体增值的同时引导网民的阅读。这是微观整合编辑的总体原则，也是编辑工作的基本出发点。网络新闻的构成包括内容和形式两部分，我们将从这两个层面来分别了解微观整合的编辑方式与方法。

（一）针对内容的编辑

网络新闻大多数是单独成篇的一条条新闻，这些新闻看似是独立的、无关联的，但如果找到其中的共同点，就可以彼此联系起来，形成一个整体。进入 Web2.0 时代之后，碎片化的内容如一句式留言、片段式直播、微博等越来越多，这些微内容更需要通过整合实现新的意义表达。

第一种是同题整合，即针对某一新闻事件将来自不同新闻源的多条新闻整合在一起，能让网民看到不同媒体对同一事件的各种报道，有利于网民获得认知平衡。在2008 年四川汶川地震哀悼日的报道中，网站将不同媒体哀悼日当天的封面报道集纳到一个页面上，每一个页面附载一个相应的超链接（见图 4—6），不仅方便了网民浏览多家媒体不同角度的报道，而且让网民通过阅读不同媒体的报道加深了对新闻的认知。这种编辑方式只有网络媒体才能采用和完成，因为互联网具有包容这些内容的海量空间，传统媒体不具备这个条件。

图 4—6　2008 年四川汶川地震报道中 5 月 19 日各地媒体头版整合的页面截图

资料来源：http：//news. sina. com. cn/pc/2008 - 05 - 19/326/720. html。

第二种是同类整合，即针对单条新闻将与其性质相近的新闻整合在一起，帮助网民延伸阅读。2012 年 12 月，新华社连续刊发了中共中央政治局七位常委的人物特稿，南都网在编辑处理这一新闻时，将七篇稿件集中到一个页面上，同时将相关述评和评论也一并收入其中，制作成一个独立单页的“新华社人物特稿”。同类整合注重内容的相关性和相似点，重点是通过某一特定的关系点将零散的、单篇的、孤立的报道合为一体，突出新闻内容的逻辑性和关联度。同类报道的整合是微观整合编辑中最为常见的，也最易于扩大新闻阅读和点击。

第三种是多样化整合，即针对新闻报道将与其相关的、不同体裁、不同时期的报道进行组合，有助于网民深度阅读。在“中国飞机 12 天内第三次飞近钓鱼岛 日本战机紧急升空”（见图 4—7，两幅图是对原页面进行了分拆的结果）这条新闻的编辑处理中，左边的为新闻正文和图片，右边则是这条新闻整合的多种体裁的报道，有“相关专题：钓鱼岛争端再次发酵”、“早前报道：12 月 13 日：中国海监飞机载七人巡航钓鱼岛领空 28 分钟”、“背景资料：中国海监定翼机 B3837 号简介：配先进监察设备”、“相关评论：日本评论员：中日首脑应建安全渠道 防止擦枪走火”等。专题、消息、资料、评论及早期报道聚合在一条新闻中，无疑深化了新闻内涵，增加了新闻的厚度。

第四种是碎片化整合，即针对同一事件不同时间段的连续、追踪报道的集纳，包括灾难性报道、军事冲突报道、突发性新闻报道、滚动新闻、实时报道和直播实录，互联网快速更新的特性会导致报道内容较为分散、凌乱，因此将一段时间内的新闻、信息进行汇集、整理，将其编排合成为一篇或多篇文章，能为网民提供一个清晰的事件发展脉络和完整的新闻报道，以方便网民的阅读。中国共产党第十八次全国代表大会召开期间进行了多场记者招待会的直播，直播实录都是片段式、零散的，图 4—8 截取的是“文化体制改革和公共文化服务体系建设中外记者招待会”中，文化部副部长、党组副书记赵少华“介绍情况”和“答记者问”的两个直播片段。编辑对这些碎片化内容进行了整合编辑，为网民呈现出一条单独成篇的、完整的新闻报道，即图 4—9 的“赵少华：文化产业日益成为国民经济支柱产业”。

（二）针对形式的编辑

网络新闻的表现形式多达数十种，有文字、视频、图片、图表、视频、音频、Flash、3D、电子杂志、论坛、留言、访谈、调查、微博、博客、滚动新闻、直播、实时报道、评论和深度报道等。微观整合虽然主要是基于新闻内容的整合，但内容不是独立存在的，需要用不同手段来呈现，我们可以根据表现手段的不同进行相应的整合编辑。

第一种是单一手段同题整合，即运用同一种手段对同一新闻开展的报道进行集纳，如视频整合、图片整合、微博整合、博客整合、留言整合、Flash 整合等，其目的是让

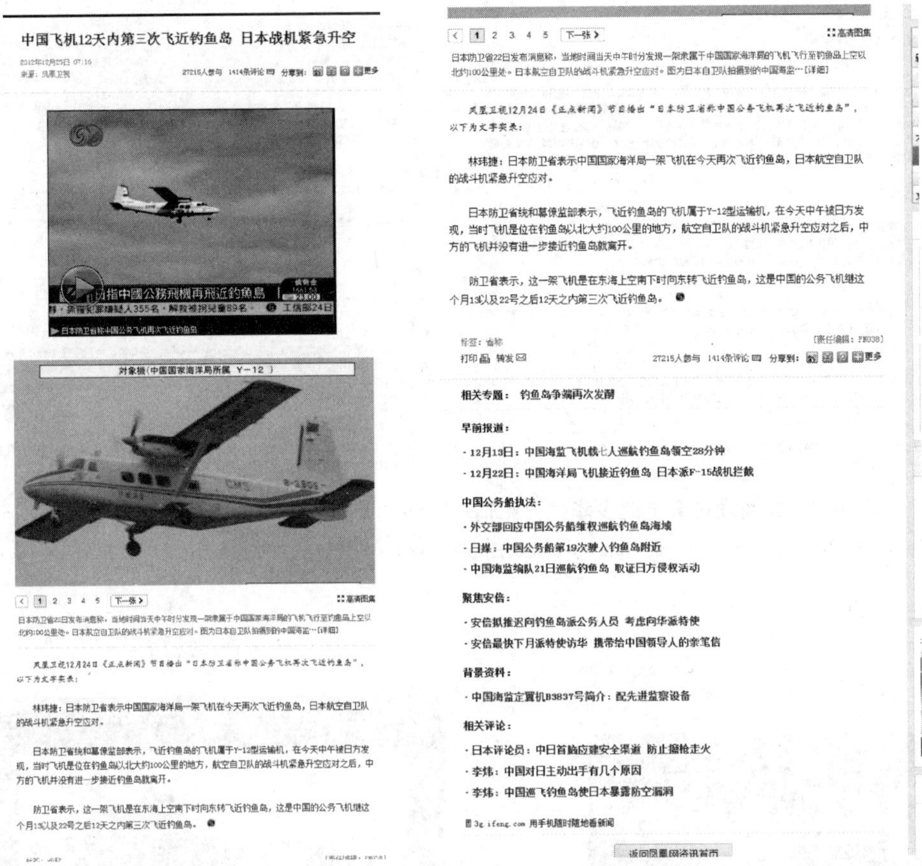

图 4—7　“中国飞机 12 天内第三次飞近钓鱼岛　日本战机紧急升空”的页面截图

资料来源：http：//news. ifeng. com/mainland/special/diaoyudaozhengduan/content-3/detail _ 2012 _ 12/25/20494908 _ 0. shtml。

网民方便、快速地浏览到同类新闻。比如图片整合，只要打开一个页面就能看到一条新闻的所有图片，而如果不进行图片整合，则需要一次又一次地打开一个个页面，才能浏览完所有图片。还有视频整合，可以将一场比赛的精彩进球整合到一段视频或放置到一个页面中，让网民集中而又完整地看到所有的精彩画面。

第二种是单一手段异题整合，即运用同一种手段或形式对不同新闻开展的报道进行集纳。这里的异题是指虽然新闻内容不同，但其内在有一定的关联度或逻辑关系，寻找到这个共同点，就可以进行微观整合编辑。下面这组图片报道（见图 4—10），单个看只是各地的楼宇会所类建筑图片，但编辑找到一个共同点：设计很出位、形象很怪诞、网民多非议，于是编辑对这组图片进行整合，并冠以“雷人建筑”的标题，形成一篇带有强烈策划意识、深度挖掘新闻内涵的微观整合报道。类似的还有一周要闻、一周图片、一周观点、一周热词、年度人物盘点、年度重大法规政策等，编辑对阶段时间内发生的不同事件进行筛选、梳理，然后用一个主题、一种手段将内容串联、整

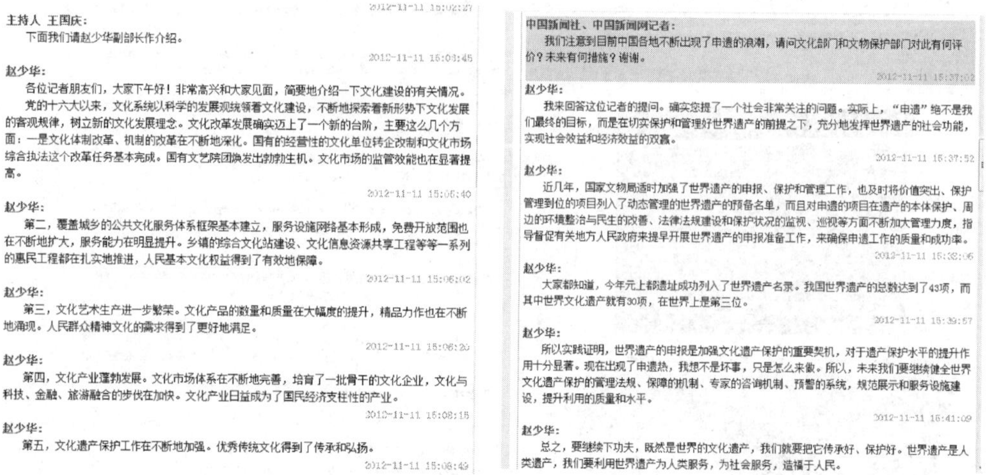

2012-11-11 15:02:27

主持人 王国庆：

下面我们请赵少华副部长作介绍。

2012-11-11 15:03:45

赵少华：

各位记者朋友们，大家下午好！非常高兴和大家见面，简要地介绍一下文化建设的有关情况。

党的十六大以来，文化系统以科学的发展观统领着文化建设，不断地探索着新形势下文化发展的客观规律，树立新的文化发展理念。文化改革发展确实迈上了一个新的台阶，主要这么几个方面：一是文化体制改革、机制的改革在不断地深化。国有的经营性的文化单位转企改制和文化市场综合执法这个改革任务基本完成。国有文艺院团焕发出勃勃生机。文化市场的监管效能也在显著提高。

2012-11-11 15:05:40

赵少华：

第二，覆盖城乡的公共文化服务体系框架基本建立，服务设施网络基本形成，免费开放范围也在不断地扩大，服务能力在明显提升。乡镇的综合文化站建设、文化信息资源共享工程等等一系列的惠民工程都在扎实地推进，人民基本文化权益得到了有效地保障。

2012-11-11 15:06:02

赵少华：

第三，文化艺术生产进一步繁荣。文化产品的数量和质量在大幅度的提升，精品力作也在不断地涌现。人民群众精神文化的需求得到了更好地满足。

2012-11-11 15:06:20

赵少华：

第四，文化产业蓬勃发展。文化市场体系在不断地完善，培育了一批骨干的文化企业，文化与科技、金融、旅游融合的步伐在加快。文化产业日益成为了国民经济支柱性的产业。

2012-11-11 15:08:15

赵少华：

第五，文化遗产保护工作在不断地加强。优秀传统文化得到了传承和弘扬。

2012-11-11 15:08:49

中国新闻社、中国新闻网记者：

我们注意到目前中国各地不断出现了申遗的浪潮，请问文化部门和文物保护部门对此有何评价？未来有何措施？谢谢。

2012-11-11 15:37:02

赵少华：

我来回答这位记者的提问。确实您提了一个社会非常关注的问题。实际上，“申遗”绝不是我们最终的目标，而是在切实保护和管理好世界遗产的前提之下，充分地发挥世界遗产的社会功能，实现社会效益和经济效益的双赢。

2012-11-11 15:37:52

赵少华：

近几年，国家文物局适时加强了世界遗产的申报、保护和管理工作，也及时将价值突出、保护管理到位的项目列入了动态管理的世界遗产的预备名单，而且对申遗的项目在遗产的本体保护、周边的环境整治与民生的改善、法律法规建设和保护状况的监视、巡视等方面不断加大管理力度，指导督促有关地方人民政府来提早开展世界遗产的申报准备工作，来确保申遗工作的质量和成功率。

2012-11-11 15:38:06

赵少华：

大家都知道，今年元上都遗址成功列入了世界遗产名录。我国世界遗产的总数达到了43项，而其中世界文化遗产就有30项，在世界上是第三位。

2012-11-11 15:39:57

赵少华：

所以实践证明，世界遗产的申报是加强文化遗产保护的重要契机，对于遗产保护水平的提升作用十分显著。现在出现了申遗热，我想不是坏事，只是怎么来做。所以，未来我们要继续健全世界文化遗产保护的管理法规、保障的机制、专家的咨询机制、预警的系统，规范展示和服务设施建设，提升利用的质量和水平。

2012-11-11 15:41:09

赵少华：

总之，要继续下功夫，既然是世界的文化遗产，我们就要把它传承好、保护好。世界遗产是人类遗产，我们要利用世界遗产为人类服务，为社会服务，造福于人民。

图 4—8 新闻发布会上赵少华“介绍情况”和“答记者问”的两段文字直播实录

资料来源：http：//www. china. com. cn/zhibo/zhuanti/18da/2012 - 11/11/content _ 27069699. htm。

合起来。

赵少华：文化产业日益成为国民经济支柱产业

文化部副部长、党组副书记赵少华 中国网 高宏摄

中国网11月11日讯 十八大新闻中心今日下午就文化体制改革和公共文化服务体系建设召开记者招待会。文化部副部长、党组副书记赵少华在会上表示，党的十六大以来，文化系统以科学的发展观统领着文化建设，不断地探索着新形势下文化发展的客观规律，树立新的文化发展理念，文化产业日益成为国民经济支柱性的产业。

赵少华说，文化改革发展确实迈上了一个新的台阶，主要这么几个方面：

第一，文化体制改革、机制的改革在不断地深化。国有的经营性的文化单位转企改制和文化市场综合执法这个改革任务基本完成。国有文艺院团焕发出勃勃生机。文化市场的监管效能也在显著提高。

图 4—9 整合后的报道——“赵少华：文化产业日益成为国民经济支柱产业”的页面截图

资料来源：http：//news. china. com. cn/18da/2012 - 11/11/content _ 27075472. htm。

图 4—10 盘点 2012“雷人建筑”图片报道页面截图

资料来源：http：//money. 163. com/photoview/251H0025/7120. html＃p＝8JVTT51B251H0025&from＝photoPrev。

第三种是立体整合，表现为不同手段综合运用于单条新闻的报道中，如文字、图片＋视频的整合，新闻与调查、留言的整合，新闻报道与博客、微博的整合等。网络新闻的微观整合中，文字、图片＋视频的多媒体整合最为普遍，也是当前网络融合新闻的一种体现。如图 4—11 所示，针对一场体育比赛，我们看到最终呈现出的新闻页面上有比赛精彩的图片，有比赛激烈对抗和赛事综合报道的视频，有比赛技术统计的图标，还有转发到微博、与他人分享的互动按钮。立体整合能触动网民的视觉、听觉等多种感官，达到良好的传播效果，因此，网站现在越来越强调立体整合，以多媒体报道取悦网民的阅读。

除了上述按照两种标准划分所呈现的不同整合类别外，微观整合中还有一种特殊的整合，即新闻与广告、电子商务的整合。文本层页面是网民浏览新闻的最终目的地，将广告、电子商务与新闻内容结合，虽然在一定程度上会影响到网民浏览的效果，但却能实现广告的最大传播，甚至能直接带来电子商务的交易。随着网站运用数据挖掘、数据分析等技术实现对网民精准细分，可以将网民的不同兴趣爱好与他经常浏览的新闻直接关联，这样广告和电子商务就会针对不同类别的新闻进行精准的投放。因此，未来新闻与广告、电子商务整合的情况会越来越多。

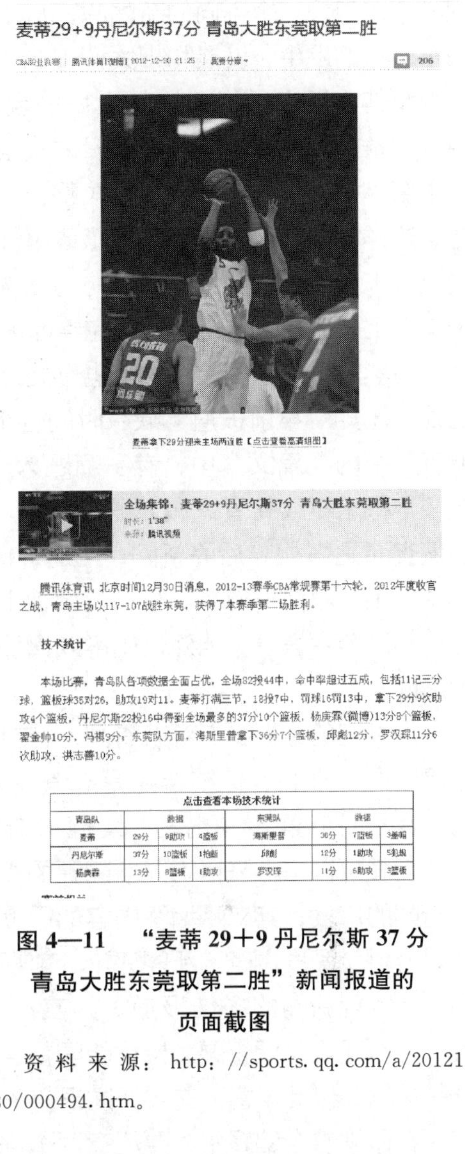

麦蒂29+9丹尼尔斯37分 青岛大胜东莞取第二胜

2012-12-30 21:25　206

麦蒂拿下29分迎来主场两连胜【点击查看高清组图】

全场集锦：麦蒂29+9丹尼尔斯37分 青岛大胜东莞取第二胜

时长：1'38"

来源：腾讯视频

腾讯体育讯 北京时间12月30日消息，2012-13赛季CBA常规赛第十六轮，2012年度收官之战，青岛主场以117-107战胜东莞，获得了本赛季第二场胜利。

技术统计

本场比赛，青岛队各项数据全面占优，全场82投44中，命中率超过五成，包括11记三分球，篮板球35对26，助攻19对11。麦蒂打满三节，18投7中，罚球16罚13中，拿下29分9次助攻4个篮板，丹尼尔斯22投16中得到全场最多的37分10个篮板，杨庚霖(微博)13分8个篮板，翟金帅10分，冯桢9分；东莞队方面，海斯里普拿下36分7个篮板，邱彪12分，罗汉琛11分6次助攻，洪志善10分。

点击查看本场技术统计

青岛队	数据			东莞队	数据		
麦蒂	29分	9助攻	4篮板	海斯里普	36分	7篮板	3盖帽
丹尼尔斯	37分	10篮板	1抢断	邱彪	12分	1助攻	5犯规
杨庚霖	13分	8篮板	1助攻	罗汉琛	11分	6助攻	3篮板

图 4—11　“麦蒂 29＋9 丹尼尔斯 37 分青岛大胜东莞取第二胜”新闻报道的页面截图

资料来源：http：//sports. qq. com/a/20121230/000494. htm。

三、微观整合的编辑实例与分析

微观整合是网络新闻中形态最常见、运用最广泛、操作最简易的基本编辑手段，也是网络新闻寻求差异化、避免“千网一面”必不可少的手段。微观整合的编辑既要依照整合编辑的基础流程即选题、选稿、配置和制作来完成编辑工作，又要根据每条新闻的性质展开有针对性的整合工作。我们以下面这条新闻为例，来分析并梳理出微观整合编辑的基本思路与一些常规的编辑策略。

图 4—12 是一条典型的经过微观整合编辑后发布的新闻。整条新闻是多样化整合的呈现，但在多样化之中，还嵌套着若干小整合。整合的内容自上而下依次为视频新闻、图片新闻、正文文本、早前报道、事件调查和延伸阅读，其中包含有视频与图片的两种手段，包含有消息和深度报道的两种体裁；整合的互动上包括打印、转发、评论和分享，其中分享按钮多达 53 个，几乎囊括中外各种社交网络。内嵌的两个单一同题整合分别为四段新闻视频和八幅新闻图片，四段视频分别来自央视新闻台、凤凰卫

视和广东卫视三个不同的新闻源，从不同角度报道了江西校车事故的发生、发展和相关调查，八幅图片分别来自新华网及其他渠道，将事故发生后的现场呈现出来。可以说，这条新闻把微观整合的编辑方式运用到了极致，大整合中套小整合，内容整合套形式整合，新闻整合套互动整合，这样的编辑策略充分展现了该事件的来龙去脉，使新闻显得丰厚、扎实而又有多样的阅读选择，网民可以在一个页面上来完成对这一事件的完整而多样化的阅读。

当然，这条新闻在整合中也有处理不当、编辑不周全之处，比如“早前报道”缺少时间这个重要元素；“事件调查”中的几篇文章中，有一篇题为“江西致 11 死幼儿园校车坠水事故死者家属获赔 48 万”显然不是关于事件的调查而是事故善后的新闻；“延伸阅读”的两条新闻，其中一条和早前报道有重复；在体裁上，还可以摘选相关评论和微博留言等。此外，还可以增加其他校车事故的相关新闻。

从以上的分析我们可以看到，针对单条新闻的微观整合灵活而多样化，但整合还是有其基本思路和常规策略的。其一从新闻本身出发，发掘与新闻相关的视频、图片，而且可以整合来自不同新闻源的视频和图片，以此扩展新闻的广度；其二从增添内容的厚度出发，为新闻找到背景资料、深度调查、新闻评论、前期报道等不同体裁的内容，实现新闻的多维报道；其三从强调新闻的互动出发，为新闻设置调查题、摘选新闻留言或微博热评，添加分享按钮，以此丰富、充实新闻报道。

在微观整合编辑中，要注意两个问题。一是整合的适度性。理论上说，围绕单条新闻，所有的内容和形式都能聚集收纳，但是过度的整合也会让新闻附载过重而导致网民反感，因为网民要在一个页面上接受大量的内容可能会带来阅读困难，产生阅读疲劳。倘若如此，则适得其反。二是整合的合理性。无论是形式的整合还是内容的整合，都要考虑到彼此间的关联，不能为了整合而整合，不能把不相关的内容整合到一起，只有科学的、合乎逻辑的整合才是真正有价值的微观整合。像上述案例中所指出的不适宜的新闻配置会让整合失去意义。

江西致11死校车事故肇事司机被刑拘 幼儿园关停

贵溪幼儿园面包车侧翻事故：涉事幼儿园关停肇事司机刑拘

图 4—12 “江西致 11 死校车事故肇事司机被刑拘 幼儿园关停”新闻页面截图

资料来源：http：//news.ifeng.com/mainland/detail_2012_12/25/20512016_0.shtml。

第三节 | 网络新闻的中观整合

微观整合实现了围绕一条新闻配置相应内容、新闻优化增值的目的，但微观整合终究还是停留在单条新闻层面，缺少对新闻事实的深层分析、角度评述和问题探讨，网络媒体要想摆脱传统媒体“二次传播”的传声筒标签，真正拥有新闻媒体独立、独到、独家的品质，就需要在微观整合的基础上融入更多的编辑思想和价值判断，需要新的编辑方法，这就是网络新闻的中观整合。

一、中观整合的对象与性质

随着互联网信息进入过剩时代，网民对网络信息的要求从遍览海量的新闻转向精选精编的新闻，从提供新闻资讯为主转向提供观点、评述为主。中观整合就是在网络传播环境发生变化和网民信息需求发生改变的双重作用下诞生的。

中观整合分为新闻类中观整合和资料类中观整合。新闻类中观整合面对的是新闻事件中的话题或问题。网络编辑围绕某一新闻报道所触及的深层次问题或争议性热点，从不同的层面、不同的角度选取、摘编相关新闻或内容对问题、热点进行解读、评述，再运用恰当的网络表现形式对内容进行制作、包装，最后呈现出具有多媒体样式的网络深度报道。资料类中观整合是通过对海量的历史资料和散乱的信息资源进行梳理，找寻到一根能串起资料的主线，然后再进行适当的内容选编、多媒体编排和网络式布局。

中观整合编辑强调的是整体的策划性、内容的思辨性、议程的设置性和制作的多媒体性，强调透过有目的的编辑、整合来传递出网络媒体的立场、观点和态度。它不是要对所有内容源进行集纳，不是要运用所有的报道手段，而是从问题着眼，从新闻的内在逻辑关系出发，从页面编排考虑，对新闻源进行一定的筛选，对入选的内容进行恰当的摘编。中观整合介于专题与单条新闻之间，不似专题那样宏大、复杂，但比单个文本厚实、丰富。从体量上看，中观整合新闻量较为适中，形式较为多样，页面整体给人以舒适的阅读感。

随着网络媒体传播力和影响力的提升，各新闻网站和门户网站都越来越重视中观整合，开创了多个中观整合的品牌栏目，如新华网的“今日话题”、大众网的“独立调查”、新浪网的“新观察”、网易的“另一面”、搜狐的“点击今日”、腾讯网的“今日话题”等。2012 年在全国“两会”的网络报道中，网站纷纷推出各种话题的中观整合，如凤凰网的“两会自由谈”、“民意代言录”、“白领意见书”、“全民相对论”、“十大热点人物”、“十大提案议案”、“十大热点言论”，央视网的“民生十议”、“这一年”、“咱们的两会”，网易的“国家代表”、“圆桌”、“议政”、“视觉两会”，搜狐的“两会素描”、“数字之道”、“五年金句”等，内容精编细选，内涵深刻思辨，改变了公众和网民对网络媒体的惯常认知。

二、中观整合的编辑方式与方法

中观整合也可被看做话题式整合，侧重从内容角度对新闻进行策划、精编和整合。网络媒体是一个整合的大舞台，一个新闻事件发生后，相似、相关、同类新闻蜂拥而至，都会被网络媒体抓取，但是，看似报道全面、丰富的海量信息实则传播效果有限，网民这时更需要关于事实的判断、话题的解读和问题的分析。这也是中观整合编辑的出发点与落脚点。

中观整合编辑分为四个步骤：选择话题、构建内容、运用互动和编排页面。

（一）选择话题

选择什么样的新闻、选择什么样的话题，是中观整合的第一步，是对编辑新闻价值判断能力的一次考量。原则上说，话题的范围没有禁区，时事政治、社会民生、教育文化、国际冲突、影视娱乐、热门人物等各类新闻都可以列为整合编辑的对象，但考虑到中观整合是对事实的梳理与思考、对问题的解惑与辨析，以及中观整合编辑后将产生强势的传播效果，因此选择话题要兼顾新闻时效、内容深度、评议热度和社会影响等要素。以下是搜狐网“搜狐论座”的部分选题。

- 特刊：“7·21”暴雨，每个生命都值得我们尊重
- 公务员救火不该拿补贴，可以拿加班费
- 河南人大 PK 公安：致“代表身兼网上通缉要犯”
- 公务员该抓“皮鞋”不该擦皮鞋
- 桥下彻、石原慎太郎宁当市长不当“省长”不傻
- “工程强国”战略牺牲个人利益展示权力肌肉
- 亲人死伤，家属情绪何时才能不“被稳定”?
- 超时费：高速乱收费中沧海一粟
- 失独者：老来丧失独子怎么办?
- 油价“一国两制”：比较只能增加痛苦
- 领导热衷题词，谁能管得了?
- 东京都购买钓鱼岛主权，中国喊打喊杀没有用
- 平坟运动：坟墓也有贵贱之分
- 信访局长下跪上访，不仅是个黑色幽默

● 看不懂公共预算：只能怪自己钱多人傻？

分析这些选题可以看到，网站选择的话题或者是网民关注的热点、焦点新闻，如“特刊：‘7·21’暴雨，每个生命都值得我们尊重”、“桥下彻、石原慎太郎宁当市长不当‘省长’不傻”、“油价‘一国两制’：比较只能增加痛苦”、“看不懂公共预算：只能怪自己钱多人傻?”，或者是网民争议、争鸣的话题，如“公务员救火不该拿补贴，可以拿加班费”、“公务员该抓‘皮鞋’不该擦皮鞋”、“失独者：老来丧失独子怎么办?”、“信访局长下跪上访，不仅是个黑色幽默”，或者是网民热议、热评的问题，如“亲人死伤，家属情绪何时才能不‘被稳定’?”、“领导热衷题词，谁能管得了?”、“超时费：高速乱收费中沧海一粟”。因此，话题的选择应以提出问题、探讨问题为编辑的主旨和思路，以话题的层次、角度和材料的丰富性为基本前提，以引发网民的深度关注与积极参与为目标。

此外，重大新闻也可作为中观整合的编辑对象。在 2012 年全国“两会”的网络报道中，各网站都推出了基于海量信息的整合策划，腾讯网“民生十问”以省为单位划分出不同的板块，根据各省的民情不同来进行提问，更加接地气。网易的“改革下一站”则是对农民、学生、中产阶层、富人社会群体的集中焦虑的思考和解决之道的探寻。新浪网的“寻路”包括“远方的心愿”、“走过的印迹”、“底线无路可退”等多个中观整合，“远方的心愿”是将离乡千里、在外打工的农民工们最朴实的心愿发布到网上，让网民看到众多普通老百姓的心声；“走过的印迹”则是集纳 2011 年中国居民生活质量数据；“底线无路可退”是通过新浪微博对道德底线展开的微话题整合。这些中观整合选择的都是贴近民生、贴近生活的话题，从小视角、底层切入，由微观民生引申到宏观方略。

腾讯网在谈到它的名牌栏目“今日话题”的选题时，给定了一个非常简单的标准，即“吸引用户来看，得到用户的认同”。因为“腾讯的受众面非常广，覆盖了中国80%以上的网民，因此在话题的设置选择上比较广泛，涉及最广泛的网民利益的新闻都是他们的关注对象”①。除此之外，提出话题要有时事性，“要能够触及一种‘真问题’，真正的体制问题是我们比较关注的”；话题要有互动性，“有让网友说话的空间，能够得到网友的参与，他愿意去跟帖，去参与调查，愿意去参与我们设置的一些活动”②。

（二）构建内容

如果说选择话题是确定中观整合的“大脑”，那么构建内容就是确立中观整合的“骨骼和躯干”，是支撑中观整合的主体。构建内容的过程就是梳理逻辑、确定框架、摘编内容和配置资源的过程。

构成一条中观整合的内容一般包括导语、角度新闻、结语等主体板块和多媒体、

---

①② 张东生：《腾讯今日话题幕后——答人大新闻系张国航同学》，http：//user. qzone. qq. com/46087267＃！app=2&via=QZ. HashRefresh&pos=1251705674。

相关链接等辅助板块。导语是编辑以热点新闻为话题由头撰写的简短述评，以引出要探讨的问题。透过导语，网民可以了解到新闻事件的主要事实或背景，初步明了分析、探讨的是什么问题。在写作上，导语文字不宜太长，寥寥数语，简短精要，起到引题、点题的作用。在导语中，还可以添加链接到热点新闻的超链接，这样就给了网民更多的阅读选择。

角度新闻是在对话题充分认识、对相关报道材料全面掌握的情况下梳理出的或者不同层面、或者不同观点、或者不同维度的新闻，然后用它们来搭建中观整合的内容框架。角度新闻可以是层层递进的剖析，可以是正反意见的对比，可以是多元观点的罗列，还可以是不同人物的声音。选取、编排好角度新闻是内容构建中的重点，更是难点，困难在于如何找到不同的层面、不同的观点以及不同的维度。是先确定框架然后依循框架去找角度新闻，还是先搜集材料再根据材料去确定角度新闻，这不是一个简单的先后顺序问题，而是关系到内容构建的逻辑性、科学性与合理性的问题。前者能提高找材料的针对性，但也有可能陷入有框架无材料可支撑的困境；后者能保证材料的充足性，但也可能会陷入材料太多而无从梳理出框架的困境。

中观整合是话题式整合，强调的是对问题的探讨，因此内容构建中的结语不是总结，不是结论，但撰写得好能起到画龙点睛的作用，提升整个中观整合的品质。当然，在一些资料类中观整合中，也可以不用结语。内容建构中的多媒体不仅仅限于图片、音视频，还可以选用图表、漫画、Flash 等其他形式，它和相关链接虽然不作为中观整合编辑的重点，但作为必要的辅助板块，也需要精挑细选，与主体板块匹配、呼应。

（三）运用互动

互动是中观整合中必不可少的板块，与内容构建相得益彰，形成互补。互联网目前的互动手段有新闻留言、博客、微博、网络调查、网络投票、网络辩论等，但这些互动手段并不是都要整合到新闻中，编辑要考虑到根据不同的内容选择不同的互动手段，根据互动的特性合理安排互动在页面的位置和区域。比如，对于热点焦点话题，可以开辟网民留言、评论的板块；对于争议争鸣的话题，可以设置网络调查、网络辩论、网络投票的板块；对于热议热评的话题，可以引入博客、微博。在新华网的“今日话题”中，一方面设有直接展现内容的互动“投票与调查”和“话中音”，就当期话题征询网民的意见，登载网民的观点，与主内容形成有益的补充；另一方面还设有间接的互动“留言板”、“进入论坛讨论”和“网友提供热点话题”，引导网民深度参与话题。

（四）编排页面

中观整合一般不采用网站内容管理系统中单条新闻的模板，而是根据中观整合的特性量身打造，单独设计符合其要求的模板。大多数网站的新闻类中观整合基本是每天一期，采用固定模板有利于编辑快速搭建内容，快捷制作完成页面，因此页面编排设计上不要求复杂多样，而是强调层次清晰、重点突出、图文均衡和区位合理。资料类中观整合则出版周期不定，又因为资料较新闻更为枯燥，因此特别需要在设计上下工夫，运用 Flash、动漫和各种网页设计技术较多，目的是让网民在阅读新闻资料时产生视觉美感，借助精致的页面编排提升内容的传播效果。搜狐网在做“建国 60 年”专题报道时梳理了那些“改变了中国”的历史人物。这种人物史记如果采用一般的页面编排方式，就会成为一个非常简单、枯燥的人物列表。网站在处理这个内容时，运用了 Flash、音频、图片和文字融合的编排方式，配以契合主题的背景图和简约的内容，由远及近像一条历史长河般推送出一个个人物，整体上给人深远的沧桑感和历史的厚重感，与主题非常和谐、融洽，而采用的多媒体编排手段又使阅读很轻松、愉悦。

三、中观整合的编辑案例与分析

中观整合注重内容的策划与整合，强调在策划中融入网站的编辑思想和立场，在整合中彰显网站的态度与理念，每一次的策划整合都是一次新闻主题的再挖掘、新闻材料的再收集、报道手段的新运用和编辑思想的新体现。中观整合被认为是网络媒体独有的、间接的新闻原创，是网站集中力量和智慧匠心独运的完整展现。我们以腾讯网“今日话题”的一篇中观整合为例，分析其编辑思路和策略。

“今日话题”是腾讯网出品的立足于策划整合的品牌栏目，以“用常识解读新闻”为理念，遵循“客观、理性、积极、向上，更多强调建设性的，而不是直接批评一些东西，或者只批评而不提建设性意见”[①] 的立场，栏目每天一期，放置在腾讯网首页的核心位置。

第一是选题。“京广高铁 865 元票价贵吗?”，这是一个由热点新闻引出的话题（见图 4—13)。2012 年 12 月 26 日，京广高铁全线贯通，但是关于高铁的票价问题是网民关注的焦点，也是网民议论的热点，“今日话题”将此作为话题由头，既有新闻性、时效性，又贴近民生、贴近生活，还能吸引网民参与讨论，符合中观整合的选题要求。类似的选题还有“给南方集中供暖，可行吗”、“为何有人信‘末日’”、“虫草为何越来越天价”、“拒改国籍的张兰为何移民”，都能兼顾到新闻时效和深度思辨。

第二是内容。“今日话题”的内容一般由导语、角度新闻、结语组成。导语需要编辑根据新闻内容精编或改写，然后添加超链接到详细内容。撰写中观整合的导语比一般导语写作要求更高，除了要用简短的文字陈述新闻主要事实外，还要用精练的话语引出问题，引导网民阅读。角度新闻是在对新闻事实分析后从不同层面、不同维度对

---

① 《腾讯今日话题幕后——答人大新闻系张国航同学》，http://blog.qq.com/qzone/46087267/1251705674.htm。

图 4—13　今日话题“京广高铁 865 元票价贵吗?”的页面截图

资料来源：http：//view. news. qq. com/zt2012/jg/index. htm。

话题展开的解读、评述。在本期“今日话题”中，围绕“高铁票价”贵与不贵的问题，编辑拆分了三个角度，“相对于老百姓的收入，865 元的票价不低”、“865 元的票价如何得来?”、“公益性有没有得到充分的考量”，三个角度层层递进，最终问题不是停留在简单的票价上，而是深入到票价定价机制以及这种定价的出发点问题，深入到公共服务体系如何体现公益和公平的问题。结语顺由上述思路再进一步，提出打破铁路运营大一统的现状，将高铁、普铁的竞争性运营，通过让消费者自主选择来解决价高与价低的问题，寥寥数语，画龙点睛，将报道上升到一个新的层面。从这期中观整合的内容构建可以看到，探讨问题不能停留在新闻事实的表面，一定要深挖新闻背后的背景、原因和过程，并由一个基本事实辐射到更多相关内容，以此来展现更多的事实真相，把新闻与社会、新闻与环境的内在关系呈现出来。在制作上，编辑处理较为简单，基本采用文字内容摘要加超链接的布局方式，从上到下依序呈现，内容的格式、字体、字号编排统一，中间还可穿插图片、图表，用颜色、线条来区隔或装饰。本期“今日话题”中的两个图表很有价值，直接用以论证内容中的某些观点，起到与内容互补的作用。

第三是互动。“今日话题”设有“投票”、“评论”、“跟帖”、“读者来信”、“提问编辑”、“编辑手记”和“专题评价”等多个互动板块。相比较一般性新闻报道，深度类的中观整合所涉及的话题更易于引发网民的参与，也更需要网民的参与。通过网民的快速反馈和直观评论来达到推进话题、深入探讨甚至反证话题观点的效果。在本期话题中，设置了调查题“通行京广，你首选高铁还是普铁”，参与投票的 7 万多人，只有 9%选择高铁，其余 91%的人选择普铁，这一投票结果成为对话题内容的有效印证。此外，“提问编辑”和“编辑手记”两个互动板块的设立直接拉近了编辑与网民的距离，网民能充分理解编辑的意图和理念，编辑也能充分传递出话题背后的信息和思想。

第四是页面。“今日话题”的页面设计为固定模板，采用“三段式”风格，内容结构一目了然，整体看上去简洁明快，逻辑性较强。通栏的大标题和导语醒目、张扬，导语编排为文字加图片，简单大气但又冲击力强，能第一时间吸引网民的眼球。内容部分用编码和小标题将各部分自然分割，整个页面虽冗长但中间有层次、有跳跃，不至于引起视觉疲劳。互动板块分别置于页面右边和底部，正如“今日话题”编辑部所言："首先给网友一个很明确的逻辑框架，然后把相关的那些东西都搁到旁边去，还有就是尽可能地让网友参与互动。"新闻类的中观整合主要靠内容来吸引、引导网民，因此在形式上应尽可能简单明了，不能因花哨的形式喧宾夺主，影响内容和思想的传递。

第四节 | 网络新闻的宏观整合

互联网的特性决定了网络具备整合一切内容的条件，不同时间段发生的新闻事件、不同新闻来源的内容、不同手段进行的报道、不同时期的信息资料，都能以不同方式集纳到一个平台，可以说网络媒体是最大的宏观整合。具体到网络新闻，宏观整合是指以新闻事件为对象、以网络新闻专题为呈现的一种网络编辑方式。

一、宏观整合的对象与特性

（一）宏观整合的对象

在网络新闻报道中，宏观整合编辑也可被等同为网络专题编辑。专题在传统媒体的新闻报道中早已有之，是"对某一新闻事件或新闻话题进行较长时间或较高程度的关注并对此组织集合式的报道"，从传播效果上看，专题通过对新闻事件的深入挖掘和全方位解读，达到全面集纳内容、突出新闻主题的目的。在报纸、期刊纸媒中，新闻专题通常以专版、专刊的形式出现，或者以系列报道的形式连续报道某一新闻事件或话题；在广播、电视中，新闻专题则以专题节目、专题片的形式出现。

宏观整合以新闻事件为对象，围绕某个重大的新闻事件或事实，整合各方新闻来源，汇集各种新闻体裁，运用不同网络报道手段，基于网络技术进行专门的编排与制作，实现对新闻事件快速、立体和全方位的扫描与透视，达到对新闻发生、发展和结果全景呈现的目的。宏观整合以网络新闻专题的方式呈现出来，类似网络新闻报道的"集装箱"。

宏观整合除集声、像、图、文于一体展现现代社会的多元思维外，还同时具备信息传播的高度适时性、参与性和互动性，它是互联网独有的新闻梳理、整合与优化的方式。设立、制作和完成一个网络新闻专题既是对网络信息资源进行的一次重新包装，也是网站思想和编辑方针的一次完整体现。

（二）宏观整合的特性

透过网络新闻专题的报道，可以看出宏观整合具有四大特性。

1. 内容的包容性

宏观整合的包容性表现在：第一，汇聚内容。它能够汇聚、整合来自各方新闻源的内容，既有传统媒体的报道、网站自身的原创，也有网民贡献的内容，还能够整合与新闻事件相关的各种资料、历史文件等。第二，汇聚手段。互联网的技术特征决定了网络传播手段的丰富多样，文字、图片、幻灯图片、音频、视频、电子杂志、动漫、RSS 聚合新闻、手机报、游戏都可以整合到专题中。第三，汇聚体裁。消息、通讯、评论、深度报道、花絮、服务类新闻、滚动新闻、嘉宾访谈、直播等各种传统体裁和网络体裁也都能悉数囊括。第四，汇聚互动。论坛、博客、微博、网民留言、网友征文、网络调查、贴吧等各种互动手段都可以服务于专题。如获第 19 届中国新闻奖网络新闻专题一等奖的《中国军队大救援》专题，“用稿多达 11 000 余篇，近千万字；新闻覆盖六大军区、三大军种和武警部队共 10 余个兵种，54 名前线记者稿件一‘网’打尽。图文并茂，刊发 3 900 余幅图片，65 个相关专题大小并重，强化与网民互动，收纳新闻跟帖、网友留言、军网言论、嘉宾访谈等多种信息，多媒体手段运用恰到好处，音视频、Flash、图表等元素丰富了专题形式”①。

2. 报道的完整性

在网络新闻报道中，虽然网络空间容量很大，但大量的单篇新闻使网民感到散、滥、乱，所报道的事件也不容易引起网民的注意，而宏观整合能够在时间上体现报道的连贯性和持续性，在空间上反映报道的多角度、多层次和多侧面。当为一个新闻事件建立新闻专题后，有关事件从发生、发展到结束的全过程都可以体现在专题中，甚至还可以采用按时间排序的方式纵向全程展现；而有关事件的前因后果、来龙去脉、表层现象、深层意义等横向全景化内容也可在专题中一览无余。换言之，要想看到一个事件的完整报道，网络新闻专题是最佳选择。浙江在线“杭州地铁塌陷事件”的专题报道，从接到网友报料开始，24 小时不间断地滚动报道，采用图文、视频、网友播报等方式无缝直播，报道的内容前期重在事故现场位置、事故规模、人员伤亡状况、对周边的影响等，后期重在救援实施、救援进展、挖掘感人故事和调查事故原因、追问事故责任人等，准确、全面地报道了事故发生及救援的全貌。

3. 设计的独立性

相较网络媒体首页、频道和文本层页面设计的一次定型，长期使用，宏观整合中的专题设计是网站设计中变化最多的，也是比较独立和复杂的。网络媒体一般都有预先设计的各种专题模板，以满足不同新闻内容设立专题的需要，但涉及具体专题，还是会在模板的基础上进行调整和改进。大型专题通常都会单独设计专题页面，根据专

① 《第 19 届中国新闻奖网络新闻作品参评公示》，http://news.xinhuanet.com/zgjx/2009-05/26/content_11438234.htm。

题主题的需要专门对内容进行编排、布局。单独设计的专题页面既要满足专题内容发布的要求，也要符合网站整体的风格。中国新闻奖设立的网络作品奖之一“网页设计”奖，每次的归属都是网络新闻专题。

4. 舆论的引导性

宏观整合能够集纳整合所有与主题相关的内容，集纳各种报道手段、报道体裁和互动方式，因而很容易形成传播强势，成为网民关注新闻事件的首选。同时，“专题报道是一种由编辑根据自己的主观意愿与价值判断进行的稿件的组织”[①]，可以“过滤噪音，筛选虚假、重复和无价值的信息，避免片面报道、失实报道”[②]，编辑可以通过选择什么样的新闻事件进行宏观整合，在专题制作中设置哪些栏目及板块位置怎样编排，在专题更新中对新闻上下位置如何排序，以及挑选哪些专题背景资料和进行怎样的加工等方式，来设置议程、传递网站或编辑的思想意图，达到引导网络舆论的目的。

二、宏观整合的类型与价值

（一）宏观整合的类型

按照整合的手段、规模和新闻发生的时间等不同的标准，可以对宏观整合进行相应的分类。

1. 按照整合的手段与规模，宏观整合可分为单一型宏观整合和综合型宏观整合

(1) 单一型宏观整合是指在内容表现手段上采用或是文字，或是图片，或是音视频等单一手段，同类表现手法的内容集中，便于网民查找；在页面编排上采用简单的新闻列表方式，页面结构以纵向两列为主，颜色单一，专题内栏目数量较少，整个专题简洁明了，给网民以干净、清爽的阅读感受。单一型宏观整合主要适合于一些小专题以及专题里的子频道、子栏目。

(2) 综合型宏观整合是指内容表现手段丰富多彩，运用文字、图片、音视频、博客、播客、图表、Flash、漫画等从各种角度展现专题内容，页面编排上较为复杂，三列或四列纵向划分，结构纵横交错，专题内栏目较多，有完整的导航条和专门的专题题图。有时为了让复杂的专题简单化，还用色块、线条或通栏广告进行区分，采用板块式的构造模式。综合型宏观整合要求内容均衡，手段适度，编排合理，整体视觉良好。

---

① 彭兰：《网络传播概论》，161页，北京，中国人民大学出版社，2001。

② 蒋晓丽：《网络新闻编辑学》，248页。

2. 按照新闻发生的时间，宏观整合可分为新闻策划型整合、新闻发展型整合和新闻突发型整合

（1）新闻策划型整合：对将要发生的新闻——一般都是重大活动、纪念日、有计划的宣传报道任务等——提前进行专题设计、策划，制订报道计划，确定整合编辑方案。比如，党代会、“两会”、国庆纪念日等，都会提前半年甚至一年就开始策划。

（2）新闻发展型整合：对正在发展中的新闻根据新闻的价值、新闻的发展走向、网民的关注程度、新闻的报道量等进行判断后进行的整合编辑。一般是社会热点话题、民生话题、经济政策等，在新闻刚刚发生时还不能判断是否需要制作专题，进行宏观整合。待事件进展到一定程度、新闻报道量和网民关注度都呈上升趋势后，适时进行宏观整合。

（3）新闻突发型整合：一般是指针对重大突发新闻事件进行的整合编辑，包括快速建立编辑队伍，快速制作新闻专题，快速开展外围资料收集和相关采访等。战争、灾难、名人逝世以及引起民众高度关注的社会性突发事件都属于此类，比如，“9・11事件”、汶川地震、侯耀文突发心脏病去世等。

（二）宏观整合的价值

以网络新闻专题为呈现形式的宏观整合集中了网络新闻传播多样性、整合性和互动性等多种优势，映射出网络新闻传播的价值规律，自诞生以来，就成为网络新闻报道与编辑最独特的方式之一。宏观整合的价值在于：

第一，服务于新闻报道，展现新闻发展全貌，实现新闻差异化报道。宏观整合能够将内容庞杂而又零零碎碎的新闻报道，根据事件的时效性、重要性、关联性等，进行恰当的编排、合理的编辑和科学的组织，呈现出新闻报道的连贯性、持续性和逻辑性。同时各网站在进行新闻事件的宏观整合时，还可以根据自身的编辑、技术、资源等优势，制作出差异化、独创性和有特色的新闻专题。

第二，服务于网民，便于网民的在线浏览和认知平衡。网民可以通过宏观整合后的专题，按照时间排序的新闻列表全面浏览新闻事件的发生、发展和最新进展，按照内容性质编排的导航条进入各个栏目与板块，看到新闻事件的立体化、全景式、多层次的报道。此外，专题中多层次、多角度的内容聚合可以改变单篇新闻单方面事实的陈述和评论，来自不同信息源的报道也可以帮助网民排除信源的偏见，获知全面均衡的认识。

第三，服务于历史，为未来的检索、查询提供完整的新闻档案。有学者说过，新闻是历史的初稿。在传统媒体时代，报纸、广播、电视报道的新闻易碎、易逝，搜索、查询非常困难。宏观整合的全面性、完整性不仅是对新闻信息的开拓和延伸，也同时建立了强大的新闻数据库，为历史留下了有质感、有厚度的丰富资料。当人们对某一新闻事件进行查询、检索时，搜索到该新闻曾建立的网络专题，就等于拿到了全面了解该新闻事件的“金钥匙”。网络新闻专题是一份鲜活的新闻档案，不仅可以激活那些本已丧失新鲜价值的旧有资源，还能为正在进行中的新闻报道进行历史的存储。

三、宏观整合的编辑方式与方法

网络新闻的宏观整合是“针对某一新闻事件或新闻话题进行较长时间或较高程度的关注”的，因此，宏观整合的编辑方式、方法与微观整合、中观整合不同，后者一次性完成编辑制作工作，前者从启动到完成则需要持续一段时间。宏观整合的编辑要经历设立策划、设计实施和维护监控三个阶段。下面以网络新闻专题为例来分别介绍三个阶段的编辑方式与方法。

（一）设立策划阶段

设立策划阶段要完成的工作包括设立专题的判断、确立专题的思路和策划专题的原创。

1. 设立专题的判断

新闻事件依据发生时间可分为未来时态的预见性事件、现在时态的日常性新闻和进行时态的突发性事件，三类事件是否需要设立专题进行相应的宏观整合要依据新闻价值、网民关注度、新闻报道量和社会效果几个因素综合考量。

对于预见性事件，较容易判断其新闻价值，也较容易根据新闻价值来确定是否需要建立专题。一般情况下，大多数预见性事件都会制作成策划型专题。在中国新闻奖网络专题一等奖的获奖作品中，“网民感动总理，总理感动网民——总理记者招待会网上答问”、“‘落实科学发展观’大型主题宣传报道专题”、“中国共产党第十七次全国代表大会专题”、“国庆大阅兵”都是根据可预见性事件提前策划而制作的专题。

对于日常性新闻，除了上述的四个要素外，还要从事件的重要性、连续性、关联性和普遍性等多个角度来审视、判断是否设立专题。有些日常性新闻在事件发生之初就能判断新闻的重要性与显著性，如“京藏高速进京方向堵车”、“车船税新政拟按排量征收”都是与民生相关的，网民较为关注；有些则需要观望一段时间，待事件发展到一定程度，或者新闻报道有了一定的持续性后再考虑是否设立专题，如“北大中文系 100 周年庆典”、“2010 中国物联网博览会”、“中央公布十二五规划建议”，前期新闻量可能不大，关注度不高，但如果后期同题内容增多，各方关切度高，就可以设立专题；还有一些要从关联性角度考虑来设立专题，如“奥巴马执政期中考”、“苹果 Mac 新品发布会”，前者会关系到中国的政治与外交，后者则与中国的苹果产品用户直接有关联。

对于突发性事件，像重大的责任事故、灾难、意外及自然灾害都具有明显的新闻价值和网民关注度，自然也需要设立专题重点报道，如“5·12 汶川大地震”、“甘肃舟曲泥石流灾难”、“河南航空客机在伊春失事”、“香港游客在菲律宾被劫持”等。但是，还有一些突发性的社会新闻、民生新闻、地方新闻，虽然也属于突发性事件范畴，但对社会的危害不大，媒体与网民的关注度不高，新闻报道量不够支撑起一个专题，在这种情况下，就不必设立新闻专题。

2. 确立专题的思路

从广义上说，一个网络新闻专题的思路包括明确专题的主旨思想，确定专题的主体格调、框架结构、栏目设置、原创策划、版本语种，设计专题的互动，以及如何调动网站资源运用于专题等，相当于建设一个专题的策划方案。下面这则消息是人民网在“十八大”专题报道推出前对专题内容的一个介绍，从中我们可以看到一个网站建设专题的思路和脉络。

人民网推出“十八大”全媒体报道专题 10 大版本组成强大报道矩阵①

人民网·中国共产党新闻网“十八大”专题突破以往大型专题的布局模式，创新性地编排了“焦点版”、“现场版”、“深度版”、“高清版”、“访谈版”、“互动版”、“微博版”、“手机版”、“资料版”、“多语种版”10 大版本，组成强大的报道矩阵。专题页面采用“屏幕适配”和“延时滚动”等最新网页技术，网民可以在不同版本之间自由切换，新颖的视觉效果令人耳目一新。

专题内容丰满、充实，既有对大会议程、日程的滚动播报，也有对“十八大”代表风采、履职情况的热切关注，还将更多的目光投向普通百姓，报道他们的期盼和愿望。专题中 40 多个栏目涵盖“十八大”会场内外的方方面面，其中“党报早读·十八大特别版”、“十八大深观察”、“独家解读”等原创栏目在第一时间为网民解读“十八大”精神。

专题中的互动栏目丰富多彩，“寄语十八大·对党说句心里话”、“党建关键词网上调查”、“党代会知识有奖竞答”、“为中国加油”、“民意投票·聚焦十八大网络调查”、“写给未来的自己·征集 1 000 个愿望”等栏目通过留言板、微博、手机等平台开展，吸引众多网民参与，为“十八大”献礼，为党建言。

专题突出“全媒体”特色，引入了“时间轴”、“瀑布流”、“全景 360”等新潮表现形式。微博、手机、移动客户端、SNS 等新兴媒体平台也加入了报道阵容。除了中文简体，专题还开设了中文繁体，以及蒙文、藏文、维吾尔文、哈萨克文、朝文、英文、日文、法文、西班牙文、俄文、阿拉伯文、韩文版本，专题将进行 24 小时不间断全球播报。

① 《人民网推出“十八大”全媒体报道专题 10 大版本组成强大报道矩阵》，http：//cpc.people.com.cn/18/n/2012/1101/c350840-19460802.html。

这则消息涉及专题创建思路的多项内容。

框架设计——突破以往大型专题的布局模式，创新性地编排了“焦点版”、“现场版”、“深度版”、“高清版”、“访谈版”、“互动版”、“微博版”、“手机版”、“资料版”、“多语种版”10大版本，组成强大的报道矩阵。

专题栏目——40多个栏目涵盖“十八大”会场内外的方方面面，其中“党报早读·十八大特别版”、“十八大深观察”、“独家解读”等原创栏目在第一时间为网民解读“十八大”精神。

互动设计——互动栏目丰富多彩，“寄语十八大·对党说句心里话”、“党建关键词网上调查”、“党代会知识有奖竞答”、“为中国加油”、“民意投票·聚焦十八大网络调查”、“写给未来的自己·征集1 000个愿望”等栏目通过留言板、微博、手机等平台开展。

技术支持——专题页面采用“屏幕适配”和“延时滚动”等最新网页技术。

表现形式——突出“全媒体”特色，引入了“时间轴”、“瀑布流”、“全景360”等新潮表现形式。

版本语种——除了中文简体，专题还开设了中文繁体，以及蒙文、藏文、维吾尔文、哈萨克文、朝文，英文、日文、法文、西班牙文、俄文、阿拉伯文、韩文等版本。

资源整合——微博、手机、移动客户端、SNS等新兴媒体平台也加入了报道阵容。

狭义上的专题思路是指建设专题的基本报道思想，这一点可以从专题名称上反映出来。比如，各网站在制作庆祝中华人民共和国成立60周年专题时，分别给专题以特别的命名：

- 人民网：中国坐标——新中国成立60周年人民网特别报道
- 新华网：大国崛起之甲子华诞——隆重庆祝新中国成立60周年
- 国际在线：60年 中国印——庆祝新中国成立60周年
- 中国网：新中国成立60周年大型组歌——甲子华章
- 中国广播网：我爱我的祖国——隆重庆祝中华人民共和国成立60周年
- 新浪网：国·家——百年中国的新生与变革
- 搜狐网：新中国成立60周年特别报道——追寻现代中国
- 腾讯网：新中国成立60周年专题报道——中国传奇
- TOM网：梦想成真 梦幻庆典——庆祝中华人民共和国成立60周年

这些名称是网站建设这一专题基本报道思想的反映，不仅以此定格专题的基调、风格和编辑思想，而且也为专题内容的采集、组织、维护和更新明确了方向。国际在线以“60年 中国印”为专题①命名，因此，其内容组织就围绕着以“印章”为代表的中国元素展开，所以在它的专题里，选用大家耳熟能详、代表中国文化而又与专题内容有内在逻辑关联的八个物语作为专题的栏目：

“书法”——书写历史，中国60年大事记；

① 参见《“60年 中国印”专题》，http://gb.cri.cn/news/other/2009gqzt/。

“华表”——里程碑式的历史事件，选用经典意义的历史照片；

“围棋”——大国棋局，中美、中俄、中日关系等相关内容的集纳呈现；

“丝路”——对外开放，中俄、中朝、中巴、中尼等边境商贸、交流的文字和图片；

“中国结”——国际交流，国际友人的评选、全球知识竞赛等活动内容；

“国画”——影像中国，用图片展现60年来普通老百姓的“黑白映画”和“华彩篇章”；

“功夫”——国庆大阅兵，展现中国士兵功夫和装备力量等阅兵场景的文字和图片；

“红灯笼”——喜庆祥和，各地张灯结彩喜迎国庆的新闻报道。

3. 策划专题的原创

新闻虽然每天都是新的，但有些重大事件、活动是可以提前预知的，比如“两会”、党代会、经济工作会议等重要会议，国庆周年、名人诞辰、历史事件周年等重要纪念日，奥运会、世界杯、世博会、论坛、博览会等重要活动，领导人出访、领导人会晤、国际峰会等重要外事活动。网络媒体对于提前预知的重大新闻事件进行专题报道，既是挑战也是机遇。挑战是因为所有网站都有充足的时间进行内容策划、材料收集和页面设计，经常是制作出来的专题大同小异、布局格调一致，甚至材料、视频都如出一辙。机遇在于如果把握好机会，发挥出编辑的主观能动性，创新思路，主动策划原创内容，就可以在众多专题中高出一筹。

专题的原创分为资料整合式原创和新闻采访式原创。资料整合式原创就是针对重大新闻事件或活动背后的文字、影像资料进行中观整合，运用多媒体的技术手段和网络式的编排技巧全方位挖掘材料、展现历史，提升网络媒体的报道深度，让网民在愉悦的视听享受中徜徉于悠悠的历史长河。新闻采访式原创就是按照新闻媒体采访报道的流程，派出记者深入一线实地采访，拍摄照片和视频，然后制作出符合网络特点的多媒体新闻报道。无论是资料整合式原创，还是新闻采访式原创，都需要统筹全局，精心策划，虽然要耗费一定的人力、物力和财力，但一旦完成就能在众多网络新闻报道中独具特色，独树一帜。

在网络媒体国庆60周年纪念的专题报道中，各网站的导航条或页面上都显著地标识有“策划”或“特别策划”字样，如网易的60年“大迁徙”、“天安门面孔”，腾讯网的“进化论”、“流动中国”，金融界网的“建国60年经济历程”，四川新闻网的“百年评论记忆”，东方网的“解放之路”，凤凰网的“知青岁月”，环球网的“影响新中国的外国人”。特别值得一提的是搜狐网推出的一组策划，内容涉及历史（“回望历史瞬间”）、经济（“五年计划回顾”、“经济影像”、“汽车梦”）、军事（“国家之盾博物馆”）、人物（“一个国家的青春史”）、社会发展（“时尚变迁”、“审美变迁”）、未来（“2049”）和网民互动（“60年我的记忆片段”、“虚拟人生”）等。

这些策划内容专业性强，制作精良，恰当地运用了多媒体的报道手段，大多数策划都配有与主题内容相吻合的视听音乐。如“2049”策划，主题选取独特，是一种对新中国成立100年的展望，不仅整合了现有的历史资料，还做了原创性的视频访谈，并将访谈视频与历史资料融合进行编辑制作，整个策划已然具有专业的电视专题片的制作水准和品质。

江西大江网“甲子笑脸·新生力量”① 也是一个经典的、有创意的原创策划报道。网站派出了两路记者做采访，一路在江西省范围内寻找60个1949年10月1日出生的人物典型，撰写他们成长的故事，拍摄他们幸福的笑脸，以“歌唱祖国”多声部合唱作为配乐，制作出“甲子笑脸”页面（见图4—14）；一路在全省寻找60个2009年10月1日出生的婴儿，他们拥有一个共同的名字——“国庆宝宝”，代表着希望与力量，记者简单记录下他们的出生资料，拍摄出生日的照片，配以童声演唱的“歌唱祖国”，制作出“新生力量”页面（见图4—15）。这一原创虽然规模不大，但创意新颖，思路独特，贴近庆典主题，贴近当地实际，贴近百姓生活，很富有独创性。

图4—14　江西大江网“甲子笑脸”页面截图

图4—15　江西大江网“新生力量”页面截图

（二）设计实施阶段

在完成网络新闻专题设立策划阶段的工作之后，到网络新闻专题推出之前，要完成专题设计、制作、实施等六个方面的工作，它们分别是确定专题名称、规划专题框架、设置专题栏目、选用表现手段、设计专题互动和添加前期内容。

1. 确定专题名称

一般情况下，专题名称简洁、直白、明了，紧紧围绕专题内容以一句话、一个词组或一个中心词的方式表述出来，比如“宝成线列车车厢在四川坠河”、“我国多个地区持续高温”、“聚集十七届五中全会”、“关注中国女排”、“2010年中秋节”、“中国报刊广告投放价值排行榜”，透过名称就能知晓专题关注的新闻事件和报道的内容。

突发型专题由于事件发生的突然性和建立专题的仓促性，专题名称有时很难仔细

① 《甲子笑脸·新生力量》，http：//adv.jxnews.com.cn/2009/xdzg2009/。

斟酌，只能以事件本身作为专题名称，如 2008 年 5 月 12 日四川汶川发生大地震，大多数网站的专题名称都是“四川汶川发生 7.8 级强烈地震”、“四川汶川强烈地震”、“四川汶川发生 7.8 级大地震”等。但一年之后，各网站在设立、制作汶川地震一周年祭专题时，名称上字斟句酌，紧扣主题，新浪网的“重生”、搜狐网的“生命继续绽放”、腾讯网的“汶川一岁拥抱新生”、网易的“川流不息”，背后都隐含着编辑的观点和网站的态度。

宏大主题的网络新闻专题，其名称需要精雕细琢，精心制作。因为这类专题的名称几乎就是专题报道思想的体现，专题的原创采访、栏目设置、页面设计、资料收集等相关工作都将围绕着这一名称所确定的基调去完成。

2. 规划专题框架

规划专题的框架包括三项工作，一是确定专题规模，二是确定专题结构，三是确定专题色调。

专题的规模要根据新闻价值、报道量、相关材料丰富度和可预见的新闻延展性来确定，是做出大型专题还是小专题，是需要单独设计页面的专题还是利用模板建立的专题。在没有特殊需求的情况下，规划网络新闻专题框架都以模板为基础，一则节省时间，提高工作效率，突发性事件发生后依赖模版的标准化流程，网站能在 5～10 分钟就推出专题；二则选用模板能统一专题格式，形成网站风格。网站每年要完成上百个专题，如果每个专题都单独设计模板，不仅时间上不现实，而且也会导致格式差异显著，专题缺少统一性，最终会影响到网站的对外形象。当然，在规划专题框架时，可以在模板的基础上进行适当的微调，并根据报道内容、规模与对功能的要求，选择合适的模板。比如，要想在专题中设置调查题，就需要选择留有放置调查题空间的模板；要想对模板进行微调，就需要选用能改动甚至能添加手写代码的模板。

确定专题的结构针对的是要单独设计页面的专题，要求网站编辑根据专题内容和设置的栏目，来规划页面分区、栏目位置、新闻条数、字体、字号等，并画出大致的页面结构图交与美工设计。

专题的架构一般设计为三层，即首页层、栏目层和文本层。其重点在首页层，栏目层与文本层基本依照首页层的风格进行设计。不仅三个层级的颜色、格式大体一致，而且专题的风格也要与网站保持一种有机的整体感。有些大型专题在首页层之上还有一个页面，可以看做专题的封面。

规划专题框架的总体原则是栏目设置清晰，板块布局合理，结构梯次有序，重点内容突出，导航路径科学，整体搭配平衡。归结为一点，即无论怎样规划框架结构、设计专题页面，满足用户的阅读需求、让用户有良好的阅读体验、留住用户才是一切规划的出发点与归宿点。

要根据新闻内容明确专题的基本色调。一般喜庆、愉悦的新闻采用红、黄等暖色调，灾难新闻采用黑、灰等冷色调；有时还可根据新闻的报道对象确定专题的色调，比如“神舟”飞船发射的专题，大多数网站采用高贵、凝重而又神秘的深蓝、湖蓝色调，寓意“神舟”飞船飞往的外太空是神秘莫测的。

3. 设置专题栏目

设置专题栏目的过程，就是根据新闻报道建构整体框架和对内容进行科学、系统排序的过程。有了合理的栏目和板块，编辑就能将庞杂、海量、散乱的单条新闻梳理、归类，网民也能区分不同板块选择自己需要的内容进行浏览。网络新闻专题中的栏目一般由三部分构成：导航条上的栏目、专题首页的辅助栏目和专题制作完成后因报道需要而新添加的栏目。

导航条上的栏目是一个网络新闻专题主体和重点内容的呈现，一般按照基础性栏目、特色栏目和网站重点推荐栏目三个层次来设置、组织。

基础性栏目包括有“最新动态或新闻”、“图片”、“视频”、“访谈直播”、“分析评论”、“互动”。在四大门户网站“2012 年伦敦奥运会专题”中，导航条中首先看到的就是基础性栏目（见图 4—16），各网站的栏目设置相差无几，有“新闻”、“视频”、“微博”、“互动”等。

特色栏目是指网站特别策划和制作的内容，或者是有别于其他网站的内容，比如新浪网的“数据”、网易的“活动”、腾讯网的“我的奥运”，腾讯网“视频”中“中国茶馆”、“奥运父母汇”、“杯中话风云”、“名将播报”、“伦敦眼”、“品蔚英伦”等特别策划的栏目。

网站重点推荐的栏目是根据新闻报道的需要或阶段性报道重点，在导航条中对大栏目进行细化而特别突出的内容。腾讯网和新浪都有“微博”栏目，但在微博栏目下细分出的若干小栏目却各有不同，新浪网设置的是“中国健儿”、“运动会”、“加油榜”、“前线记者”，腾讯网设置的是“奥运官博”、“微频道”、“中国军团”、“思享奥运”、“星动伦敦”、“微日志”、“微茶馆”、“体坛圈”、“捷报圈”、“日历”。

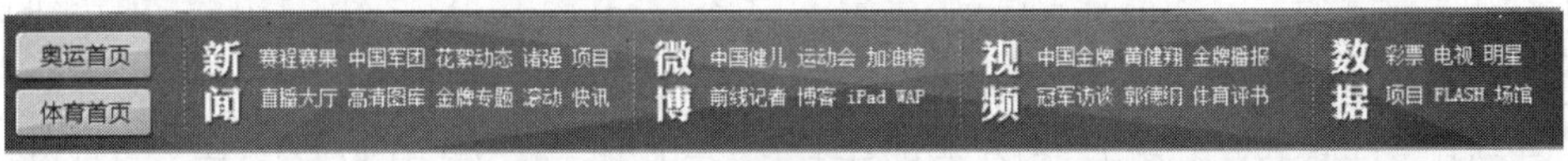

新浪网

网易网

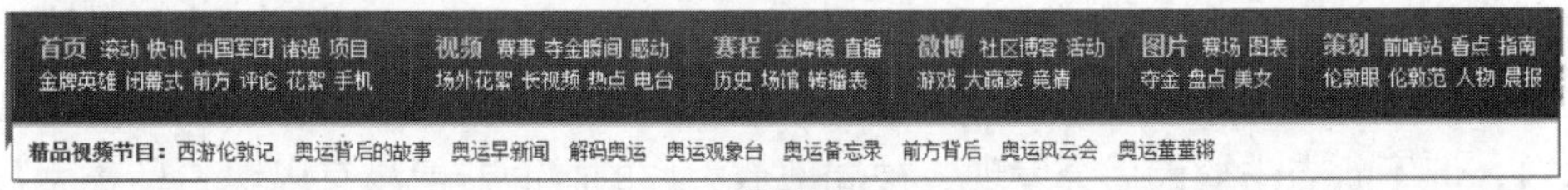

搜狐网

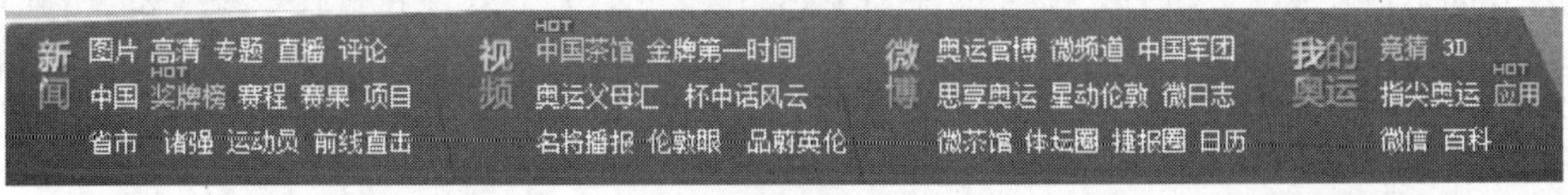

腾讯网

图 4—16　四大门户网站 2012 年伦敦奥运会专题导航条截图

专题首页的辅助栏目视专题新闻内容而定，是导航条栏目的有益补充。一般将一些次重要的内容设置为辅助栏目，比如背景资料、往期回顾、花絮图片、新闻排行、新闻列表等。在新浪网“2012年伦敦奥运会专题”中，“奥运历史”、“伦敦风情”、“历届成绩查询”、“分项项目”、“运动员资料”都是作为辅助栏目呈现的。

栏目构成中的第三部分是专题制作完成后因报道需要而新添加的栏目。这在设计实施阶段还无法预见，但需要在专题里留出可添加新栏目的位置。在添加新栏目时要统筹考虑已有栏目和新添加栏目的关系。

一般性专题和大型专题对设置专题栏目的要求不同，前者较为简单，大多数依据内容性质或形式进行设置，后者因涉及内容较多，设置较为复杂。无论哪种情况，都需要遵循基本的编辑思路：第一，栏目的设置是为了专题框架结构清晰、内容明了，满足用户快速、便利浏览内容的基本需求；第二，保证基本栏目，也就是保证专题能完整地集纳、整合所有与专题相关的新闻，以及便利地、分门别类地“收归”不同性质的新闻；第三，根据内容性质设置栏目，这方面没有规律可循，只能根据报道对象、已发布新闻、原创内容等有针对性地设置。

4. 选用表现手段

互联网技术的发展和网络媒体的成熟为网络新闻提供了多样化的表现手段，整合运用到专题报道中越来越频繁。表现手段虽然是外在的形式，但选择好合适的、有表现力的手段会提升网民的阅读体验。比如，网络专题经常会涉及历史资料、背景知识，这些静态的内容如何处理得让人有兴趣去看，就需要调动网络的各种表现手段。有的网站只是简单做一个文字罗列，但有的网站会采用动漫Flash的方式，或电子杂志的方式，或3D动漫的方式，甚至还可以采用将知识设计到游戏中的方式。

目前可用于网络新闻专题的表现手段多达几十种，常用的有图片、幻灯图片、视频、音频，较为复杂的有高清照片、360度全景照片、Flash、3D动漫、可视化图表、电子杂志、微电影等。更多时候，专题中的表现手段是各种单一形式的组合使用，如Flash与音频、Flash与视频、可视化图表与照片、3D动漫与高清照片的结合等。现在，一些新研发的摄影、摄像和互联网技术也越来越快速地被运用到专题的设计制作中，成为一种新的表现手段。在2012年全国“两会”报道中，一幅摄于全国“两会”会场的新闻图片[①]受到关注。表面上看，这幅图片并无特殊之处（见图4—17），但不断点击放大后会发现，被局部放大后的画面非但没有出现“马赛克”，反而越发清晰，以至于放到最大时甚至可以看清会场每一个角落的实景（见图4—18）和参会代表开会时清晰的面部神态。这就是运用新的摄影技术完成的“亿像素”照片。

---

① 参见《南都亿像素看“两会”》，http：//nd.oeeee.com/images/ztpics/yixiangsu/list/20120314rdbm/index.html。

图 4—17　“两会”会场未放大之前的照片截图

图 4—18　“两会”会场照片放大后会场一角的实景截图

选用表现手段需要遵循的一个原则是，手段运用以适度、适宜为本，过多过滥非但不能提升新闻的表现力和感染力，有时反而会适得其反。设计专题不仅仅是考虑多种表现手段在专题中的运用，更重要的是为不同的内容选择到合适的、有表现力的手段。

5. 设计专题互动

随着互联网应用的深入，互动已成为网络报道的常规手段，网络新闻专题更是互动产品应用的集大成者，已由早期的新闻留言、网络调查等一两个互动变成了成群、成系列的互动，互动的对象也从网民与网站推进到网民与网民之间、网民与报道对象之间。

腾讯网在 2012 伦敦奥运报道中设计的互动产品多达十几个，除了常用的微博、博客、微信、视频分享、留言板、嘉宾访谈、网络调查外，还专门设计了与奥运赛事关联的互动活动，如“预言帝”邀请网民竞猜奥运金牌，“奥运明星缘”提供网民“测测与哪个奥运明星有缘”的小游戏，“奥运风云 PK”设置热门话题将辩论的正反方微博组织起来，全面调动网民积极参与到专题报道中来。

人民网、新浪网在设计“国庆 60 年”专题报道的互动时，模拟了天安门广场阅兵的场景，组织了一场声势浩大的网上“阅兵”。两家网站都策划了带有强烈互动性的“网民方阵”、“全民方阵”阅兵栏目。人民网“强国论坛”创意策划“网民方阵”，整个页面以宽阔的天安门广场为背景，伴随着《歌唱祖国》等歌曲，设计了五颜六色的九个代表不同职业的虚拟游行队伍方阵，网民只要上传头像，选择方阵、标语、道具和背景音乐，然后轻轻一点鼠标，就可以加入由 Flash 全方位模拟的游行队伍中，方阵行进中还会看到网民自创的口号。

设计专题互动要把握好三个原则：第一，适度适宜，切忌为表现网络新闻报道的不同而乱用、滥用；第二，互动设计要紧密结合新闻事件和报道内容，做到贴近、易用和新颖；第三，尊重网民的创造，对于互动产生的反馈要及时回应，增强用户的活跃度。如在腾讯网香港回归 10 周年报道的互动设计（见图 4—19）中，虽然互动手段共有九种之多，但每一种互动手段都与内容、对象很好地结合起来，如借用维基百科方式让用户增添词条的“香港词典”，用户可以在线随便涂鸦的“涂画香港”，上传个人拍摄的图片来讲述故事的“印象香港”，在线一展歌喉、唱尽香港的“卡拉 HongKong”，网友祝福搭建的“阿香寻源”之旅，香港地图的“在线填充”，香港风光的“在线拼图”，香港知识的“在线问答”以及“贴字条祝福香港”等，满足了不同年龄、不同兴趣、不同知识水平的人多样化的参与需求。

6. 添加前期内容

当技术人员将制作好的专题交到编辑手中时，此时的专题还是个半成品，因为专

图 4—19　腾讯网香港回归 10 周年专题页面截图

题里的内容还是一片空白，等待编辑去添加、填充。一般情况下，添加的内容包括三方面：一是新闻内容，包括往期的新闻、图片、视频和互动；二是原创内容，包括为专题专门采集的原创报道、嘉宾访谈、专家学者特约撰稿、中观整合策划的报道等；三是资料内容，包括背景资料、历史资料、相关专题、相关链接等。对于新闻策划类专题，能有充足时间对三方面进行准备；对于新闻发展类和新闻突发类专题，更多的是添加新闻内容和资料内容。

互联网的新闻同质化比较严重，专题也不例外，特别是在报道阶段，所有网站围绕一个新闻事件所创建的专题内容大同小异，页面设计和布局几乎一致。要想让自己网站的专题与众不同、有差异化和独特性，就需要在添加前期内容上多下工夫。一般是围绕添加内容中的原创和资料做文章。

第一，要寻找独家的历史资料。大多数时候，网站添加的背景资料、历史资料在内容上都是一样的，但如果有特殊渠道或外部资源，也能挖掘、寻找到独家历史资料，为专题带来独家内容。1999 年人民网国庆 50 年专题里有一段珍贵的历史资料——毛泽东在开国大典上的原声音频和邓小平在国庆 35 周年阅兵式上的原声音频——就是编辑通过各种关系从电影纪录片厂拿到的。

第二，要有独家约稿。编辑应通过各种渠道联系到相关的专家、学者、权威人士或社会独立撰稿人，去深入挖掘、创作与主题相关的稿件。在 2001 年建党 80 周年报道中，人民网专题里有一个栏目“中共党史上的 80 句口号”，就是约请北京市委党校党建研究所杨德山独家撰写的。他从中国共产党 80 年历史中的众多口号里选择了 80 句口号并做背景介绍，“独家奉献给网友，相信这能帮助我们更好地了解中共党史”①。

第三，要有独家原创。策划型专题一般都有充裕的时间留给网站去组织或者原创稿件。原创的稿件可以是采集型的，可以是访谈类的，也可以是策划整合类的。在纪念辛亥革命 100 周年的专题报道中，腾讯网策划了中观整合报道“转型中国”，共推出 48 期来回顾从 1864 年到 1911 年的大事，还邀请了中国近代史专家袁伟时做了八期的嘉宾访谈；凤凰网制作了 12 期“辛亥百年之穿越报”，以历史穿越的手法直面辛亥革命的各位当事人，还原创了“10 位百岁老人眼中的百年转型中国”视频访谈；搜狐网专门搜集材料编排了辛亥革命中知名人士的“辛亥家史”。这些内容都在专题推出之前提前采集、制作，然后添加进去，成为各网站“辛亥革命百年纪念”专题最大的亮点。

第四，要有独特的报道形式。前期内容的添加，除了在内容上考虑全面，囊括进新闻、资料和原创报道外，还要考虑形式的表现力，充分利用网络的包容性和手段的多样化做好内容的包装。在网络新闻专题制作阶段，当内容很难做出差异化和独特性时，形式的表现力和恰如其分的编排组合就会成为“主角”。在搜狐网的“十八大”专题报道中，面对党代表选举和构成情况的一堆资料和数字，网站进行了有创意的包装和设计（见图 4—20），用网络的颜色、符号、字体、图形等制作出可视化的图表，让用户看上去一目了然，简单而又清晰，紧凑而又不感觉视觉疲劳。

（三）维护监控阶段

在完成设计实施阶段六方面工作后，网络新闻专题已初具雏形，可以适时推出。推出后的专题进入维护监控阶段，其主要工作是对专题内容进行及时的更新、调整和集纳，对栏目和页面进行必要的微调，对专题里的留言、互动即时监控、收集和编辑。

1. 内容更新、调整与集纳

内容更新是专题维护监控阶段基础的工作。所谓内容更新，就是将与专题有关的、最新的新闻、资讯、图片和音视频及时收录到专题中，保证专题内容的丰富和完整。随着新闻事件的发展，内容更新分为三个时期：前奏期、高潮期和衰退期。前奏期是在事件发生的时间点之前，新闻报道量不多，网民的关注点还没有转移过来，更新维护的工作量不大。前奏期新闻更新重点在于及时收录，不要将重要新闻遗漏在专题之外；难点是新闻量比较少，需要编辑花时间去搜集此类新闻。高潮期指事件发生时间

---

① 《人民网建党 80 周年专题报道》，http：//www. people. com. cn/GB/shizheng/252/5303/index. html。

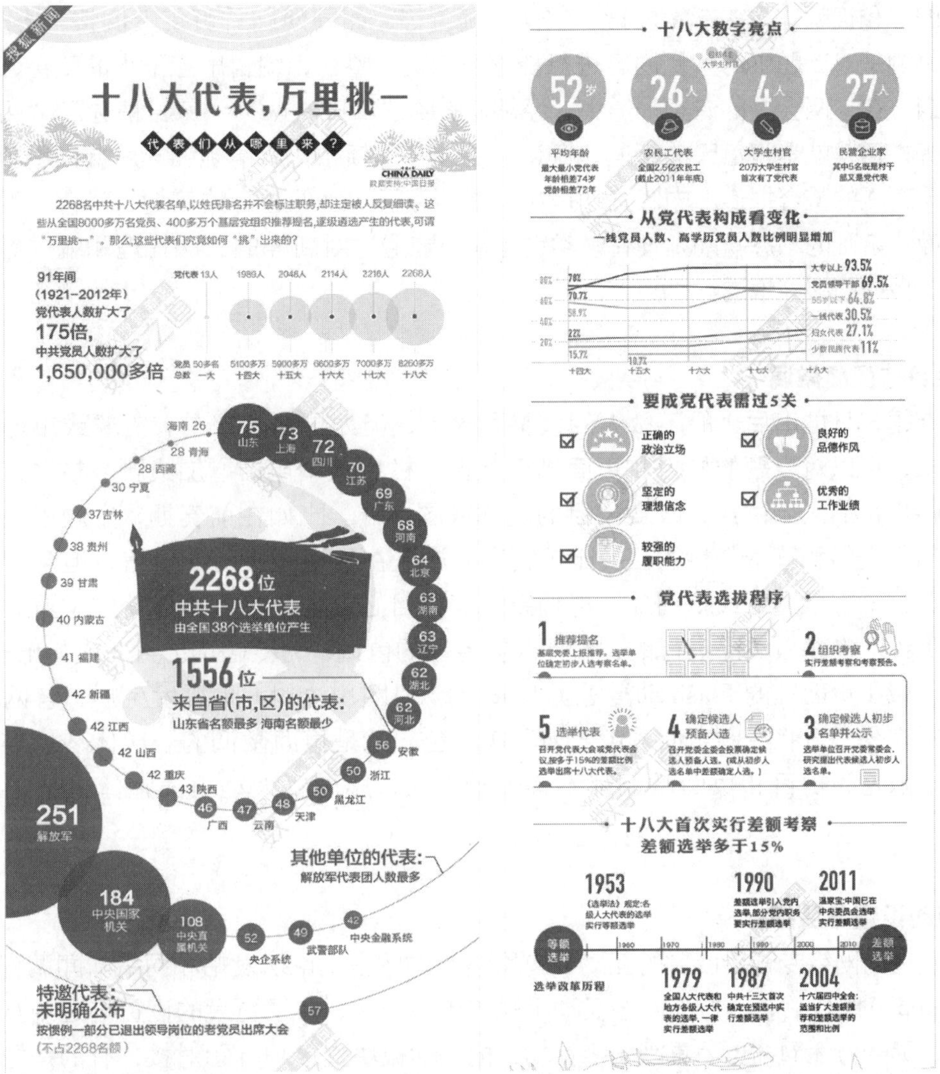

图 4—20　搜狐网“十八大”专题中数字和图表解读“十八大”党代表的页面截图

资料来源：http：//news. shou. com/s2012/1675/s356371829。

点前后一个星期，新闻报道大量涌现，报道形式丰富多彩，网民的关注度直线上升，因此要将专题更新作为重点，做到第一时间完整收录、更新最新的动态报道、图片和视频，确保专题成为浏览新闻的首选。衰退期是在报道高潮过去之后，报道量骤减，编辑也已产生疲劳感，最容易忽视新闻更新与专题维护，但从专题的完整性和服务于历史的角度来看，后期的新闻更新是反映整个事件过程必不可少的一环，也需要将相关新闻及时收录。

内容调整和集纳都是建立在内容更新基础上的工作深化和扩展。内容调整是指根据新闻事件的发展和报道阶段，报道重点的变化、转移，或者宣传报道、设置议程或营造舆论的要求，每天对专题首页面的内容进行适时的替换和排序，推介重点新闻，变换图片和视频，改变新闻位置、字体、颜色等，如同网站首页每天调整内容一样。内容集纳是对专题中的大量内容进行梳理、归类、整合，编辑出若干小的整合、集纳式报道。在“两会”的专题报道中，经常能看到“每日热点”、“每日精选”、“两会日志”等栏目，就是将每天的新闻、评论、图片、视频和花絮精挑细选后编排整合，成为当天新闻的整合报道。内容集纳是在专题动态新闻之外进行的策划、整合，不仅能使零散、杂乱的动态新闻条理化、类别化，也能通过对新闻的二次梳理和编排提供更简练、精约的深度报道。

2. 栏目与页面微调

专题一旦推出后一般不做大的调整和改动，但如果新闻报道有需要或市场推广有要求，可以对专题的栏目和页面进行微调。栏目微调包括增加或删减栏目，上移或下移栏目的区域位置，改变栏目的名称或图标等。比如在前奏期，专题里关于新闻的历史资料和背景资料栏目会比较突出，放置在页面较显著的位置，但到了报道高潮期，动态报道、最新图片、视频新闻等栏目必定要位移到更显著的位置。页面微调是针对专题页面而进行的，包括改变专题的色调，为专题增加封面或弹出窗口，增加或减少页面里的 Flash 动漫等。2008 年 5 月四川汶川大地震发生后，各网站在三天国家公祭日将专题页面颜色变为黑灰白色，就是页面微调的一次体现。需要明确的一点是，栏目和页面微调都不宜改动太大，应以不大动页面整体框架结构为原则。

3. 互动设置与监控

过去的网络专题里设置的互动只有网络新闻留言、论坛发帖和网络新闻调查，进入 Web2.0 时代后，一方面网络互动手段趋于多样化，有了更大的设置与运用互动的空间；另一方面网站更为重视网络互动，把互动板块直接与专题对接，有的是把新闻留言跟帖区嵌入到专题下部，有的是把微博发言区和话题内容嵌入到专题中，网民可以一边看留言和评论一边快速发言而无需再打开新的页面。

便利的互动也带来了监控的难度。网络新闻专题的监控不仅是对内容的审看和处理，也包括随着新闻事件的进展随时调整报道思路和设计新的互动。因此，在专题维护监控阶段，一方面要及时、随时审看网民的互动内容，确保在专题页面的互动区不出现错误或不适宜的内容，另一方面要及时收集网民反馈，及时编辑留言，分类摘编微博客的观点与言论，将来自网民的内容重点推荐，就专题中的热点问题邀请专家学者与网民在线对话，回答网民的问题。在 2012 年“神舟九号”与“天宫”对接的网络新闻专题报道中，大多数网站都在对接成功后将网民的祝贺、祝福和感言快速地集纳整合，形成新的报道，成为专题事件报道的有益补充。

思考题

❶ 为什么说整合编辑是网络新闻报道独有的编辑方式?

❷ 为什么说中观整合是网络新闻报道中的深度报道? 它的独特价值何在?

❸ 网络媒体的专题报道与传统媒体的专题报道有何异同?

❹ 选择一个新闻事件，对比分析其微观整合、中观整合和宏观整合的三种编辑方式。

第五章 网络多媒体新闻编辑

本章要点

认识网络新闻中的图片新闻、视频新闻、Flash 新闻，重点掌握各类多媒体手段与新闻报道结合的方式方法，学习编辑制作图片新闻、视频新闻和 Flash 新闻。

关键词

多媒体　图片新闻　视频新闻　Flash 新闻

自 1984 年美国 Apple 公司推出世界上第一台具有多媒体特性的计算机以来，以数字化处理为核心的多媒体技术开始获得广泛应用，并与互联互通的互联网技术结合，成为支撑多媒体新闻的两大技术支柱。多媒体新闻采用数字处理和数据压缩技术，以超文本、超媒体方式组织新闻内容，既能将文字新闻、图片新闻、图表新闻、视频新闻以及动漫新闻融为一体，又能围绕某一类别实现新闻内容的"跳转"及表达方式的转换。

第一节 | 网络图片新闻编辑

在网络软硬件技术日益更新、网络传播手段渐趋多元化的今天，以语言为主要表达方式的文本互联网正在转向以图片和音视频为呈现方式的多媒体影像互联网。网络图片新闻拥有图片新闻纪实、直观、形象、瞬间、简约的特点，承继了网络媒体的传播优势，并随着网络发布门槛的降低获得普通网民的广泛参与，因而成为网络新闻报道的重要手段。

一、网络图片新闻的界定与特点

网络图片新闻是指以互联网为载体，利用数字技术与网络渠道，对新近发生或正在发生的事实通过单幅或多幅的动、静态图片进行传播的新闻报道。网络图片新闻包括网络新闻照片、网络新闻图表、网络新闻图示和网络新闻漫画等，其报道主体是图片，依赖图片来实现对新闻事件的直观表达，对新闻事实的形象反映。网络图片新闻也会配有文字或音视频，但图片新闻里的文字或音视频都是辅助的，是对图片新闻的补充或说明。

图片原本就是一种“世界语言”，网络图片新闻因由互联网的承载与传播而更具通俗性与世界性，表现在以下四个方面。

第一，发布及时，追踪即时。2008 年北京奥运会，新华社采用带传输功能的专业相机进行新闻照片的“现场签发”，摄影记者在赛场拍摄完照片，通过专线系统直接传给看台上的图片编辑，图片编辑直接选片，直接签发上网，这一模式确保了奥运照片在第一时间发布，第一张夺金照片 8 月 9 日 10 时 54 分 08 秒签发，比路透社快 1 分 19 秒，比法新社快 1 分 32 秒，比美联社快 5 分 15 秒。①

第二，不受发布数量限制。传统报刊有限的版面空间和容量在一定程度上限制了图片新闻登载的数量，互联网无限的容量给了网络图片新闻充分发挥的空间。深圳新闻网在汶川地震一个多月的报道中，共编辑了超过 5 000 张的地震新闻图片，包括整

① 参见《新华社组国家奥林匹克摄影队报道奥运屡战屡胜》，http: //news. sohu. com/20080828/n259257684. shtml。

合全国各大媒体报道以及多组报业集团前方记者第一时间发出的图片，以及网民上传到博客空间的震撼人心的图片。网络图片新闻不仅整体数量不受限制，而且单个主题也不受限制，可以用多幅图片、系列图片甚至图片剧集来充分表现某一主题思想。

第三，不受发布质量限制。相比传统媒体对图片质量高像素的要求，网络图片新闻中的图片可以是高像素的高清图片，也可以是家用数码相机、低分辨率手机拍摄的一般性图片。质量门槛降低意味着普通网民也可以成为图片新闻的发布者，能为突发新闻事件提供第一现场的见证。在 2010 年“舟曲泥石流”新闻报道中，一位网名叫“Kayne”的网友用自己的手机拍摄了多张现场照片，成为国内第一个图文直播舟曲灾情的人。

第四，表现形式多样。在网络平台上，图片新闻的表现形式可谓五花八门，从数量上看有单幅图、多幅图、组图和图集构成的图片新闻；从活动状态上看，有静态单图、多图切换、360 度全景图片和亿像素图片构成的图片新闻；从表现力看，有纯图片、图片＋文字合成图和 Flash 多媒体动漫图构成的图片新闻。概言之，网络技术与数字化技术带给图片新闻无限的张力。

二、网络图片新闻的构成要素与展现方式

（一）网络图片新闻的构成要素

一方面，传统媒体进入读图时代丰富了网络媒体的图片库，另一方面数码产品的家庭化、互联网的普及和网络发布的低门槛为网民创作、上传图片带来了便利，以至于网络图片新闻来源多源化、题材多样化。在来源上，网络图片新闻主要来自四大渠道：传统媒体已报道的图片新闻，专业图片社、图片网或图片资料库的图片新闻，网络记者或编辑自采拍摄的图片新闻，拍客的图片新闻。在题材上，网络媒体发展初期，网络图片新闻主要依赖传统媒体、通讯社和专业图片社的供稿，题材集中在时事新闻上，目前网民个人相册、拍客提供的图片新闻使得题材多样化，社会民生、旅游风光、生活趣图、娱乐搞笑等各类图片新闻百花齐放。

网络图片新闻不管来自何种渠道，也不管属于哪类题材，都以图为主体，基本要素齐全。一条网络图片新闻要素包括标题、图片、图片说明、配文、作者、来源、发布时间、相关图片新闻、相关新闻，其中标题、图片、图片说明、作者是基本要素。现在，有些网站为了维护图片版权，在图片上打上水印版的网站名称或 Logo，因而水印也被认为是网络新闻图片的构成要素之一。

1. 标题

标题是网络图片新闻基本的要素之一，标题不仅要起到传递图片新闻信息、提示图片形式的作用，还要发挥出通过准确、形象的语言引导用户深入点击的作用。比如，标题“揭秘‘嫦娥二号’的‘七种武器’（组图）”，“七种武器”形象、生动，“组图”

提示出图片新闻的形式。

2. 图片

图片可以是单幅图，也可以是多幅图、组图、图片故事、图刊。图片主题要突出，信息要真实，构图要完整，视觉上要有冲击力，透过照片能感受到情节性、故事性、现场感、信息量和感染力。如果是组图，应选择不同信息或不同角度的图片，如美国著名的图片大师马克·埃德尔森说的，“放弃好的信息相同的照片，剩下一个故事线索”。

3. 图片说明和配文

图片说明和配文都是以文字形式描述图片新闻的内容，但两者还是有很大的区别。配文的作用在于提纲挈领地介绍新闻事件发生的时间、地点和情况，类似新闻的导语，图片说明在于揭示每张照片的主题内容，解释照片所传达的深刻内涵。一组图片构成的图片新闻，配文可以是一样的，但每张照片的图片说明必须是不同的。

4. 作者

站在保护著作者权益的角度，为作者署名不仅是尊重作者，保护作者的版权，维护网络新闻的著作权，而且明确了照片的来源，因为网络图片的来源越来越多元化，用署名的方式很自然地就能区分专业摄影与业余摄影、媒体提供与个人提供。

网络图片新闻的其他要素如来源、发布时间、相关图片新闻、相关新闻等，虽然不是每条图片新闻都必备，但在条件许可的情况下，网络媒体应追求每条图片新闻要素的完整性，以传达出更多的信息。

（二）网络图片新闻的展现方式

网络技术的进步和制图水平的提高使得图片新闻的报道方式丰富多样，早期只有单幅图片、组图、图片集等几种静态的表现形式，现在则出现了单幅合成图、演示图、图片幻灯、图文合成、360 度全景图片、三维立体图、动漫图、瀑布流式图片等多种动静结合的展现形态，有时还可以将几种方式整合处理，比如图文合成图的幻灯播放，三维立体图的 360 度全景转动等，极大地丰富了图片新闻的表现张力。

大多数的图片新闻采取简单的图文组合方式，采取图为主体、文字为辅的文配图模式。图片尺寸较大，冲击力强，成为视觉中心，图片说明准确，简洁，对图片信息做简单的解释与补充，图片中已传递出的信息无须在图片说明中重复表述。图文组合有两种表现形式，一种是图文分开，图片和文字分别单独呈现；另一种是图文合一，利用 PS 技术将简短的文字合成到图片中，图与文成为一个整体，如图 5—1 所示。图文合一一般应用于没有实质性内容的图片，或者图片本身就是非新闻性图片，依赖单张图片无法表达出新闻事实的内涵，需要借助简单的文字来使图片新闻丰富、完整。

组图也是网络图片新闻常用的报道方式。组图的呈现方式有单幅合成图、多幅并

图 5—1　图文一体的网络图片新闻报道

列图、图片幻灯、图片集和多图切换。单幅合成图就是利用图片工具将几张图片拼合成一张图片，集中表达一个主题思想。图片幻灯和图片集是处理组图的特有方式。图片幻灯是运用 Flash 等技术将图片组成一个连续播放的单元，自动播放或手动播放。幻灯片形式便于大幅面图片的呈现，方便网民浏览。图片集是运用小专题的形式将一个主题下的所有图片集纳在一起，可以是标题列表，可以是小图＋文字摘要，也可以是图片＋新闻标题，一个完整的图片集更能展现新闻事件的发展始末。多图切换是为了聚焦重点图片而又充分利用好有限的页面空间，采用一幅大图和若干小图组成一个整体，利用互联网的技术实现大图和小图手动或自动的变换。在 2010 年世界杯的报道中，搜狐网采用了多种组图的报道形式，用多图合成一幅图回顾历届世界杯开幕式（见图 5—2），用图片幻灯播放各类主题的高清图片（见图 5—3），用图片集完整展现一场比赛的精彩瞬间（见图 5—4），用多图切换实现聚焦重点图片的目的（见图 5—5）。

图 5—2　搜狐网在 2010 年世界杯报道中用多图整合成单幅图回顾历届世界杯开幕式

随着大数据时代的到来，图表、示意图和手工绘图正逐渐成为网络图片新闻特色的呈现方式。新浪网新闻中心专门开设有“图解”栏目，运用柱形图、饼图、条形图、折线图、面积图、曲面图等多种图表工具将复杂的新闻内容和数据进行拆解、分析，制作出具有可视化视觉效果的图解新闻。如图 5—6“基尼系数：民间为何比官方高那

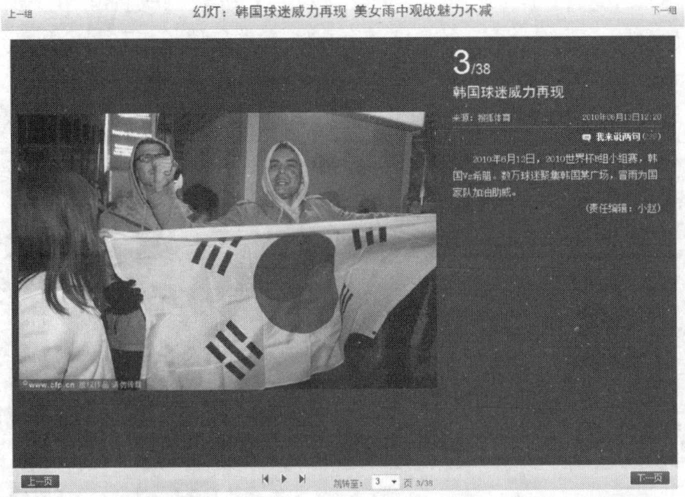

图 5—3　搜狐网在 2010 年世界杯报道中用幻灯形式播放高清图片

图 5—4　搜狐网在 2010 年世界杯报道中用图片集整合球队比赛精彩瞬间

么多”图片新闻所示，如果用文字来报道、解释基尼系数及其内容，复杂、艰涩，一般网民难以理解、读懂，而将内容、数据和分析转化成可视化图表，再配以简明扼要的文字说明，不仅内容清晰明了，使人一目了然、易于接受，而且阅读起来赏心悦目，成为一种视觉享受。类似的还有示意图、手工绘图等。在 2012 年世界杯报道中，搜狐网将每一个进球做成示意图，虚拟演示从发起进攻到最后射门的全过程（见图 5—7）。新浪网在“爱恨交织‘年终奖’”的图解新闻报道中，则全部采用手工绘图的方式，揭示新闻的深刻内涵（见图 5—8）。

图 5—5　搜狐网在 2010 年世界杯报道中用多图切换聚焦重点图片

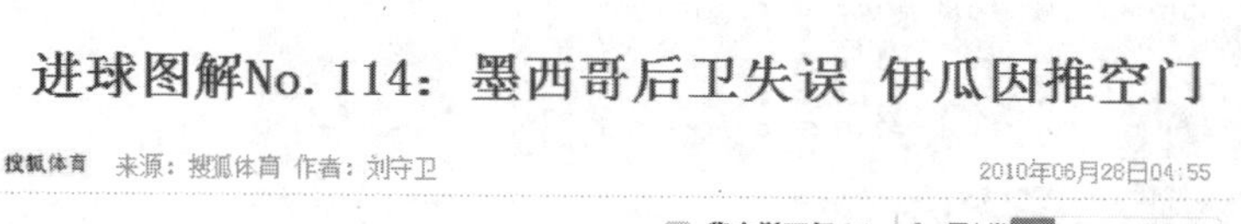

图 5—7　搜狐网在 2010 世界杯报道中用示意图演示、解析进球过程

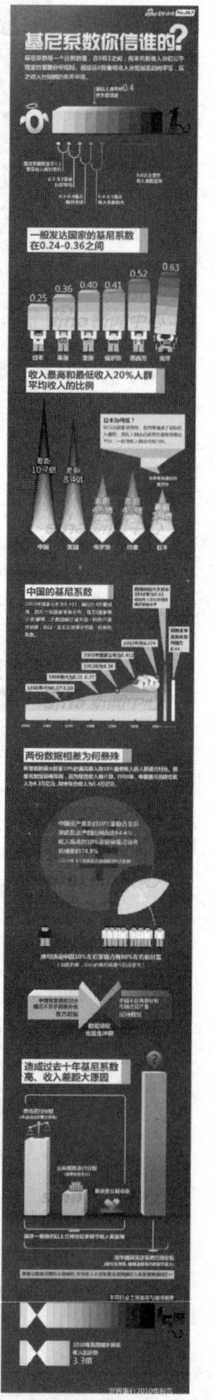

图 5—6　新浪图解新闻“基尼系数：民间为何比官方高那么多”

资料来源：http：//news.sina.com.cn/c/t/20130128/182979.shtml。

在网络图片新闻的报道中，还有一些运用于重大新闻、特别新闻事件的复杂的、特殊的呈现方式，有 360 度全景图片、三维立体图、Flash 动漫图、瀑布流式图片等。2012 年中国共产党第十八次代表大会报道中，人民网采用全景 360 度照片呈现大会现场、新闻中心、群众看图片展等场景①，全面、真实、直观、形象，让网民如临其境。由于 360 度全景图片、三维立体图、动漫图制作起来费时费力，因此只有在特别需要时才会考虑这类呈现方式。

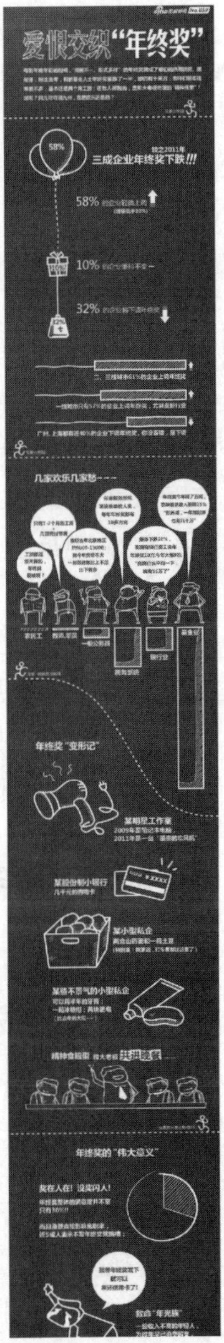

图 5—8　新浪手工图绘图解新闻“爱恨交织‘年终奖’”

资料来源：http：//news. sina. com. cn/c/t/20130111/183672. shtml。

三、网络图片新闻的编辑制作

和纯文本的文字编辑相比，网络图片新闻的编辑要完成两个步骤。首先要针对图片自身的格式、像素、尺寸等运用图片工具进行基本的技术处理，保证图片适合在网页上呈现，然后针对图片新闻内容进行选择、策划和编辑。

（一）图片的技术处理

对图片做技术处理包括选择格式、裁剪图片、压缩图片、修正图片和拼合图片。

（1）选择格式。图片的格式很多，有 BMP、JPG、GIF、PSD、PNG 等多种格式，而网页上只能使用 JPG、GIF 和 PNG 格式的图片。照片类图片一般使用 JPG 格式。GIF 适用于需要带动画或透明效果的图片，尤其适合非照片类、装饰用的小图。PNG 日常很少用，其相当于升级版的 GIF。在图片格式不适宜时，要使用图片软件对图片格式进行转换。

（2）裁剪图片。一是根据放置位置的需要裁剪，二是根据内容裁剪。图片放置在网站中的位置决定了图片的不同尺寸，需要根据图片放置位置裁切单图片的宽高、尺寸。新闻照片来自现场，背景、光线、人物、形象往往受到诸多限制，为了主题更加突出，气氛更加完美，视觉信息更加丰富，就需要裁剪图片，截取图片中的部分区域以满足新闻报道的需要。

（3）压缩图片。网站现在都力推高清图片，但在有些位置上

① 参见人民网“十八大”报道全景 360 度图片新闻，http：//cpc. people. com. cn/18/GB/351035/index. html。

还需要对图片进行压缩处理，缩减图片文件大小以符合网页的要求。一般首页、正文页400×300像素左右的大图片文件大小不超过120k，首页100×50像素的小图片文件大小不超过40k，通栏Banner图片不超过150k，装饰性小图大小不超过5k。控制图片大小与图片效果会产生一定的冲突，因此可以利用图片软件在压缩过程中选择“生成Web所用格式图片”功能，以保证压缩后的图片不变形、不失真。

(4) 修正图片。包括为图片添加水印、为图片部分区域加马赛克效果和修正图片中的瑕疵。随着网络著作权、版权意识的增强，越来越多的网站选择对自己的原创图片、独家图片添加带有网站标志的水印。在添加水印时要注意添加位置与照片内容的关系，水印不能遮盖图片的重要内容，一般在右下角、背景透明，不透明度为60%。对于图片中不适宜的内容，还需要添加马赛克或其他技术进行覆盖处理。修正图片中的瑕疵仅限于不影响主题的瑕疵，不得对图片内容进行修改或因为瑕疵修改而影响图片原意。

(5) 拼合图片。图片的技术处理都是为了新闻报道的需要，有些新闻报道需要将图文融合为图片加统一格式的文字标题，有些需要将多张图片合成为一张图，集中展现主题，有些需要从视频或网页上截图拼合，从不同角度阐释说明。这就需要利用图片工具完成相应的技术处理。在拼合时要考虑图片与文字、图片与图片之间的相关性、逻辑性，无论是横向拼合还是纵向拼合，都以整体协调、视觉愉悦为原则。

(二) 网络图片新闻的编辑制作

基本的技术处理只是网络图片新闻编辑制作的第一步，在此基础上，要根据新闻报道要求和图片的具体内容进行相应的编辑制作。编辑制作分为两个层面：一是基础编辑，按照流程选取照片、配置图片新闻的要素、选择图片新闻的表现手段、选择图片在新闻中的发布位置等；二是深度编辑，包括制作图片、整合图片、策划主题与活动。

1. 基础编辑

(1) 选取照片是图片新闻基础编辑的第一要务。图片新闻需要用图片传递信息，能否选择出适宜的图片关系到图片新闻的品质，也关系到新闻传播的效果，尤其是面对多幅照片时更考量编辑选取照片的能力。如果是选择放置在首页的单幅图片，首先要强调新闻性，选择与新闻事实最贴近、最有冲击力的图片；其次要主题鲜明，图片中有吸引注意力的主题，能第一时间抓住网民的眼球；最后是画面简洁，构图清晰，图片品质较高，便于压缩和裁剪。如果是选择放置在正文页的组图，要考虑每张图片的拍摄角度和场景选择，可以根据新闻事件的内容选择长焦、广角、超近、超远方式拍摄的图片。

(2) 配置图片新闻的要素。网络图片新闻由多种要素构成。制作一条完整的图片，选取照片只是完成了第一个环节，更多的工作是配置要素，要为网络图片新闻配置标题、图片说明、图片来源、作者等基本要素，还要配置新闻文字稿、更多图片、相关图片新闻、图片翻阅工具等其他要素。需要注意的一点是，不能将图片说明与图片新闻文字稿等同，图片说明针对的是单幅照片的解释、阐释和时间、地点等情况的说明，遇到组图时每幅照片都必须要有图片说明，但可以用同一个文字稿。

（3）选择恰当的呈现方式。单幅图、组图、动静结合图、合成图、示意图、图片集、图片幻灯等都是网络图片新闻可以选择的呈现方式，作为图片新闻编辑，最大的难点就是为不同的图片、不同的新闻内容甚至不同的位置选择适宜的呈现方式。新华网首页图片位置要求图片像素为 600×265，这种尺寸如果放置一张单幅图，对图片的要求就非常高，而如果拼合多幅图为一张图，不仅易于挑选图片而且能传递出更多的新闻资讯，如图 5—9 所示。在表现“春晚大餐 PK，谁是你的菜?”这一新闻内容时，网站一方面采取合成图的方式，将各地卫视的精彩节目剧照组合在一起，另一方面又用图片幻灯展示单幅照片以方便网民进入下一层阅读（见图 5—10）。

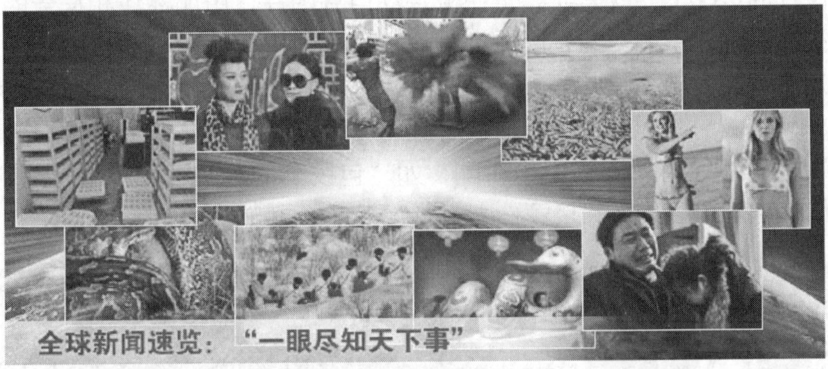

图 5—9　新华网首页合成的新闻图片：全球新闻速览

图 5—10　新华网合成新闻照片＋图片幻灯：地方卫视春晚 PK

资料来源：http：//news.xinhuanet.com/photo/2013-02/06/c_124329386.htm。

（4）选择合适的发布位置。图片新闻与文本新闻一样，一般采用规范的发布模板，而在模板中图片的位置基本是固定的。选择合适的发布位置就是要根据正文内容对图片放置进行调整、改变，要考虑是将其放在文首、文中或文尾，还是直接配在相关内容的上下、左右；有时还要根据图片的多少考虑是在一个文本层全部展示，还是选择用“下一页”的方式超链接发布。

2. 深度编辑

网络图片新闻的深度编辑是从新闻内容角度出发，利用图片软件技术、互联网技术和网络技术，发挥编辑主观能动性，寻找新闻与图片、图片与图片之间的逻辑关系，制作图片，整合图片，策划主题与活动等，使新闻可视化、形象化，图片新闻系列化、故事化。

网络图片新闻中的图片一般都摄自新闻现场，但在一些特殊的环境里发生的新闻有时很难得到图片，比如战争、地震、泥石流、交通事故等突发灾难性事件。在不能得到现场图片的情况下，就需要编辑积极主动自制图片，用加标注和符号的地图演绎战争的发生和进程，用各类图表反映灾难伤亡情况，用示意图来再现事故发生的环境和过程。还有一类自制图片是根据新闻内容将原本烦琐、枯燥、冗长的文字可视化，编辑制作成简洁、易读、生动、明了、有趣的新闻性图片。在春节新闻报道中，新华网“图表”栏目将一些民俗和实用新闻，如“包饺子的各式花样”、“春节吃火锅要‘六少’”图表化、可视化，一目了然，一览无余（见图 5—11）。

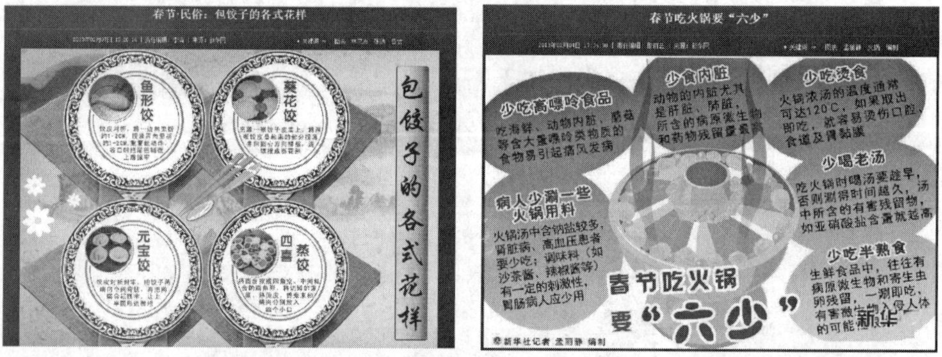

图 5—11　新华网“图表”栏目“包饺子的各式花样”、“春节吃火锅要‘六少’”图片新闻

资料来源：http：//www. xinhuanet. com/photo/graphics. htm。

整合图片是网络新闻整合编辑在图片新闻上的延伸。可以进行同为图片的整合，同一时段图片新闻的整合，同一类别的整合，同一主题的整合；可以进行不同呈现方式的整合，图片与图表的整合，拼合图与图片幻灯的整合，组图与图片集的整合；可以进行不同形态的整合，图片与音频的整合，图片与视频的整合，图片与 flash 的整合。2010 年青海玉树地震发生后，网易图片制作了“举国哀悼”① 的图片新闻，将震后灾民悲伤、哀痛、茫然、祈祷等各种表情的照片集纳在一起，配以音频和文字说明，

① 参见网易玉树地震“举国哀悼”图片新闻，http：//news. 163. com/special/00014B19/yushudizhenadaori. html。

整合成一组以图片为主体的多媒体新闻。在 2012 年伦敦奥运会报道中，多家网站采用同一主题整合图片新闻的方式，有各种“囧”事的图片，有各种“冤情”的新闻，有各种笑容的新闻，有各种夺冠庆祝的新闻，这种同题整合极大地发挥了网络传播特性与新闻编辑特色，实现了对图片新闻深度挖掘、精耕细作的目的。

主动策划主题性图片报道，用图片来讲述一个有细节的故事，形成一个完整的剧集，是网络图片新闻深度编辑中最具创意和思想的一种方式。腾讯网的“中国人的一天”、“视界”、“图话”，新浪网的“看见”，网易的“看客”、“视觉故事”，新华网图片频道的“独家策划”等，都是这类展现主题性图片新闻的栏目。在“看见”栏目 158 期“严寒里的城市群像”的图片新闻（见图 5—12）中，镜头对准了“数九寒冬北京城里如往常一样起早贪黑的芸芸众生”，编辑了一个由 16 张照片构成一组的图片故事，有卖早点的夫妻，有送快餐的小伙，有等早市开业的商贩，有看车收费的大妈，一张张照片真挚细腻，感人至深，一段段文字朴素直白，简约明了。整组图片没有一句评论、点评，但读者却从中看到了图片新闻的鲜明主题、创意策划和深度思考。

图 5—12　新浪《看见》栏目 158 期：“严寒里的城市群像”网页截图

资料来源：http：//news. sina. com. cn/photo/kanjian/45. html＃p＝3。

网络图片新闻的深度编辑还包括主动策划主题性活动，组织网民参与到图片新闻报道中。数码相机和智能手机的普及，网络发布门槛的降低，为网民参与图片新闻报道提供了机会。网络媒体可以充分利用好互联网的互动优势，策划各类图片征集活动，设计与百姓生活相关的主题，鼓励网民积极参与记录社会的发展与变化。人民网的“图说千行百业”栏目，就是一个“零距离、亲身体验 360 行”的大型图片征集活动。

四、网络图片新闻的编辑规范

互联网拓宽了网络图片新闻的空间，丰富了网络图片新闻的形式，但也很自然地带有网络环境下存在的各种问题。比如因网络的虚拟性、匿名性而导致新闻图片来源的不确定，因计算机技术、数字技术而能够轻易对新闻图片造假，因网络版权意识差而出现图片版权肆意被侵犯的现象。因此网络图片新闻的报道需要遵循一定的使用原则，建立必要的制度与规范。

（一）网络图片新闻的使用原则

其一，新闻价值原则是网络图片新闻选择与使用的首要原则。网络图片新闻首先是新闻，新闻的真实性、及时性、重要性、贴近性、趣味性等也同样适用于图片新闻。真实性要求拍摄的事实是真实的，照片应符合事实或人物的本来面目，应避免“导演”、“摆拍”的现象。尤其在照片的新闻性、真实性与照片的视觉美感发生矛盾冲突时，不能因后者而放弃新闻性、真实性等基本原则。

其二，遵循图片的选择标准。图片的选择可遵循“三唯”标准，即唯现场性、唯主题性和唯完整性。网民阅读图片就是希望通过新闻图片能“身临其境”，把一切真实都尽收眼底。唯现场性是选择新闻图片的首要标准，是一张图片自身“新闻价值”的体现。一张理想的新闻图片应该是新闻的主体影像突出，是图片本身的视觉中心，而次要影像或无关影像只能作为陪衬，甚至被可有可无地“虚化”。唯主题性强调的是新闻图片的表现力。新闻事件的主体也具有一定的系统性和完整性，作为新闻主体的人、物并不是孤立的，它与周围的人、物以及环境有着千丝万缕的联系。有时，摄影记者为了过分强调“震撼力”、“感人度”，人为地割裂新闻主体与周边事物的联系，有时甚至将新闻主体本身也割裂开来，而唯完整性不仅能起到美化图片的作用，更是传递正确信息的重要手段。

其三，尊重网络图片的版权，选择有作者和来源的新闻图片。网络世界的虚拟性使得互联网在一定程度上成为一块自由之地，目前国内关于网络传播的法律法规还不健全，网民的网络版权意识比较淡薄，加上在现有数字技术的支持下，图片上传、下载、复制和粘贴在操作上极为方便，网民对图片新闻的随意使用使得网络新闻图片的著作权处在难以保护的状态。但作为网络媒体在使用新闻图片时，要防止为了新闻报道、为了获得点击率而侵犯图片版权。

其四，区别假照片和适度图片新闻技术处理的不同。数码技术的发展为图片的 PS 修图、整合提供了便利，2004 年 7 月 15 日，美联社刊登了一张有意夸大中国陕西省西安市区水灾的新闻照片，后经确认此图片经过电脑处理。首届“华赛”获奖照片《广场鸽接种禽流感疫苗》中，出现了几只一模一样的鸽子，后来照片被认定为经过

PS 处理。图 5—13 就是一幅多处被 PS 的图片。维护照片的真实性是选择图片新闻的根本原则，但是在保证真实性、不伪造新闻图片的前提下，也可以适度对图片新闻进行技术处理，比如对照片进行剪裁、放大或缩小、线条装饰、标题和说明的搭配等。恰当的剪裁加工可以说是对新闻照片进行的“第二次拍摄”，能达到新闻照片的主题更突出、逻辑更严密、画面更生动的视觉效果。

广西南宁市被誉为“中国鸽城”，人与自然和谐共处。 李辉摄

图 5—13 一幅多处被 PS 的“草坪鸽”图片

其五，精选图片，注意搭配。网络虽然有海量空间，但要实现成功传播还有赖于技术的支持。当一个文本层无约束地堆砌大量图片、图片像素又很大时，文本层打开的速度会很慢，从而影响网络图片新闻的传播效果。因此，图片新闻中的图片选用宜有所节制，精选而非无限添加。同时，在选用照片时要注意图片与文字的色彩搭配、容量平衡、大小适宜等事项。

（二）网络图片新闻的制度规范

网络图片新闻的编辑对内要坚持报道原则，明确报道思路和方向；对外要规范制度与法律，提高网络图片编辑的修养与素质。

随着网络技术在我国的日渐普及，国家有关部委相应出台了一系列网络新闻管理的办法和规定：《互联网信息服务管理办法》、《互联网站从事登载新闻业务管理暂行规定》、《互联网电子公告服务管理规定》、《互联网出版管理暂行规定》、《互联网上网服务营业场所管理条例》、《互联网等信息网络传播视听节目管理办法》、《互联网文化管理暂行规定》等。这些办法、规定的出台，对规范互联网的新闻登载，促进互联网新闻传播，无疑具有积极的现实意义。但是，这些办法、规定有的已经难以适应网络技术的新发展，有的因为没有法律的统一协调，常常造成网络上的违法行为要么无人管，要么争着管的状况。因此，需要构建一个有效、相对自成一体、结构严谨、内在和谐统一的新的法律体系来规范网络行为，促进网络图片新闻发展朝着健康有序的方向发展。

从已经曝光的一些假图片新闻可以看到，摄影者和图片编辑的主观造假是不容忽视的问题。在网络图片新闻的规范与治理过程中，加强行业和相关人员自律是促进网络图片新闻发展的重要环节，行业自律是互联网健康发展的内在因素，政府监管、法律约束是外在的推动因素，只有在内因与外因的共同作用下，网络图片新闻才能真正步入良性、健康轨道。

要加强图片新闻核发的制度化建设，加强网络媒体内部的新闻图片监察和核发力度。建立和完善原始档制度，以此约束每一位摄影记者和每一位图片新闻编辑的拍摄和编辑行为。每一位网络编辑要自觉承担起“把关人”的职责，加强图片编辑辨别真伪的能力，练就“火眼金睛”，要有核实的意识和求证的功夫，对图片新闻的审看要细之又细，辨别其是否有修版或合成的痕迹。对过于“精彩”的数码照片，编辑应认真查验“电子底片”——原始档——以确保照片未经过高技术数码处理。

网络图片新闻内容的建设与管理最终还是要靠网络图片新闻的从业人员。一个好的图片编辑应该是个全能型人才，一要懂摄影技术、摄影规律，能准确评析照片；二要有文字修养，要能够较好地完成文字说明、标题的拟定修改工作，使照片和文字相互辉映；三要懂美术设计，掌握一定的美术知识、软件知识，能对照片进行适度的技术处理和修饰，懂得利用照片设计、编排页面。在技能要求之外，更重要的是职业道德教育和专业素质教育，这是从源头遏止虚假、低劣网络图片新闻的保证。

第二节 | 网络视频新闻编辑

互联网的多媒体技术赋予了网络媒体超越传统媒体的优质“基因”，网络媒体不仅能将每类传统媒体单一的传播手段集于一身，还能创造出更多新颖、独特的多媒体报道手段。根据 CNNIC 第 32 次中国互联网络发展状况统计报告，截至 2013 年 6 月底，中国网络视频用户达到 3.89 亿，占网民总数的 65.8%，手机上使用在线收看或下载视频的网民数达 1.6 亿，占手机网民总数的 34%。直播或点播看网络视频已成为网民的第五大应用。随着带宽和服务器等技术手段的改善，用户对网络视频及网络视频新闻的需求日益增多，对相应的编辑要求也会逐步提高。

一、网络视频新闻的界定与特点

（一）网络视频新闻的界定

界定网络视频新闻，首先要认识网络视频。所谓网络视频，是指以网络为播放平台和传播渠道，以 WMV、RM、RMVB、FLV 以及 MOV 等为播放格式，通过各种播放器在线直播或点播的声像文件。网络视频不同于传统电视，它需要强大的技术支持、独特的文件格式和流畅的网络通道。互联网早期，有限的网络技术条件限制了视频内容的发展，视频新闻也表现平平、乏善可陈。

2006 年是网络视频的发展元年。随着网络带宽环境的改善和 P2P 技术的应用，网络视频的发展突飞猛进，在播出形式上可以为点播、直播、下载，在内容来源上电视台、文化影视公司、网民自制节目纷纷涌现，用户规模从几百万、上千万到上亿，视频内容从影视剧向新闻资讯、综艺娱乐、动漫游戏、纪录片等多领域开花。2008 年北京奥运会改变了网络视频内容的格局，视频新闻逐渐被各网站重视，并出现了网络电视台、自制视频新闻、视频与文本融合等各种推动视频新闻发展的举措。

界定网络视频新闻要满足网络、视频和新闻三个要素，将三者有机结合才能释义网络视频新闻这一概念。曾有学者指出，“视频新闻是运用现代电子技术手段，以活动影像、声音等为传播符号，对新近或正在发生的事实进行的形象化的报道”①。这里强调了新闻和视频的要素，忽略了网络的要素，网络的交互性、个性化、多媒体特征没有在定义中体现出来。也有学者提出，“视频新闻，是一种基于互联网技术平台的新的报道形态。视频新闻整合文字、图片、音频、视频、Flash、动漫等信息传播的基本元素，在继承传统新闻报道方式和理念的同时，体现出发散传播、即时互动和瞬时发布的传播优势”②。这里把“视频新闻”泛化，将视频新闻等同为多媒体新闻。鉴于此，我们认为，网络视频新闻是以互联网为传播载体和平台，以声像为传播符号，对新近或正在发生的事实进行视觉化传播、动态性发布和交互式传受的一种报道形态。

（二）网络视频新闻的特点

无论在国外还是国内，网络视频以及视频新闻都呈现出如火如荼的发展态势。究其原因，网络视频新闻的优势（也就是特点）是用户越来越多地选择视频新闻的关键。

1. 内容的多样性

网络视频新闻的多样性表现在多方面。从来源看，有传统媒体、网络媒体、社会机构制作、提供的专业化视频，也有网民自制分享的个性化内容；从播出时间看，有长视频，也有短视频、微视频；从内容题材看，有时事、军事、文化、科技，也有社会、民生、生活百态；从内容播出方式看，有单条视频、视频专辑，也有联播视频、系列视频、整合类视频。相较传统电视新闻的单一来源和一元特征，多元化的视频新闻不仅丰富了网络视频内容，更让用户可以进行个性化选择。

2. 存储的可驻留性

传统电视新闻的声音、图像转瞬即逝，观众一不留神就可能错过一段精彩的画面、

---

① 彭兰：《网络多媒体新闻》，119 页，长沙，中南大学出版社，2006。

② 张晋升、闫昆仑：《视频新闻：新媒体语境下报道形态变革的产物》，载《新闻与写作》，2010（9）。

一些重要的讲话，因此，要想不错过重要新闻、图像，观众就必须被迫时刻盯着屏幕，就算是有些节目会有重播，但重播的时间也是固定的，观众还是必须守着电视机。总之，个人用户存留传统电视新闻非常麻烦。网络上的视频新闻，无论是直播还是非实时节目，都能够做到长期存在，只要网络服务器不出现问题，视频内容就会永久驻留，用户可根据需要随时在线收看，还可以下载下来离线收看，其传播效果远胜于传统的视频新闻。

3. 播放过程的可控性

传统电视新闻是线性播放和线性收听、收看，用户对于播放时间、播放顺序和播放内容没有任何控制能力。电视台需要提前安排好节目时间和内容以便告知观众，遇到临时更改节目就比较麻烦了；网络视频新闻则有很大的自由度，整个播放过程可以自己全程控制，可以选择收看直播或者点播，特别是错过了直播的时候可以随时以点播的方式收看。网络视频播放有专门的播放软件或客户端，用户可以在收看中自己控制播放时间、顺序，可以操作回放、快进、录制、下载等控制键，网民对于视频新闻的接受过程完全个性化。

4. 编排的可整合性

传统电视新闻在编排时一般一个新闻事件播报一条新闻，与新闻事实相关的其他背景内容只能在新闻中简单扼要介绍，角度不同的同类新闻很少重复播报，在进行后续追踪报道时前期的相关报道也很难再次回放。传统电视新闻的线性编辑方式只能给观众平面的报道结果。网络视频新闻则可以通过超链接手段，对同类新闻、相关新闻、热门新闻等进行高效率的组织编排，网络技术可以为之提供多种不同的新闻排列方式，受众可以方便地在不同的新闻之间进行切换，获取更多的视频新闻和相关信息。

5. 互动的可参与性

互动一直是传统媒体的“弱项”，电视新闻的互动更是难以体现。尽管现在的电视节目通过短信、字幕和主持人口播等方式建立与用户的交流、沟通渠道，但终究是浅层次的、形式上的媒体与用户间建立的非常态互动。网络视频新闻在播放内容的同时可以在媒体与用户、用户与用户之间建立常态的、实质性的对话、参与、交流。比如，Qqlive 在直播窗口量身定做“边看边聊”功能（见图 5—14），用户可以一边看球一边聊天，可以对解说员的评说进行评价，还可以提供球员、球队的背景资料，用户甚至可以选择自己支持哪支球队，并装扮上该球队的队服、球鞋等。

认识网络视频新闻的特点、优势，也需要看到目前网络视频新闻的一些局限。网络视频新闻对网络环境有很大的依赖，无论是传输、播放和收看，都需要高速的网络带宽环境。如果带宽不畅，不仅会影响用户的收看效果，而且也不会让用户形成通过网络收看视频的习惯。此外，一些网络视频新闻需要专门的播放软件，存储、下载视频文件都会占用服务器的资源空间，增加网站的运营成本和个人的机器使用频率。

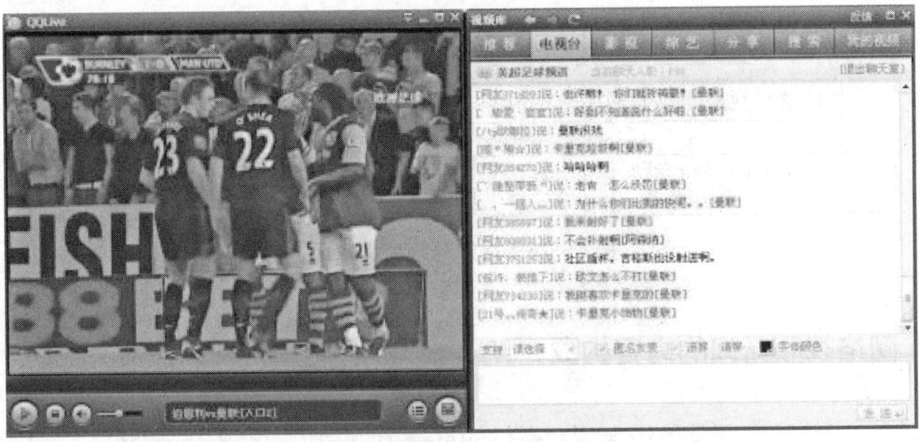

图 5—14　Qqlive 直播窗口的“边看边聊”页面截图

二、网络视频新闻的来源及内容构成

（一）网络视频新闻的来源

根据互联网信息登载管理规定和广电总局视听许可制度，经营网络视频新闻需要获得相关部门的授权，取得相应的资质。当前，发布网络视频新闻的网站大致分为三类。一是传统媒体的网站。这里的传统媒体不单指电视台，还包括报社、电台和通讯社。如中国网络电视台（隶属于中央电视台）、芒果台（湖南卫视新媒体金鹰网旗下的网络电视台）、看看新闻网（隶属于 SMG）、中国新华新闻电视网（隶属于新华社）、央广视频（隶属于中央人民广播电台）。全国 13 家中央级重点新闻网站、31 家地方重点新闻网站几乎都开设视频栏目，发布视频新闻。二是综合性商业网站。以四大门户为代表的综合性网站开设有视频频道或栏目，既转载、整合传统媒体的视频新闻，也直播新闻事件、访谈新闻人物、自制视频新闻。三是垂直类视频网站，以优酷网、土豆网、第一视频、激动网、PPTV 等为代表，专门发布包括新闻、综艺、影视剧等在内的各类视频内容，具备直播、点播、互动分享等多重功能。

三类网站虽然拥有经营视频新闻的资质，但视频新闻内容却并非全部来自这三类网站。一方面，网络视频新闻的拍摄、编辑、制作和加工要比文字、图片复杂得多，更强调专业化、新闻价值和视觉效果，网站原创视频新闻成本高、数量少而品质难以保证，而且视频网站在直接采访、原创制作上还存在一定的政策障碍；另一方面，数码产品的普及和 Web2.0 技术降低了网民创造和发布视频的门槛，网民 UGC 视频内容在与日俱增。因此，网络视频新闻的来源以传统电视新闻的直播和点播为主，网络媒体原创视频新闻和网民 UGC 视频内容为有机补充，如图 5—15 所示。

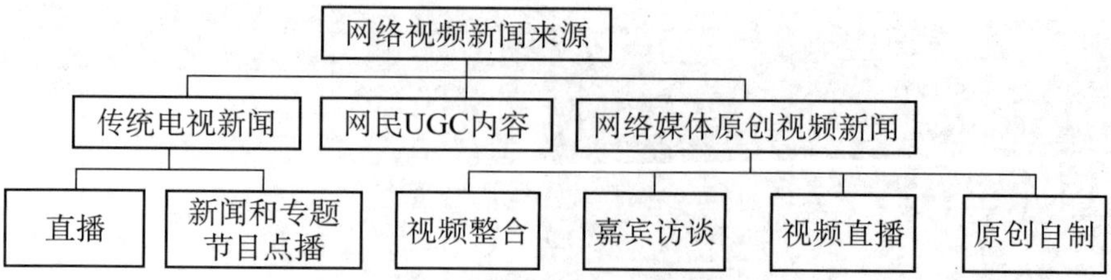

图 5—15　网络视频新闻来源

（二）网络视频新闻的内容构成

传统电视新闻主要是各级电视台提供的直播节目和可点播的电视新闻、专题节目，这些新闻来源权威，数量庞大，内容专业，品质精良，题材涉及面广，新闻时效性强，背后是各级强大的电视台及其拥有的视频资源。中国网络电视台已实现中央电视台所有频道和地方卫视频道、部分城市频道的在线直播，直播后的内容稍加编辑和加工，就能成为网络视频新闻源供网站转载和用户点播。中国网络电视台还拥有中央电视台45 万小时的优秀历史影像资料，汇集全国电视机构每天播出的 1 000 多个小时的视频节目，这些资料和节目经过数字化处理和网络化保存后，就能建立起国内规模最大的以网络视频为核心的多媒体数据库。因此，传统电视新闻是当前网络视频新闻最大的新闻源。

网民 UGC 生产的内容，既有播客截取自电视台的，也有播客个人创意、采集、制作的，还有播客在新闻事发现场拍摄的，数量庞大，题材多元化，但由于视频制作需要一定的制作技术和创意策划，也需要耗费相当的时间和精力，内容上良莠不齐、庞杂繁芜。网民 UGC 的内容涉及四个方面：突发事件中目击者的现场拍摄，如“汶川地震视频”、“央视新址配楼大火”、“江西宜黄强拆自焚事件视频”，公共场所网民拍摄的新闻事件，如优酷网“我在现场”栏目所发布的视频，网民对身边人和事的真实记录以及生活中、社会上的奇闻趣事视频。2010 年 8 月甘南藏族自治州舟曲县特大山洪泥石流灾害爆发后，一名武警战士用手机拍摄的视频成为距灾难现场最近、最真实的影像，也成为众多网友了解救援现场的“第一画面”。在这四类内容里，网民在突发新闻现场拍摄的视频新闻作为原生态的记录已成为传统电视新闻的有益补充。

网络媒体原创视频具有量少、质精、有特色的特征，内容构成涉及四方面：嘉宾访谈、视频直播、原创自制和视频整合。嘉宾访谈是类似传统电视的人物对话，不同之处在于访谈地点是网络演播室，对话主客体不仅仅是一对一的嘉宾和主持人，还包括大量在线网友。新浪娱乐专门设有“嘉宾聊天”板块，到目前为止已经邀请了上千位明星嘉宾在线视频访谈。视频直播是指网络媒体派出记者对事件或活动进行的直播报道。原创自制是网络媒体为体现网站特色进行的量身打造，有常态化、定时更新的日常栏目，也有重大突发事件的专门制作。搜狐视频频道有一个“出品”栏目，下设“搜狐视频大视野”、“屌丝男士”、“大鹏嘚吧嘚”、“综艺马后炮”、“麻辣书生”等多档节目，就属于常态的原创自制；而在 2012 年伦敦奥运会报道中推出的“西游伦敦记”、“奥运背后的故事”、“奥运早新闻”、“解码奥运”、“奥运观象台”、“奥运董董锵”等，就属于为重大事件的独家出品。视频整合是对视频素材、单一视频内容进行编辑、加工后完成的视频新闻。在原创视频新闻中，网络媒体可以设置栏目名称、Logo、片花，设立固定的主持人，有的长视频新闻还设有小栏目，虽然质量、专业性和传统电视台相比还有一点距离，但原创视频已成为网络媒体显示自身价值的一种手段，凸显出网站的特色和品质。

三、网络视频新闻的编辑制作

（一）网络视频新闻制作的技术基础

视频新闻的技术主要采用流媒体技术。流媒体技术是一种新兴的网络传输技术，用于在互联网和局域网上实时传输视频等多媒体内容的连续数据流。该技术以网络为基础，不仅可以连续地播放多媒体文件而不占用计算机过多的存储空间，而且可以实现网络“视频点播”，并提供互动的视频节目。

在制作上，流媒体有三大“流派”。一是 Microsoft 公司提出的 WindowsMedia 信息流式播放方案，它采用的核心技术是 ASF（advanced stream format）文件格式，这类文件的后缀是 .asf 和 .wmv。ASF 是一个独立于编码方式的流媒体传输格式，它支持任意的压缩/解压缩编码方式，并且可以使用任何一种底层网络传输协议，具有很大的灵活性。二是 Real Networks 公司的 RealMedia，它包括 RealAudio、RealVideo 和 RealFlash 三类文件，其中 RealAudio 用来传输接近 CD 音质的音频数据，RealVidio 用来传输不间断的视频数据，RealFlash 则是 Real Networks 公司与 Macromedia 公司联合推出的一种高压缩比的动画格式。RealMedia 文件的后缀是 .rm，对应的播放器是“RealPlayer”。三是 Apple 公司的 QuickTime，它支持几乎所有主流的个人计算机平台，是真正的 Windows 与 Mac 双系统兼容平台，并从 5.0 版本开始已经采用了 MPEG－4 压缩技术。QuickTime 文件的扩展名通常是 .mov，它所对应的播放器是“QuickTime”。

网络视频的传输需要以下三种技术。

（1）预处理技术，包括采用先进、高效的压缩算法对音视频文件进行压缩编码，以及把它分解成一个一个的压缩包以便传输。在现有的压缩编码技术中，比较适合网络流媒体传输的是 MPEG－4 标准，被广泛地应用于各种流媒体的压缩编码格式中。

（2）缓存技术。互联网是以包传输为基础进行断续的异步传输，流式传输的实现需要缓存。在动态变化的网络中，各个包选择的路径可能不尽相同，到达客户端的时间顺序也就无法保证，因此就需要使用缓存系统来弥补延迟和抖动的影响，并保证数据包的顺序正确，从而使得数据能连续输出，而不会因为网络拥塞致使播放出现停顿。

（3）传输协议。网络间的传输控制协议（TCP）不适合传输实时数据，流式传输方案一般采用超文本传输协议 P 传输控制协议（HTTPPTCP）来传输控制信息，以及实时传输协议 P 用户数据包协议（RTPPUDP）来传输实时音视频数据。

流式传输又分为顺序流式传输和实时流式传输两种。在顺序流式传输中，用户可以在下载的同时观看视频文件，但用户的观看与服务器上的传输并不是同步进行的，而是存在一定的延时，用户只能观看已下载的那部分，不能要求跳到还未下载的部分。而在实时流式传输中，音视频信息的播放与传输是完全同步的，用户在观看过程中可快进或后退以观看前面或后面的内容。这两种传输方式，前者可以较好地保证节目播放的最终质量，比较适合高质量的短片段，如网站上发布的视频广告和视频新闻点播等；后者则可以在网络传输状况较好的情况下实现长片段的实时播放，如电影、专题片和纪录片等。

流媒体技术广泛应用于多媒体新闻发布、在线直播、视频点播、远程教育、远程医疗、网络电台、实时视频会议等互联网信息服务的方方面面，可以针对不同的内容采用不同的流式播放方式。对于简短的时政视频要闻的直播和点播，由于它既要能够真实客观地反映新闻事件，又要能快速及时地实现新闻信息的网络传播，因而较为适合采用顺序流式传输方式，这样既可保证节目播放的最终质量，又稳定地保持新闻信息的传输速度。对于那些重大新闻事件的报道，如政府会议报道、记者招待会和新闻发布会等较长的新闻片段，为了让用户能够及时地获得自己最感兴趣的信息，则较为适合采用实时流式传输方式，用户在收看新闻的过程中可以随意地快进或后退，可以个性化选择、截取片段内容，而不必按顺序等待自己所需信息的到来。

（二）网络视频新闻的编辑

网络视频新闻的原创内容量少而精致，但视频新闻的编辑、加工工作却是大量、琐碎和庞杂的。在思路上，视频新闻编辑要贯彻切割、分离和整合的基本理念；在流程上，视频新闻编辑要经过视频转码、拆条粗编、加工精编、深度编辑和编排发布五个环节。

1. 视频转码

视频转码是指将已经压缩编码的视频码流转换成另一个视频码流，以适应不同的网络带宽、不同的终端处理能力和不同的用户需求。传统电视的节目信号与网络视频所需要的格式是不同的，因此，网络视频编辑的第一步工作就是完成视频转码。视频编辑完成收录电视信号和信源工作后，利用视频转码技术和工具对原视频进行解码，然后再根据网站规定的视频格式要求进行编码处理，满足网站视频播出的需求。

视频转码不仅需要满足不同视频格式间的转换要求，还要满足不同网络带宽或设备播放速度的需求。每个视频网站对于视频转码都有自己的规范和要求，批量转换，解码能力强，压缩文件大小，减低损耗等，有的网站甚至还研发出专用的视频转码软件，以保证转码后的视频节目的品质和版权。

2. 拆条粗编

转码后的电视节目只是符合了网络发布的技术要求，要想符合网络新闻的特性，达到网络传播的要求，还需要对视频新闻进行粗编处理。粗编要完成四项工作：一是运用切割的理念对联播类新闻和长视频节目进行分剪切条，每条控制在 10 分钟以内；二是对原视频素材中的广告和片花进行删减；三是在每条视频前后增加网站广告或栏目片花，在视频播放窗口增加网站标识；四是为每条视频新闻单独制作标题。

对长视频进行切割处理是因为：第一，视频新闻的播出采用的是流媒体技术，文件越小，越有利于传输、下载，播放的效果越好，用户的体验度也越高；第二，视频新闻的编辑加工原理与文本新闻基本一致，一个版面有多篇文章，网站编辑需要将这些文章一篇篇分开进行复制、粘贴，然后再归类、整合，一档电视新闻也是由多条新闻组成的，网站编辑需要利用技术软件对新闻进行切割、分离，然后再根据内容的需要进行整合、嵌入处理；第三，一个长时段的视频包含很多有价值的信息，如果不按照新闻内容切割而只是从头到尾按顺序播放，比较耗时，与收看电视节目无异了，这显然不符合网络浏览习惯。如果根据主题将长视频切割成若干小话题，把收看的主动权交给网民，这样就更能吸引网民的眼球，提高网站的传播效果。

3. 加工精编

加工精编是指把电视新闻节目当做素材，在不改变新闻画面原意的前提下，按照编辑的策划意图、网民的观看习惯和网络媒体的传播特性，对画面内容、声音进行分离然后重新分组、排序、写稿、配音的编辑整合过程。一场足球比赛长达 90 分钟，但是精彩的比赛画面和进球可能只有几分钟，而且分散在整个比赛过程中，站在视频新闻编辑的角度，就需要对整场比赛进行深度精编，将精彩的比赛片段和进球镜头挑选出来呈现给网民。

加工精编的前提是做好分离工作。分离接近于电视新闻的非线性编辑，借助计算机软件对视频新闻进行数字化处理，包括将文字与画面剥离，剪切精彩镜头、画面，有用信息与无用信息的分解。分离与切割不同的是，切割是基于整条新闻、单个话题的完整编辑，分离则是根据后期组接、整合的需要对素材进行的按需加工。分离的目的是对素材分类，精确到单组镜头内容，以便于后期编辑，而且基于原始素材的分离能保证高画质的像素，可以延展到其他节目制作。

要想实现精编，还要贯彻网络新闻编辑整合的理念。整合的工作包括：为单条视频新闻加来源、添文字稿、配图片、建关键词，将同一主题的视频新闻集纳联播，将同一事件的报道整合为视频专题，将同类话题的视频融合为一条视频新闻。精编建立在编辑的创意、策划和思路的基础上，是中观整合在视频新闻上的体现。

2012 年 12 月 31 日，10 多家省级卫视在电视终端播出跨年演唱会，多家门户网站同步视频直播。直播之后，网站对演唱会视频进行了编辑处理，首先是将所有卫视的跨年演唱会完整版集纳整合到一个页面便于网民选择（见图 5—16），但是看完一个完整版需要耗时三个多小时，且其中一定会有自己不喜欢的节目，网络媒体又将每个卫视的演唱会内容剪切分条以图标形式编排陈列（见图 5—17），用户可以选择自己喜欢的节目单个点击收看。最后，视频编辑还打破各个卫视的界限，把其中相近、同类、关联度高的内容进行策划整合，制作出“跨年晚会七宗最”、“晚会精彩视频 TOP20”等精编类视频（见图 5—18）。

图 5—16　2013 年网站集纳卫视跨年演唱会页面截图

图 5—17　湖南卫视跨年演唱会单个节目图标列表页面截图

图 5—18　搜狐网站策划整合跨年演唱会页面截图

4. 深度编辑

网络视频新闻大多为“二次传播”，以转播电视台各类新闻节目为主。但随着视频新闻逐渐成为用户浏览的趋向和去向，一些实力较强的视频网站开始原创视频节目，第一种是完全按照电视新闻和专题节目的制作方式全新打造的网络视频，如凤凰网的“全民相对论”，搜狐网的“先锋人物”，第二种是整合文字和图片内容进行的视频播报，如环球网的“环球播报”、人民网的“舆情会商”，第三种是利用电视原始素材剪辑编制的网络视频节目，如新浪网的“新中超客栈”、腾讯网的“欧洲足球报道”。第一种与电视新闻节目的创作摄制无异，第二、第三种则更为强调策划和编辑能力，属于网络视频新闻的深度编辑。

“新中超客栈”是一档为中国足球超级联赛特别策划的体育视频新闻节目（见图5—19），节目时长约 30 分钟，分为四大板块：“华山论剑”挖掘有意思的瞬间串联比赛；“江湖侠客”是每轮一个人物的专题；“南腔北调”用声音回顾每轮比赛；“刀光剑影”用一首好听的歌曲快速浏览当轮全部进球。视频的内容素材来自电视转播的比赛画面，网站首先分离出现场解说的声音，加配网站主持人的串联词或背景音乐；然后对每场比赛进行剪辑、分解，挑选出精彩的比赛画面、人物镜头和场外花絮；再根据栏目设置对相近内容的视频进行分类组接。节目还设计了点评嘉宾，对比赛过程、教练、运动员、裁判和场外等相关内容进行点评，显示出节目的专业水准。

在编辑过程中，网络视频新闻完成了网络特色的编排：一是穿插、添加有高清、高质量的摄影照片，因为有些瞬间抓取的比赛照片比视频更有冲击力和感染力，有些运动员比赛中的表情和动作如果视频没有慢放细节，可以通过照片来弥补；二是直接与互动对接，新闻留言板、主持人、嘉宾、节目微博和球迷点评一一呈现，主持人在串联、点评比赛时还会经常引用网民的微博点评、留言板评论。

图 5—19　新浪网《新中超客栈》视频新闻节目页面截图

资料来源：http：//sports. sina. com. cn/cslvideo/report/。

5. 编排发布

视频新闻经过转码、粗编和精编后，要通过网页发布出来。发布的方式有三种：一是单条视频单独发布，有完整的新闻标题、视频画面、视频来源、与视频内容一致的文字实录等要素，类似单条新闻的发布；二是与文本、图片等融合编排成多媒体新闻进行发布，视频新闻是主体，文字、图片为补充；三是自动联播式发布，打开网页后，视频窗口随之打开新闻自动播放，且视频窗口右部或下部有相关视频，在一条新闻播放结束后自动进入下一条播放。当然网站也同时提供可选择点击任意一条的手动播放形式，如图 5—20 所示。

图 5—20　网络视频新闻联播式发布

第三节 | 网络 Flash 新闻编辑

Flash 新闻是 Flash 技术与新闻报道有机融合而产生的一种网络新闻报道方式，曾经被认为是“真正的多媒体新闻”，实现了新闻、影像和艺术的完美结合。但事实上，Flash 新闻并未广泛普及应用，鲜见于日常新闻事件的报道中。随着 html5新技术的开发和推广，Flash 技术正在被质疑，Flash 新闻也处在何去何从的境地。尽管如此，我们认为 Flash 新闻作为网络新闻报道的多媒体手段之一，还是有必要对其认识和了解，并从编辑角度掌握 Flash 新闻的制作要点。

一、认识 Flash 与网络 Flash 新闻

（一）认识 Flash

Flash 是美国 Macromedia 公司推出的集动画创作与应用程序开发于一身的创作软件，2005 年被 Adobe 公司收购，它具有跨平台，高品质，体积小，可集成文字、声音、视频、交互等多媒体功能的特性，可以用于制作电子贺卡、MTV、动画短片、互动游戏、网络广告、文案演示、多媒体教学课件等。使用 Flash 创作出的作品有自己的特殊格式 . swf，该类型文件无法被编辑，必须有 Flash 播放器或浏览插件才能打开。尽管有这种格式和播放器的限制，但 Flash 技术应用范围广泛，深受网民喜爱。

Flash 有其独特的技术优势，一是使用矢量图形，存储时占用空间小，图像质量却很高，任意缩放尺寸都不会影响图像的质量；二是采用流式播放技术，动画可以边播放边下载，用户可以一边下载一边欣赏，减少等待时间；三是支持多种不同文件格式的导入，支持 MP3 和 AVI 音乐格式，兼容性强；四是可以综合运用文字、图片、影像、声音等手段，具有强大的动画编辑功能和交互设计效果。因此，运用 Flash 技术制作完成的动画、广告、游戏等生动活泼，直观动感，视觉冲击力强，能强烈刺激网民的感官，产生浏览、点击的欲望。

Flash 技术最为常见的应用是在动画领域。《喜羊羊与灰太郎》就是商业化的 Flash 动画的成功案例之一。85 集幼儿电视动画短片《棒棒英语》是中国第一部用 Flash 制作的长篇电视动画系列片，中央电视台曾经最为人所熟知的“快乐驿站”也是一个以 Flash 动画短片为主的喜剧动画栏目，融合了相声评书等多种艺术形式，受到了各个年龄层次观众的喜欢。

（二）认识网络 Flash 新闻

网络 Flash 新闻是 Flash 技术在互联网新闻报道、传播领域的应用，即以网络为传播载体和平台，运用 Flash 软件把图形、图像、视频、音频、文字、图表、动画等各种手段以及虚拟主持人或记者综合集成为一个应用程序，用以解读新闻、评论新闻和演绎新闻的一种网络报道手段。

网络 Flash 新闻是新闻、网络和 Flash 的混合体，承袭了传统新闻的真实性、时新性、重要性、新鲜性等价值要素，又融汇网络新闻的互动、整合、多媒体等特点，更兼容 Flash 技术直观、形象、动感、艺术的特色，能够立体化、可视化地表现新闻、解读新闻，易于网民浏览和接受。一款优质的 Flash 新闻作品可以对新闻事件夸张性地设计、讽刺性地解读、艺术性地创造，从而达到趣味性地传播和娱乐性地欣赏的高度，激发网民的想象力和参与意识。

但是，网络 Flash 新闻在日常报道中运用并不多，主要在于制作一部 Flash 新闻作品需要有创意的策划与设计，耗费较长的制作时间，投入较多的人力。新闻本身是易碎品，网络新闻的生产更兼具快速及时传播与不间断更新的要求，这与 Flash 新闻产品的创作存在一定的矛盾，Flash 新闻在大多数时候不能满足网络新闻时效的要求，因而 Flash 新闻一般只用于时效性不强、有一定时间跨度或者可提前策划的新闻报道中。比如，人民网和千龙网曾经出品的“小白闪报”和“Flash 七日”都是周播类 Flash 新闻栏目。

二、Flash 技术在网络新闻中的应用

理论上，Flash 技术可以运用于一切网络新闻报道，但受制于 Flash 制作的复杂性与新闻的时效性和易碎性，Flash 技术在网络新闻中的运用较为有限，其主要应用在三个层面：解读新闻、评述新闻和演绎新闻。

（一）解读：Flash 新闻短片

一个新闻事件发生后，互联网上会涌现出潮水般的信息，海量过剩的内容在淹没有价值信息的同时，也会让网民感觉阅读疲劳。运用 Flash 技术，能将事件的重要新闻点和有冲击力的图片、视频挑选出来，制作成一个类似电影、电视的短片，或展示新闻事件全过程，形成用 Flash 表现的新闻综述，或解读事件的前因后果、来龙去脉，形成用 Flash 表现的深度报道，或将围绕一个主题综合梳理编排，形成用 Flash 表现的新闻故事。在 Flash 新闻短片的材料构成中，图片一般是“主力”，运用 Flash 技术后

可以使静态图片产生“推”、“拉”、“摇”、“移”的视频镜头效果。

网易体育制作的“2012 年中国足球年终策划”就采用了 Flash 新闻短片的方式(见图 5—21)。围绕着年终策划大选题与“如果没有你”的单篇选题，新闻短片选择了一年中若干具有象征意义的人物和事件，挑选与之相关的照片，撰写简短、扼要而点睛式的文字，然后运用 Flash 技术对图片进行“推”、“拉”、“摇”、“移”式切换，将本来独立的图片连接起来形成“蒙太奇”效果，配合以舒缓的背景音乐烘托主题。虽然同样是文字+图片，但因为用了 Flash 短片的形式，主题鲜明，内容简约，设计感强，视觉效果突出。

图 5—21 网易体育中国足球 2012 年终策划 Flash 短片截图

资料来源：http://sports.163.com/special/zgzqzt/2012zgzqnzchrgmyn.html。

（二）评述：Flash 新闻评论

网络阅读是一种快餐式、扫描式阅读，但是新闻评论又需要沉淀和耐心地阅读。将 Flash 动漫运用于新闻评论，让严肃规范的网络新闻评论变得活泼、生动，就能提高新闻评论的趣味性、易读性，其舆论引导效果也能强势凸显。在 Flash 新闻评论中，文字一般是主力，穿插出现在 Flash 中的文字是亮点，起到画龙点睛的作用；解说性的配音文字贯穿始终，彰显评论的力量。

新华网“E 哥有话说”就是用 Flash 动漫形式说评论的一个栏目。栏目设计了一个虚拟主持人——小个子“E 哥”，“瞪着大眼、咧着大嘴、头顶竖着天线”，“它时而严肃，时而幽默，时而愤怒，时而喜笑颜开。所评说的内容基本来自网络，而且绝大多数是当天或早一天发现的新闻。由于运用了动漫手段，所评内容或影像，或图片，或文字，或漫画，‘E 哥’信手拈来，重大事件通过三维动漫现场还原，呈现的是一幕网络评论动漫短剧，每剧两分钟，三四百字，一事一议，短小精悍，观点犀利”①。

（三）演绎：Flash 新闻示意图

新闻是对事实的报道，文字、图片、声音、视频是新闻传播的符号，但是，总有突发新闻不能获得现场的图片和声像，也会有复杂事件无法用文字清楚地描述过程与进展。遇到这种情况，就可以用 Flash 技术制作出示意图，模拟新闻现场情境，演绎事件进程，用文字与图绘配合的方式再现细节与关键节点。

搜狐网在 2010 年南非世界杯报道中，对每一个进球按照比赛中进球的真实过程，第一时间制作出 Flash 动画模拟进球的过程（见图 5—22），又用文字说明加箭头描绘进球路线（见图 5—23），同时还将 Flash 与 3D 结合，做出“3D 进球回放”，网民可以全方位、全视角地重温每一个精彩进球，品味每一个进球的线路、动作和场景。用 Flash 示意图制作每一个进球，摆脱了对视频画面的依赖，省却了文字表述的烦琐，使整个进球过程更直观、更明了、更形象。

图 5—22　搜狐网世界杯报道进球动画截图

资料来源：http：//2010. sohu. com/20100712/n273432368. shtml。

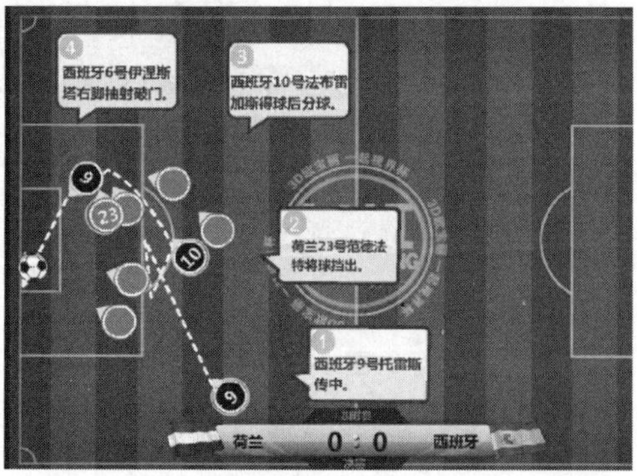

图 5—23　搜狐网世界杯报道进球路线截图

资料来源：http：//2010. sohu. com/20100712/n273432368. shtml。

Flash 示意图还可用于展现科技新闻报道中的地图、结构图。在“神舟飞船”的系列报道中，网络媒体制作了大量的 Flash 示意图，分解飞船的结构，图示宇航员的服装，模拟飞船与“天宫”对接，演示飞船从发射到返回的全过程。Flash 技术的动态感、视觉性不仅帮助网民了解飞船常识，学习飞船知识，而且给予网民超强的视听体验。

---

① 万润龙：《欢迎“E”哥》，http：//pinglun. eastday. com/p/20110618/u1a5949325. html。

三、网络 Flash 新闻的编辑流程与要点

（一）网络 Flash 新闻的编辑流程

网络 Flash 新闻是基于 Flash 软件工具的新闻报道，具有一定的技术门槛，制作过程相对复杂，需要编辑、技术、制作、美工、配音等多方人员共同参与、团队协作，编辑在其中充当类似电视编导、电影导演的角色，带领团队按照前期策划、创意脚本、准备材料、制作动画、合成发布的编辑流程逐步推进，才能完成好一期网络 Flash 新闻。

1. 前期策划

我们知道，Flash 技术可以用于解读新闻、评论新闻和演绎新闻，但不是所有的新闻选题都适合用 Flash 技术来解读、评论和演绎的，前期策划就是要综合各方面因素选取适宜的选题，明确报道的主题，提出制作 Flash 新闻的总体构思。确定选题是前期策划的重点。

相较文字、图片和视频新闻，Flash 新闻强调对感官的全面刺激，形象感丰富而思辨性不足，因此要慎用评论类选题，即使选择了评论的话题，也应远离抽象、宏观、理论色彩强的选题，应偏重于国计民生、有具体新闻由头和矛盾冲突的社会类话题。新华网"E 哥有话说"制作的"'中国式治堵'能别只盯着市民不?"、"'名品商店'申遗不如多救几处'残楼'"、"天价班费将让孩子输在起跑线上"、"自酿米酒撕破了公款吃喝的'脸'"都是贴近百姓生活、社会关注度较高的大众话题。

Flash 新闻需要策划、创意和制作时间，因此选择的话题时效性不能太强，不宜将 Flash 新闻作为新闻报道的首选，而应作为跟进报道或综述报道的一种手段。对于可以提前预知的新闻事件，有充足的、可准备的报道时间，Flash 新闻可以作为创新报道方式的一种选择，起到锦上添花的作用。

2. 创意脚本

创意脚本是故事创意、剧本创作和脚本撰写的结合，这是编辑制作 Flash 新闻的重点，也是难点。要把普通的文字、图片新闻和发生的新闻事实用 Flash 方式呈现，首先需要做创意、转化工作，能够准确地用 Flash 语言来演绎、表述新闻情节或细节，特别是 Flash 新闻短片，有时需要选取一个故事作为切入点，运用讲故事的方式来解读新闻。然后是写出整个创意的剧本文稿，设计台词、人物造型和场景，确定需要哪些照片、文字和视频，哪些卡通图像和素材，哪些音乐和声响。最后是脚本撰写，类似电影分镜头脚本，设计在什么时候用动漫卡通图像，什么时候用新闻图片，什么时候配解说或音乐，每一帧要表现的内容什么，每一帧应该持续的时长等。

新浪网在做“纪念改革开放 30 周年”报道时，以贝多芬交响乐的乐章之名作为 Flash 幻灯的创意（见图 5—24），五个乐章“命运”、“英雄”、“田园”、“悲怆”、“欢乐颂”分别寓意改革开放 30 年的风雨历程、英雄模范、社会巨变、遗憾和伤感、成功与喜悦；围绕五个乐章分别选取了不同时期具有里程碑意义的事件的图片，运用 Flash 技术将历史的、孤立的、静态的图片视频化、剧情化和情节化，形成“蒙太奇”效果，并用五个乐章的交响乐片段作为照片播放的背景音乐。“交响乐”的创意就是整个 Flash 新闻的亮点，与主题暗合，与内容契合，还能在编辑制作中巧妙耦合。

图 5—24　新浪网纪念改革开放 30 周年交响乐幻灯网页截图

资料来源：http：//news. sina. com. cn/z/jxyhd/。

3. 准备材料

制作一期网络 Flash 新闻要求的材料数量多、全方位、多样化。数量多是为了挑选和整合，全方位是指新闻材料、卡通动漫素材和声音素材，多样化是包括文字、照片、视频、图表等多种形式的内容。准备材料首先要根据新闻的性质和要求来筹划。评述性的 Flash 新闻基础材料就是一篇评论，但围绕这篇评论还要寻找与之有关的新闻背景材料、相关评论和新闻照片，作为制作 Flash 新闻时的辅助和补充。以图片为主体的图片综述类 Flash 则需要准备大量的图片，然后从图片中精心挑选，选取各种拍摄角度、反映不同阶段事实、远中近各种取景的照片进行组合。示意图类的 Flash 新闻则重点放在文字材料的准备上，需要编辑、撰写出与示意图相配合的简洁易读的文字。

除了文字、照片、视频等新闻材料外，还需要准备各种卡通图像、动漫素材，包括各种卡通人物、动画表情、图标符号、矢量素材。为了便于后期的动画制作，卡通、动漫素材一般由编辑和制作动画的美工或设计人员共同来准备完成。声音素材也是前期准备材料中必不可少的一项，声音素材包括原始音响、解说和音乐。原创音响需要看原报道是否提供，或者可以从相关新闻视频中分离出来；解说需要编辑根据内容专门撰写解说词并制成声频；音乐是声音素材中最难准备但又是最凸显 Flash 新闻特色的表现手段，选择了一首好的背景音乐不仅可以避免由于缺少原始音响而带来的音响效果不足的缺憾，而且能烘托气氛、调动浏览者的情绪，于音乐中愉悦地阅读、欣赏。

准备材料时还有一类特殊情况，即为达到更好的视觉效果，自制一些材料，包括绘制一些图表、手写一些文字、自采照片和视频等。自制材料的多少取决于前期策划的方向和主题，以及已搜集材料的情况，对于新闻类的 Flash 还是应该以新闻图片和视频为构成主体。

4. 制作动画

制作动画是以美工设计和技术人员为主，通过在 Flash 中绘制出背景、关键帧动画和修线上色等，让静态画面“动”起来的过程。Flash 新闻的制作一般个人制作的都比较少，大多数都是一个团队或一个公司制作，参与人数较多，并且分工细致、各自独立。制作的每一个环节都需要严格遵守创意脚本阶段所订立的各项规格、指令，以保证画面效果的一致。

在制作动画阶段，虽然是以技术和美工等制作人员为主导，但这期间编辑和脚本创意人员要随时与之沟通、交流，建议图片和文字的搭配，动画和图文的比例，卡通素材与新闻素材的协调，从整体上监控制作，及时调整动画表现效果。

5. 合成发布

合成发布是对 Flash 新闻添加声音和影音输出，做最后的修整、调试与测试，并以一定的格式发布出去的过程。音乐的风格与节奏在创意脚本阶段就已经明确，在材料准备阶段已经基本确定，在这个阶段是要依照内容与动画制作完成的情况，依据场景、人物和气氛的设计，剪辑、添加音乐、配音或音效，也可以将不同段落的音乐融合在一起，使音乐与动画形成一个整体。

修整、调试和测试类似电视节目的审片，是对 Flash 的各个细节和整体加以全面审看，观察合成效果，修饰、调试细节，以使整个 Flash 图文适度，画面流畅，主题鲜明。在发布之前，还要进行播放效果的测试，检查是否存在 bug 或其他问题。

发布的重点在于格式与适配问题，需要将 Flash 文件导出为浏览器能够识别的 .swf 格式，也可以将其制作成为可以独立播放的 .exe 文件。不管哪种格式文件，都需要考虑浏览器的适配问题，要确保在每种浏览器里都能顺利播放。

（二）网络 Flash 新闻的编辑要点

站在内容的角度，网络 Flash 新闻的编辑要点在于题材的选择、故事的创意和材料的筛选。

理论上所有类别的新闻都是可以运用 Flash 来呈现的，但由于 Flash 新闻制作周期长，制作成本高，有一定的技术门槛，需要达到内容与形式合一的效果，因此，题材的选择需要慎重，一般选择可提前策划的重大新闻事件作为 Flash 新闻的报道对象，对于突发性的重大新闻可以做 Flash 跟进报道或 Flash 综述报道，背景资料、历史回顾、大事记等材料性内容可以运用 Flash 的动感从新的角度、新的组合方式重新诠释。

故事的创意要忠实于新闻内容，体现新闻的主题，反映新闻的思想。忌讳胡编乱造，滥用创意，为了创意把不相关的内容胡乱整合，为了创意杜撰、瞎编，为了创意低俗、恶搞。Flash 创意是对新闻原有内容的提升，让用户在 Flash 播放中更易于理解新闻、接受新闻；如果创意达不到这样的高度，不如放弃创意，放弃 Flash 的表现形式，返璞归真，回归简单。

筛选材料是 Flash 新闻制作的要点，也是难点。材料多与材料少都会影响到 Flash 新闻最后的效果。选择材料不仅要考虑与新闻主题、内容的一致性，还要考虑是否适宜于以 Flash 的形式呈现。特别是材料的搭配问题，比如在选择照片时，大特写感染力和冲击力都很强，易引起网民的共鸣，但是如果都是大特写，不仅会显得画面单调，而且也不利于表现内容。再比如评述性 Flash 新闻，文字、解说词是首选，但是也要适度找到一些新闻图片来穿插，以活跃整个 Flash 新闻的版面。

站在技术角度，网络 Flash 新闻的编辑要点在于文字、图片的动画运用上。

在文字上，要避免使用大量文字，一个画面中出现的文字不能过多；要避免文字的动画处理过于繁杂、花哨，妨碍受众对于内容的关注；要避免文字滚动速度过快，以致受众看不清文字的内容；还要避免在一个 Flash 新闻中使用过多的字体，防止产生视觉上的杂乱感。

在图片上，要避免过度使用图片，过多的图片会引起视觉疲劳，削弱图片的表现力，也使 Flash 文件过大，影响传输与播放速度。图片的使用以体积适中为宜，在不影响图片质量的前提下，尽可能压缩图片。慎用图片的动画特技，保持使用的平衡度，保持图片使用与整体 Flash 的协调，与文字的和谐，与声音、视频配合的恰当。

思考题

❶ 数据可视化的发展趋势对图片新闻报道有什么影响？

❷ 如何剪切编辑网络视频新闻才能符合互联网传播的特征和要求？

❸ Flash 新闻为何在网络新闻编辑中运用有限？

❹ 以 2012 年中国共产党第十八次全国代表大会的网络报道为研究对象，分析其多媒体手段的运用情况和运用效果。

第六章 网络动态新闻编辑

本章要点

认识网络动态新闻的滚动新闻、网络直播和实时报道，了解三类动态新闻的特点与类别，重点掌握在不同情境下运用动态新闻的方式与方法。

关键词

滚动新闻　网络直播　实时报道

众所周知，互联网给传统新闻报道带来的第一变化就是提高了新闻时效，快速、及时的特性将网络报道从静态的“今天新闻明天报”，变成动态的“今天的新闻今天报”、“现在的新闻现在报”，动态新闻应运而生。它是一种结合互联网的技术优势和传播特性，利用网络媒体的编辑手段和方式，对正在发生的新闻第一时间进行的报道和评论。动态新闻发布数量多、篇幅不长、内容集中、时效性强、表述直接而简明的特点决定了动态新闻是网络新闻独特的报道手段。动态新闻的三种形态——滚动新闻、网络直播、实时报道——满足了网络新闻各种情境下快速、及时报道的需要。

第一节 | 滚动新闻的编辑

作为动态新闻的一个类别，滚动新闻的历史最为久远，可以说是自网络新闻诞生以来就存在的一种形态。但是，滚动新闻并不是网络新闻的主要报道方式，甚至目前有衰落的趋势。滚动新闻在日常的常规报道中不受重视，但在对重大、突发事件进行报道时，滚动新闻就成为最重要的报道形态，为专题报道、整合编辑提供第一手资讯。

一、滚动新闻的内涵与特点

滚动新闻又被称为即时新闻，是网络媒体快速、及时报道最新新闻的一种方式。当网站获得最新新闻之后，一般有两种处理方式，一种是直接删除现存页面中的内容，替换上最新新闻，还有一种方式就是利用动态的滚动条或滚动页面，将最新、最近的新闻以滚动的形式发布出去，这就是滚动新闻。

在动态新闻中，滚动新闻是体现新闻时效、反映网络报道特色的手段之一。因此，大多数网站都给予滚动新闻很高的位置，一般都置于网站首页显著的位置，并用横向或纵向的动态字幕滚动播出，随时更新。有些网站给予更高的重视，直接将“滚动”二字置于新闻导航条之中，方便用户点击浏览。随着网络报道内容的丰富，滚动新闻也从早期单纯的文本新闻发展到滚动图片和滚动视频。

滚动新闻具有三大特点。第一是全时性发布，全时性知晓。网络新闻是全时性新闻，但这种全时性更多是体现在发布环节，即网站编辑可以全时发布新闻到互联网服务器、数据库中，用户受制于网站页面的限制很难第一时间全时知晓，特别是在日常报道中，网站首页、频道主页等主要浏览区域页面空间有限，网站无法做到所有内容都在第一时间在重要位置呈现。与网页上的其他新闻相比，滚动新闻的发布不受时间和空间限制，前者一般只会在网页相对稳定的位置留驻一段时间，后者则会根据新闻的价值和网站的需要，可随时发布也可随时被替换。滚动新闻不仅可以做到全时发布，还能实现全时知晓。

第二是新闻量大、单位页面承载的新闻条数多。当滚动新闻用于报道突发重大事件时，网站可以汇集多方新闻源，达到每分钟几十条的发布频率。2001 年“9・11 事件”爆发后，新浪网的滚动新闻播报中最多时一分钟播报 12 条。当滚动新闻用于常规报道时，动态的更新加上滚动的特性使相同的网页空间发布的新闻比静态发布要多出 2～3 倍，单位页面能承载更多的新闻，传递出更多的信息。以新华网首页滚动新闻区为例，原本只能放置七条新闻的页面空间滚动放置了 20 条即时要闻，约每隔四小时轮换一批，每天该位置能更新新闻 100 多条。

第三是以动态性吸引网民的眼球。滚动新闻一般采用自下而上滚动或者自左至右滚动两种方式，无论哪种方式都不需要在网页中占据大块的面积。因此，滚动新闻吸引用户不是依靠面积、位置，而主要是依靠动态、活跃性吸引眼球。

滚动新闻也有明显的缺陷。滚动新闻的发布是按照时间倒序排列的，当多条新闻滚动播出时，重要新闻和不重要新闻混杂在一起，很难确定新闻的重要性和显著价值，不利于网民的识别。自下而上和自左至右的两种滚动方式都需要网民至少等待三秒钟，自左至右等待的时间更长，不能达到快速浏览的目的，用户体验度低。时效性强要求滚动新闻必须在第一时间发布，留给编辑判断、选择和编辑的时间很少，因此滚动新闻容易出现重复，新闻价值也参差不齐。

二、 滚动新闻的类别

根据网络新闻的报道对象，滚动新闻分为两类：一类是常态报道的滚动发布，另一类是突发事件的滚动编写。

常态报道采用滚动方式发布，是解决互联网海量信息与网页有效页面有限的矛盾的一种手段。网络页面，尤其是首页、首屏寸土寸金，网站在处理新闻时，只能将大部分显著位置留给重要新闻，还要保证重要新闻在“黄金页面”的停留时间。对于一般价值的新闻则只能采用滚动的方式发布，以使新闻量、时效性、页面呈现都能得到保证。

重大突发事件发生后不间断地滚动报道是符合网络新闻特点的一种报道方式。过去，传统媒体报道新闻都是要等新闻事件结束后才写消息报道，但网络媒体必须要做到随时有消息随时更新随时发布，及时传递出新闻事件的最新动态和发展。对重大突发新闻滚动编写、发布也是报网融合、台网融合的体现。2007 年 6 月，广州日报报业集团成立了全国报纸第一家滚动新闻部。滚动新闻部以《广州日报》下属的大洋网为平台，以报纸记者为采访主体，利用快速、机动机制为网站和报纸同时提供内容。滚动新闻部的新闻报道主要是针对重大、突发新闻而进行的采写与编发。当月，广东九江大桥坍塌，滚动新闻部记者赶到现场，在短短一个小时之内发回了四条消息，最短的时间间隔只有七分钟。

随着传统媒体的转型，拥有多种媒介的报业集团或传媒集团，都已具备在第一时间快速滚动播报突发新闻的条件。南方网的“南方播报”要求“《南方日报》、南方网全媒体联动，突击队记者 24 小时滚动播报”，浙江在线的“浙江即时报”倡导“第一时间我在现场”和“原创力量”，东南网的“福建滚动网报”提出“第一时间原创播报”的口号。对于母媒体为传统媒体的新闻网站，融合平媒的采访力量和网媒的滚动播报优势，就能够在日常新闻和重大突发事件中即时快速发布、跟进报道，将新闻网站做出特色和差异化。

此外，根据新闻发布的平台和渠道，滚动新闻还可分为网页滚动新闻、微博滚动新闻和手机滚动新闻。网站网页是早期的、较为传统的滚动新闻发布平台，运作成熟，每日更新量大，便于分类、检索和查询。微博滚动依托网站的官方微博定时或不定时地发布各种新闻，灵活性较高，易于与网民互动，及时获得反馈。手机滚动新闻最大的特点是将新闻从单纯的发布变为“发布到”，即能在第一时间推送到用户的视线范围。微博滚动新闻和手机滚动新闻是传统网页滚动新闻的延伸和拓展，是网络新闻在Web2.0时代和移动互联网时代快速传播新闻的新渠道。

三、滚动新闻的编辑

鉴于微博新闻和手机新闻编辑我们将在第七章和第九章专门论述，因此在本章我们按照第一个分类“常态报道的滚动发布”和“突发事件的滚动编写”来介绍滚动新闻的编辑。

（一）常态报道的滚动新闻编辑

常态报道的滚动新闻首先有一个滚动按钮或滚动区，点击进入滚动新闻的列表页面。无论在滚动区还是列表页面，新闻都要按照时间的倒序编排，要求每条新闻后面都必须附带时间，且时间一般标注到“分、秒”。由于列表里新闻数量较多，各种性质、类别的新闻混杂，形式不一，因此一般应在单条新闻前加注新闻属性，如图 6—1 所示。这种编辑处理有利于网民依据时间快速查看最新新闻，依据属性找寻到自己感兴趣的内容和形式。

[国内]	甘肃部分村民除夕蜗居帐篷 称石油勘探震裂窑洞	02-21 10:35
[军事]	朝鲜核试验人员将参观平壤 享受最高级待遇	02-21 10:34
[股市]	西班牙去年预算赤字降至GDP的7%之下	02-21 10:34
[体育]	麦蒂称赞“辽宁队13号” 郭艾伦颇感意外谦虚回应	02-21 10:34
[社会]	男子制售故宫假门票获刑10个月	02-21 10:34
[社会]	视频：男子银行卡被盗刷 报警三天被踢皮球	02-21 10:33
[娱乐]	陈法拉传授选美心得 马国明否认恋唐诗咏	02-21 10:33
[体育]	欧冠彩冷门频出造任9超值头奖2.9万 新浪10网友中	02-21 10:33
[财经]	四川基层诊疗费10元包干 医院称利用率不高	02-21 10:33

图 6—1 常规报道的网页类滚动新闻列表页面截图

滚动新闻源自录入内容管理系统的稿件。理论上所有进入内容管理系统的稿件都应纳入滚动新闻范畴，但事实上，滚动新闻也要有所筛选，相比较在首页、频道首页显示的重要新闻，进入滚动新闻列表的一般是次重要或需要推介的新闻。网站编辑要依据网络新闻判断与选择的准则，从新闻的时新性、重要性、显著性、接近性和趣味性等要素，从网络新闻的真实性、时效性、权威性、多元性、多媒体性和实用性等要素，以及网站自身要求三个方面进行挑选。

滚动新闻需要在第一时间快速发布，留给编辑选择、处理稿件的时间并不多，而网站新闻是从不同媒体复制过来的，其中难免雷同。编辑在选择滚动新闻时要处理好时效和品质的关系，避免内容相近的稿件重复出现。当然，对于来自不同媒体从不同角度对同一新闻的报道，也可以挑选入滚动新闻，但在时间上最好有所间隔。

（二）突发事件的滚动新闻编辑

突发新闻的滚动报道是编辑与采写合作的产物，编辑一方面要处理所有与新闻事件相关的报道，另一方面还要承担一定的策划、指挥、组织任务，从编写两方面完成对突发事件的滚动报道。

编辑的工作围绕“三快四多”来进行。“三快”是指发布速度要快，整合要快，传播要快；“四多”是指多来源、多形式、多整合、多链接。网络媒体的优势就是快速，突发新闻发生后，快速发布是滚动新闻的“硬指标”，时间间隔要用“秒”来计。但是，快速发布也带来一个问题，即碎片化信息较多，不完整的报道影响网民对新闻事件的整体把握，因此要快速整合，争取第一时间让网民了解事件及其进展的全面情况。传播要快，也就是让网民快速获知，要在编辑网页滚动新闻时考虑到论坛、微博、社区等高互动的工具和手机、平板电脑、户外传媒等移动类工具，借助这些网络传播渠道把突发新闻送达到网民眼前。

在对滚动报道的突发事件新闻进行编辑时，为了让网民能快速了解事件的全面情况，就需要拓宽新闻源，集纳、汇总多方的新闻报道，需要把多种报道形式的新闻选入滚动新闻，需要对碎片化的滚动新闻做多层次的整合，如片面的信息整合、同类的新闻整合、跟进报道的整合等，需要为单篇滚动报道添加专题、留言、评论、互动等各种链接。2011 年“7·23 动车事故”发生后，凤凰网在 21：40 到 23：40 的两小时内，滚动发布最新报道 36 条，分别来自人民网、新华网、杭州网、温州网、中国广播网、海峡之声网等网站及微博的发帖、评论，报道的形式有文字、图片、视频、快讯、背景资料等，消息《目击者称动车相撞巨响如雷 道路泥泞大型救援车难进入》[①] 整合了央视视频、现场图片、目击者陈述和伤亡情况、救援情况、现场直击、延伸阅读等多方面内容，每一条整合的内容都带有超链接，以方便网民进一步点击浏览。

---

① 参见《目击者称动车相撞巨响如雷 道路泥泞大型救援车难进入》，http：//news.ifeng.com/mainland/special/wzdongchetuogui/content－3/detail＿2011＿07/23/7899012＿0.shtml。

突发事件的滚动报道很大程度上依赖新闻原创。虽然网络媒体还没有完全的新闻采访权，但是编辑可以与前方记者密切配合，策划相关报道议题交由记者采访，随时保持与记者的联系，将记者的采访内容以短讯、快讯、现场连线等方式滚动发出。对于有采访资质的网站，还可以组织自己的采访报道队伍进入现场，以传回更多的即时新闻。

编辑来自现场的滚动报道与编辑其他媒体已发布的稿件不同。记者在现场采写时间紧、头绪多、任务重，稿件难免有错，而且记者的稿件直接交到编辑手中，未经过审核和把关，稿件也可以说是半成品。编辑需要做好基础的文字修改和内容删添工作，对于记者没有完整表述的内容，要补充交代相关背景和资料，在文中给出解释。对于时间、地点和人物交代不清的现场报道，要联系前方记者核实准确，以免差错。对于记者碎片化的稿件，编辑也一样要整合编排，从整体上反映出新闻事态的进展与演变过程。

第二节 | 网络直播的编辑

直播是指媒体机构在新闻发生现场对事件及其发展进行同步播出的一种报道方式。过去，广播用声音完成现场同期声的新闻，电视用现场直播传递画面和声音。互联网出现后，不仅能转换信号直播所有传统媒体制作的广播电视节目，还创造了图文直播、访谈直播、全媒体直播等，产生了具有互联网特征的网络直播报道形态。

一、网络直播的内涵与特点

网络直播，就是以互联网为传播平台和渠道，利用网络直播系统和软件，以图文和视频的方式对新闻事件的发生、发展进行同步播报的一种网络新闻报道方式。一方面，网络直播实现了网络新闻时效的最大化，被认为是实时报道发展到极致的体现；另一方面，网络直播被认为是具有网络特征的原创，是网络媒体获得独家资源而又拥有版权的捷径。网络直播具有六方面特点。

第一，同步性。广播电视词典对直播界定为“广播电视节目的后期合成、播出同时进行的播出方式”。直播是将新闻现场在第一时间、零时差地呈现给受众，让受众如临其境。网络直播也秉承了直播的“基因”，无论是图文直播还是视频直播，同步性是其最根本特性。

第二，易留存。与广播、电视直播稍纵即逝的状况相比，网络图文直播和视频直播都能完整记录事件的过程与细节，更能长期保存，方便用户即时或延时的阅读与收看；而且网络的海量空间也提供了存储的保障。2012 年中国共产党第十八次全国代表大会召开，会议的开闭幕式和各场新闻发布会都能在网站找到全程的视频影像和文字实录，传统的电视和广播媒体就很难做出这种呈现。

第三，低成本。进入到新闻现场的网络文字直播，一个编辑和一个速录员就能完成，如果再加一台摄像机和一个摄像，也基本能满足网络视频直播的要求。这与传统电视直播需要动用多台摄像机、多位摄像人员以及在现场架设多个机位相比，成本小，门槛低，特别适宜会议和赛事的现场直播。

第四，易交互。互动是网络的本质特性，在网络直播中强调交互性的特点是相比较传统电视和广播直播交互性弱而突出的。目前，广播和电视做直播时借助短信、微博和微信转述受众留言来实现互动，是一种间接的、延时的甚至是筛选的互动。网络直播互动可以实现边看边聊，边议边发。近几年来，中央电视台春节联欢晚会在 CNTV 视频直播时，“边看边聊”窗口非常火爆、热闹，大家围绕春晚节目的点评、意见、个人喜好都在第一时间直接、客观、真实地反映出来，没有筛选和过滤。

第五，原创性。目前，网络媒体还未拥有独立的采访权，但互联网的发展又要求网络媒体摒弃“二次传播”的身份标签，更多首发独家的内容，在原创中表达出自己的意见和观点。网络直播是获取内容资源的一条捷径，能为网络媒体有限的原创增添多样化内容。在 2012 年伦敦奥运会报道中，腾讯网邀请到 30 多位奥运冠军到演播室现场访谈并视频直播，是其他网络媒体甚至传统媒体都无法拥有的独家内容。

第六，独立性。网络直播一般都需要建立专属的后台直播系统，设计单独的直播页面，其外在形式完全区别于一般新闻文本的模板。图 6—2 是新浪体育直播室中国足球超级联赛的页面截图，从这个页面我们可以看到，除了中间的图文直播区域外，上下左右都有相关内容。顶部有与正在直播的比赛相关的其他各场赛事的结果，中间是图文直播区域，包括比分、比赛进程时间条、可扩展的视频区、直播区（包括直播间、交战纪录、技术统计、积分榜、足球新闻、直播实录）和比赛数据图解等，左右两边分别为对战双方上场阵容和名单，名单超链接球员资料。下部为一场比赛的精彩图片和网民、球迷互动专区。互动板块设置有投票、评选、评说等交互性设计。因此，这个页面只适合于赛事直播，无法用于其他新闻报道。

二、网络直播的类别

1. 按照网络直播运用的手段，我们将直播分为文字直播、图文直播、视频直播和多媒体直播

（1）文字直播是网络直播最基本的一种手段，指在专门的直播网页上按照时间顺序（顺序或倒序）用文字实录的方式记录现场并同步发布，是互联网早期的直播形式。文字直播简单易操作，动用的人力少，适用的范围较为广泛，体育比赛、重要会议、

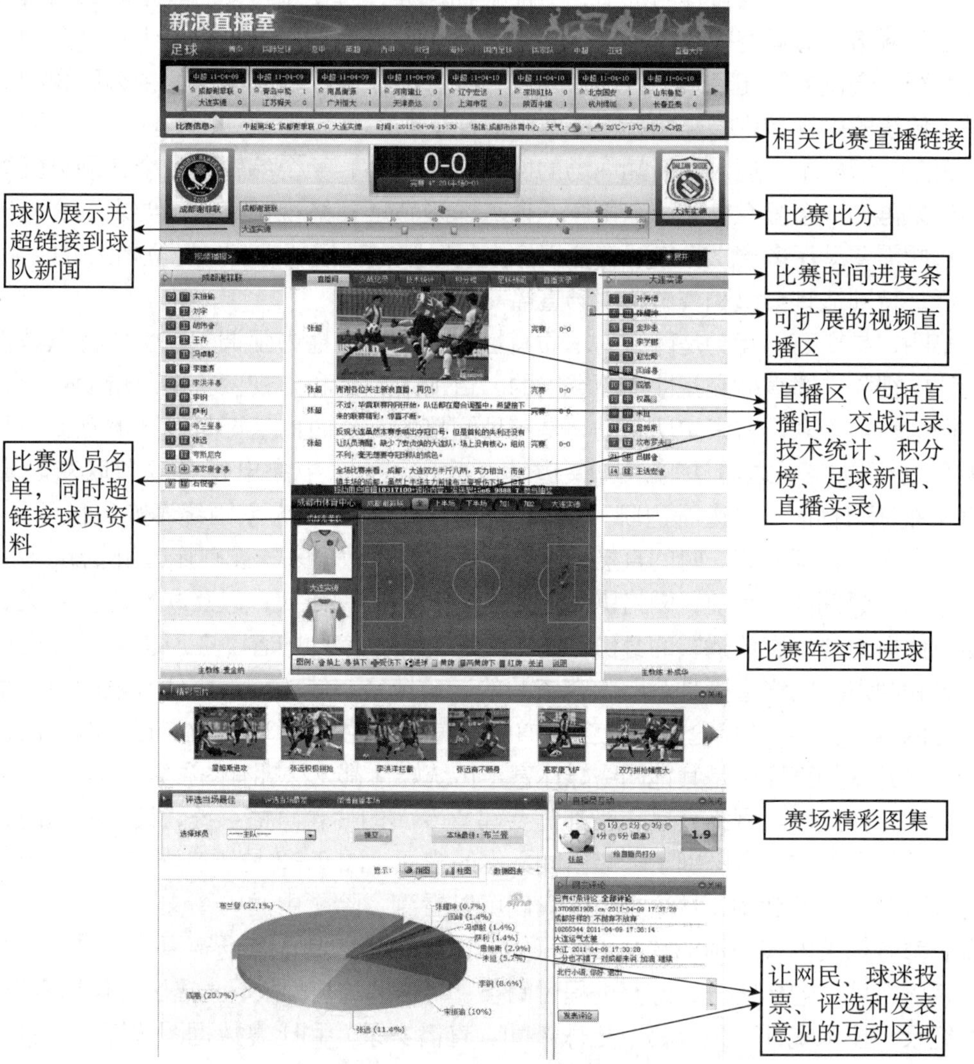

图 6—2　新浪直播室直播中国足球超级联赛的页面截图

资料来源：http：//match. sports. sina. com. cn/livecast/n/live. php? id=17100。

重大活动、法院庭审、人物访谈等都经常用到文字直播。文字直播也便于后期的内容整理，一次活动的文字直播完成后，可以整理出若干篇原创的文章和精彩的语录。

（2）图文直播是文字直播的发展，在进行文字直播的同时穿插编发活动现场的图片，能丰富直播的内容。

（3）视频直播是将音视频信号采集成数字信号，并经由网络平台进行传输的一种应用。网络视频直播有两种情况：一是电视台节目的同步播出即将电视信号采集过来，通过网络视频直播软件和系统对电视节目进行技术处理，然后在网络平台实时播出，相当于“网络电视”。中国网络电视台“直播中国”现在已经能够实现中央电视台 24 个频道、全国 34 个卫视频道、84 个城市频道、5 个数字频道的在线直播。二是真正意义上的“网络直播”，即网络媒体到达新闻现场，在现场架设独立的信号采集设备（音频+视频）导入导播端（导播设备或平台），再通过网络上传至网站供人观看。这类网络直播投入较大，耗费成本较高，但自主性强，能独立控制音视频采集的效果，拥有独家版权资源。在 2013 年“春运”报道中，人民网发挥分公司直播车的作用，做了“人民网六地连线直播‘春运第十一日’”、“人民网七地连线直播‘春运第六日’”、“人民网五地连线直播春运乘客购票”三期现场视频直播报道（见图 6—3）。

图 6—3　人民网六地连线直播“春运第十一日”报道网页截图

资料来源：http：//tv. people. com. cn/n/2013/0205/c43911 - 20435306. html。

（4）多媒体直播是网络直播的集大成者，即在直播中运用到文字、图片、音视频等多种手段，一般运用于较为大型的新闻报道和活动。

2. 按照直播记录的方式，网络直播可分为四种：全程实录、过程性直播、穿插式直播和评议式直播

（1）全程实录。就是对诸如新闻发布会、人物访谈和体育赛事等活动全面、完整甚至一字不落地记录发言和对话的全部内容、比赛的全部经过。全程实录的优点是忠实记录，原汁原味，为后期的编辑提供一手的素材；缺陷在于内容量太大，容易形成一种无效堆砌，如果不能对全程实录的内容进行相应的编辑，很难有好的传播效果。全程实录一般需要在特殊的速记员帮助下才能完成。

（2）过程性直播。直播员根据自己对新闻事件的理解与把握，在直播新闻事件的过程中，有选择性地记录重点信息，然后在直播页面上发布。网络媒体在“神舟七号”发射升空的文字直播报道中就是采取的过程性直播方式。飞船发射准备时间很长，发射升空时间很短，升空后的运行时间又很长。因此，网站在做文字直播时没有去做全

程实录，而是从时间点和内容两方面选择重要内容进行动态直播。

(3) 穿插式直播。直播员在直播过程中不仅全文记录、发布新闻现场，而且会穿插新闻背景、数据资料、图片、视频等超文本链接，使网络直播从单纯的记录变为立体式的报道。体育比赛的图文直播就是典型的穿插式直播，不仅有比赛现场的比分直播，还有球队和队员个人资料、比赛技术统计、进球视频回放、历年比赛回顾、网民点评和视频片段等。

(4) 评议式直播。在直播新闻事件的同时，邀请专家学者对事件进行述评，也就是在传递信息的同时还能解读信息，帮助网民理解新闻事实。在 2009 年国庆 60 周年天安门广场大阅兵的文字直播报道中，人民网就采用了评议式直播的方式，邀请了军事专家详细介绍、讲解阅兵中的新式武器、部队方阵和其他相关内容。

此外，从内容性质看，网络直播还可分为活动直播、发布会或会议直播、庭审直播、赛事直播和访谈直播；从发布平台和渠道看，则有网站网页直播、微博直播（微直播）和手机移动直播。

三、网络直播的编辑流程和要点

完成一次网络直播需要分工协作、团队合力，图文类的网络直播要有编辑、技术支持和速录员，视频类的网络直播还要加上摄像和导播。编辑是网络直播的中心环节，需要按照一定的编辑流程，完成组织、协调和内容处理的各项工作。

（一）网络直播的编辑流程

按照直播的工作阶段，我们把网络直播的编辑流程划分为直播前、直播中和直播后，每一阶段都有相应的编辑工作需要完成。

1. 直播前的工作

直播前的工作包括发布直播预告消息，建立直播页面，收集预告后的提问，准备与直播相关的材料。如果是评议式直播或访谈类直播，还要完成邀请嘉宾的工作；如果是访谈类视频直播，还要完成访谈提纲准备的工作。

为了吸引网民的关注和参与，网站可用文本消息的形式提前预告直播活动，告知直播的时间、方式以及主题，并对直播页面进行链接。一些特大型、重要的直播还需要用网络通栏广告或弹出窗口的方式重点推荐给网民。新华网预告“温家宝总理与网友在线交流”的消息就是在网站首页首屏用置顶广告的方式发布出去的。在发布预告消息后，编辑还要为直播建立专属的直播页面，设计直播页题图，在题图上用醒目的文字介绍直播的主题、时间、地点等信息，并配以适当的图片。在预告消息和直播前的页面中都需要有活动或访谈对象的资料、介绍，赛事直播还可以添加更多的数据和比赛前瞻等文章、报道。对于访谈类直播，在预告消息发布后，还需要及时收集网民的提问以备用。

例如，在新华网视频访谈“杨澜：拿什么爱你，我的母亲”（见图 6—4）中，网站建立了独立的直播页面，制作了醒目的、大字号的题图，在直播页面的左上角，一幅嘉宾的小照片和简短的文字介绍了此次直播的动因和主题，左下角的三条背景资料有“杨澜简介”，有嘉宾曾经的文章和观点“杨澜：做慈善要勇于面对质疑”、“杨澜：事业家庭犹如走钢丝，40 岁人生才开始”，尽管嘉宾已经是人所共知的社会公众人物，但还是要添加上与访谈主题相关的背景资料。

图 6—4　新华网访谈直播“杨澜：拿什么来爱你，我的母亲”页面截图

资料来源：http：//www. news. cn/xhft/20120419/。

2. 直播中的工作

直播中的工作包括：速录文字的审核，速录文字的发布，直播精华内容摘编，拍摄直播现场照片，穿插图片、背景资料、相关超链接到直播中，关注直播互动，摘编精彩点评。

在一般情况下，文字直播和视频直播都有现场速记，但是速记难免有文字错误和专业术语的差错，编辑首先要对文字进行审核、修改，然后通过直播系统将内容逐段发布出去。发布时要注意每段文字的长短，太长或太短都不合适，直播员要根据发布内容掌握分段的技巧，要在每一段落后附加上时间以明示顺序。直播进行前或直播中要拍摄现场照片，及时上传图片，并和相关的资料、背景一起穿插到直播内容中，为了和直播正文有所区别，还应对穿插的内容用特殊符号进行标识。在直播进行过程中还需要对全文实录内容进行摘编，将精华内容配制新闻标题单独编发，这样方便网民了解访谈的主旨思想。可以在直播页面上开设留言板或评论区，在直播中适时加入网民的留言或评论。特别是评议式直播，在由专家学者评述、解读新闻的同时，应随时收集网民的反馈加入到直播中，以形成有效的互动。

例如，在上述提到的新华网视频访谈中，设置有视频专区，同步直播及事后回放；设置有图片专区，编发直播中拍摄的不同角度的照片；设置有精彩摘要区，编发了六条访谈中的精华内容和观点；设置有实录区，呈现部分的访谈文字和“更多文字”的超链接。这些内容都是根据直播页面的设置在直播过程中一一填充的。

3. 直播后的工作

直播后的工作包括：编辑整理直播中的文字、图片和视频，编写直播内容的综述，完善直播后的页面。

网络直播是快速、即时的，直播中难免有错误，文字直播又是分段式的，直播中浏览比较方便、清晰，但直播后回放则会看到内容与思想都堆积在一起，使人很难有耐性全部看完。因此，必须要在直播后再次对文字进行审核，修改语句的错误，对内容进行再编辑，编写直播内容的综述。有些直播在进行时是按照倒序排列的，但在直播完成后应该将其改为正序，以方便网民浏览。

（二）网络直播编辑的创新

网络直播除了遵循直播编辑流程完成直播前、直播中和直播后的各项工作外，还需要注重内容与直播形态的有机结合，注重采用全媒体直播，注重采用“全直播”模式，在编辑过程中不断创新网络直播。

随着网络新闻影响力的上升，网络直播的应用范围日益扩大，各部委新闻发布会、公司上市路演、新片首映式、节会庆典等都越来越多地采用网络直播的形式。虽然网络直播的流程基本不变，但是内容各有其性质和特点，因此网络直播要处理好统一的直播报道形态和不同的内容之间的关系，既要遵循网络直播的规律进行编辑，也要根据不同的内容采用不同的直播形式进行有针对性的编辑。各部委的新闻发布会、公司上市路演可以用全程实录式直播，保证内容的全面与完整；新片首映式可以采用穿插式直播，在直播中多编发图片和背景资料；节会庆典则可以采用过程式直播，选取重要内容和特色亮点加以呈现。

互联网丰富的表现手段已经运用到网络新闻报道的方方面面，网络直播也不例外。如果说早期的直播受制于网络带宽和视频技术，只能采用简单的文字直播模式，那么宽带的提升和视频的发展意味着网络直播视频化和多媒体化。从网民接受角度看，多感官刺激的多媒体直播比单调、堆砌的文字直播更有吸引力。因此，在条件许可的情况下，网络直播应更多地采用多媒体、全媒体的直播方式。2009 年“国庆 60 周年”报道，人民网推出 24 小时滚动直播，在直播页面上集成有文字直播、图片直播、视频直播、在线同步评论多个直播窗口，满足了各类网民的不同观看需求。

2010 年南非世界杯报道中，腾讯网创造了“视频＋微博＋实时数据”三合一“全直播”模式[①]，将来自电视信号的“视频直播”、来自腾讯微博平台的“微博直播”和来自数据分析系统的“实时数据直播”三种直播形态集于同一个页面上。相比传统的图文＋视频的直播模式，这种“全直播”在提供实时视频信号外，一方面提供了专业数据和资讯，帮助网民深度了解比赛实况和形势，另一方面调动网民深层次参与，增强了互动性和体验度，“完成了从‘吸引眼球’到‘专业性参与’的升级。重新定义网络在线直播，对未来的赛事报道影响深远”[②]。“全直播”模式是将单向的直播与互动的直播结合起来，让网民真正进入到直播中去。因此，网络直播编辑要更多地创新和发展，积极采用多种直播结合的模式，如文字＋视频＋微博、视频＋图片＋微博、视频＋微博＋实时股市行情等，以服务于不同性质、不同类别新闻的直播要求。

第三节 | 实时报道的编辑

实时报道不是网络媒体独有的形态，广播、电视等电子类媒体在重大、突发事件发生时也会采用这种实时报道的方式。2009 年中央电视台新闻频道全新改版后还推出了实时评论，邀请专业评论员就热点新闻事件第一时间进行点评，深入探寻问题，为观众解疑释惑。网络媒体的实时报道将新闻报道的“时间观”推向极致，“实时”不仅成了一种众所追求的时间观，也成为网站竞争的一个目标。

一、实时报道的内涵与特点

实时报道是指新闻报道与发生的事实基本同步的一类报道形态。1998 年 3 月，人民日报网络版（现人民网）率先实现了网上实时报道九届全国人大一次会议和九届全国政协一次会议，开始了网络实时报道的尝试。2001 年 9 月 11 日，新浪网在美国遭

① 参见“2012 年南非世界杯腾讯直播”，http：//zhibo. worldcup. qq. com/sports/266/index. html。

② 王平、杨成伟：《网络视频直播大型体育赛事的状况分析——以网络视频直播南非世界杯足球赛为例》，载《新闻爱好者》，2011（2 月上）。

受恐怖袭击八分钟后登出了第一条消息，随后跟进事态的发展不间断地发布各种消息。2008 年四川汶川发生特大地震灾害，多家网站不仅在第一时间发布消息、快讯，开辟论坛，制作专题，而且 24 小时实时报道灾区动态消息、图片和音视频。

实时报道与滚动新闻、网络直播本质上有相通性，但在业务操作中各有其适用性。三者都建立在互联网快速及时、超时空以及海量无限的基础上，力求第一时间报道新闻，动态追踪新闻事态的演进与变化。不同点在于，实时报道是针对同一新闻事件的连续报道，滚动新闻可以是同一事件，也可以是不同事件；实时报道可以采用网络直播的单独页面，也可以采用单条新闻的报道方式，网络直播一般只采用单独的直播页面，且必须由直播员转载或发布内容。三者在时效性上，滚动新闻最弱，它更强调新闻发布的呈现样式，实时报道相比网络直播时效性要低，可以同步报道，也可以有一定的延时。滚动新闻中针对同一事件的滚动播报和网络直播中过程性直播与实时报道较为接近。

从以上三者的比较可以看到，实时报道具有三个特点。

第一，同步与延时并存。实时报道强调的是与发生事实的基本同步，但由于网络媒体没有采访权，对于一些重大的、突发的、正在发生的事实的报道很难到达新闻第一现场，无法进行现场直播，因此只能依赖有采访报道权的媒体发出的新闻，“实时”、“同步”只能是一个相对的概念，要做到绝对的“实时”、“同步”是不太可能的。甚至有些时候、有些情况还需要延时报道，比如遇到无法判断真实性而需要核实的新闻，遇到说法不一、观点混乱而需要判断的新闻，要根据实际情况来选择实时报道的时机。

第二，动态与完整并存。传统新闻报道一般是对一个已完成的事件，或进行到一个阶段后的事件进行概括和总结，相对来说，追求新闻事件报道的完整性。而实时报道则是在时间的推移中跟随事件的进展进行及时的通报。网络实时报道既能做到动态地关注事件发展的过程、节点，也能将阶段性和全过程的情况汇聚成稿编发，完整地反映事件的发展状况。

第三，发布与到达并存。实时报道的目的不仅是第一时间对正在发生的事情进行动态追踪报道，而且应做到将最新新闻第一时间实时送达给用户，互联网的多传播渠道提供了便利条件，实时报道不再只停留在网站的首页、频道里，也不再被放置于密密麻麻的新闻列表中，而是通过多种客户端软件如即时通信的弹窗、音乐播放器的迷你浏览页、RSS 阅读终端等，直接出现在用户的桌面或视线内。

除了上述特点外，实时报道与滚动新闻、网络直播一样，具有网络新闻的通识特性，如多媒体报道，交互性强，实时新闻来源多元化。2011 年网络媒体在对日本地震进行实时报道时，一方面采用网站记者、媒体记者、专家学者发布消息和评论的方式，另一方面选择来自网民的内容，有的是在事发现场发布文字、图片和音视频，有的是通过互动点评表达意见和心声，多样化的内容极大地丰富了实时报道，将单纯的新闻实时报道延伸到互动实时报道。

二、实时报道的类别

滚动新闻主要是对突发事件的报道，网络直播是对提前预知内容与活动的直播，实时报道所报道的新闻事件既有可预知的，也有不可预知的。从这个标准分类，我们把实时报道分为可预知事件的实时报道和不可预知事件的实时报道。前者相对容易，能提前策划，准备报道方案，收集相关资料，安排报道人员；后者难度相对比较大，需要在最短的时间内获得新闻源，统筹安排好实时报道步骤和人员。

按照页面呈现样式，实时报道可分为滚动列表式、直播页面式和特别设计式。滚动列表式较为简单，在网页文本层按照时间的正序或倒序列表呈现实时的单条新闻。直播页面式是借用网络直播系统，利用专门的直播页面来完成实时报道。特别设计式是根据新闻的内容或性质，突破传统思维，采取异常的方式来进行的实时报道。2008年8月8日北京奥运会开幕式当天，人民网从零时开始在主页推出实时报道栏目“北京时间”，采用整点播报和运用通栏倒计时的方式，每一整点推出一个独家图片故事，图文并茂地展现北京各地倒计时盛况，全景记录北京这一天的活动，这是对实时报道一次新颖、直观、独特的运用。

此外，实时报道按照新闻的体裁可分为消息类实时报道、叙议结合类实时报道，按照呈现的形式可分为文字类实时报道、图片类实时报道、视频类实时报道和多媒体实时报道，还可以从编辑与写作权重的角度分为编辑类实时报道和编写类实时报道。有些突发新闻靠单纯的编辑完成不了实时报道，还需要记者奔赴一线或连线前方记者，采写或口播现场情况，补充到实时报道中。

三、实时报道的编辑

网络实时报道的编辑流程与网络直播的流程基本一致，也分为实时报道前、实时报道中和实时报道后三个阶段开展编辑工作。

实时报道前的工作与直播前的工作有所不同的是，没有实时报道预告，也无需收集预告问题。但需要策划报道思路、制定报道方案和组织报道人员。如果是有原创采访的实时报道，还需要按照新闻采访的要求进行筹划和准备；如果需要在实时报道中进行点评，也需要提前做好嘉宾邀请的工作。

实时报道过程中同样需要审核、发布速录的文字，整理编发实时报道中的碎片化内容，穿插发布与报道相关的图片、视频和背景资料，为实时报道添加相关超链接，关注报道进行中的网民互动，摘编精彩的网民留言和点评。

2010年1月，海地发生里氏7.0级地震，八名中国维和警察在海地地震中不幸遇难。1月20日遇难中国维和警察遗体告别仪式在北京举行。中新网从早上7：39发出

第一条文字稿开始，到 11：05 最后一条结束，进行了历时三个半小时的文字、图片和视频等多媒体实时报道。[①] 该道报共发布 31 条文字、10 张图片、1 条视频，还对 6 条文字稿进行了超链接，平均 5 分钟发布一条，间隔时间最短的为 1 分钟，最长的不超过半小时，做到了实时报道不间断、连续性的滚动发布。在实时报道中，以发布中新网站和中新网记者现场采集的内容为主，中间穿插中新网网友的评论。整个实时报道中文字、图片、视频交相呼应，消息、评论、现场短新闻穿插发布，网站、记者和网友三方合作共同完成了此次告别仪式的实时报道。

由于大量的工作都在实时报道进行中完成了，因此实时报道后的编辑工作相对简单，只需要将实时报道内容整合成新闻综述，将实时报道中的图片结集发布。

实时报道是一种过程性报道，因此在编辑中要注重三个方面的问题。

第一，每次播报实时报道，篇幅不能过长，一次播报一个主题，文字简明扼要，多使用小标题，让读者快速地了解事件的内容。对于有现场采访的实时报道，重在描述现场，突出现场环境、氛围，三言两语白描出现场的图景，让人有身临其境之感。如中新网对“海地地震遇难中国维和英烈遗体告别仪式”实时报道的两个片段：

> 中新网记者吴博报道：2010－01－20　08：37
>
> 今日上午 9 时，海地地震遇难中国维和警察遗体告别仪式将在北京八宝山殡仪馆大礼堂举行。在八宝山殡仪馆外，前来等待的民众越来越多。很多人都红着眼睛，忍不住落泪。

> 中新网记者吴博报道：2010－01－20　09：46
>
> 殡仪馆外等待送别烈士的民众已多达上千人，队伍绵延数十米，有序等待。民众手持着黄花或白花，表情悲痛。

第二，善于运用特殊标识处理实时报道，使内容呈现条理化。在实时报道进行时，来自各方来源的新闻、信息如潮涌入，重要新闻被最新信息裹挟，容易淹没在不断更新的报道中，如果不进行标识、突出，网民看到的都是碎片化的内容，很难搜寻到有价值的、重点的资讯。因此，有必要在实时报道过程中对内容进行“标识性”处理，如在单条实时报道前加导读的符号、文字或体裁、类别等，或对重点内容、特别内容用颜色加以区分，旨在让报道内容条理、有序，易于识别、获取。

第三，善于吸纳各类媒体报道的资讯，尽可能内容多源化，使报道更加全面完整。在编辑实时报道的过程中，除了及时发布前方记者的即时报道和图片，网民发布的现场文字和图片，还应多关注电台、电视台的实时报道，中央人民广播电台“中国之声”和中央电视台新闻频道都是每天 24 小时滚动播报最新新闻，要用好这些传统媒体的资源。对于一些国际新闻的实时报道，还可以用好国外媒体网站的报道，及时翻译相关

---

① 参见“实时报道：海地地震遇难中国维和英烈遗体告别仪式”，http：//www. chinanews. com/shipin/313/2010/0119/62. html。

内容整合到实时报道中。

思考题

❶ 滚动新闻、网络直播和实时报道分别在何种情况下采用最为适宜?
❷ 网络直播的内容能否成为网络原创新闻? 如果能，如何编辑制作?
❸ 重点突发事件发生后，网络媒体该如何进行动态报道?

第七章 网络互动的编辑

本章要点

认识网络互动的内涵与外延，网络互动的价值与类型，学习留言板、网络调查和 BBS 论坛等网络媒体互动的编辑方式与方法，重点掌握微博互动的编辑，了解网络互动的管理策略。

关键词

网络互动　留言板　网络调查　BBS 论坛　微博　互动管理

互动是互联网的本质特征，也是网络媒体相比较传统媒体最显著的优势。网络互动有数十种之多，这其中既有以留言板、网络调查、BBS 论坛为代表的传统网络媒体的互动，也有基于社会化网络的微博互动。无论哪一种互动，在网络传播中都具有属于个体的特殊价值与覆盖全网络的独特影响。了解掌握不同互动形式的特点及其编辑方式方法，有助于制定应对不同形势下网络事件、网络舆论的策略。

第一节 | 网络互动概述

虚拟化、数字化的网络世界为人们社会交往的展开提供了便利的场所和外在的环境，也促进了网络用户或群体间频繁的交往活动。而互联网开放的技术、自由平等的精神和共享的特征衍生出网络互动区别于传统传播互动的各种类型。

一、网络互动的内涵

了解网络互动的内涵，首先要理解互动这一概念。

互动的概念较早被物理学所运用，用以解释物体或系统之间的作用和影响。后被社会学引入，以解释社会学中人与人之间、事物之间和系统之间发生的现象。所谓互动，是指各种因素之间相互影响、相互促进、互为因果的一种关系，也指一种使对象之间相互作用而彼此发生积极改变的过程。

网络互动，是指处在信息传递两端的行为主体（个人或组织），借助于网络符号及其意义实现的相互联系、相互影响、相互作用的动态信息交流过程和方式。[①] 互动是网络传播的本质特征，它不仅对网络与外部世界产生作用，而且在网络内部、网络与网络之间、网络与用户之间、用户与用户之间都彼此发生"关系"——网际关系。

在网际关系的动态发展过程中，以互动为基础的网络社会关系逐渐形成，进而出现了网络群体、网络组织和网络社区等，比如即时通信中的群组、博客中的圈子、SNS 中的班级等，这些群体或组织有些是虚拟的，有些是真实社会关系在网络环境下的再现。

二、大众媒介传播互动与网络互动的比较

传播互动是一种个人与个人、个人与群体（组织）、群体（组织）和群体（组织）之间通过语言或其他手段传播信息而发生的相互依赖性行为的过程。具体到大众媒介，

① 参见孟威：《网络互动——意义诠释与规则探讨》，27 页，北京，经济管理出版社，2004。

就是媒介组织与受众之间相互作用的流程，以传播者采集、制作、传递信息开始，以受众接触、接受并做出相应的反馈结束。

大众传播的互动是由媒介制导的牵引式的单向互动，网络互动则是由传受双方以平等为基础、互为制导和牵引的双向甚至多向互动，两者在互动的方向和路径、扩展范围、表现形式和行为特征方面有着显著的差别。

在方向和路径上，大众传播互动是传播者自上而下的集中控制式灌输，接受者自下而上的消极呼应，传播信息在前，反馈信息在后，方向明确，线路清晰。在网络互动中，传受双方无主次、无先后、无主动与被动，信息流动向任意方向，互动也发生在任意方向，传播者与接受者之间的界限被打破，网络互动呈现出无中心化的状态。

在扩展范围上，大众传播互动局限于点面之间，信息以媒介为中心进行发散式传播，传播过程是连续的、强大的、主动的，而受众接收到信息后的反馈却是间断的、微弱的、被动的，是一种窄播式的互动。网络互动包括个人对个人的同步或异步互动、多人对多人的同步或异步互动、个人对多人的同步或异步互动，以及多人对个人的同步或异步互动，整个网络互动呈现出多层面、多形式、共同参与的特点。

在表现形式上，大众传播的互动中不同的媒介有不同的表现形式，报纸以文字、图片为主，电台、电视台以声音、图像为主，每种媒介的表现手段相对单一，网络互动对信息的组织方式和互动的表现手段丰富而多样，可以将文字、表格、声音、图形、图像等多媒体信息以超文本格式融为一体，通过互联网的高度链接实现互动的自由流动。

在行为特征上，大众传播互动是现实的，报纸通过刊登“读者来信”、“读者讨论”来反映读者心声，电台电视台通过电话、短信让听众、观众参与节目，这些都以媒介为中心，并由媒介主导互动的程度和效果。网络互动赖以生存的环境是一种虚拟的、以符号为中介的行为方式，无论网络论坛、新闻组、博客等都不具有现实互动的实体性结构，一切信息的形态都是数字化、符号化的，因此网络互动具有虚拟性、多层次和多维度。

总结上述大众传播互动与网络互动的区别发现，大众传播互动传播者与接受者界限明确，传播者总是处于主导地位，决定着发布什么、如何发布以及何时发布，接受者处于被动的地位，只能在传播者提供的信息范围内进行选择，在接受时间、接受方式等方面缺乏控制权，接收信息后反馈更是困难。相比之下，网络互动传播者与接受者不仅没有严格的界限区分，且经常频繁易位，信息在传播者与接受者间双向流动，接受者主动参与到信息传播过程中去，反过来对传播者形成影响。

三、网络互动的价值

根据功能学派马林诺夫斯基的研究，在一个社会中，一种文化特质的功能就在于满足该群体成员的基本需要或次生需要。网络互动作为网络社会的一种文化特质，其价值就在于通过用户或组织的使用达到一种或多种需要的满足。

随着 Web2.0 的发展，网络互动提供了多样化的互动方式，从早期的电子邮件、论坛到当前的博客、播客、微博、SNS、贴吧、留言板等，不同的网络应用能满足互动个体的多种需求，包括有个体认知和情感的满足，个体获得人际吸引和认同的满足，个体获得自我呈现的机会、自我能力价值得到肯定的心理需要的满足，个体与群体共同分享知识、资源、乐趣，得到社会交流、社区交往的满足。比如在 SNS 社会化网络社区中，每一个注册用户通过详细填写自己的资料、信息、兴趣、爱好，获得熟悉或不熟悉的人的认知与认同，在社区中用户通过上贴日志向 SNS 社区的其他成员展示自己的能力或才华，获得人际吸引和自我能力价值的肯定，用户通过转发文章与自己的 SNS 群分享知识、资源和乐趣。

网络互动的另一方媒介机构或网站也可以通过互动的应用达到利用、影响和引导的效果。网络媒体一般都开设有众多互动空间，提供各种互动应用工具，网站为这些空间及应用制定规章守则，并组织专门人员维护、监督和调控互动区域的秩序，为人们分享信息、自由交往提供宽松、稳定、有序的网络环境。无论是传统媒体还是新媒体，都可以在与网民的互动中或者“潜入”互动空间寻找到新闻线索，挖掘出新闻资源，获取新闻信息以及及时的回复、评论与反馈。而在这一过程中，媒体组织一方面通过互动的设置议程左右网民的认识，牵动他们的传受行为，影响网民的信息诉求，另一方面则通过互动过程的观察把握受众的脉搏，调整自己的传播内容与传播策略，从而引导网络舆论。

四、网络互动的类型与方式

（一）网络互动的类型

不同的划分标准使网络互动呈现出不同的类型。

从参与对象上看，网络互动类型包括个人对个人的点对点互动，个人对多人的点对面互动，多人对多人的群体互动，传统媒体与新兴媒体的面对面互动以及个人、多人与媒体机构间的立体互动。

从互动性质看，网络互动类型可划分为交流型、奉献型、围观型、索取型和分享型。

交流型是指网民在互动中以沟通、交流为主，与熟悉或不熟悉的人进行对话，加深与熟悉的人的联系，结识朋友的朋友以扩大人脉资源关系。

奉献型是指网民在互动中积极发言，参与话题讨论、网络调查，发表回复、留言、评论，撰写高质量的文章，发布照片、音频或视频，提供现场新闻或采访线索等，用户创造内容是网络互动奉献型的基本特征。

围观型是指网民在互动中表现为对某一话题或某一讨论的关注，以对内容浏览的方式体现出互动的效果。围观型互动是最弱势的互动，但大量的围观会造成舆论的强势。

索取型是指网民在互动中主要以获取有价值的信息、资料和内容为目的，比如通过百度知道提问，通过互动百科获得知识，通过网络调查获取反馈，都是将互动作为知识与信息增值的“供应商”。

分享型是指网民在互动中利用互动工具的转发、群发功能将有价值、高品质新闻内容与他人分享，通过分享来提升事件和新闻的关注度，扩大新闻的传播面，增强新闻的影响力。

（二）网络互动的方式

随着互联网技术的发展和 Web2.0 互动应用的普及，网络互动方式越来越多样化，也越来越个性化。目前的网络互动方式包括电子邮件、BBS 论坛、即时通信、互动问答平台、SNS 社区、微博、博客、掘客、贴吧、视频分享、留言板、嘉宾访谈、网络调查等。下面介绍几种常用的互动方式。

(1) 即时通信：是通过下载客户端软件来进行点对点或点对面发送、接收信息的一种互动方式。传统的即时通信是一个单纯的聊天工具，现在已逐渐集成了电子邮件、博客、音乐、电视、游戏和搜索等多种功能，发展成集交流、资讯、娱乐、搜索、电子商务、办公协作和企业客户服务等为一体的综合化信息平台。随着移动互联网的发展，用户可以通过手机进行移动中的互动与交流。

(2) BBS 论坛：是一种所有人经过注册都可以进入并发布内容的互动空间，可以是一对一的交流，可以是一对多的互动，也可以是多对多的发言。BBS 论坛可以看做公共集会在网络上的延伸，公共意见在网络上的表达，公共舆论在网络上的传递。与传统论坛不同的是，网络的匿名性使论坛的表达更广泛、直接，网络的海量性使表达的意见长期保存、随时检索，网络的“巨型”网民使意见的形成和传递更快速、高效。

(3) SNS (social networking services，社会化网络服务)：是指依据六度分割理论，以互联网为基础平台，以认识朋友的朋友为目的而形成的社会化网络互动。通过 SNS 的互动，一方面可以将传统关系延伸至网络并形成低成本的网络互动，另一方面也通过 SNS 的信息内容传播认识新的朋友，构建新的社会人脉关系，因而 SNS 社区具有双重互动功能——人际关系的互动和传播内容的互动。

(4) 微博：微博客 (MicroBlog) 的简称，是一个基于用户关系的信息分享、传播以及获取平台，用户可以通过 Web、WAP 以及各种客户端，以 140 字左右的文字更新信息、上传图片和视频，并实现即时分享。微博是 Web2.0“所有人对所有人的传播”理念最典型的“践行者”。微博的发帖、关注、被关注、转发、评论、回复、私信等各种应用集成了人际传播、群体传播、组织传播和大众传播四种模式，每个人的微博都是一个微型的自媒体，既主动发布信息，又主动传播信息，“关注”、“转发”等功能让信息的散布犹如湖面的涟漪，一圈圈越来越大地泛开，产生了以点带面的效果。

第二节 | 网络媒体互动的编辑

网络互动的方式多达十几种，但大多数的网络互动如电子邮件、即时通信、SNS社区、互动问答平台、掘客、贴吧等都是以个人为主导的，私有性超过公共性，缺少明显的媒体组织特征。由网络媒体主导并进行组织、编辑的网络互动主要有新闻留言板、网络调查和BBS论坛。

一、网络留言板的编辑

网络留言板，又称新闻留言板、新闻跟帖，是指网络媒体在单条新闻或新闻专题中设置的专供网民发表点评和反馈意见的留言区。留言板类似于BBS公告板，都是基于用户上传内容的互动模式，不同的是留言板针对性更强，直接以对某一新闻或专题跟帖、反馈，可看做一种“命题式”的互动，BBS则不受话题限制，完全是一种自由发言的“讲坛”模式。

留言板的组织与编辑包括五项内容：设置留言板、审核留言、回复留言板、编辑留言和发布留言。

站在网络新闻发布的技术角度，每一条网络新闻、每一个网络专题都可以设置留言板，设置的位置可以任意选择。但是，是否设置新闻留言板则需要根据新闻话题的热度、敏感度和社会影响力以及其他要求来确定。留言板放置的位置一般应置于页面的下部靠近文章结尾的区域。因为网络新闻的文本层一般都会带有大量广告，如果留言板设置位置与新闻距离太远，操作上很不便利，则不利于网民留言。

审核留言是留言板组织与编辑中极其重要的一环。如果网站留言板的审核机制是先审后发，就需要编辑定时审核留言，以保证留言能够快速发布出去。如果审核机制是先发后审，则要求编辑对于已发布的留言没有遗漏地一一审核。审核留言一方面是对留言本身内容的过滤、管理，另一方面也是对留言筛选、挑选的过程。

回复留言是网络媒体与网民直接互动的一种表现（见图7—1）。原则上，编辑应对每条有质询的留言进行回复，但由于网络留言量大、内容庞杂，编辑无法做到对每条留言一一回复。在实际工作中，编辑可以有选择地对部分留言进行回复，特别是那些咨询型、质疑型的留言，编辑应及时给予回复。对于一些反映各部门工作中的问题、舆论监督类的留言，可以将留言转至相关部门，并将相关部门的回复及时发布。

编辑留言的对象有两类，一类是经过审核、筛选的留言，另一类是留言的回复，特别是舆论监督类留言获得有关部门回复的。编辑的工作包括三个方面：第一，对文字、语言的修改。大多数网民留言都是率性而发，自由、仓促写作，难免出现基本的文字错误，因此要对留言进行第一道“把关”。第二，对留言进行分类。一般情况下，留言的内容相对简短，陈述的观点比较单一，网民都是就某一方面发表只言片语的评论，编辑留言就是将网民的评论性留言分类归纳。由于网民留言都没有标题，编辑应对每一类评论做出概括性标题，引导网民浏览。第三，对回复性留言突出处理。在有关部门对编辑留言做出书面或其他方式回复后，编辑应精编回复内容，并在网页上突出回复，与网民留言形成呼应，以使网络媒体起到互动的桥梁和平台作用（见图 7—2）。

发布留言与单条新闻发布基本一致，可以单独成篇，可以链接出原新闻或制作新闻摘要发布，也可以编辑到专题中。新闻留言是网民对热点新闻的直接评述和意见表达，因此，发布留言还可以与传统媒体合作，将网民留言的精华内容摘选发布（见图 7—3）。特别是有传统媒体背景的新闻网站，可以通过报网互动、台网互动来提升留言的价值，向传统媒体的受众辐射。

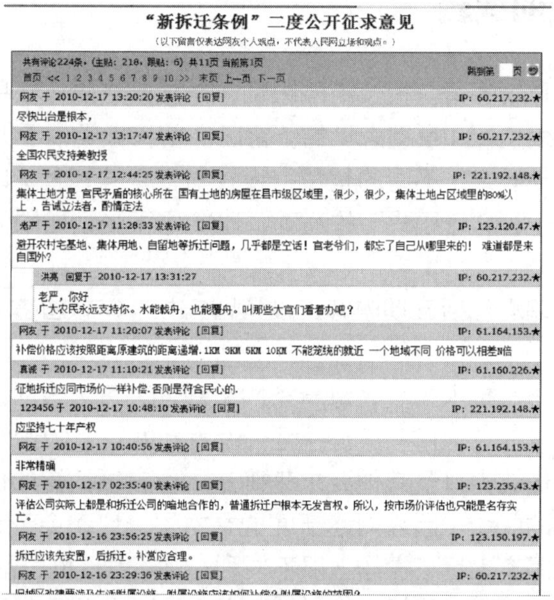

图 7—1　回复留言是网络媒体与网民直接互动的一种表现

二、网络调查的编辑

（一）网络调查的价值

网络调查，又称在线调查，是通过互联网及其调查系统把传统的调查、分析方法在线化、智能化，借助互联网数亿网民群体的力量，发挥网络快速、方便、费用低、不受时间和地理区域限制的优势，实现网络媒体对网民意见的收集与回馈。

图 7—2　人民网推出“地方领导留言板”，网页右上角设“留言精选与领导回应”

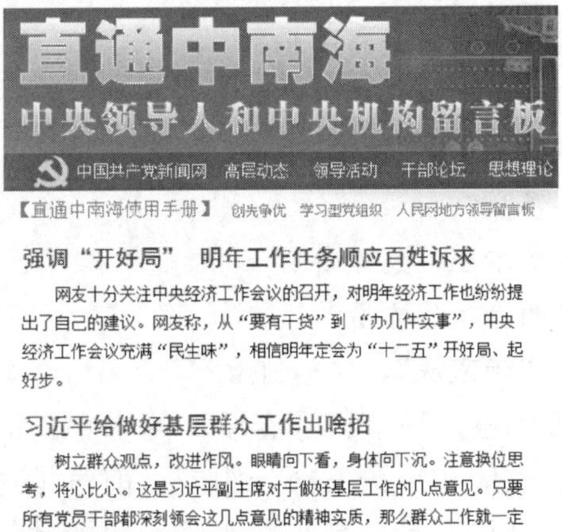

图 7—3　人民网 · 中国共产党新闻网推出“直通中南海——中央领导人和中央机构留言板”，网页左下角设“网友留言摘录”

网络调查的发起者可以是任何个人、企业、团体或组织，调查的内容也五花八门，如服务反馈调查、舆情调查、生活消费调查、企业口碑调查等。网络媒体组织的调查一般分为两类：受众情况调查和受众意见调查。前者是网络媒体测量用户、了解网民状况的一种手段；后者是网络新闻报道的手段之一。新闻事件，特别是重大新闻事件发生后，网络媒体可以通过网络调查迅速了解网民对该事件的意见与态度，掌握网络舆论的走向，同时也可以将网络调查的结果作为新闻报道的资源，丰富新闻报道的形式。因此受众意见调查又称为网络新闻调查。

（二）网络调查的流程与组织编辑

与传统调查类似，网络调查也有一套有序的组织与编辑流程，包括设置调查、设计问卷、调查数据处理和调查结果的发布。

设置调查即选择调查话题，即网络媒体根据新闻事件、社会热点、网民关注点和政治经济时局进行话题选择。如以下调查话题：

- 您如何看待将渤海海水西调入疆？
- 您如何看待电视台嘉宾怒骂连线官员不称职？
- 您如何看待艾滋感染者应聘教师遭拒录？
- 您如何看待各地高中语文课本删除大量经典作品？
- 您如何看待侵华日军 731 部队遗址申遗？
- 您如何看待“公务员热”？
- 医生收回扣为何屡禁不止，您咋看？
- 杭州高端人才半价购房，您咋看？
- 四川江安提拔干部“晒家底”，您如何看？

设计问卷是网络调查的重点环节，问卷设计的水平直接关系到调查结果和调查质量。问卷一般由前言、主体和结语三部分组成。前言是对调查的目的及有关事项的说明，主要作用是引起被调查者的重视和兴趣，争取他们的合作与支持；主体部分包括调查的问题、回答的方式及需要说明的其他内容；结语可以是对被调查对象的感谢，也可以是征询被调查对象对问卷设计及调查本身的意见，有些时候也可以没有结语。

由于在线调查占用被访问者的上网时间，网民参与的方式又受技术制约，因此网络调查的问卷设计一般比较简单，以封闭式回答为主，将问题几种主要的答案列出，由参与调查的网民从中选取一项或几项，如图 7—4 所示。这种方式有利于被调查者正确理解问题和回答问题，提高问卷的回复率和有效率，也便于对回答结果进行统计与定量分析，有利于询问一些敏感问题。不利的是，这种方式设计问题比较困难，回答方式比较机械，在调查质量上不容易保证。

新闻调查：您认为，公众人物如何用好话语权？

○ 要尊重自己在公众中的名声

○ 用适合自己身份的方式表达

○ 话语要符合社会道德，科学规律

○ 其他，有话要说

图 7—4　网络新闻调查问卷设计示例

“公众人物如何用好话语权”其实是个很复杂的问题，这个新闻调查将问题简化为“要尊重自己在公众中的名声”、“用适合自己身份的方式表达”、“话语要符合社会道德，科学规律”、“其他，有话要说”四个选项，尽管方便了网民回答问题，但设计的内容过于简单，没有起到调查的作用。

网络调查在适当的时候也可以采用开放式回答，即对问题不提供具体答案，由被调查者对象自由填写。如上述调查题中的“其他，有话要说”就是用超链接的方式引导网民到留言板发表意见。这种方式灵活性大，适应性强，但回答的标准化程度低，问卷的回复率、有效率以及统计方面会有麻烦。

在调查数据处理上，由于网络调查采用一套单独的调查软件，都附带有数据处理功能，因此网络调查比传统纸质调查减少了输入数据的环节，还可以直接处理问卷数据并自动生成简单的调查结果。编辑可以将调查结果与新闻结合，运用到新闻报道中，或者据此做进一步的分析，形成专门的调查分析报告。

调查结果的发布有三种形式：编辑制作出可视直观图发布，转化成文字发布，可视图与文字结合发布。比如上面列举的调查题，网站采用的就是第三种方式，在展现柱状图示结果（见图 7—5）外，还用文字进行描述：

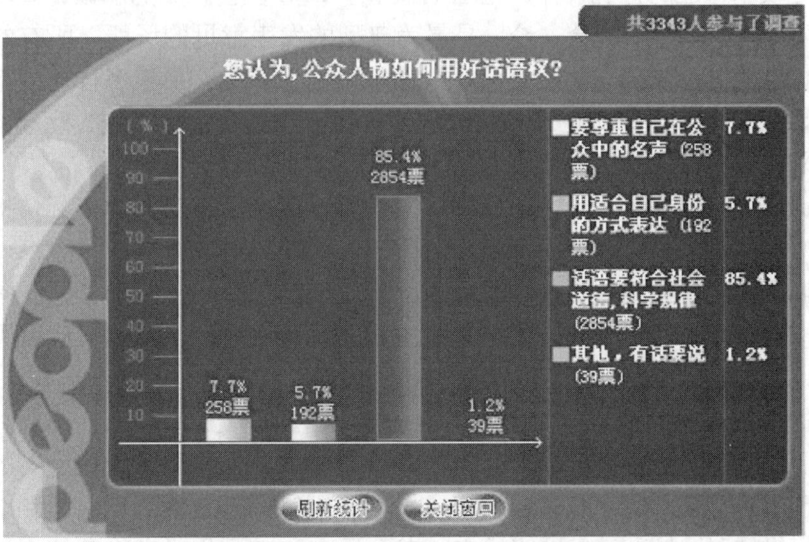

图 7—5　网络新闻调查结果的柱状图示

近期以来，在电视节目里、博客微博中，一些公众人物“语不惊人死不休”。这些现象引起了人们的思考：在信息高速传播的新媒体时代，作为对他人施加影响的“活跃分子”，公众人物该如何珍惜自己的话语权，用好自己的话语权？据此推出网络调查“您认为，公众人物如何用好话语权？”

截至9日22时，共3 343人参与了此项调查。其中85.4%的网友表示“话语要符合社会道德，科学规律”，此选项获得2 854票；7.7%的网友表示“要尊重自己在公众中的名声”，此选项获得258票；5.7%的网友表示“用适合自己身份的方式表达”，此选项获得192票；1.2%的网友选择了“其他，有话要说”。

发布调查结果时，还可以链接上与调查题相关的新闻报道、评论，一方面能丰富调查结果的发布，另一方面可以帮助网民理解调查题设计的意义与对调查结果的认识。

三、BBS论坛的编辑

（一）BBS论坛的缘起与特性

BBS是英文Bulletin Board System的缩写，原意为电子公告板——电子化的一块白板，供所有的人涂鸦，并通过互联网来传递或获得涂鸦的内容。早期的BBS系统其源程序是全部公开的，所有网站都能基于开放的源代码进行修改或补充，然后将BBS论坛嵌入到本网站。用户也不需掌握太多的电脑知识和网页设计技术，只要具备基本写作能力就能进入论坛发表观点。

BBS是技术特征的直观解释，论坛则赋予了BBS社会意义的解读，体现出了互动应用的本质属性。在传统社会，论坛是最为典型的发表意见的场所，所有的人都可以进入，或登台演讲，或三三两两交流，或做沉默的大多数，形式多样，内容各异。网络虽然是虚拟空间，但BBS论坛具备与现实环境一样的传播、交流、互动的功效，甚至因互联网的匿名特征网络BBS论坛有着超越现实的独特价值。

BBS论坛的特性主要表现在：（1）交互性强，囊括了一对一的人际传播、一对多的大众传播和多对多的群体传播等多种传播方式，以及同步与异步传播；（2）反馈及时，从发帖上传到得到其他网友的回应、反馈几乎是在瞬间，便利了论坛参与者彼此间的交流沟通；（3）话题分散，无论是有主题还是无主题的论坛，无论是网站设置议题还是不设置议题的论坛，论坛参与者并不受此影响和控制，而是不断有自己发起的、形形色色的话题；（4）观点多元，由于论坛参与者构成复杂，经常会出现“一个事件多种声音、一个事实多种理解、一个人物多种看法、一个陈述多种角度”的局面，在论坛中表现出丰富多彩的观点；（5）语言随意，网络的开放性、自由性和虚拟性使得网民在论坛发言时比较随意，网络语言、书面语言和口语化语言夹杂使用，没有规范和约束。

（二）BBS论坛的发展变化

纵观BBS论坛10多年的发展历程可以清晰地看到，论坛在内容、用户与交互程度上不断变迁、不断发展，成为网络互动中的一种独特方式。

在内容上，从新闻的集散地、观点的集散地到民声的集散地。从信息结构看，论坛呈现树状结构，以公共事件为中心，参与者以各种方式参与到话题讨论中。如果说早期的论坛以提供、发布各类新闻、信息，关注天下大事，发表宏观高论为主形成新闻的集散地、观点集散地，后期的论坛议题则越来越趋向民生，越来越贴近网民身边的小事、琐事，而成为民声的集散地。诸多在论坛热议并引发舆论监督的事件如“杭州飙车案”、“‘被落榜’高考女生”等都是发生在网民身边的“小事”。换言之，网络论坛已成为网民陈述、申诉、表达社会不公的主渠道。根据新闻传播价值规律，新闻的地域性、接近性越强，新闻价值越凸显。当网络论坛成为社会公共领域、成为公民的“第二法庭”时，其背负的社会责任和影响力也自然在扩大化。

在用户上，论坛参与者从草根到精英到党政高层领导。这一变化明显反映在人民网的强国论坛每年推出的“十大嘉宾”名单上。2003年的“十大嘉宾”中尚有民间保钓人士冯锦华，但到了2007年，“十大嘉宾”中有七人都是社会精英，如袁隆平、厉以宁、朱清时等，再到2008年，“十大嘉宾”中的七人都是党政领导，如胡锦涛、赵洪祝、周济。此外强国论坛还组织了各种系列访谈，有“党委新闻发言人系列访谈”、“大检察官系列访谈”、“全国公安厅局长系列访谈”等。党政高官频频亮相网络论坛，既彰显出高层对网络论坛、网络民意的重视，也无形中增强了网络论坛的魅力，放大了网络论坛的社会价值。

在交互程度上，从早期单向度的话语通道、表达渠道到多向度的话题讨论、舆情收集和问政平台。尽管互动性是网络论坛的本质特性，但网络论坛的中心化结构束缚了互动性的发挥，也导致论坛交互程度相比Web2.0的其他应用要弱。论坛发展之初仅仅是网民表达意见的渠道，表达的内容结果如何、影响力何在、社会有无反馈却不得而知。随着网民数量的增多、讨论话题的宽泛和高层对网络民意的高度重视，政治、经济、文化及社会各个领域的热点、难点等敏感问题都出现在论坛议题中，网络论坛成为了解民意、收集舆情的重要场所。人民网舆情监测室的舆情报告就是依托天涯社区、凯迪社区、西陆社区、西祠胡同论坛、强国论坛、发展论坛等国内知名论坛，将上述各论坛的主帖、跟帖、讨论作为其监测对象。

（三）BBS论坛的类型与价值

不同的分类标准决定了BBS论坛不同的类型。

按论坛归属分，有隶属于新闻网站的论坛，包括中央级和地方级的BBS论坛，如人民网的强国论坛，新华网的发展论坛，四川在线的天府论坛，南方网的南方论坛；

有隶属于商业门户网站的论坛，如新浪网的新浪论坛，搜狐网的搜狐论坛；还有大量个人创建的 BBS 论坛，如站长之家的站长论坛，BT 下载论坛等。

按功能属性分，有“全职型”BBS 论坛，即网站就是一个大的社区或 BBS，如天涯社区、西陆社区、西祠胡同；有“配置型”BBS，即论坛只是网站内容的一个组成部分。目前，对于综合类网站，BBS 论坛已成为网站的标准配置。

按内容分，有综合性 BBS 论坛，论坛的内容包罗万象，下设若干个分论坛，如新浪论坛中设立有财经论坛、娱乐论坛、体育论坛、文化论坛、汽车论坛；有专业性 BBS 论坛，论坛的内容专注于某一领域或某一行业，如体育类的中国球迷论坛、体育吧论坛、科比之家，军事类的军转论坛、铁血社区、飞扬军事论坛等，综合性论坛的每一个分论坛也就是一个个专业性论坛；有专题性 BBS，是基于某个新闻事件或话题开设的论坛，如“两会”论坛、“三农”论坛、“反腐”论坛、“两岸”论坛等。

BBS 论坛的价值表现在对内对外两个方面。对外，BBS 论坛是网民交流观点、表达意见和传播思想的主要手段与渠道，是网络舆论形成的重要场所和了解社情民意的晴雨表，也是网络营销的公关平台之一；对内，BBS 论坛能为网站聚敛人气，提升访问流量和网站品牌，论坛中网民创造的内容和表达的观点会成为网站重要的内容资源。网站可以借助 BBS 论坛做好对外服务工作，将 BBS 论坛打造成与网民沟通的桥梁与纽带。

（四）BBS 论坛的编辑

BBS 论坛的编辑包括基础性的帖文编辑和设置性的舆论引导。BBS 论坛的内容基本来自参与交流与讨论的网民，用户创造内容决定了 BBS 论坛的组织与编辑工作主要在于审看帖文、选择帖文和编辑帖文。同时，论坛是网络舆论形成的重要场所，面对形形色色的广大网民，编辑还需要进行必要的话题设置、主题讨论、嘉宾访谈等舆论引导工作。

审看帖文是根据网站制定的论坛审稿原则和标准，对网民在论坛上的发言和讨论进行审看，并决定是否通过。不同性质的网站对帖文的审核把关尺度不一，相比较而言，新闻网站的 BBS 论坛审核较为严格，商业网站的 BBS 论坛审核较为宽松，新闻时事类论坛的帖文审核严格，非新闻类专业论坛的帖文审核宽松。编辑在审核帖文过程中遇到精彩内容可随时挑选出来。换言之，审核的过程也是选择帖文的过程。选择帖文要多关注论坛中经常引发网民讨论的活跃用户的帖文，关注论坛中跟帖较多的帖文以及论坛深度讨论区的帖文。

精选出的帖文要进行整合、编辑处理。首先要将帖文归类，特别是综合性论坛，帖文的内容包罗万象，要分门别类地归属到相应频道；其次是进行文本处理，按照单条新闻的要求改错、删减或增添相关内容，修改帖文标题，对于内容或格式影响用户正常浏览的帖文，还需要进行技术性的调整；最后是将精彩帖文推荐到网站频道主页和论坛显著位置，以吸引更多的网民浏览。

话题设置是论坛加强舆论引导的手段之一，设置的手段包括：通过对帖文特别是跟帖较多的帖文和论坛精华区的帖文置顶来设置话题；通过邀请嘉宾访谈设定访谈主题来设置话题；通过组织论坛网民讨论版主确定的议题来设置话题；通过网络热词、关键词来设置话题。此外，还可以通过将热门帖文推荐至重要位置、显著位置，加红、加粗或者加其他标识符号来设置话题。

论坛的交流方式有两种，一种是自由上帖式的开放交流，另一种是嘉宾访谈式的半开放交流。对于前者，论坛主持人可以在网民自由交流之外，针对社会热点和舆论焦点选择一些话题组织网民展开讨论，自己也可参与其中发表看法，或者推荐相关的文章、资料作为话题讨论的背景资料，同时还要掌控讨论的氛围和尺度，确保舆论引导的方向不致偏离。对于后者，论坛主持人可以在重大、突发事件发生时约请专家、学者或某一方面的权威人士到论坛与网民交流。这种方式，既能对热点问题进行解读，经过观点碰撞达成共识，又能避免偏离论坛主题，具有较强的舆论引导性。

BBS 论坛是网民意见的发源地和集散地。据统计，在 2009 年 77 件重大公共突发事件中有 23 件都是在网络论坛上率先被曝光的。从 2003 年的“孙志刚案”开始，一连串的热点话题如“黑龙江宝马案”、“重庆钉子户事件”、“山西‘黑砖窑’事件”、“华南虎照片案”等，都因网络论坛的参与、推动而出现了意想不到的结果。[①] 因此，BBS 论坛的组织编辑还有一项重要工作，就是依托论坛的热点帖文和热度讨论来收集舆情，反映舆论动向，可以从点击浏览较多的帖文、跟帖较多的帖文、热门帖文的排行榜和跟帖排行榜等几个观测对象来总结一段时期的网络舆论状况和走向。

第三节 | 微博互动的编辑

2006 年诞生于美国的推特（Twitter），以“矩阵式信息裂变传播”的方式开启了基于用户关系的微信息分享与传播的新时代。2009 年，一个新的名词——微博——在国内诞生了，互联网也由此进入微博时代、微时代。目前，国内知名网站大多开设有微博，新浪微博、人民微博、搜狐微博、腾讯微博、网易微博等已成各自网站标配，微博还与其他产品捆绑，形成以微博为中心的应用平台。

一、微博概述

（一）微博的诞生与发展

微博的鼻祖为 Twitter。根据 21 世纪大英汉词典的解释，Twitter 有动词和名词两种含义，名词为（鸟的）吱吱叫声，喊喊喳喳的叫声；动词为（鸟）吱吱地叫、喊喊

① 参见詹新惠：《网络论坛的发展趋向》，载《网络传播》，2010（9）。

喳喳叫、喋喋不休、饶舌等。早期微博上是大量的自我唠叨、自怜自爱，大量的闲言碎语，因此微博并不被看好，因为人们常质疑，“究竟有谁会在乎我一天 24 小时都在做什么呢?”

发生在 2008 年的两件大事，从一定程度上改变了人们对 Twitter 的认识。第一件事发生在中国。2008 年 5 月 12 日 14 时 32 分，中国四川汶川发生大地震，Twitter 大约在 14 时 35 分 33 秒披露了这一震撼性的消息，其快速的信息传播方式完全超越了传统的新闻媒体。第二件事发生在美国。2008 年是美国总统大选年，奥巴马竞选团队为奥巴马在 Twitter 上开通微博，随时通报奥巴马现在正在哪里、在做什么，以个人微博的形式与粉丝群进行互动。重大事件 Twitter 第一时间发布、第一时间传播以及第一时间互动的特性让人们看到了其巨大的传播效应。

随之而来发生在伊朗 2009 年 6 月的选举事件更让人们看到了微博的价值。由于德黑兰封锁了手机短信传送并屏蔽了若干网站，Twitter 成为伊朗人满足信息渴望和对外发出声音的替代网络。德黑兰在大选之后的骚乱消息像野火一样在 Twitter 上传播，并被 BBC 和 NPR 这样的新闻网拾取，在全世界予以扩散。在伊朗抗议进行的过程中，美国国务院竟然向 Twitter 创办人发出了一个不寻常的电邮，请求其推迟固定的全球网络维修计划，因为维修期间，伊朗人将无法登入，德黑兰示威现场的信息也无法及时传递到外部。而 Twitter 也听从了国务院的吁请，将网络维修时间推迟至德黑兰的凌晨时分才进行。[①] Twitter 成为伊朗人在当时的重要沟通媒介，发挥了其独特的传播与组织功能。

正是在伊朗 6 月选举事件之后，2009 年 7 月 29 日，微博的鼻祖 Twitter 把首页那句经典的“你在做什么?”（What are you doing?）的问句换成了一个祈使句“分享和发现世界各处正在发生的事”（Share and discover what's happening right now, anywhere in the world）。国内最大的提供微博服务的网站新浪微博在首页上也写道：随时随地分享身边的新鲜事儿。

在中国，也发生着一场来自微博的传播革命。2009 年 11 月 1 日的一场大雪，北京首都机场部分航班乘客被困在机舱十几个小时，碰巧经历现场整个过程的谷歌前全球副总裁李开复，在新浪微博平台进行了一场颇有影响力的“直播报道”：等了 12 个半小时，已经缺食物 9 小时，缺水 3 小时；有人在机舱里因缺氧而晕倒……在机舱内被困十几个小时的情况下，他通过自己的笔记本和手机上网不间断地发布最新进展，他的真实记录瞬间传播开去，成为首都机场延误航班事件中被传播最广的文字。

Twitter 创始人之一埃文·威廉姆斯说：“即使是再庞大的新闻媒体，也不会像 Twitter 一样在世界各地拥有众多新闻记者。”在微博上，每个人都形成了一个迷你型的“自媒体”，每个人都是信息的生产者和消费者。而微博建立了手机和互联网应用的无缝连接，满足了用户随时随地发送现场新闻和图片的需求，也达到了新闻传播追求新闻时效的条件。

---

① 参见胡泳：《微革命：从推特到新浪微博》，http：//tech. sina. com. cn/i/2010－01－14/18343772157. shtml。

（二）微博的价值与理念

微博（MicroBlog），又称微型博客、迷你博客，是用户通过互联网网页、手机终端以及其他终端工具，以 140 字左右的文字随时随地发布信息，并与跟随者和关注者即时分享的一种互联网应用工具。

140 个字原本是微博为与手机结合而被迫采取的一种限制，因为初始设计者将微博的运用平台定为手机，手机发短信最多的字符就是 140（进入中国后普遍默认为 140 个汉字）。但恰恰是 140 字的限制，让每一个“小我”都有了展示自己的舞台，不仅引领了大量原创内容的爆发式增长，而且将世界带入一个“人人都有麦克风，人人都能发声，人人都可能成为‘麦霸’，人人都可能被关注被追随的时代”。

微博和 SNS 社会化网络社区一样，都是社会化网络的衍生品。相比 SNS，微博形成的是一个更为开放的社交网络。SNS 的用户大多为现实生活中结识的朋友、同学，组成一个相对封闭的圈子进行交流互动。微博则降低了门槛，用户之间可以熟悉，也可以是陌生人。即使并不认识，任何人的每一条信息也都能以广播的形式直接送达其跟随者，或通过转发、分享被彼此有关联的其他用户接收到。

微博的核心是关注与被关注。用户既关注他们感兴趣的人，也关注感兴趣的内容。只要被关注的人上贴了信息，用户就会在自己的微博上即时看到，只要上贴的内容是自己感兴趣的，无论是谁上贴的都可能评论、转发或收藏，同时还可能将内容的作者列入自己的关注对象。在关注与被关注之间，无论哪一方都不需要做出回应，自由、平等和共享构成了微博的共同思想和理念。

微博的实质是聚合，是在叠加了内容与用户基础上的聚合，既有内容的聚合，更有用户的聚合。Web1.0 的核心是信息、新闻等内容产品，门户网站的模式解决了人们“一站式”新闻消费的需求；Web2.0 的核心是用户，诸多互动工具提供了便利的通道，形成了“去中心化的人与人互动”。微博虽然是 Web2.0 时代的产品，但成功实现了 Web1.0 与 Web2.0 核心价值的叠加。

二、微博互动的特点

站在传播学的角度，人类传播的四种方式——人际传播、群体传播、组织传播和大众传播——都聚合到了微博单一应用上。在微博中，用户可以通过站内私信进行一对一的人际传播，在微博广场和个人微博首页上进行的是多对多的群体传播，各类社会组织机构都开设微博进行推广产品、宣传形象、与用户沟通、发布组织信息等多方面的组织传播，大众媒体更是利用微博进行寻找新闻线索、发布即时新闻、推荐文章图片、沟通交流用户等大众传播活动。过去我们说网络传播集中了传播的四种方式，但这些方式分别体现在不同的网络应用上；现在，微博单一应用就能集纳四种传播方式，并产生不同反响的微博传播效果。这种传播效果的背后是微博不同于其他网络互动的传播特点所带来的巨大传播价值。

（一）微博传播主体的特点

微博的传播主体即利用微博平台进行发布、转发、评论、关注、分享等传播活动的所有微博用户。从微博主体的活动和行为可以看到，微博主体具有多样性、自主性和圈群化的特点。

微博主体的多样性体现在用户构成复杂，既有有效用户、活跃用户、V字认证用户，也有围观用户、“僵尸”类无效用户；既有个人用户，也有组织机构。在组织机构里，又有政府机构、媒体机构、社会团体协会、公司企业等。主体多样具有两面性，一方面带来多元化的资讯和观点，用户有更多的选择和取舍；另一方面也导致微博内容杂乱无章，良莠不齐，增加了用户辨识高品质内容的难度。

微博平台较低的技术门槛是微博主体具备自主性特点的前提。用户无论是原创性撰写帖文，还是转发分享、回复评论等，都可以自主操作，简单方便地一键完成。同时，微博运营商还提供了多种设置功能，如对关注者分组、对内容分类、建立密友圈、创建新组别等，赋予了用户极大的自主权，从而调动了用户的自主意识。微博主体的自主性还体现在自我选择、自我表达和自我参与上。个体依据个人的兴趣、爱好、价值观，机构依据自身的性质、要求可以自主选择关注的对象，选择发表的话题和转发评论的议题，选择发布的时机和对象。自主性让微博主体更加个性化，对微博平台更有依赖感。

微博是基于六度分割理论建立的互联网传播平台上，因此注定了微博主体具有圈群化的特点。大多数的微博用户首先以自己的同学、朋友、同事等核心圈层作为关注对象，然后再选择主体所在领域、领域内的意见领袖或代表人物等紧密圈层为对象，最后会根据话题、议题、观点的相似、相近性来划定外围圈层作为关注目标。圈群化的特点有利于微博主体建立相对稳定的交流环境，增强用户间的黏度以及对平台的附着度。这也就是为什么一个用户一旦加入某个微博平台，就很难迁移到另一个平台的缘故了。

（二）微博传播内容的特点

140字的限制让微博的传播内容以微内容为主。微内容（microcontent），是相对于传统媒介中的大制作、重要内容（macrocontent）而言的。Cmswiki对微内容的最新定义是：“最小的独立的内容数据，如一个简单的链接，一篇网志，一张图片，一段音频、视频，一个关于作者、标题的元数据，Email的主题，RSS的内容列表等等。”①因此，微博的传播内容具有碎片化、多媒体化和标签化的特点。

虽然现在有长微博、网页链接来突破传播容量限制，但总体上微博内容和信息还是

---

① 译自cmswiki网站，http：//www.cmswiki.com/tiki－index.php?page＝MicroContent。

呈现碎片化特点，或者是完整的信息被分割成小块，或者是零碎地发布观点或评论，或者是只言片语地简单描述，突出其爆点。2010 年 3 月 5 日，温家宝总理在十一届全国人大三次会议上作政府工作报告，新华社在此期间共发表微博 62 篇，其中最短的一条微博仅有 5 个字——“会前大会堂”，配有一幅照片。碎片化的内容在一定程度上契合了大部分人零碎时间阅读的需求，但也会使阅读者的思维被打碎、被割裂，甚至碎片化。

多媒体作为互联网的技术表征不仅运用于网络新闻编辑，也同样运用于微博的写作和报道，成为微博传播内容的特点。2010 年 8 月，甘肃甘南藏族自治州舟曲县爆发特大山洪泥石流。灾害发生后，一名正在灾害现场的“90 后”网友，从 8 月 8 日凌晨 3 时起用自己的微博对身边受灾者的存亡寒暖发送文字微博和现场图片，进行了一场个人的“现场图文直播”。其间还不断与网友互动，转发网友的回复、点评，构成微博的多媒体传播。

微博内容基本上由碎片化的微内容构成，单篇微博只能报道一个事件、一个主题，很容易产生阅读的断裂。微博创作者一般会在撰写内容时添加“话题”标签，创建“自定义话题”或选择已建立话题，用户可以依据标签阅读集纳到一个话题下的相同主题的新闻。标签相当于新闻的关键词，微博传播内容标签化，有利于传播主体完整地传递信息，也有利于用户方便、快捷、完整地浏览内容。

（三）微博传播方式的特点

微博是一种去中心化的 4A 传播，即任何一个用户（Anyone）都可以随时（Anytime）、随地（Anywhere）对任何一个事件（Anything）进行即刻发布。微博能集多种传播方式于一体，微博主体又具有圈群化的特点，因此微博的传播方式具有瞬时性、立体化和裂变式的特点。

2011 年 5 月，本·拉登被击毙，Twitter 比奥巴马宣布消息早了 5 分钟。2011 年 7 月 23 日，温州动车追尾事故发生前 11 分钟，新浪微博网友@Smm-苗“预告”和暗示了这场灾难：“狂风暴雨后的动车这是怎么了？爬得比蜗牛还慢……可别出啥事啊。”类似的案例比比皆是，充分显示出微博瞬时传播的特点：用户只要具备上网条件，拥有发布终端，开设微博账号，就可以第一时间及时快速发布新闻资讯，而不必像传统媒体那样受时间、周期限制。

微博传播能够兼容人际传播、群体传播、组织传播和大众传播，形成一对一、一对多和多对多的双向互动及多向互动，因此微博传播方式呈现出立体化的特点，或是单一传播方式运用，或是两两传播方式并用。比如媒体机构在微博平台发布新闻时，直接@某一微博账号，就是一对多的大众传播和一对一的人际传播并用。立体化的微博传播，不仅覆盖面广，扩大微博的传播范围，更是针对性强，精准度高，提升微博的传播效果。

用户发表的微博可以被众多“粉丝”或非粉丝转发，层层推进，达到快速蔓延的“蝴蝶效应”，如果有微博大 V 账号加入传播链条，则立刻显现出由点到面的裂变式传播。这种裂变式传播不因某一传播节点断裂而中断，也不因人为干预而停止，而且其传播速度和效果是之前任何一种传播媒体所不能比拟的。

三、微博互动的编辑

微博互动的编辑对象一是每天发布在微博上的数以万计的碎片化帖文，二是活跃在微博平台上的用户。对于前者，微博编辑人员一方面要监控审看帖文，管理好微博互动环境；另一方面要精编这些帖文，让微博帖文成为新闻报道的来源或补充。对于后者，编辑要利用微博平台开展各种与新闻传播相关的活动，以形成微博用户的互动，进一步增强用户参与的积极性，提高用户的活跃度。基于此，我们把微博互动的编辑分为审看微博、精编微博和运用微博三个方面。

（一）审看微博

对于微博平台，运营商一般都会安排专门人员监看帖文，维护微博环境。审看的前提是先要建立一套微博管理制度和规范，对相关问题进行界定并明确处罚条例，然后再以此为依据进行监督和管理。比如，新浪微博平台就有五项社区规则，分别是《微博社区管理规定》、《微博社区公约》、《微博商业行为规范》、《微博信用规则》、《微博社区委员会制度》。在《微博社区管理规定》里，对用户违规行为进行了清晰的界定，包括哪些属于危害信息，哪些属于垃圾广告，哪些属于用户纠纷类违规。同时，管理规定还针对这些不同类别的违规行为制定了详细的处理流程和处置办法。

审看微博一方面需要借助系统软件过滤关键词、敏感词和一些明确规定不能发布的内容，另一方面需要人工干预，即由编辑人员对自动过滤的带有敏感词、关键词的内容进行审查、鉴别。合适的放行，不合适的警告或直接删帖。微博中最需要也最易被删除的是违犯我国宪法及民族政策、宣扬邪教、涉黄、涉暴、灌水辱骂他人以及各种中奖链接等。

微博违规内容也有阶段特点，因此审看微博的编辑要定时、定期更新敏感词、关键词库，根据不同时期调整词库。比如高考前，各种卖题或者提供各种作弊手法的微博内容就会多一些，这时就需要建立与这些内容有关的高考专门词库，以加大对高考类别信息的过滤。人工干预也需要根据阶段性特点进行相应的调整和处置。

在审看微博内容时，除了必要的删帖处理外，还应及时关注微博上转发、分享量大的内容和参与、评论数高的话题。编辑可以将这些内容和话题选取出来，或者提交给新闻编辑，或者制作成单独的专题页面，或者设置为热门话题供更多的用户参与讨论。在腾讯微博里，有一个“微频道”，下设“资讯”、“语录”、“动漫”、“文化”等18个子频道，每个子频道的内容都源自微博用户的贡献。很显然，这些内容是微博编辑在审看内容时进行的相应的筛选和推荐。

审看微博的同时还要关注微博发布者，管理微博博主。有网站规定，一个微博用户如果在 24 小时内有五条微博被删除，该博主就会进入敏感名单，然后其之前发过的微博也会被重新审查，如果也存在敏感内容，就会根据内容——时政类、色情类、广告类等——对该微博主打上一个标记，划入不同的敏感微博博主库。在此之后，该微博博主再发一条敏感内容就会加一颗星，加两颗星后，系统就会自动向该博主发警告私信进行提醒，如果该博主继续发送敏感内容就会被关“小黑屋”，该博主发送的所有微博内容都会被系统拦下，审查时间也会明显比一般的用户经历的时间长。

（二）精编微博

对于用户而言，微博平台每天浩如烟海的内容虽然能带来多元化的资讯和观点，但也是一种阅读负担，良莠不齐的资讯还会耗费用户的时间，降低用户的阅读体验。因此，有必要对海量微博内容进行梳理，一方面提取出精华内容供用户浏览，另一方面围绕新闻、话题精编微博内容，从而与新闻报道形成互补。我们将精编微博从微观、中观和宏观上分为三个层次：微新闻（评论）、微专题和微频道。

微新闻（评论）是指围绕着某一新闻将相关微博博主所发布的内容集纳起来，构成以用户原创为主体的新闻报道和评论。新浪网在对“CBA 总决赛第二场北京再胜”进行报道时（见图 7—6），一改往常由网站编写新闻、报道比赛的模式，而是采用微新闻+微评论的方式，将球员赛后所发微博、体育评论员和社会知名人士针对本场比赛的点评汇集成球员声音和各界热议，并与新浪滚动的图文视频报道、网民在微博上的评述集中到一个页面上，构成对比赛的全面报道。微新闻的优势在于能第一时间播报新闻，与网民形成互动，也能在第一时间获得原汁原味的专业评论，虽然没有一般网络新闻规范化的报道和写作，但却是对新闻报道充分的补充和有效的延伸。

图 7—6　新浪微博对“CBA 总决赛第二场北京再胜”报道的截图

资料来源：http：//topic. t. sina. com. cn/sports/cbazjs2/index. shtml。

微专题是指由来自微博平台的内容或微博用户建成的某一事件的新闻专题。它与传统网络新闻专题相同的是要设计专题栏目，分门别类集纳微博中各类用户发布的内容；不同的是它还要整合与事件相关的微博用户，实现内容与用户的双重聚合。腾讯网在对 2012 年“两会”进行报道时，除常规的“两会”专题外，又创建了一个“两会”微专题（见图 7—7）。在微专题中，开设有多个栏目，有以内容为主的“微博播报”、“热门微话题”、“热门提案议案”，以人为主的集纳人大代表微博、政协委员微博和上会记者微博的“两会微博新闻官”，还有将人与内容结合的“两会微访谈”、“五星看两会”、“微博晒提案议案”、“高官微心愿”，“微访谈”的嘉宾、“看两会”的“五星”、“晒提案议案”的发布者、表达“微心愿”的“高官”都是在腾讯微博设立个人账号或政府账号的知名微博。整个微专题的内容都是源自微博用户所贡献和分享的文字、图片和视频，编辑需要完成的工作就是设置栏目，搭建框架，设计页面，然后从万千用户中细挑微博主，从海量帖文中精选微内容，构成一个“UGC”（用户创造内容）式的网络新闻专题。

图 7—7　腾讯网 2012 年“两会”微博报道截图

资料来源：http：//z. t. qq. com/zt2012/2012weilh/index. htm。

微频道是指依据微博内容的性质进行划分、整合而创建的频道。微频道可以与传统的网络新闻频道一样设置“资讯”、“文化”、“杂谈”、“生活”等常规性子频道，但更需要根据微博内容特点和微博用户构成设立些特殊的、有特色的频道。比如微博中机构很多，就可以开设专门的“机构”子频道，微博中的草根和民生类内容众多，就可以专设“搞笑”、“语录”、“美女”等子频道。频道的层级也需要依据内容来确定。腾讯的微频道就设有四级，比如频道主页—时尚—服饰—服饰搭配。有条理的细分能让用户快速、简易地找到自己感兴趣内容的入口（见图 7—8）。

创建微频道需要有庞大的用户基数，需要有包罗万象的海量帖文，需要编辑依据内容性质合理设置栏目，创建标签，只有满足了这些条件，微频道才能成为用户寻求有品质微博内容的入口，才能方便用户关注感兴趣的内容和对象，也才能实现创建频道的实际意义和价值。

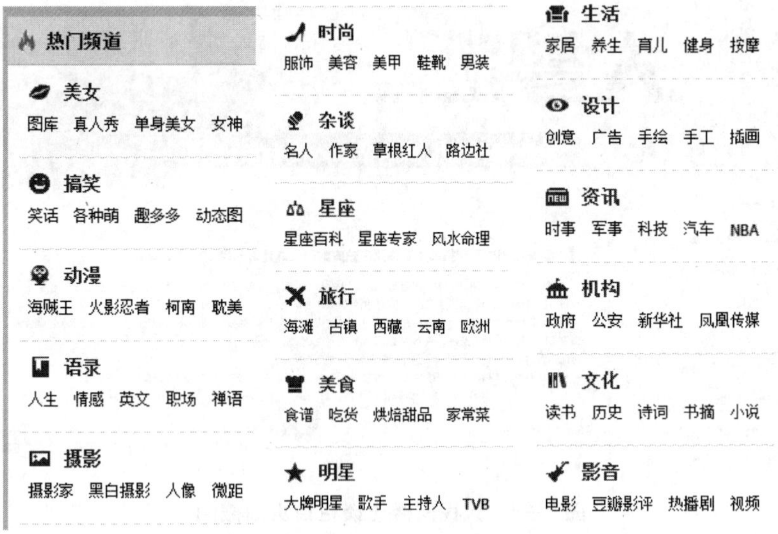

图 7—8　腾讯微频道下的子频道

（三）运用微博

从本质上看，微博是加强用户间沟通、交流的互动类工具，因此，微博互动编辑更多的是要运用好这个工具，在这个平台上开展多种与新闻报道相关的活动，才更能体现出微博的价值。运用微博可以从四个方面着手：微访谈、微直播、微话题和微活动。

1. 微访谈

微访谈是指利用微博平台进行的在线访谈活动。微访谈的所有问题都来自普通网民，各种各样的原生态问题不必经过编辑的筛选和过滤，就可以完整呈现在访谈嘉宾眼中，且由嘉宾直接回答。这样的访谈形式不仅实现了嘉宾与网民之间的零距离交流，还能赢来数万网民的围观和评论。

对于微访谈，编辑的工作与论坛嘉宾访谈基本一致，包括确定访谈话题，联系访谈嘉宾，发布访谈预告，整理访谈问答和编发访谈新闻。在利用微博平台开展访谈活动时，一方面可根据重大事件、新闻热点设计新闻类微访谈，另一方面还可与政府机构合作设计问政类微访谈。人民网微访谈里既有关注当前热点和社会问题的“大智汇系列访谈”——说时事、论财经、论政务、看世界，也有“微观梅州”系列微访谈，通过与梅州市政府合作，将微博平台作为政府与群众沟通的新模式、新渠道（见图 7—9）。

2. 微直播

直播是网络媒体报道的特殊表现手段之一。过去，网络直播都是在专门的直播页面上由速录员现场实录，然后由直播员逐条、逐段地发布出去，尽管能做到快速、及时，但由于是在网站内置的直播软件上完成，互动性不强，网民的反馈、点评很难与

图 7—9 人民网微访谈栏目页面截图

资料来源：http：//t. people. com. cn/talksV3/0-37. html。

直播内容融为一体。微直播，是利用微博开放平台完成的新闻直播活动，具有快捷性、现场性与互动性的特点。它既可以由网站直播员实时播报，也可以让网民通过与手机、MSN 等绑定的微博观看直播、参与播报、发表评论，而直播员在看到网民即时评论后还能答复或再评议。

微直播的编辑与一般网络直播大致相同，可以在直播中加入图片、视频、超链接、背景资料等。需要区别的是，当有网民加入进行直播时，要通过添加标签的方式将直播员的播报与网民的播报、网民评论区分开来，以方便网民的浏览。微直播的优势在于提升了网络直播的互动性，强化了网站与网民的沟通交流，特别是在现场的网民如果能直接加入到播报行列，则会使直播内容多元化、立体化。

3. 微话题

互联网的传播方式在一定程度上减弱了网络媒体的议程设置功能，但微博作为强互动性的开放平台，因关注与被关注对象的广泛性和层次性，有了一定的议程设置功能。这种议程设置功能主要通过“微话题”展现出来。在 2010 年舟曲泥石流灾难报道中，普通网民 Kayne 发布的每一条信息、图片和评论都成为议论和转发的对象，这个话题很快就上榜“1 小时话题榜”，并成为新浪微博上排名第一的话题。当此话题成为热门话题后，话题的关注度快速提升，数以万计的网友参与到话题的讨论中。

微话题可以是个人发起，也可以是网站编辑发起。个人发起的微话题一般以个人兴趣、爱好来设定，参与面有限，讨论程度不太深入。网站编辑发起的话题主要根据新闻热点和网民关注程度来设定，编辑作为话题主持人可以开设专门的话题页面，编撰话题的新闻内容和背景资料置于页面突出位置，推荐置顶某个转发、评论较多的帖文，提炼话题讨论中的多元观点，设计正反方进行 PK 争鸣等。微话题的讨论结果还可以编写成新闻稿供网站使用。在技术层面上，要给予用户最简单、最便捷加入微话题的入口和路径，微博话题页面自动收录含有该话题词的相关微博，运用技术手段及时反映热点便于编辑跟进设置话题，自动编排最新、最热、一小时、一周、当月和年度热话题排行榜，对话题进行适当分类等。

微话题主动设置话题引导舆论的功能已经被传统媒体所认识和重视。《京华时报》、《南方都市报》、《中国新闻周刊》、《三联周刊》等上百种报纸、杂志和电视台通过微博发布新闻作品的内容摘要、关键词并对重要新闻进行链接，利用微博的快速传播通道及时对新闻内容进行推广发布，达到新闻的裂变式传播，从而提升新闻的阅读面和影响力，实现媒体的议程设置功能。

4. 微活动

微活动是指利用微博平台用户量大、覆盖面广、圈群化的特点，以及微博传播的互动、裂变的特征，开展各种各样的活动，以达到组织用户、宣传推广、展示形象、提高影响力的多重目的。微活动常被用于企业营销、市场推广、产品推介，但也可以用于新闻报道的活动征集、新闻爆料、组织评议以及社会公益活动。比如《人民日报》微博就曾通过微博平台发出过“面向网友征集《你好，明天》（微评论）稿件”的征稿启事。

微活动需要精心策划，周密组织。在活动主题上要尽量贴近用户，选择易参与、易传播、易形成热点的活动。在活动开始之前要制定严谨的活动规则和细则，体现出活动的规范性及公正公平。在微活动实施过程中，要及时发布线上活动的文字报道，晒活动图片，发布活动视频等，还可以借助其他社会化媒体进行活动的推广和分享。同时还要适时监测转发量、评论数、粉丝增长数等情况，做好数据分析工作。微活动中最重要的是要吸引尽可能多的用户加入、参与，只有参与度高，互动活跃，才能达到微活动的营销效果。

第四节 | 网络互动的管理

作为互联网最本质特征的网络互动，一方面活跃着网络环境，扩散着网络的覆盖面和影响力，另一方面也因匿名的发言者、良莠不齐的内容危及网络空间的生态。管理网络互动是新媒体编辑的重点更是难点，其管理策略尤为特殊。

一、网络互动管理的目标与原则

网络互动的管理集中在三个层面上：互动参与者的管理、互动内容的管理和互动环境的管理。

互动的参与者来自各行各业，草根群体、精英群体和党政人士以不同的面目出现在互动空间，人人都是意见和观点的表达者，人人也都是信息和内容的传播者，但由于参与者的身份认证没有一定的约束，这使得网络管理者很难防范和监控传播者的行为，也无法追究各种网络违法、违规行为背后的传播者的责任。

互动中的言论既有精彩的观点、深刻的见解、深度的研究，也充斥着信息垃圾、违法违规帖文和不良信息，既有健康、激烈而理性的对话交流，也有歧视性、攻击性与偏激的争执与攻击。浩繁、庞杂的新闻、信息内容在各互动空间无序流动和大范围传播，使得管理者很难完全对内容进行实时监控和筛选。

无论是留言板还是BBS论坛，都具有开放的信息交流方式、广泛的参与性、匿名的虚拟性等特征，简单的注册机制使网络互动成为一个不需要护照、没有严格身份认证、出入自由畅通的自由“网”国。同时，上百万的网站留言板、网络论坛、网络调查、博客、微博良莠不齐，社会责任意识参差有别，使得网络互动的环境尤其复杂。

网络互动管理的总体目标是既要利用互动扩大网民群体，增强网民参与度，让更广泛的人群在互动中交流沟通，贡献内容，提升网站的互动力；又要通过制定各种规章制度，杜绝有害信息和网络“害群之马”，确保互动平台的健康、安全、高效。

网络互动管理的总体原则是趋利避害，加强引导。网络互动是把“双刃剑”，趋利避害，就是要建立、健全与互动管理相关的各项规章制度，并依此发挥互动空间的积极作用，审核过滤不良、有害信息。加强引导，就是抛开简单的删除与封堵，通过设置各种议题，或者撰写理论、评论文章，或者邀请嘉宾与网民交流等方式，向网民解疑释惑，纠偏网民观点，提高网民认识，引导网民正确评论社会热点事件。

二、网络互动的管理策略

针对网络互动的三个层面，管理策略也基本围绕着这三个层面展开，在具体管理过程中，要将删、封、堵等硬管理手段与策划、调控、引导等软管理手段结合，既要坚持基本的互动管理原则和要求，又要在管理中做到张弛有度、松紧结合，保证互动的参与热度。

（一）对参与者的管理

网络互动的参与对象形形色色，大多数网站为了扩大用户群、吸引用户积极加入，在用户注册环节要求用户提供的内容比较少，也没有特别强制性的规定，缺少用户准确、有效的信息，这给后期的管理带来了难度。因此，对于参与者的管理，要从以下几方面着手。

第一，要对参与者的身份、资格进行管理，根据参与者自我提供的信息、管理者对参与者发言的分析以及其他相关资料来判断参与者，然后做出相应的分类。

第二，要对互动对象中的重点人物加以关注。无论是发帖活跃用户、讨论活跃用户、评论活跃用户还是互动中的意见领袖，都应纳入特殊用户管理数据库，并深度掌握这些用户的基本情况，了解他们的言论观点。必要时，互动管理者还应与重点人物建立一对一的联系，发挥他们的力量来共同维护、管理互动环境。

第三，组织互动类活动吸引网友参与，丰富互动内容，提高网站互动力。比如，人民网强国论坛每年一度的“十大最受欢迎嘉宾”评选活动、“中国网民口碑奖”评选，新浪论坛举办的“年末跳蚤市场，大家转旧物啦”活动，数码论坛推出的“摩托罗拉四款全新旗舰智能机体验”活动等，都是通过各类活动的组织调动网友的积极性和参与度，在活动中加深与网民的沟通交流，也让网民彼此之间建立横向联系。

第四，作为互动的组织者，除了服务于网民、培育忠诚度较高的网民外，还需要建立一支自己的网络互动队伍——可以从网民中挑选专职人员，也可以从网站内部选择兼职人员。网络互动队伍的职责是多样化的，不仅仅是上传、发帖、转帖、跟帖、删帖，还兼有维护互动环境、迅速批驳谣言、澄清事实、正面引导、与网民建立良性的互动关系等职责。

在对参与者进行管理的过程中，还需要特别注意对参与者注册笔名或昵称的管理。对于违规的笔名或昵称，如以党和国家领导人或其他名人的真实姓名、字号、艺名进行注册的，以国家机构或其他机构的名称注册的，以不文明、不健康之笔名注册的，都必须进行封禁或注销其注册账号，对于屡屡违规的参与者，可以将其列为重点审核对象，将其有限期封禁或无限期封禁。

有些互动应用还给予参与者签名档的权责。所谓签名档，也就是电子名片，即网民在注册笔名或昵称时，附上文字、图片或视频，还可以加上链接，作为自己的个性化名片。每次发帖或回帖，都会同时显示出自己的电子名片，省去了烦琐的手动输入。签名档是网站赋予参与者的权利，但签名档的内容一样要纳入到对参与者的管理之中，要遵守网站的用户管理守则，不得出现任何违法、违规内容，如宣扬反动思想、封建迷信、淫秽、色情、赌博、暴力、凶杀、恐怖、教唆犯罪、种族与宗教歧视、猥亵等信息性内容。出现以上内容，应做删除处理。

互动管理者在对参与者进行严格管理和主动引导的同时，也要注意对用户注册信息保密，除非政府等部门因法律需要出具公函，网站不得将个人信息泄漏，不得接受任何个人或单位查询用户注册信息和 IP 地址，网站可以接受用户对用户名遗忘的查询，但不可接受用户对密码的查询。

（二）对互动内容的管理

网站互动内容浩繁庞杂，良莠不齐，是网络互动管理的重点和难点。内容管理分为制定规则、过滤审核和选择推荐三个环节。

1. 制定规则

制定规则，包括制定内容审核管理规范和内容选取准则。每一个网站的互动应用都有自己明确的内容管理要求，尤其是对于哪些内容能发布，哪些内容不能发布，都有严格的禁止条例。比如新华社区在管理规定里明确以下内容是禁止发布的内容，并对违规用户制定了惩戒办法。

用户在新华社区发布信息时，必须遵守国家有关法律规定，并承担一切因自己发布信息不当导致的民事、行政或刑事法律责任。用户在新华社区所发布的信息，不得含有以下内容：

（1）违反宪法所确定的基本原则的，含有法律、行政法规禁止的其他内容的；

（2）危害国家安全，泄露国家秘密，颠覆国家政权，破坏国家统一的；

（3）损害国家荣誉和利益的，攻击党和政府及其领导人的；

（4）煽动民族仇恨、民族歧视，破坏民族团结的；

（5）煽动非法集会、结社、游行、示威、聚众扰乱社会秩序的，以非法民间组织名义活动的；

（6）破坏国家宗教政策，宣扬邪教和封建迷信的；

（7）散布谣言或不实消息，扰乱社会秩序，破坏社会稳定的；

（8）散布淫秽、色情、赌博、暴力、凶杀、恐怖信息或者教唆犯罪的；

（9）违背中华民族传统美德、社会公德、伦理道德以及社会主义精神文明的；

（10）宣扬种族歧视，破坏国家、民族、地区团结的言论和消息的；

（11）侵犯他人肖像权、姓名权、名誉权、隐私权或其他人身权利的；

（12）恶意重复、大量发布各种信息的；

（13）未经新华社区同意，张贴任何形式广告的；

（14）利用本服务进行故意制作、传播计算机病毒等破坏性程序，或针对本服务、与本服务连接的服务器或网络制造干扰、混乱的；

（15）发布信息时，任何人不得以任何原因对任何一位用户或公民进行人身攻击、侮辱、谩骂、诋毁、中伤、恐吓等，不得侵害他人合法权益。

如用户在新华社区发布信息时，不能履行和遵守协议中的规定，本网站有权修改、删除用户发布的任何信息，并有权对违反协议的用户做出封禁 ID，或暂时、永久禁止在本网站发布信息的处理，同时保留依法追究当事人法律责任的权利，新华社区的系统记录将作为用户违反法律的证据。①

2. 过滤审核

过滤审核，包括技术审核和人工审核。网络互动内容来源复杂，涉及方方面面的文章和观点，每天的上帖量都在上万条，多者高达几十万条，完全依靠人工审核不现实，但完全由技术审核又难免出现遗漏、误判和错误。因此，在互动内容管理上，网

① 《新华网新华社区用户协议》，http：//misc. home. news. cn/common/html/yhxy. html。

站一般都采取设置关键词过滤的技术审核与先发后审的人工审查相结合的方式。

商业性网站一般都实行先发后审制度，新闻类网站则多采取先审后发制度，特别是对互动中的时政性内容，更以先审后发为主。但是，上贴的文章和评论审核间隔不能过长，一般以不超过 20 分钟为宜。审核间隔时间太长会影响发帖者的积极性，不利于形成互动。

互动内容的审核分为两类，一类为彻底删除，即将网民发帖或评论直接、完全从网站系统后台数据库删除，不再显示，无法进行存档或修改等操作，而且一经删除后将无法恢复；另一类是不通过内容，即不在网站前台、网页或频道上显示，但内容可以在系统后台显示，可以进行存档或修改操作，如有必要可在修改后再次提交。

一般情况下，互动内容的审核把关尺度上相对宽松，只要不属于删除、不通过的内容，即使观点有些偏颇，言辞有些激烈，表述有些不准，也都可以通过。同时，对于被关键词过滤下来的文章或评论，需要每篇都打开审看，以确定内容是否可以通过。对于文章或评论中带有链接的，也需要点击进链接逐一审看。

3. 选择推荐

选择推荐，包括选择文章和推荐引导。互动内容管理者要在浏览、审看文章的过程中，有意识地选择高质量、有水平的文章向其他网民推荐。选择的文章一是要符合当前新闻宣传工作的要求，既包括对敏感问题、热点问题和焦点问题关注的相关文章和评论，也包括国内、国际政治、经济、文化等各类话题性探讨；二是尽量做到来源多元化，思想多维度，观点多样化，不能集中在某一群作者、某一类话题上，体现出话题的广泛性和内容的深度性。

经过选择的文章可以利用多种渠道向外推荐，可以在互动页面置顶来突出显示，可以推荐到与文章内容相关的新闻频道，可以推荐到网站首页，还可以将精华文章单独制作成专题或电子杂志向网民邮箱直接发送。推荐精彩文章和热帖、热评是网站加强互动引导的必要手段。

（三）对互动环境的管理

网络互动的参与者构成复杂，网络互动的内容又纷繁杂陈，网络互动环境也呈现出复杂性、多面性与无序性，因此网络管理者需要掌握互动环境的高度开放性与紧密交互性的特点，学会利用互动空间一方面宣传国家法律、法规、政策、方针，了解社情民意，有效引导舆论；另一方面利用互动空间延伸或补充网站内容，聚集人气，留住网民，进而营造和培育出健康、积极、良性的网络互动环境。

对互动环境的管理需要从他律和自律两个方面着手。他律即管理者要建立健全互动空间的基本管理制度，如用户管理条例、版主管理制度、互动奖惩制度、积分管理规定等。以下是网易论坛汇总的论坛基本制度，不仅有用户管理条例、昵称签名档管理规范、版面活动申请流程及审批等论坛基本制度，还包括版主考核奖惩制度、交互

"友情链接"与删帖特殊管理制度、虚拟体系基本管理规定以及论坛相关产品功能使用规定。严格而细致的管理制度和条例为建造良好的互动环境提供了保障。

网络论坛基本制度（汇总）

一、网易论坛基本制度

网易论坛用户管理条例

网易论坛昵称、头像、签名档管理规范

网易论坛版主管理制度

网易论坛版主申请规定及流程

网易论坛各分区及版面活动申请流程及审批制度

二、网易论坛奖惩制度

网易论坛版主考核及奖惩制度

严禁版主从事网络合作进行违规操作

禁止版内擅自组织灌水盖楼等活动

三、网易论坛特殊管理制度

网易论坛交换"友情链接"合作申请流程

网易论坛删帖申请处理流程（非发帖人本人）

四、网易论坛虚拟体系（积分、礼物等）基本管理规定

网易论坛基金管理制度

网易论坛虚拟礼物管理条例

五、网易论坛相关产品功能使用规定

网易论坛基本功能操作 FAQ

网易论坛新手任务帮助说明

网易论坛积分的获得及使用（消耗）途径

网易论坛等级体系及对应头衔标识

网易论坛升级制度及升级方法

网易论坛虚拟礼物简介及操作说明 ①

自律即探索网民自我管理模式，让网民自己管理自己，彼此相互监督制约。可以吸收论坛、博客、微博等互动应用中有水平、热心管理工作的网友参与到管理之中，聘请他们担任专职或兼职管理员，这样既能减轻管理者的工作量，减少网站管理员与网友的直接冲突，也能让网民在自我管理中自我约束，增强管理效果。可以将一些非时政性、娱乐生活休闲类的互动论坛或贴吧交给兼职版主管理，赋予他们对内容审核、修改、删除等部分权利，担负起管理内容的责任，同时也由他们来组织互动类活动，设置话题。

---

① 《网易论坛基本制度汇总》，http：//service. bbs. 163. com/bbs/bulletin/182288151. html。

互动应用是以网民为中心的技术应用，无论是论坛、贴吧、博客或者微博，都是让网民自由发言的空间，因此，网络互动管理不能太生硬，否则会导致网民的反感和疏远。因此，网民自我管理的模式符合网络传播以人为本的特点，能有效化解矛盾，增强互动的亲和力。

思考题

❶ 2012 年 11 月，一名在湖南省凤凰县支教的大三女生在微博上接连揭露其看到的“营养午餐”现状——“国家拨款 3 元的营养午餐，到孩子手上，就是一盒牛奶、一片小面包，你们要让这些孩子饿死吗?”事件经媒体报道后引起了广泛的社会关注和网民的强烈反响。

作为一名网络互动编辑，请你思考如何利用网络互动工具对此事件进行舆论引导。

❷ 在微博盛行的网络环境中，网易新闻跟帖为何还有很多的网民参与?

❸ 从网络互动管理策略角度阐述如何对微博进行管理。

第八章 网页意义与设计制作

本章要点

认识网页的特点和结构类型，了解表达网页意义的语言和手段，重点掌握网页设计的布局原则、技术要求和制作技巧，有针对性地学习网站首页的设计和布局。

关键词

网页特点　结构类型　网页语言　首页布局

互联网的广泛普及和无所不包的内容使得人们对它的依赖越来越强，但是，一个网站能否最终留住用户，黏住用户，除了内容层面的"有用性"，还需要形式层面的"易用性"。网页设计看上去独立于网络新闻编辑之外，但本质上两者存在着千丝万缕的关联，在内容消费越来越注重体验的时代，任何一丁点儿的设计变化都能带来不同的体验感受。

第一节 | 网页特点与结构类型

网页，又称 Web 页，是一个网站构成的基本单元。网页的基本元素包括内容、图形、链接、色彩、特效等元素。网页是网络媒体发布新闻、传播信息的基本载体，类似报纸的版面，但网页的特点与结构与报纸版面又截然不同。

一、网页特点

（一）结构的稳定性

传统报纸和期刊在出版之前都有一项固定工作：组版，即组织编排版面上的内容和策划设计版面的视觉样式。这就意味着报刊的版面布局是随着出版周期而每次变动的，读者每次看到的版面样式都是不同的，以至于报社经常会出某一日版面的纪念品，收藏家专门收藏某一日报纸的版面。

相比较报纸、刊物，网页的整体样式和格局具有较强的稳定性。一是网页页面一旦设计完成，要经过很长一段时间才会改版，新浪、网易等门户网站近些年几乎没有任何大的改版。二是在设计完成的网页上，区域、位置、新闻条数都是相对固定的，原则上不能随时随意变动，变动的是框架结构里的内容。三是网页上的表现形式也基本是固定的。文字、图片、音视，动态或静态，都在发布流程中限定了形式和格式。

网页的稳定性特点使网页看上去很呆板，但是对于网络新闻报道却是必要的。互联网的海量新闻需要有一定之规的网页来控制报道量、突出重点和引导网民阅读，网页的相对稳定性不仅便于网络媒体发布新闻、内容归类、广告编排和设置议程，也便于网民的浏览。如果网民每次都要在网页上像大海捞针般地搜寻内容，浏览的兴趣和效果都会大大降低。

（二）浏览的跳跃性

网页间的组织结构比较复杂，有序列结构、层次结构，也有网状结构、复合结构等，超链接属性可以让网民随意浏览任何一个频道、任何一条新闻，在各个网页以及一个网页的各个局部之间跳转。这种跳跃性给处理网页设计中的层次与导航带来了一定的难度。面对不是按照一定顺序排列而是自由分散的网页，设计者需要考虑如何建立网页浏览路径、如何构建合理的页面组织结构，以及如何建立网站索引、频道地图和清晰的网络导航系统，让浏览者对海量信息感到条理。

（三）构成的多媒体性

随着网络带宽的增加以及家庭宽带网络的普及，网页中的多媒体元素越来越多。目前网页中使用的多媒体元素包括文字、图像、声音和视频。数字压缩技术的改进和流媒体技术的推动，使网页可以承载实时的音频和视频服务，比如在线音乐、在线广播、网上电影、网上直播等。此外还有承载广告的形形色色的 Flash 即富媒体广告。多媒体综合运用是网页的新特点，也是未来发展的方向。

（四）展示的灵活性

网页的灵活性体现在两个方面，一是页面的长短可以伸缩。不同于报纸的固定尺寸，网页的可视页面以“屏”为基本单位，网页可以是一屏，也可以是多屏，网页的长度依据内容的多少和网站的风格来确定。二是发布与改动的灵活性。报纸出版必须完成所有的组版、印刷工作才能出报，网页的更新可以全面改版，可以局部改造，页面内容可以整体更新，也可以区域变动，色彩、大小、尺寸都可以随意调整。

（五）设计的艺术性

网页是网络技术与艺术创意的结合体，网络技术是网页设计的基础，是外在的客观因素，艺术创意则是网页设计的升华，是内在的主观因素。设计网页的过程是主观与客观共同作用的结果，是在掌握网络技术基础上的自由想象。目前，网页的多媒体性使网页的艺术效果远远高于书籍或报刊等印刷媒体，而更接近于电影或电视的欣赏效果。

二、网页的结构类型

文无定法，网页设计也是如此，因而网页的结构布局创意迭出，奇思妙想让人眼花缭乱。但总体上看，网页设计还是有规律可循的，产生了不同类型的结构和布局。

（一）对称与不对称型结构布局

对称广泛存在于我们的生活之中，这一法则被经常用于工业产品、建筑及网页设计中，人们在生理上、心理上都已习惯并接受对称、均衡之美。对称的设计是以中轴线为依据进行设计的，有垂直对称与水平对称两种形式，此外还包含有不完全对称与对称中的不对称两种变化。

对称式结构因其设计过于简单，不利于内容安排，在现代网页设计中运用很少，主要用于个人定制型页面，如图 8—1 所示。

图 8—1　网页对称结构页面图示

不对称纵栏结构是目前最普遍的网页结构。网页被纵向分成若干栏，各栏宽度不一，过去多为两栏或三栏，现在随着网页宽度从 800px 扩展到 1 024px 或 1 200px，网页栏数也在增加，四栏形式的网页频频出现。

以三栏不对称结构为例，左侧一般为次重点栏目或内容，中间部分为主体，突出重要内容，右侧与左侧价值几乎同等，根据设定的栏宽来判断内容的重要性。

不对称结构的优点是页面简洁明了，结构清晰，符合人们的浏览习惯；缺点是雷同感，没有新意。如果从上到下一纵到底，左中右内容会互相牵制。因此在设计不对称纵栏结构时要适时考虑上下切割、分区，以便于平衡内容。

网易新闻中心页面采取的是典型的三栏不对称纵列结构（见图 8—2），为了不让左中右内容的长短相互影响，设计中采取了用通栏广告分割的方式，形成一个个区块。

（二）单一模块式和综合模块式

单一模块式又叫插图式，以一张图片作为主题，文字信息很少，只有几个主要链

图 8—2　三栏不对称结构页面图示

接，就像一张插图。比如图 8—3，网页上部是菜单按钮，整个页面一句话（左边），一张图（右边），灰黑分明的对比色，左下的留白给人以空间想象。整体看上去重点突出，诉求很明确，视觉效果非常漂亮，对访问者产生了很强的黏性。

单一模块式的网页内容简单，页面干净、简洁，一般搜索引擎、SNS 社区以及一些企业网站经常采用单一模块式的网页设计方法。

综合模块式是将页面从上到下或从左到右划分为若干个模块（见图 8—4），每个模块大小面积不一，模块内根据内容再分成纵栏或横栏，模块之间用线条、方框、留白或颜色来区分，有时还会采用不规则的异形模块。综合模块式网页结构相对比较复杂，对设计者的要求很高。

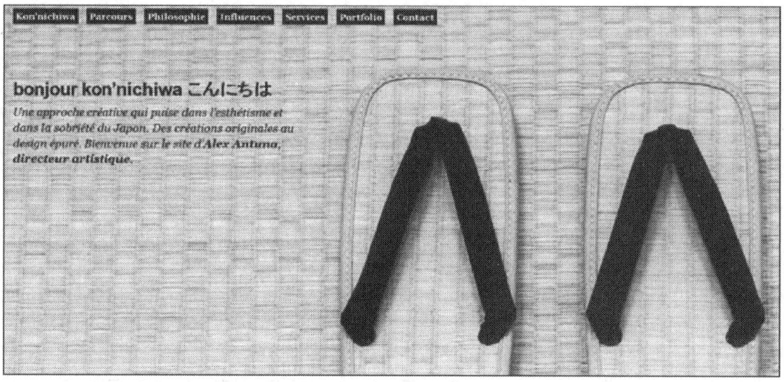

图 8—3　单一模块式页面图示

（三）纵横交错式

纵横交错式的网页设计上没有一定之规，主要依据内容交叉采用竖式或横式来编排，网页的视觉中心聚焦在中心部分的头条新闻上，整个网页内容虽多但各在其位。如图 8—5《华尔街日报》英文网站的首页。

（四）Flash 动漫式

Flash 动漫式是单一模块式的升级。整个页面被设计成一张 Flash 动漫图，将网站主题、艺术审美和网络技术融为一体，还可以配乐，具有强烈的视觉冲击力。Flash 动漫式网页虽然像素很高，但目前网络带宽和 P2P 技术基本能保证页面在较短时间就可以打开，慢慢欣赏，当然也可以设计为快速跳过。

图 8—4　综合模块式页面图示

图 8—5　纵横交错式页面图示

第二节 | 网页语言

报纸通过对新闻内容的版面安排、字体字号、线条图片等版面语言的运用，传递出一定的编辑思想。网页也是如此，它通过对图文、音视频、互动等内容的不同设计与安排，对位置、面积、色彩、动静与字体的选择，表现出网页设计思想和页面意义。网页意义的表达由内容和形式两部分构成。内容部分主要在于新闻的选择、标题的制作和多媒体的运用。形式部分主要在于位置、面积、色彩、动静和字体，这些构成了网页语言。

一、位置

位置是表达网页意义的第一手段。不同的网页位置吸引浏览者的注意力差别很大。传统报纸有“金边银角草肚子”之说，网页虽没有类似说法，但所有设计者都知道“首页首屏”是网页的黄金地带。首页是一个网站最强势的页面，也是代表网站风格的页面，是网页设计的重中之重。由于网页的可视单位是“屏”，电脑屏幕的大小与宽幅是有限的，浏览网页只能用拖动浏览器滚动条的方式一屏一屏地去看，因而首屏是一个页面的强势地带。

当然，位置的作用也不是绝对的，在其他手段的影响下强弱位置也会产生易位。弱势的位置如果有色彩、动静、字体等网页元素的配合，也会成为强势位置，类似于报纸的“倒头条”。尽管在理论上网站首页首屏是“黄金”位置，但现在门户网站和商业网站都存在顶部过重的问题，导航条、广告、工具栏等非新闻内容占据了首屏的大部分位置，因而网站采用加大字号、改变颜色、扩大面积等方式突出新闻板块。

二、面积

网页设计的基本方式是“切割”页面，划分区域，区域面积大小是网页表达意义的又一手段。一般情况下，面积的大小与表达意义的强弱成正相关，但也要与位置、字体、颜色等其他因素综合考虑。有时强势位置上的较小面积也会比弱势位置上的较大面积更引人注目，大块面积中密密麻麻的小字要弱于小块区域的特大字号。

网页上面积大小是否能起到相应的作用还受制于页面均衡的原则。如果都是大块面积，也就没有强弱之分了。因此，要先突出面积的作用，必须要遵循网页均衡的原则，只有在大小对比的情况下，才能显现出面积对于网页表达的价值。

三、色彩

2008 年 5 月 19 日—21 日是四川汶川大地震后的全国哀悼日，几乎所有的网站这三天的主页颜色都变为黑、白、灰三色，有的网站从主页、频道首页到文本页都变了。网站用沉重的黑色无声地表达出悲伤的心情和沉痛的哀悼。

在网页构成元素中，色彩是最富有情感的一种元素，也是表达意义最直接的一种手段。每一个网站都有自己的主色调，设计页面时首先要考虑页面的颜色与主色调的风格统一。其次要在主色调之外采用同色系的颜色。这样网站的页面颜色既有层次，又保持整体格调一致。

不同的色彩代表不同的情感，可以用来突出表达不同的内容和意义。红色有欢庆、喜悦的作用，也有警示的作用；绿色有生长、健康的作用，也有环保的作用；蓝色象征着沉稳、理智，也代表着深邃、神秘；黑色意味着庄重、严肃、沉重等。

在网页设计中，颜色是最难把握的一种表达方式，也是最需慎重使用的一种表达网页意义的手段。网页颜色讲究均衡、协调，过多、过密地频繁使用，非但起不到预想的作用，还会过犹不及，影响页面的整体观感与视觉效果。

四、动静

大多数的网页都以静态的文字和图片呈现内容，但如果在静止的网页上增加动态内容，那么这些动态性内容自然就会吸引浏览者的注意力。网页上常见的动态表达方式有：内嵌在网页上的 Gif、Flash 动画，独立悬浮在网页上的图片、随页面一起打开的弹出窗口。如果能够根据页面内容需要和宣传报道需要科学、合理、均衡地使用网络动态表达方式，就会收到事半功倍的传播效果。但对于网页动静内容的安排，需要更多考虑用户的视觉效果。

用动静手段表达网页意义要注意两点：第一，要动静相宜，发布位置、出现时间与表现形式应综合全面考虑，一屏页面上运动的图片或板块不超过三个，同一个时间内不宜出现两个以上“大运动”的内容。最忌讳“满目动感”，这非但不能分清主次、突出内容，还会减慢网民打开网页的速度。第二，目前大多数网站都把具有强烈表达效果的运动手段给了各类广告，比如按钮广告、富媒体广告、漂移广告和弹窗广告，而一些安全软件又将这类用 Flash 制作的动态图屏蔽了，用运动来强调效果的意图无法实现。因此，在设计动态图像来表达网页意义时要考虑如何不被屏蔽的问题。

五、字体

字体的变化也是影响意义表达的一种手段。宋体沉稳，楷体秀气，黑体庄重，隶书文雅，不同的字体表达着不同的思想和文化。目前，网页浏览器能包容、显示的中文字体只有寥寥几种，因此字体表达网页意义的手段作用有限，但可以将文字制作成图形，图片相比文字更能吸引阅读。

第三节 | 网页布局原则与制作要求

网页是网络技术、图像制作技术和美学、艺术相结合的产物，网页设计有基本的布局原则，同时还有相应的技术要求和一定的设计技巧。

一、网页的布局原则

(1) 主次分明是网页设计的首要原则。新闻网站以新闻发布为主，因而在设计网页时要突出新闻内容，其他内容次之；综合门户网站内容庞杂，但每个门户网站都有自己的核心竞争力，以最核心的内容为网页设计的重点；Web2.0 网站以用户为主，网页上要突出一个个用户的图像和信息；商务网站则应围绕商务信息设计布局网页。总之，网页设计主次分明既指通过页面布局清晰显示网站的主体业务，也包括具体设计运用网页表达手段要突出重点内容。

(2) 尽管有多种网页内容，但无论选用哪种网页布局方式，都要做到板块清晰，结构合理。通过将具有某些共同特点的内容、栏目，依照一定的逻辑关系或编排组合，或有序区隔，形成条理清楚的分区，易于用户的浏览和信息查找。页面的板块区隔可以借助点、线、面、颜色、色块甚至广告来加以区分。

(3) 搭配平衡是网页设计的重要原则，也是网页设计的难点。搭配平衡包括文图搭配、颜色搭配、栏目搭配、面积搭配、动静搭配、标题长短搭配等。达·芬奇说："完全的美感是建立在各部分之间的神圣的比例关系上的。"搭配的艺术就是寻求各种关系的比例及最完美的平衡。

(4) 坚持形式为内容服务的原则。网页设计是一门综合艺术，是表现内容的一种手段，因此，网页设计无论有怎样的流派、类型，有多么前沿的图像、图形技术，设计出的页面如果只有美学欣赏效果而不能升华内容，形式喧宾夺主掩盖了内容的价值，那么一切的设计都将徒劳无功。形式服务于内容，就是要通过页面设计让原本平淡的内容神奇出彩，让原本被淹没的内容夺目而出。

二、网页设计的技术要求

（一）兼容不同的浏览器

网页浏览器是用于显示万维网或局域网中的文字、影像及其他资讯的一类软件，用户只有借助浏览器才能简易而迅速、准确地打开各种网页。如果设计的网页不能兼容各种不同的浏览器，就会导致网页打不开、网页变形或网页设计的效果不能体现等问题。目前浏览器种类繁多，已知的浏览器有 Firefox（火狐浏览器）、360 浏览器、Chrome（谷歌浏览器）、IE 浏览器、搜狗浏览器、百度浏览器、猎豹浏览器等。因此，设计网页的首要问题是解决兼容问题，要让用户无论用什么浏览器来登录网站、浏览网页都能显示统一的设计效果。

（二）导航路径明晰合理

现在的网站内容越来越丰富，层级越来越多，用户进入网站就像进入了迷魂阵，因此在网页设计上特别要求导航路径清晰，逻辑层次明了，特别是导航条和路径条的超链接一定要准确无误，大的门户网站或商务网站应该制作方便用户的网站地图，尽量减少层级，让用户能直达目标层。有些网站为了提高新闻访问量，采用嵌套、点新闻进频道、进专题的方式，让用户掉进了技术陷阱。

（三）控制网页文件的大小

页面文件的大小与页面传输、下载和显示之间有了正相关性，页面文件越小，网页打开速度越快，反之则越慢。尽管网络用户的带宽都比过去有了很大的改善，但网页内容也比过去丰富、庞杂，因此要控制页面文件的重量，保证用户在 2～5 秒内看到网页的全部或部分显示。根据 ALEXA 网站的统计显示，新浪网页面的评价加载时间为 2.282 秒，腾讯网为 2.528 秒，搜狐为 2.673 秒，谷歌为 1.579 秒。

控制网页文件的大小最重要的是控制页面上图片的大小。一张 15k 的图片可能只有邮票那么大，文件大小却相当于 7 500 个汉字，因此为提高页面的传输和显示效率，页面上的图片总量不宜过大，同时，单张图片的文件大小也不宜过大。一些内嵌过大图片的网页往往会在下载时发生“梗阻”，所有文件都下载完了，图片还迟迟不能显示。此外，图片、Flash 动漫也不宜集中在一个 html table 中，那样也会造成文件过重，无法打开局部页面。

三、网页设计的制作技巧

（一）元素的分散

网页设计有一个“规则”：不要在同一个页面上使用太多好看的元素，否则会影响用户的注意力，抢眼的颜色、3D 效果、漂亮的图标和按钮可以给页面增加一些闪光点，给人一种高品质的感受。但是，如果用滥了，就会产生一种叠加效应，使页面变得混乱，用户变得迷惑。因此，网页设计必须做到用设计语言将焦点引导到正确的内容上，将最重要的内容带到最前面，从而避免用户分散注意力。

（二）适当的留白

“留白”一词往往容易被误解为从字面解释的空白。网页设计较为准确的描述则是网页各个板块元素之间的空间范围。现在网站的首页尤其是首屏都是寸土寸金，一点点儿的空间都被挤占满了。但是“留白”对于网页设计非常重要，留白不至于让页面元素都堆积在一起，给出页面足够的“呼吸空间”。如果实在需要放置更多的内容，可以采用类似图片轮显的方式，尽量在最小的面积中传递最大量的信息，而不是将空间占满。

（三）善用白色和灰色

白色，因其明度最高，无色相，明亮干净、畅快、朴素，永恒无瑕，在自然界象征着极致的纯净与贞洁。白色优雅、平和而简单，没有强烈的个性，因而在网站设计中，白色具有高级、科技的意象，是永远流行的主色调。轻快的白色可以给人很好的轻盈动感，运用得当可以让其他任何浅颜色及亮颜色呈现出其深度、明度和饱和度的不同，通过对比让其亮色更加明快、专注和舒适。用白色作为设计页面的主色调，要掌握一些小技巧，比如让链接更容易识别，使用浅色或亮色；减少杂乱广告图片；不要使用过小的字体，避免页面看起来琐碎和易疲劳等。

灰色让人联想到智商与脑力。它不像黑色那么鲜明，又不像纯白那样苍白，灰色是黑与白的过渡，是完美的补色。灰色可以和任何色彩搭配，由于它的中立性，常常被用做背景颜色，可以让其他色彩突出。使用浅灰色替代白色或者用暗灰色替代黑色，能够赋予网页与众不同的高雅之感。灰色也是极简主义网站设计的首选色彩，这些网站往往选用浅灰色作为背景色彩，然后选用深灰色作为主要的字体颜色。

（四）从做加法到做减法

一般认为网页设计都是在不停地做加法，从第一个像素开始，就不断地添加各种元素、手段进行创造，力图搭建出最完美的设计作品，但是在一个网页设计将要完成之时，更需要考虑做减法，反复历练考究每一个必要的元素存在的价值，使页面更趋于简约，画面更加通透大气，空间视觉元素不多不少但又显得很丰富、美观。

（五）注重细节

我们无法一一说出一个网页上涵盖的细节，但每一个细节都是网页设计成败的关键。比如颜色的渐变，网站的色彩一般都会很丰富，合理的渐变与背景和谐搭配在视觉上会产生特效，但如果渐变滥用，整个网站就感觉像调色板一样，杂乱无章；比如网站的页面切割，前卫的网站设计都考虑黄金分割，但如果一味追求黄金分割而不考虑内容的适用性，效果会适得其反。

（六）协调页面、内容与广告的关系

广告是一个网站特殊而必不可少的内容，那些以广告为主营业务的网站，在网页设计上挖空心思，既要考虑广告发布的数量、分配广告位、确定发布形式，更要考虑不能因广告过多、形式复杂而与内容形成冲突，位置不当让浏览者认知混乱，分不清什么是新闻、什么是广告。高明的设计是将广告内容与新闻内容协调一致，特别是广告的色彩、字体与周边的内容要搭配合理，不让用户对广告产生反感。

（七）大胆创新

网页设计没有一定之规，网络技术在进步，图形、图像设计技术在进步，网页设计有自由的创新空间。因此设计者不应受到任何束缚，融合传统印刷媒体和电子媒体的性能，在网页设计上探索、设计不同风格、不同样式的网页，如图 8—6 至图 8—9 所展现的各类创新网页。

图 8—6　杂志式主页

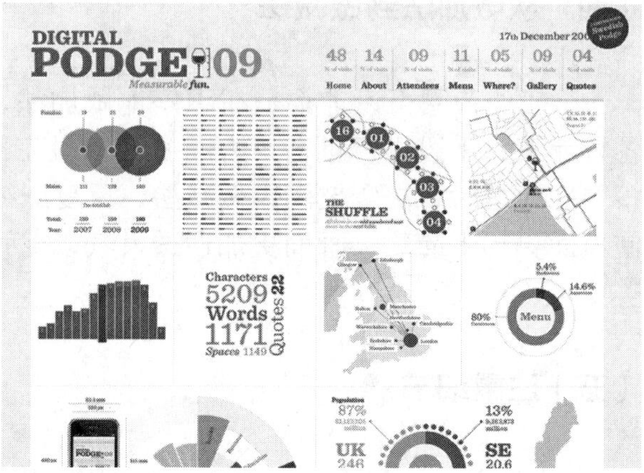

图 8—7　图表式网页

图 8—8　黄金分割式网页

图 8—9　多列式网页

第四节 | 网站首页设计与案例分析

首页是一个网站的“脸面”，决定着对用户的吸引力、黏度和驻留率，决定着网站新闻的点击率和网络广告的经济价值。网站首页设计是一门艺术，它涉及新闻、技术、广告、美术设计、浏览效果等方方面面。当一个网站内容厚重、资源众多、功能繁杂时，首页面的设计就更加复杂和难以调和。

一、认知网站首页设计

（一）首页的三大特性与三大功能

1. 首页的三大特性

无论是哪一种类型的网站，其首页都具有以下三大特性。

第一，稳定而空间有限性。网站首页一旦设计完成、推向公众，就形成了一个相对固定的模式或框架，用户一旦接受了这种模式或框架，也就接受了网站的编辑方针和指导思想，而且在一定时期内会形成相应的浏览习惯，比如，固定浏览某一位置的内容，固定点击某一栏目或频道。如果网站频繁改变框架结构或栏目频道位置，就会增加网民查找内容的难度，降低网民对网站的黏度与忠诚度。但这种稳定又决定了网站首页的新闻量是有限的，首页不可能无限拉长，所有内容只能在有限空间内展现。

第二，整合有序性。网站尽管主观上有多种设计思想和编排意图，但其有限的展现空间以及互联网独有的超链接属性，导致了网站一方面无法约束、控制网民的浏览顺序和浏览路径，另一方面又需要通过首页的每一块面积和位置发挥导航和导引的作用。因此，网站在首页设计上更多采用模块格式将相近的内容集中整合，有序编排，以便于网民寻找和浏览。

第三，丰富多样性。首页之所以成为网站的脸面，不仅因为它是用户浏览网站的第一窗口，更在于首页上既有浓缩网站丰富而精华的内容，又有各种最新的网络技术、最新的广告产品，以及将编辑思想、网页内容和技术手段有效结合而产生的丰富、多样的视觉效果。

2. 首页的三大功能

随着技术的不断发展，现在阅读新闻早已不像以前那样从首页一层一层地点击进去，人们越来越多地通过搜索引擎、手机报、RSS 订阅、桌面阅读等各种途径来阅读新闻。要想让偶然到来的网民留驻在网站，要想让长期的网民加深对网站的依赖，要想为网站增加经济效益，导航、导读、导“告”是网站首页必须承担的任务。

(1) 通过导航，为网民展示网站的深度。网站首页的新闻量是有限的，导航条可以牵引用户进入下一个目标，让网民见识到网站丰富而精彩的多层次内容。可以说导航是网站首页最基本的功能、最基础的服务。

(2) 通过导读，增强网民对网站的黏度。有数据统计，用户在一个网站首页停留的时间多则三五分钟，少则几十秒，如何延长用户的停留时间，精彩的导读是最有效的手段。

(3) 通过导“告”，为首页广告增加点击率和浏览量。当前，网站的生存主要依赖广告，网站首页是广告主最为看重也最能产生效果的区域，导“告”就是需要在新闻和广告间交汇融合，找到平衡，让网民自然、自愿点击广告。

（二）首页设计面临的矛盾

首页作为网站的第一入口，自然应成为网站最光鲜夺目的“脸面”，最光彩照人的“脸蛋”。由于首页特性带来的局限及其承载功能的诸多要求，在设计网站首页时，不得不面对以下矛盾。

矛盾之一存在于海量信息与首页有限空间之间。众所周知，互联网的特性之一是可以储存海量信息，但网站不是存储器，其终极目标是要通过传递信息来达到传播目的。海量信息需要有页面和空间展示出来，尤其需要有效的页面和空间展示出来，于是所有的信息都要挤到首页上，要在“脸面”上露一露，这也就出现了我们今天看到的首页不堪重负，“千网一面”的景象了。

矛盾之二存在于简单堆砌与网民信息易视、易取之间。当前大多数网站缺少个性化设置模块，信息在首页上的简单堆砌增加了用户获取所需内容的难度，致使首页缺少亲和力，缺少可访问性、可及性，网民难以快速阅读和获取。新浪网首页访问量只占网站总访问量的 6.3%，新华网首页访问量占网站总访问量的 16.4%。网站主观上想通过首页这个重要的“脸面”传递更多信息，客观上却没有收到相应的传播效果。

矛盾之三存在于首页导航条、新闻列表、广告位之间。如何合理、有效地处理好三者的权重分配是网站首页设计的主要问题。对于那些广告量比较小的新闻网站，三者的矛盾冲突还不是很突出，而对于大型综合性门户网站，导航、新闻和广告的位置冲突就比较剧烈，以至于有时网站不得不将文字链广告的标题做成类似新闻的标题，看似矛盾解决了，但却混淆了广告与新闻的界限，干扰了网民正常的新闻浏览。

矛盾之四存在于新闻扩张与视觉效果之间。首页面好似房地产中的黄金地块，寸土寸金，不敢轻易浪费，这也就是我们今天看到的大多数网站，新闻膨胀，空间壅塞，首页被撑得满满登登。但这种没有任何的空余和留白的页面设计却是视觉效果上的大忌，一个让人看上去感觉“窒息”的页面无论如何是提不起阅读兴趣与浏览欲望的。

（三）网页首页设计的理念

网站首页设计牵涉到编排布局、功能承载、图文视频搭配、互动交互等方方面面，所有这些其实都可以归结到一点——提供良好的用户体验。因此，网页首页设计尤其需要树立符合网络技术发展和用户需求的全新设计理念，才能达成对用户体验的满足。

首先，改变观念，放弃那种大而全的首页编排理念。不能把首页当成超级市场，甚至认为规模越大越好，当所有网站都变成特大型超市时，专卖店、精品店反而更有市场。如果一时还不能轻易放弃超市运作思路，那么也可以考虑在超市中适当建设一些精品店、专卖店，用独家和特色产品吸引网民，黏住网民。例如，人民网就在其繁杂的主页中单独辟出一块区域放置“人民系”的产品，一是推出以“人民”打头的系列栏目，包括“人民时评”、“人民特刊”、“人民热线”、“人民调查”、“人民周刊”和“人民服务”等，二是《人民日报》的相关产品，包括“看报纸”、“评报纸”、“听新闻”、“论时事”、“看博客”等，两类“人民系”产品在网页中部用框线聚合整体推出，恰似超市中的精品店，既形成了阅读的强势效果，又成为网站首页的特色和亮点。

其次，从首页的通用设计中开辟出一块领地，满足网络个性化定制的需求。目前，个性化首页有两种，一种是基于网站提供的选项服务，局部、微观改造首页达到实现部分的个性化。比如 Msnbc. com 网站，在外观上提供网站皮肤颜色、新闻浏览条数的选择，在内容上可以设置自选股、自己所在城市的天气等。另一种是基于搜索引擎提供的全面个性化主页。iGoogle 就是 Google 推出的用户自建个性化主页的一种产品。网民通过输入自己设置的关键词，比如“互联网”、“新媒体”等，由 Google 搜寻相应的内容再呈现给用户，这样就实现了个性化定制，创建出一个绝对属于自己的主页，再也不需要浏览冗余的与自己所需无关的信息，而自己订制的信息无论页面有多长，信息有多少，都心甘情愿地接受了。随着大数据与云计算技术的运用，还可以基于用户的浏览习惯和使用痕迹进行深度分析，利用技术手段自动匹配服务于用户的个性化设置和信息。

最后，回归传统，寻求数量与质量的均衡。纵观国外新闻网站，诸如 BBC、华尔街、美联社之类，其首页更偏重导航功能，其新闻更侧重追求信息的质量、更新率和可读性，其编排更多采用标题＋正文摘要（或导读）的方式，类似传统报纸的阅读方式，一眼就可看到标题和正文的主要思想。这是一种突出报道质量而不再只重视报道数量的首页编排思路。这种手法过去国内网站也曾采用过，但后来都弃之不用，因为受制于网站追求访问量的压力。事易时迁，随着互联网传递信息渠道的增多以及无线媒体的风生水起，新闻网站也需要考虑信息数量与报道深度的关系，网站首页不妨尝试这种操作手法以达到轻重和谐。

二、网站首页案例分析

2013 年 2 月，新华网对首页进行了改版，4 月新浪网对首页进行了改版。两家网站，一家为国家级重点新闻网站，一家为重量级的门户网站，虽然网站性质不同，但在改版中都不约而同地倡导了“人性化、智能化、社交化”的设计思想与理念，网站从单向的灌输转向人机交互、人际交互，用户从信息的被动接受者变为主动定制者。两家网站的改版折射出网站首页设计的新方向与新趋势。

（一）新华网首页改版分析

作为新华社旗下的国家级重点新闻网站，新华网的优势和特色非常明显，新闻资讯丰富、全面，网站具有权威性、专业性。但在这次改版中，新华网改变了网站的定位，从新闻网站向综合性信息服务平台转型，对页面设计、整体布局、板块内容和呈现形式进行了诸多优化，从内容、功能与技术结合、运用等方面强化用户体验和个性化追求。

内容上，首先在信息导航、功能服务方面运用了标签切换技术，用户滑动鼠标就能选择频道阅读最热栏目、最新热词、最新资讯等内容，这打破了传统网页设计模式，实现了网站导航和内容阅读的动态结合，增强了内容信息的丰富性和延展性，如图 8—10 所示。其次是注重资讯内容之外的深度阅读与独家原创。在首页专门开辟出区域，集中“新华视点”、“新华网评”、“微独舌”、“历史另一面”、“微辣段子坊”、“微话筒”和“国际晚班车”等多个观点性、评论性栏目，增加网站新闻的厚度和高度，如图 8—11 所示。最后是增加生活信息类服务，满足更多用户需求，打造综合信息服务平台。在强化传统时事新闻优势的同时，突出财经、文娱、影视、健康等网民感兴趣的资讯信息，增加了天气预报、自选股票、近期热映等实用功能，如“炫阅读”突出健康、生活等服务信息，如图 8—12 所示。

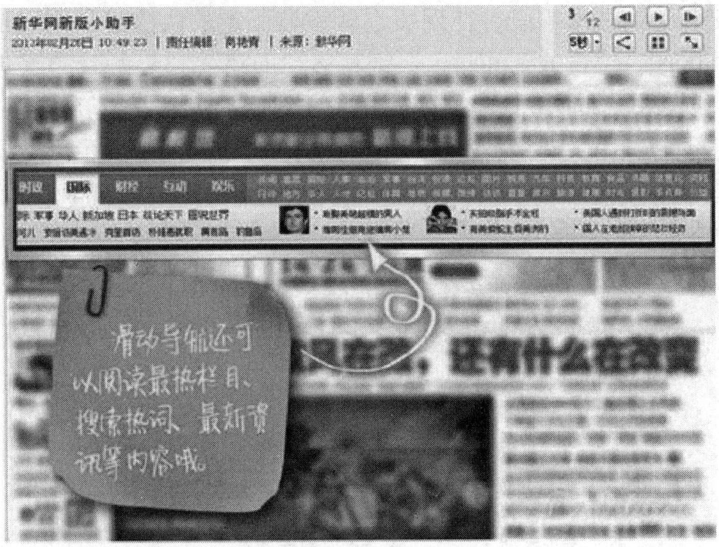

图 8—10　标签切换实现网站导航与内容动态结合的截图

图 8—11　首页深度报道和观点报道区域截图

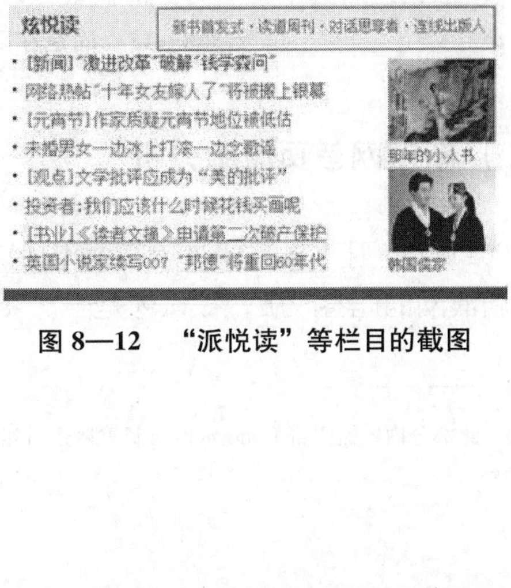

图 8—12　“派悦读”等栏目的截图

功能上，以个性化定制为主导，进行了多项创新设计。第一是内容的个性化定制，用户可以使用网页定制功能，根据个人喜好筛选出自己需要的信息，如图 8—14 所示；第二是运用一键直达的技术手段，在网页右侧设置固定的快捷键，网民可根据自己的需要在浏览任何区域、位置的新闻时，一键直达“顶部”、“头条”、“聚焦”、“综合”、“外文”等核心新闻区，如图 8—15 所示；第三是满足个人喜好，新增换肤按钮，提供八种颜色始终置顶来供用户选用；第四是以网页为引导，集中展示网站研发的多种产品，提供多种登录入口。“二维码”、“新华云盘”、“云桌面”、“新华炫闻”等 Logo 和入口实现了 PC 端和手机端的互动。

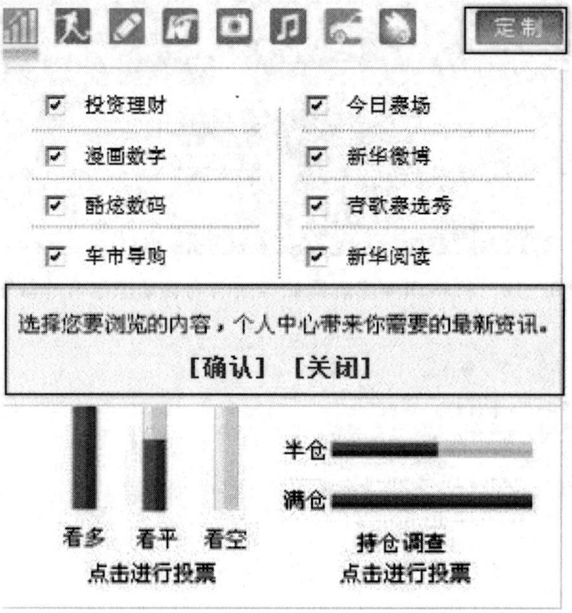

图 8—14　首页个性化内容定制截图

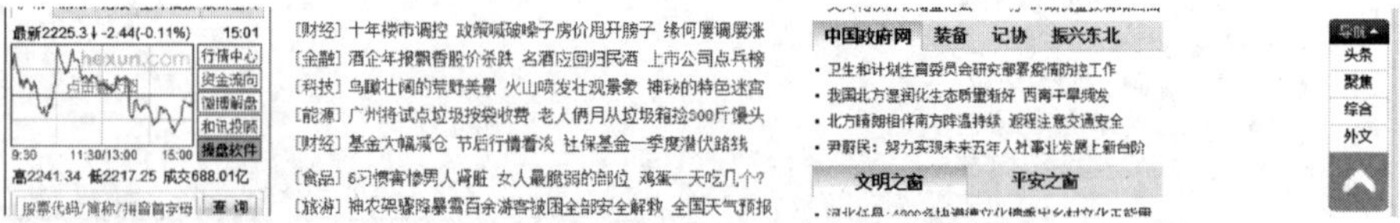

图 8—15　固定在网页右侧的快捷键的截图

（二）新浪网首页改版分析[①]

2013 年 4 月 1 日，新浪网正式启用新版首页。作为中国互联网门户网站的领跑者，新浪网的此番改版，被认为是一次突破门户网站在网民中固有的印象，迎接“大

① 此部分内容援引自 Donews 网《新浪网进行重大改版 重新定义门户网站》一文，略有删改。

数据”时代到来的重要举措，是对中国门户网站规则和标准的一次重新定义。

新浪联席总裁兼COO杜红表示：“新浪网此次改版，是继98年成立至今15年以来的一次重大变革，完全基于满足和贴近用户不断涌现出的在个性化、社交化、本地化和移动化等方面的需求，同时，也希望通过改版能够打通新浪网与新浪微博两大平台，使两者之间产生协同效应，从而扩展新浪网的门户边界。”

随着微博等社会化媒体平台的兴起，用户对于信息阅读呈现出社交化的需求和趋势。此次改版最大的亮点就是融入了社交化元素，将新浪微博与新浪网打通，依托新浪微博平台衍生的社交关系和碎片化信息，同时基于用户兴趣偏好和过往浏览记录的算法，为用户提供兴趣匹配度高的微博内容，更好地满足用户对社交化的需求。

用户在经历了互联网海量信息的冲击之后，对信息的精准性与个性化需求也越来越高。基于新浪10多年来对于用户行为习惯的挖掘以及长时间的数据积累与分析，新浪此次改版将进一步贴近用户的访问习惯，根据用户的兴趣偏好，为用户提供个人菜单，满足用户对内容个性化的需求（见图8—16）。

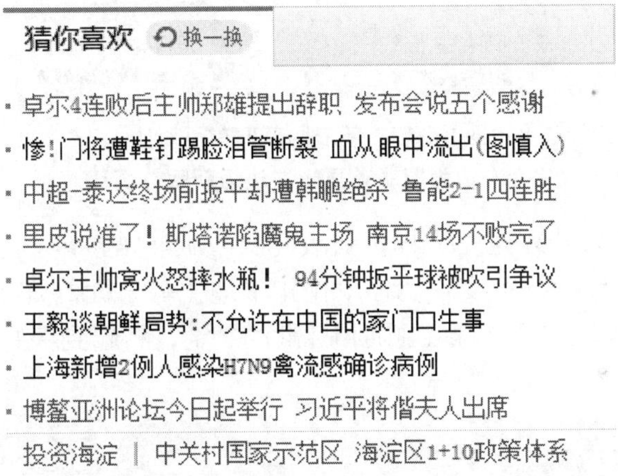

图8—16　基于用户行为习惯和长期数据挖掘后的个性化新闻截图

此外，新浪还通过对各地区用户的访问IP进行精准定位，并根据用户访问习惯和兴趣偏好，提供精准匹配的本地化内容，满足用户对本地化内容的阅读需求。

改版后，全新的新浪网无论在页面布局、内容形式、广告信息展示，以及产品体验方面都有了巨大的提升，从一个传统展示型的门户网站，转型成为基于大数据与社会化构建的精准互动营销平台，为更多的广告主及合作伙伴提供精准数据创造营销价值。新浪网新旧首页对比见图8—17。

据了解，改版之后从广告营销方面的变化上看，首先就是提高了广告与信息的相关性，通过用户兴趣偏好推荐相关广告，大幅度提升了互动广告的使用率。其次，这些变化提升了广告点击及互动效果，为广告主提供了更大的营销价值。

杜红认为，改版有助于广告信息展示效率的提升，通过基于大数据关联算法，挖掘用户兴趣内容与广告内容的结合点，制定匹配的投放策略，从而提升广告实际转化效果，提升访问深度，使流量更加有效率。

图 8—17　新浪网新旧首页对比

（左边为旧版首页，右边为新版首页）

知名互联网评论人刘兴亮评价称，新浪此次改版非常接地气，所有改变很有针对性地贴近用户对于个性化、社交化、移动化和本地化等方面的需求，符合门户网站的发展趋势和规律，对中国门户网站规则和标准的制定，将起到很好的推动作用。

思考题

❶ 以一家网站为对象，逐项分析网站页面的特点。

❷ 选择一家网站首页，分析其如何运用网页语言来表达网站的设计思想。

❸ 试分析网站首页设计如何统领整个网站的设计。

第九章
手机媒体的新闻编辑

本章要点

简要梳理手机媒体的发展演变，从传播特征出发分析手机媒体的编辑原理，并分别介绍手机媒体的几种主要形态手机报、手机视频和手机新闻户端及其新闻内容编辑的方式与方法。

关键词

传播特征　编辑原理　手机报　手机视频　手机新闻客户端

手机被认为是继报纸、广播、电视和互联网之后的第五媒体。从第一代模拟手机到今天的智能手机，功能越来越强大，开发应用于新闻传播的媒体形态也越来越丰富。手机报、手机视频新闻、手机新闻客户端正在成为手机新闻传播的主要形态和渠道。

第一节 | 手机媒体概述

诞生于 1973 年的手机至今已有 40 年历史。在这 40 年中，手机经历了第一代模拟手机、第二代数字手机和第三代智能手机的发展后，正在进入高度智能化、数据化的第四代手机时期。与之相对应的是，手机的功能从单纯的通信、通话发展到集通信、数据、音乐、视频、游戏、阅读、支付等多功能于一身，成为与用户最贴身的智能终端。

一、手机的发展演变

1973 年 4 月，美国著名的摩托罗拉公司工程技术员马丁·库帕发明了世界上第一部民用手机，当时的手机运用的是模拟调制技术，只能进行语音通信，且通话收听效果不稳定，保密性差，电池容量有限，待机时间短。同时，手机终端的成本和通话费用都很高，因而手机的普及率很低。这就是第一代模拟移动手机（1G）。

第二代手机（2G）采用数字信号，使用 GSM 或 CDMA 标准技术，不仅带来通话的改变，而且具备了传递数据的功能。2G 手机具有稳定的通话质量、较长的待机时间、相对低廉的价格和通信资费，这些都推动了手机的普及发展。同时，GSM 网络为 2G 手机的移动低速数据传输提供了可能，出现了 SMS 短信、MMS 彩信和 WAP 上网业务。从 1G 到 2G 在技术上实现了从模拟信号到数字信号的革命性变革。

第三代手机（3G）的变化在于有了专用的、高速的数据信道，不仅能满足多媒体信息的迅速传输，而且信号的质量、数据接收的效果，尤其是视频收看的流畅性都获得了较大幅度的提高，数据通信速率就好比从一级公路变成了高速公路。3G 手机能够处理图像、音乐、视频流等多种媒体形式，提供包括网页浏览、电话会议、电子商务、移动交流等多种信息服务，出现了手机电视、手机电子杂志、手机游戏、手机搜索等多种类手机应用服务，手机终端也进而成为个人多媒体终端。

尽管第四代手机（4G）还未大规模普及、推广，仍处在试点和试商业阶段，但 4G 手机采用的是国内自主研发的 TD-LTE 标准，其高速传输、高性能的优势将很快带动手机进入 4G 时代。4G 最大的数据传输速率超过 100Mbit/s，这个速率是 1G 移动电话数据传输速率的 1 万倍，是 3G 移动电话速率的 50 倍。在功能上，4G 手机已不能简单划归“电话机”的范畴，它已经具备了一台小型电脑的性能，手表、照相、摄像、游戏、检索查询、移动学习、MP3、视频、电子钱包、移动支付、office办公、移动存储等功能一应俱全。同时，4G手机的智能性更高，能根据环境、时间以及其他设定的因素来适时地提醒手机的主人此时该做什么事，或者不该做什么事，能够远程遥控家庭智能电器，将彻底改变人们的生活方式甚至社会形态。

从第一代模拟手机到未来的4G高智能手机，手机的性能发生了根本性的变化。技术的进步、市场的需求、多种功能的开发和应用、用户行为习惯的改变，使手机具备了成为成熟媒体的条件，以手机为终端的媒体应用形态不断被开发、推广、普及，手机媒体也应运而生。

二、手机的多平台属性与手机媒体的诞生

我们知道，以PC机为终端的桌面互联网具有多平台属性，包括交流平台、数据平台、娱乐平台、商务平台、政务平台和工具平台。以手机为终端的移动互联网也同样集多种平台功能于一身，甚至比桌面互联网功能更全面。

（1）工具平台：具备通话、视频通话、手机短信、拍照及照片上传、拍视频及视频上传、通讯录的云存储、手机搜索、手机定位、手机地图、手机上网、蓝牙共享、二维码等多种功能和服务。

（2）数据平台：可以在手机上浏览文字或视听新闻、看报刊和图书，可以建立个性化的手机电台、手机图书馆，通过手机进入网络数据库或个性数据微盘等。手机报、手机电视、手机电台、手机阅读、手机图书馆等是数据平台的常态应用。

（3）娱乐平台：包括手机在线音乐、离线音乐，影视剧在线直播和下载离线收看，手机游戏在线对战和下载离线单机娱乐，以及基于APP的各种手机类娱乐和游戏插件。截至2012年年底，我国在手机上使用在线收看或下载视频的网民数为1.3亿，占手机网民的32.0%。

（4）交流平台：包括手机电子邮件、手机即时通信、手机BBS论坛、手机博客、手机播客和手机微博。手机还增加了微信和LBS的新交流应用，前者实现了语音的即时通信，后者可以基于地理位置与附近的人进行对话。特别是手机即时通信，正逐渐从单纯的聊天工具向综合化平台方向发展，集成社交、资讯、娱乐等多种功能和企业客户、电子商务等多种服务，成为移动互联网的重要入口。

（5）商务平台：所有桌面互联网端的商务应用都可以在手机端实现，包括B2B、C2C、B2C、手机支付、手机银行、手机股票买卖、手机购物交易、手机团购、手机优惠券二维码等。手机购物打破了传统购物地点的限制，可以让交易随时随地发生，手机购物类APP的发展和手机支付逐渐完善，二维码、条形码、购物比较等功能实现，使得手机端购物操作体验逐渐提高。

在上述手机多平台属性中，通过手机浏览新闻资讯、收听收看音视频节目等只是

手机诸多平台性应用之一，这是手机媒体功能的体现，但最早体现出手机媒体功能的是基于人际交流的手机短信。

2000 年 5 月 17 日，中国移动正式开通短信服务，之后短信应用向新闻、信息领域推广，用户可以通过点播或定制得到多种短信服务，如新闻定制、天气预报、股市行情、产业资讯等。手机短信新闻有时是一条短信只包含一条新闻，有时是将几条新闻编辑成一条短信，有的是根据用户的定制定时发送，有的是遵循新闻传播规律不定时发送，都是由内容或信息服务商直接推送到用户手机上。

手机短信开启了手机作为媒体的传播价值，在手机各项技术发展与推动下，高速率、多媒体的通信应用将手机的媒体属性充分显露，以彩信技术为依托的手机报被众多传统媒体接受并迅速商业推广，以手机作为联网工具的手机上网可以让用户通过手机浏览器直接访问传统 Web 网络，以手机为内容显示终端、为手机量身打造的手机网成为提供简约、精练和实时更新新闻的贴身互联网，以手机为终端传输电视内容的手机电视满足了用户的视听需求。从手机短信、手机报、手机上网、手机网到手机电视，不断演变的手机媒体实现了手机从人际沟通工具向大众媒体的跨越，因而手机被称为继报纸、广播、电视和网络之后的“第五媒体”。

由于手机拥有庞大的用户群，以及手机的移动性、贴身性，手机作为媒体的使用率一直居于高位。根据 2012 年 CNNIC 第 30 次调查报告中手机网民应用状况的统计，使用手机上网浏览新闻列手机即时通信和手机搜索之后，排名第三，使用率达到 58.3%，从手机具有的新闻传播属性来看，毫无疑问，手机已成为用户第一接触媒体。

三、手机媒体的多种形态

伴随着手机技术的革命、手机终端的智能化和手机功能的提升，手机作为一种新媒体经历了从短信、彩信到多媒体信息服务的演变过程。从泛大众传播的角度看，手机媒体的形态包括手机短信、手机报、手机上网、手机网、手机杂志、手机图书、手机广告、手机电影、手机广播、手机电视、手机微博、手机新闻类客户端、手机游戏等 10 多种。这里主要介绍手机短信、手机报、手机视频、手机网站和手机新闻客户端五种具有大众传播特性的手机媒体。

（一）手机短信新闻

手机短信是一种人际交流方式，用户通过手机或其他电信终端直接发送或接收文字或数字信息，每次可发送和接收 70 个汉字，或者 160 个英文或数字字符。1992 年 12 月，世界上第一条手机短信通过英国沃达丰公司 GSM 网络从一台电脑传递到一部手机，手机短信诞生了。后来，短信业务被用于新闻信息和资讯领域的传播，出现了手机短信新闻、手机快讯等，成为手机媒体最早的形态。

短信新闻的特点之一是可以利用手机移动、便携、个性化的特点快速、及时地传播重大、突发新闻，特别是对于网络环境不利，接收终端有限的低端手机，也可以快速接收到以文字为传播符号的重要新闻。同时，短信新闻还具有群发优势，可以运用于网络后台的群发平台，根据发送方的需求自主撰写相关的文字内容，操作简便，修改方便，告知精准。2007 年 10 月 9 日下午，"十七大"新闻中心通过短信群发的方式，向 600 多名记者发送了四条手机短信息，及时将新闻中心的紧急通知传达给了报名采访"十七大"的境外记者。

短信新闻的缺点是每条短信息容量小，限制在 70 个汉字以内，表现形式单一，只能用文字编辑，缺乏相应的图像资料，阅读体验度较差。此外，发送短信新闻需要有终端手机号，因此短信新闻一般依赖于订阅，在免费信息铺天盖地的手机世界，用户很难去专门定制、订阅短信新闻。

（二）手机报

手机报是一种基于手机彩信技术的手机媒体形态。手机彩信（multimedia messaging service，MMS），又被称为多媒体信息服务，它的最大特色是可以传递包括文字、图像、声音、数据等各种格式的信息，实现即时的手机端到端、手机终端到互联网或互联网到手机终端的多媒体信息传送。手机报是传统新闻内容借助手机彩信而实现的多媒体新闻发布，是电信增值业务与传统媒体相结合的产物。

基于彩信模式的手机报，文字容量可达 1 000 字，图片 50k，由电信运营商直接发送到用户手机终端，用户可以离线观看。2004 年中国第一家手机报《中国妇女报・彩信版》推出，标志着手机报成为手机媒体的又一媒体形态。常见的手机报主要是中国移动、中国联通和中国电信三大运营商的手机早晚报，《人民日报》、新华社等新闻媒体自办的新闻手机报。2008 年汶川大地震中的抗震救灾手机报、奥运手机报以及 2010 年的世博手机报都是针对重大事件制作的特殊手机报。

随着智能手机的进一步普及和 3G 技术的广泛应用，手机报的表现形式正在从现在的以图文为主向音视频、动漫扩展，内容上从新闻手机报向政务手机报、企业内刊、行业手机报、客户手机报等方向发展。

（三）手机视频

手机视频是基于移动网络和移动终端，为用户提供新闻、影视、娱乐、体育、音乐等各类音视频内容的传输与收看的手机媒体形态。根据收看方式的不同，手机视频可分为手机点播视频和手机直播视频，后者又称手机电视。手机点播视频以点播、下载服务为主，用户有选择地将视频节目下载到自己的手机中，随时随地收看；手机电视主要是依赖高速无线网络，通过手机在线即时收看正在直播的电视节目。无论点播还是直播，两者都需要有流畅的网络速度，智能化、方便易用的手机终端和多样化的手机视频内容。

受制于移动网络带宽和产品终端的局限，手机音视频业务在 3G 到来之前发展迟缓，但随着 3G 网络与 3G 智能手机大范围推广，众多电视台都开通了手机电视频道，手机视频业务突飞猛进。如 CCTV 手机电视，借助自身的独特资源连续几年成功实现春晚的海外传播，并在近几年对“十七大”、“嫦娥探月”、“汶川大地震”、“火炬登珠峰”、“神七”等重大事件进行了独家手机报道。

（四）手机网

手机网又称 WAP 网站、3G 网（进入 3G 时代后的称呼），是基于无线应用协议（wireless application protocol），用无线标记语言编写适宜在手机上浏览的网站。由于手机的屏幕尺寸较小，电池续航能力和 CPU 处理能力有限，用手机上网浏览 Web 互联网会出现打开速度慢，网页浏览烦琐，无法看全新闻内容等问题。因此，针对手机特点开发出手机网，可以管理和控制，用户可以直接在手机上浏览新闻、图片、视频，还可以享受语音、信息、定位、社区、电子支付、即时通信等多种业务的增值服务。

2G 时代，手机网的内容以文字和简单的图片信息为主，手机音视频、手机电子杂志和手机游戏等业务很难开展，所谓的手机网只能看做手机报的升级版。3G 应用推广后，手机网站才真正具备了互联网的各种功能，包括手机影视剧娱乐、手机商务支付、手机即时交流、手机查询下载等有线互联网的多种应用，都能在 3G 甚至 4G 的高速带宽保证下流畅实现。

（五）手机新闻客户端

手机新闻客户端是基于手机 IOS、Android 或其他操作系统为智能手机用户量身打造的、能够实现新闻实时更新和浏览，或新闻订阅的手机媒体新形态。新闻客户端一般由内容提供商或服务运营商设计研发，需要用户将客户端应用下载到个人手机上在线或离线阅读。国内现在较为典型的新闻客户端有：掌中新浪、搜狐新闻、网易云阅读、凤凰新闻、人民新闻、Zaker、Flipboard。

目前排名新闻客户端第一的搜狐新闻，采用了“订阅平台＋实时新闻”的应用模式，可以多媒体实时报道。用户通过订阅可以实时看到推送的重要新闻和精编的搜狐早晚报，可以随时看到 24 小时全天实时更新的新闻资讯，还有满足不同用户需求的分类图片，以及用组图标签的方式凸显的当前社会热点。截至 2013 年 2 月，搜狐新闻客户端总装机激活用户突破 8 000 万，日活跃用户突破 1 700 万。订阅平台总订阅量突破 3.7 亿，刊物数近 300 家，是中国最大的免费移动新媒体发行平台。

手机新闻客户端介于手机报和手机网之间，比手机报丰富、灵活、实时更新，比手机网简约、方便、重点突出，尤其是其中的新闻订阅，符合手机个性化、定制化的传播规律。图 9—1 是《人民日报》、人民网的系列手机媒体截图。

图 9—1　人民日报、人民网系列手机媒体——手机报、手机电视、手机网和新闻客户端

第二节 | 手机新闻的编辑原理

手机新闻是以手机为发布终端和传输渠道，以手机报、手机网、手机电视和手机新闻客户端为表现形态，运用文字、图片、视频等手段对新近发生和正在发生的事实进行的报道和评论。手机新闻可以在线或离线浏览。手机媒体有其独有的传播特征，手机新闻的编辑原理就是在深入理解并掌握手机传播规律，同时结合互联网和新闻传播规律的基础上，概括、归纳出的指导手机新闻编辑的基本理论与方法。

一、手机媒体的传播特征

尽管手机新闻以短信、彩信、视频、客户端等不同形式呈现、发布和传播，但手机新闻都是基于移动互联网的技术框架和手机这一终端介质，因而手机新闻传播具有多方面的共性特征。

第一，手机普及率高，手机新闻覆盖面广。根据工业与信息化产业部 2013 年 1 月发布的全国电信业统计公报，截至 2012 年年底，我国手机用户已超过 11.12 亿户，普及率为 82.6 部/百人，3G 用户达到 2.3 亿户，手机网民数达到 4.2 亿人，占网民总数的 74.5%。[1] 手机用户群体相对比较宽泛，既有中低端用户，也有高端用户，既有城市中心地区的，也有边远山村的，既有低收入的学生群体、农民工群体，也有高收入的白领、

① 参见《2012 年全国电信业统计公报》，http://www.miit.gov.cn/n11293472/n11293832/n11294132/n12858387/15132905.html。

高知阶层，因此，时政、经济、娱乐、体育等各类新闻都有适宜的阅读对象。

第二，手机移动性强，手机新闻能够快速、瞬时传播。2005 年 7 月，伦敦地铁发生连环大爆炸，在爆炸案发生数秒钟后，十几名地铁乘客和被炸巴士附近的路人，在第一时间用具有摄影、摄像功能的手机拍下现场的恐怖画面。手机作为一种无线通信工具，手机基站全面性建设，使手机具备随时随地联网、通信的功能，特别是在一些报纸、电视不能送达、收看的边远地区，都能接收到手机信号。因此，手机新闻的传播、更新几乎以秒计算而不受时间周期的限制，在遇到重大、突发事件时，手机新闻还可以滚动播报，同步跟踪新闻事件的发生、发展，瞬时播出，实现新闻的动态时效。

第三，手机具有贴身性，手机新闻阅读便捷，能够随时随地接收与浏览。手机被喻为“带着体温的媒体”，是众多媒介中与用户黏度最高、零距离的媒介。手机用户可以在任何地点、时间和场合拿出手机随时随地接收与浏览。保罗·莱文森在《手机》一书中说，人类有两种基本的交流方式：说话和走路。手机之前的一切媒介，都是将这两种功能分割开来。唯独手机能够使人一边走路一边说话，一边走路一边阅读。人类因此从固定的机器前、禁闭的室内解放出来，在世界的任何地点、角落获取新闻信息。

第四，手机终端个性化，手机新闻能够实现定制化。手机具有高度的便携性、贴身性，因而越来越趋向于个性化。抛开用户的隐私不谈，一机一号的手机能够记录用户的阅读时间、内容和习惯并基于此分析出用户的特征、兴趣和爱好，手机媒体还可以开设用户调查、评论留言、在线交流等互动性强的服务来了解用户的状况。有了基本情况和数据后，手机内容提供商就可以依此来为用户提供个性化新闻。而另一方面，用户也可以在自己手机上进行专项定制，阅读不同于大众化、一般性的新闻信息。

第五，手机终端智能化，手机新闻文体丰富，形式多样。随着 2G 网络向 3G 网络更新换代，3G 智能手机的使用率逐步上升，2010 年智能手机用户已经超过 1 亿。智能手机的广泛应用意味着手机阅读、收看流畅，手机新闻文体丰富，文本结构多层次，既可以是单一的文字、图片、音视频、Flash 动画，也可以是多媒体立体新闻，既有简单的标题新闻、导语新闻、一句话快讯等，也可以是深度新闻、专题新闻、背景新闻等。

第六，手机功能全面，用户对手机依赖性高，传播效果相对较好。2009 年路透社报道的一份全球调查显示，四分之三的人会每天随身携带手机，超过三分之一的受访者认为没有手机就无法进行正常生活。公交车上、地铁中、电梯里无时无刻不是低头看手机的人，各种时间间隙也被用来进行手机娱乐。从某种意义上看，手机已变成一种半强制性的消费，手机媒体对用户的影响远远超过了其他媒介产品，用户对手机新闻的主动定制表明其传播效果远超过其他被动接受的那些媒体。

二、手机新闻的编辑原理

手机媒体具有多形态、小屏幕、移动性、贴近性和高度依赖的传播特征，这些特征决定了在对手机新闻进行编辑时要遵循手机媒体的传播规律，因此，手机新闻有一套不同于网络新闻的编辑原理。我们依据手机媒体的传播特征，概括、归纳出手机新闻媒体的编辑原理。

（一）小屏幕与精约式编辑

尽管现在出现了7.7寸超大屏幕的手机，但终究还是大不过电视、电脑屏幕，而且大多数手机屏幕还是以4寸左右的屏幕为主。终端的局限性直接影响到手机新闻的编辑。为了在有限的屏幕空间展现尽可能多的新闻信息，简明、精练、扼要的简约式编辑就成为手机新闻编辑的第一原理。

精约式编辑首先表现在新闻内容上，要制作“标题新闻”、“导语新闻”、“一句话新闻”，用简短的几十个字甚至十几个字写出新闻事件的五要素，文字精练，篇幅短小，就算不看详细的报道，也基本掌握了新闻的要义。遇到长文章要分页处理，保证单屏显示的内容适度、适宜。单条视频新闻一般要控制在3～5分钟之内，长视频要考虑剪辑、分拆。有些重要新闻还可以采用对热词、关键词进行超链接的编辑方式来简约呈现。其次表现在形式上，多采用标题列表式或标题＋摘要式排列，照片和视频使用较少，采用超链接方式在新窗口中浏览、播放，文本层除了必要的相关新闻和留言、评论外，几乎不带广告，以保证页面的简约和快速浏览内容，采用的图片一般也选择像素低的小图。最后，表现在容量上。无论是有容量限制的手机短信、手机报，还是无容量限制的手机网和手机新闻客户端，都要控制每天、每次新闻的更新量，要挑选出最精练、最重要的新闻推送给用户，不是重要、重大事件，尽量不做手机新闻专题。因为手机存储空间是有限的，而且手机的应用不止限于新闻，如果新闻内容和缓存过多占据了用户的手机空间，就会让用户产生反感，进而放弃订阅和浏览。

（二）移动便携与实时式编辑

手机的最大特点在于移动和便携，这意味着只要手机新闻实时更新和发布，用户就都可以随时随地接收、浏览新闻，可以随时随地观看图文和视频的现场直播。因此，手机新闻要做实时式编辑，重要、重大、热点、突发等新闻要在第一时间更新、发布，部分新闻还可以采用滚动报道和实时直播的形式播报。

实时式编辑还要第一时间关注网民在手机新闻后的跟帖和留言，并实时编辑处理这些内容。手机的便携性为用户在浏览新闻后发表意见和评论提供了方便，用户的三言两语或一个表情符号都是对新闻的一种态度，手机新闻编辑需要及时将跟帖多、评论热的新闻实时挑选出来做出热榜或提炼出热词，以引导更多用户方便、快速地浏览到这些内容。

实时式编辑也符合人们在工作和生活的碎片化时间通过手机获取资讯的需求。快节奏的生活使得现代人很难有大片的时间安静休闲地浏览新闻，收看视频，利用好碎片化随时获取资讯，不仅不破坏正常的生活节奏，还能填充缝隙时间，这种主动获取新闻的方式能收到更好的传播效果。

（三）个性贴身与定制式编辑

现代社会，每个人的手机既是自己个性的展现，也好似个人的贴身管家，手机机型、手机桌面、手机铃声、手机相册等，都可以体现用户兴趣、爱好和情感诉求，而手机闹钟、手机通讯录、手机音乐等又能为用户提供生活上的便利，可以说手机媒体是极具个性色彩、私密贴身的媒体。

因此，手机新闻的编辑要符合用户的个性化需求，尽可能提供多种定制服务，做到分众传播。可以在手机新闻客户端首页就给出订阅选项，让用户自由挑选感兴趣的报刊、杂志和网站（见图 9—2）；手机屏幕较小，导航栏能呈现的频道有限，可以提供定制选项让用户自己编排放置在新闻首页的频道；每一个手机都对应着一个真实的、富有个性的用户，可以利用云计算技术和大数据分析手机用户的特征推荐新闻和资讯。当然，所有的定制、订阅都是可以修改和退订的，所有的推荐也必须是经过用户允许的。

图 9—2　搜狐手机新闻客户端订阅中心和频道定制页面截图

（四）高度依赖与推送式编辑

在英文中有一个新创造的专属名词 nomophobia，是 no-mobile phobia 的缩写，意为“无手机恐慌症”，指当手机断电或没有信号时，因失去与外界联系而产生的焦虑情绪。这反映的是手机持有者的心理，即会随时随地保证手机的开机状况，关注来自手机的信息，不间断地使用手机以保持与外界的联系。虽然这是一种用户心理现象，但从新闻传播角度看，这就是一种定向关注，适宜于手机新闻做推送式编辑。

推送式编辑是基于信息推动（push）技术，以数据挖掘、自然语言处理以及互联网等多门技术为支持，将合适的信息推送给合适的人。推送式编辑有两种方式，一种是订阅式推送，即在征求用户允许的前提下，每日定时推送若干条新闻或视频，手机短信、手机报、手机新闻客户端的新闻通知都是这一类；另一种是主动推送，通过对信息做充分分析，并对人的兴趣、行为做细致的刻画，将两者进行有效匹配。当推送的新闻是与用户自身需要高度相关、满足用户需求的有益内容时，用户会从无意识关注到有意识订阅，传播效果显而易见。

（五）多形态与分类式编辑

手机媒体具有多种形态，每种形态的手机新闻又都有各自的特点和局限。手机报有字数限制，手机视频受制于当前的移动互联网速率有播出时间的限制，手机网受制于手机存储容量有内容编排的限制，手机新闻客户端也有不同操作系统配置的限制。手机新闻多采用一次采集多向分发的模式，因此，在将同一条手机新闻发送到不同手机媒体上时，需要做到有针对性的分类式编辑。

分类式编辑第一要了解、掌握不同手机媒体形态的特点、传播规律和编辑要求，然后进行有针对性的编辑。同样是手机新闻的标题，手机报的标题一般限制在 12 个字，手机网的标题限制在 14 个字，手机新闻客户端则采用标题＋新闻摘要的方式。第二要考虑不同手机媒体的用户群特点，手机报的用户群相对大众，手机网的用户群更为专业，手机视频的用户群则有更多的闲暇时间。要根据用户的不同在手机媒体中设置不同的栏目，选择与目标用户群相适宜的内容。

第三节 | 手机报的编辑

手机报是手机新闻报道中运用较早、较为普遍与广泛的一种报道手段。手机报覆盖范围广，制作成本低，定时发送，用户收看方便，适合快节奏的社会生活对精练信息的需求，自诞生伊始就成为一道手机媒体的“家常菜”。

手机报是基于彩信技术的新闻传播模式，有一定的编辑流程和制作规范。

一、手机报的编辑流程

手机报不同于短信新闻的单条发送，它是选择若干条新闻整合编辑，制作成彩信格式向用户发送。但是这些新闻不是毫无章法地随意发送，而是需要设置各种栏目，然后依据栏目来选、编、策划新闻。因此，手机报新闻的编辑流程包括：栏目设置、选取新闻、编辑新闻、策划专题、组织互动五个环节。

（一）栏目设置

手机报的栏目设置基本是从传统报纸的内容分类和版面设置沿袭而来，无论是运营商制作的手机报还是新闻媒体制作的手机报，大多都采用一般栏目加特色栏目的模式，一般栏目为主，特色栏目为辅。从表 9—1 所列三家手机报的栏目设置可以看到，一般栏目有“导读”、“国内新闻”、“国际新闻”、“社会新闻”、“文娱新闻”、“体育新闻”，特色栏目则是各企业或媒体根据自身的信息源和用户情况量身打造的。

表 9—1　　中移动早晚报、《新京报》手机报和央视手机报的栏目设置对比

手机报	栏目设置
中移动早晚报	《点睛》《天气》《导读》《要闻聚焦》《国内新闻》《国际新闻》《社会新闻》《北京新闻》《体坛快讯》《文娱播报》《副刊》《图片新闻》
《新京报》手机报	《导读》《天气》《交通》《美股》《封面报道》《今日聚焦》《北京时政》《北京社会》《北京社区》《国内国际》《财经新闻》《文娱播报》《体育新闻》《话题 PK》《彩票》
央视手机报	《今日导读》《CCTV 关注》《CCTV 新闻》《CCTV 综艺》《CCTV 体育》《CCTV 生活》《CCTV 俱乐部》《CCTV 节目》《CCTV 幕后》

中移动早晚报的用户群大众化、覆盖面广，因而设置了“天气”、“副刊”等服务性、文艺性栏目；《新京报》的手机报用户以北京为主，因而设置了“北京时政”、“北京社会”、“北京社区”、“交通”等地方性栏目；央视手机报所有栏目都冠以“CCTV”的名称，突出了“CCTV”的品牌，其中“CCTV 节目”、“CCTV 幕后”和“CCTV 俱乐部”是央视独家、独有的。

（二）选取新闻

在选取新闻方面，手机报类似报纸的编辑方式，要在发送时间之前的规定时间完成选稿工作。中移动早晚报一般是上午 8 点、下午 6 点发送到用户手机上，那么新闻选取的时间就只能到上午 6 点、下午 4 点。然后，手机报编辑根据手机报设置的栏目，从前一天或当天截稿时间前的新闻中选出几十条新闻和四五张图片。

每天从成千上万条新闻中选出几十条手机报新闻并非易事。这既要把握好基本原则，又要有一定的技巧。其一，明确选稿范围，有的从合作媒体的稿库中选择，有的是以本媒体的内容为唯一稿源。比如中国移动早晚报的稿源只能是来自签署了版权协议的媒体合作单位，非合作单位的稿源绝对不能采用，《人民日报》手机报的稿源是纸质报纸已经刊载的内容，超出这个范围的也不在选稿之列。其二，根据新闻价值要素来判断、选择。及时性、重要性、接近性、趣味性等都是选择的依据。特别是设有《要闻聚焦》、《今日聚焦》、《今日关注》这类栏目的手机报，要将重要性作为优先级，选择出能作为头条的新闻。其三，选取的新闻从类别到数量都力求均衡。应尽可能考虑到所有人的阅读兴趣，在选择新闻时扩大选择范围和领域，初选时可以每一类别多选出一些再进行第二轮的筛选，第二轮筛选时再考虑每一类别数量的平衡。

为了确保手机报没有漏报、少报重要新闻，在选取技巧上可采用比照传统媒体和网络媒体的方法，关注报纸各版的头条，期刊的封面文章，网络媒体的头条、要闻区的新闻、当天的新闻排行榜和留言排行榜、微博热议话题、网络热词等，依此来确定手机报的新闻和排序。选择新闻图片时应尽可能挑选中景、近景等带有细节的图片，不宜选用大场面的全景图片。因为手机屏幕小、图片的尺寸限制，大场景的图片放到手机报中几乎无法辨认清楚。

（三）编辑新闻

手机报新闻的编辑分为三部分：导读标题、正文标题和正文。三者都有字数限制，导读标题和正文标题字数一般要求控制在 12 个字以内，正文字数在 500 字以内。导读标题有的会加上特殊符号或标明类别的文字，正文标题与正文之间有特殊的分隔符号。

编辑新闻主要是改写标题和新闻。要将报纸的双行题、多行题、虚题改成单行实题，将网络的长标题改成符合手机报字数的短标题。导读标题尽量做到新闻要素齐全，要考虑吸引力和引导性。正文标题因为是和正文同时出现的，内容不需要面面俱到，只要体现新闻中最有价值的一点即可。地域性的手机报在标题上要更多考虑贴近性和可读性。

传统新闻报道的结构是导语、正文、新闻背景。手机报新闻受制于字数的限制，不宜采用导语＋正文的模式，而是将导语与正文合二为一，融为一体，也可以写出超长导语。面对新闻长稿可以直接将小标题融入正文。为了方便用户在小小屏幕上的阅读，编写中应尽量多用短句，少用长句，多用陈述基本事实的实词，少用主观评价的形容词、副词、虚词等。

下面分析一条摘自某手机报的新闻。

广州一日近千“红眼病”

近日，江苏、广东两省“红眼病”患者剧增，仅 9 月 14 日一天，广州 10 家医院就有近千病例。患者人群已从学生扩大至家庭，许多医院眼药水断货。从南京各大医院获悉，从今年 9 月份以来，门诊中“红眼病”比往年同期要增多。而在江苏宜兴新庄镇，一个村庄几乎家家都患上了“红眼病”。

首先看新闻标题。从字数上看符合手机报新闻标题的要求，但标题的含义很模糊，表达不清晰，读起来也比较拗口。如果稍微改改，加一个“增”字，“广州一日增近千红眼病”，标题与正文的意思就比较吻合了。其次看正文内容。字数符合要求，短句为主，陈述了基本事实。但是对于这类新闻，人们更关心的是病因，人们因何而患上“红眼病”？因何两个相距千里的地域同时有人患上“红眼病”？类似的公共卫生健康类新闻，如果不讲清楚事情的缘由，是会引发社会恐慌的。因此，在编辑这条稿件时应该考虑新闻事件的性质，将更为重要的新闻要素编发到手机报中。

（四）策划专题

策划专题分为两种。第一种是针对可预知的新闻事件提前策划各类专项手机报，如两会手机报、奥运早晚报、世博手机报、春节特刊等。2009 年，人民网推出“新中国成立 60 周年”手机报，设计多个栏目和多种报道形式，有《数说 60 年》、《我们叫建国》、《60 年连连猜》、《一人一句：你最想喊啥口号》互动征集等。同时，还根据不同的时间段新闻事件的发展和热度，相继推出增刊、专栏、互动话题、图文征集、有奖竞答等多种报道形式，保证了在相对较长的报道时间（从五月底持续到“十一”长假）里让受众保持新鲜度与关注度。

2010 年，新华社与中国移动联手打造《世博手机报》，主要包括有《世博快讯》、《逛世博》、《世博万事通》、《我身边的世博会》等多个栏目内容，从世博新闻、场馆介绍、便民措施、世博知识等不同角度对世博进行全方位报道，发布各类世博园区内外餐饮、住宿、购物、旅游、休闲等消费信息，推荐上海游和长三角旅游路线，将世博场馆交流、世博园区周边交通、上海的天气等情况第一时间提供给游客，方便在沪游客及将要到沪参观的游客合理安排出行计划、避开高峰人流。此外，用户还可以通过点击链接的方式，随时观看世博会精彩片段，也可以随时随地将感想写成短信发送到平台，将手机拍摄的世博会影像上传。

第二种是日常手机报制作中特别设计的一个重点报道。2013 年全国“两会”期间，中国移动早晚报设立了“两会聚焦”专题，每期都会发布“两会”的最新动态和报道，聚焦当天的“两会”热点，便于用户完整地了解“两会”的进程（见图 9—3）。

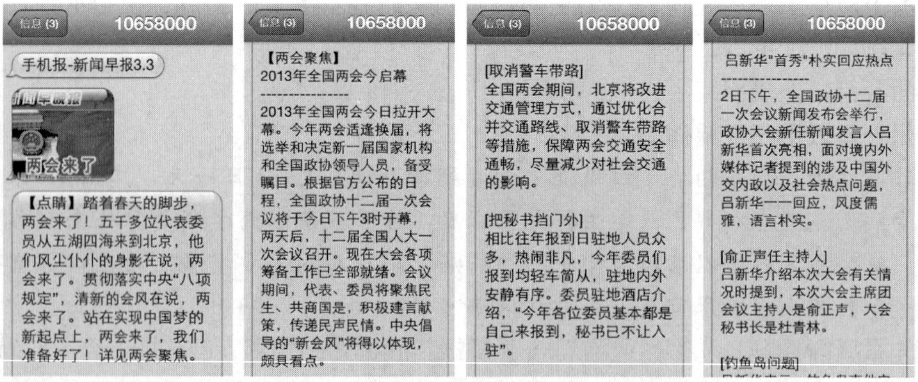

图 9—3　中国移动早晚报“两会聚焦”截图

策划手机报专题重点在于，根据手机用户的特点和阅读习惯调配新闻资源，设置特色栏目，将原创采集与编辑整合，新闻报道与信息服务、短讯快讯与深度报道、媒体与手机用户互动等紧密结合，通过内容设置和形式创新，开展好双向互动交流传播，增强对用户的贴近性和亲和力。

（五）组织互动

现在的手机报大多数没有互动性的栏目和策划。作为与用户最贴近的媒体，手机报具有天然的互动优势。因此，手机报的工作流程中应该增加互动环节，设置互动类栏目或调查，比如发起新闻议题、手机调查、手机竞猜、留言评论等，为单条新闻添加发送至邮箱、微博的按钮。

手机报的用户群层次广泛，不同群体的用户都有自己关注的话题，也都有自己喜欢的互动方式，学生群体喜欢聊天，白领阶层喜欢转发、向好友推荐，领导阶层愿意收藏，可以利用手机个性化的特征建立分类信息数据库和分类用户数据库，在手机报中针对不同的目标用户展开多种形式的互动。

手机报栏目设置比较雷同，考虑到不同细分用户的需求，可将手机报各栏目列入备选菜单，让用户自己选择喜好的栏目进行前期定制，还可以每隔一段时间邀请用户对栏目的内容进行打分、评价，以加强手机报内容的改进。

二、手机报的制作标准与规范

虽然手机报每期能够承载的数据量有限，但手机报的新闻制作却有着非常严格的标准和规范。我们在了解各大运营商和媒体对手机报制作要求的基础上，总结出手机报制作的标准与规范，以促进我们进一步了解手机报编辑的特点与规律。

（一）手机报技术制作标准

手机报的数据大小一般控制在 50k，在手机屏幕上显示为 10 帧。手机种类繁多，每一行的字数和每一屏的行数在不同的手机里显示不尽相同。考虑到大多数手机屏幕的尺寸，一般手机报的标题字数控制在 9 个字，正文单行字数控制在 12 个字，一屏显示 6～8 行，照片长宽按照 4∶3 的比例进行缩放。

手机报一般都有统一的名称，如中国移动的“新闻早晚报”，“人民日报手机报”，名称在每期手机报的固定位置显示。一般名称都是设计到手机报制作平台的模板中，不需要每次单独录入。

手机报有完整的“封面”和“封底”，“封面”包括有一条热点新闻和一张全幅图片，以此激起读者的阅读欲。“封面”图片的尺寸、规格统一，并带有封面新闻的标题。封面还同时显示日期与天气，天气以预告当地天气为主。“封底”包括服务性的手机报订阅方法介绍、超链接和手机报品牌形象标识。

手机报有清晰的栏目设置。设置哪些栏目由各家手机报根据自身的新闻资源和用户特征来确定，栏目名称要求简明扼要，并用特殊符号如“【　】”、“［　］”加以标注，以示醒目。每一栏目下如果还设有子栏目，依然需要用特殊符号来标识。如【副刊】下的［IN 语］、［测吧］、［谜坛］。

手机报的导读是决定读者阅读兴趣的关键。导读要集中当期手机报内容的精华，精心制作标题，以吸引用户进一步阅读。导读以标题列表的形式出现，与正文对应，字数统一，格式整齐，集中在一屏里。标题不得串行，并在标题前添加特殊符号以示区分。

手机报正文的标题独立占一行，尽量确保用户浏览时没有折行。正文与标题之间用分隔符来隔开，正文字数每帧控制在 800 字上限以内，以 3～4 篇新闻为宜，每篇字数控制在 200 字以内。正文中的各种符号如数字、破折号、括号、冒号用半角，其余（顿号、引号等）用全角。正文结尾附加媒体来源，以括号标注。

（二）手机报内容规范

手机报新闻内容的选择与网络新闻的选择基本一致，首先要明确哪些是禁止报道的内容。根据国务院新闻办公室、信息产业部 2005 年 9 月 25 日联合发布的《互联网新闻信息服务管理规定》，其中第十九条规定有 11 个方面不能入选作为手机报新闻。

在具体选择要求上，要严格遵守党和国家对当前宣传工作的指示要求，对不能报道的新闻坚决不报，对适度报道的新闻要掌握尺度分寸，对敏感问题的报道要符合统一口径。要从政治、思想角度把好新闻的选择关，留意新闻中的观点、议论、提法，确保符合国家法律法规，符合党的方针政策，不犯政治性差错。同时，要考虑手机报的覆盖面和影响力，从社会效果角度把好新闻的选择关，保证信息来源的权威性。突发性的重大题材事件采用权威稿源，慎用外媒、地方媒体和非官方媒体的消息。

（三）手机报图片制作规范

每期手机报配 3～4 张图片，包括封面图片和正文图片。封面图片规格为 300×300（约 14k 左右），内置图片规格为 260×210，格式为 jpg 格式，选择像素高、质量好的图片进行压缩，色彩要适合手机的浏览效果。选取制作的图片成品不能带有原出处的水印 Logo。

选择的图片要充分考虑到与新闻正文的互补性和阅读的可视性；不能为了视觉效果选择色情或过分血腥暴力的图片；尽量选取中景、近景、特写等表现细节的图片，避免大全景图片而使主题看不清楚。

图片可以出现在新闻之前或之后。出现在新闻之前，新闻内容必须紧跟在相关图片后面，并且在标题上标注“图文”二字；出现在新闻之后的，要加“见下图”，并以括号标注在文中或文尾。所选图片与新闻标题及文章主题完全吻合的时候，“见下图”标注在文尾，所选图片与正文的某个语句直接指向，则标注在文中。为了便于用户更好地理解图片，也可以对图片进行图文一体的处理，将文字制作到图片之中。

第四节 | 手机视频新闻的编辑

进入3G时代，视频内容日渐从Web网转移到手机终端。在微视频、微电影占据手机用户观看手机视频主要时间时，视频新闻也日益受到重视，依托手机网和手机新闻客户端，以直播、点播的方式成为手机新闻传播的新形态。

一、手机视频与视频新闻概述

（一）手机视频概况

手机视频就是以手机为存储、播放和传播平台及渠道，通过移动网络为用户提供以视频为主要内容的新型多媒体通信服务，移动网络为传输通道，手机终端为展示载体，视频图像（video）和音频（audio）信息为主要内容，提供直播、点播、下载、搜索等服务。2G时代，受制于移动互联网传输速度与手机终端，手机视频业务发展缓慢，内容和种类都寥寥无几。3G网络和智能手机的发展部分解除了手机视频业务的技术和终端限制，使其在技术、业务模式、运营和用户等层面都呈现出手机媒体的特点。

在技术上，手机视频的技术核心在于转码，即将原始视频源的格式解码再编码，转换成手机标准的、适合于在手机上观看的格式。手机视频转码方式有两种方式：离线转码和实时转码。点播类、下载类节目一般会事先对视频节目源按一定的格式、码率等进行转码处理，存储后供用户通过手机访问，属于离线转码；直播类节目是在用户对某个节目源发出收看的指令后，边转码边呈现，属于实时转码。

在业务模式上，手机视频业务存在三种模式：第一种是传统互联网视频向手机终端延伸，用户下载手机视频客户端或手机上网浏览视频，可以和运营商合作分成流量费，或者不通过运营商结算，而是以广告模式获得收入；第二种是采用卫星＋地面广播接收技术，在手机中内置广电标准的CMMB模块，用户需要拥有专门的终端或定制的手机才能收看视频，并支付一定的包月收看费；第三种采用移动通信＋流媒体技术，通过在线方式/客户端方式收看，支持绝大部分手机，移动运营商作为主导，控制着节目传播的渠道、用户和终端、计费等环节，广电牌照方作为节目内容提供商和运营商合作，参与收入分成。以CCTV为例，在手机里既可以通过CCTV手机央视网（wap. cctv. com）或手机客户端看到直播、点播、专题等节目，也可以在移动梦网中看CCTV手机电视，还可以在CMMB的终端收看通过卫星方式传输的CCTV直播节目。

在运营上，根据国家广电总局《互联网等信息网络传播视听节目管理办法》的规定，从事以手机为接收终端的信息网络传播视听节目业务，需要《信息网络传播视听节目许可证》，俗称手机视听牌照。目前，手机视听牌照分为 2G 牌照和 3G 牌照。2010 年国家广电总局发放首批 3G 手机视听牌照，CCTV、东方龙、CRITV、央广视讯、视讯中国、人民网、新华视讯等公司拿到牌照，获准可以在手机端集成（即允许播放具有授权的其他公司的版权内容）、转播和自办节目。

在用户上，根据 CNNIC 报告的数据，截至 2013 年 6 月底，国内手机视频用户总数达 1.6 亿，占手机上网人数的 34%。随着无线高速接入的普及，手机视频用户将进一步扩大，越来越多的人哪怕在家也会用手机而不是电脑看视频。

（二）手机视频新闻概况

手机视频新闻是手机视频诸多业务中的一个类别，从内容类型上有视频新闻直播、视频新闻点播/下载；从收看方式上有手机视频客户端、手机 WAP 网（3G 网）和视频 IVR，客户端和 WAP 门户的视频新闻可以实现与网络视频一样的全业务，视频 IVR 仅限于直播和点播；从内容构成上，网络视频已有的内容理论上可以全部“迁移”到手机终端，达到内容丰富多样、结构层次清晰、栏目设置齐全的效果。

手机视频新闻以电视媒体或视频网站各频道、各栏目的新闻和资讯为基础，既有网络视频新闻的延伸，也有基于手机终端的特色。我们以 CCTV 手机视频客户端为例，来看看手机视频新闻内容的构成。在 CCTV 手机视频客户端中，开设有“新闻”、“直播”、“栏目”、“剧场”四大板块。“新闻”板块下有“国内”、“国际”、“社会”、“体育”、“娱乐”、“专题”等子频道，以逐条点播的方式集纳聚合各类别的相关内容；“直播”板块下罗列了中央电视台开播的所有频道和部分卫视频道，提供直播和预约服务；“栏目”板块下集中了中央电视台《新闻联播》、《焦点访谈》、《新闻调查》、《百家讲坛》等精品栏目和热播节目，可以按“人气”、“频道”和字母检索，也可以进行个性化订阅、分享和收藏；“剧场”板块下设置了“热播”、“电视剧”、“电影”、“纪录片”和“动画片”子频道，集纳了丰富多彩的影视剧节目供用户在线点播和下载收看。

手机视频新闻具有手机媒体的一般特性，如移动性、贴身性、个性化，还需要满足手机终端的播放要求，如短小精悍，内容精编，时长控制，同时还要有视频新闻的传播特点，强调时效性、新闻性和可视性。因此，手机视频新闻能够满足用户随时随地订阅收看个性化视听节目的需求。

但是，手机用户使用视频新闻应用的比例并不高。根据艾瑞网发布的《2010—2011 年中国手机视频用户行为研究报告》，在 2011 年中国手机视频用户使用的手机视频业务中，“用户在线看影视剧、动漫类节目”以 48.4%的比例排名第一，“用手机看电视”以 44.2%的比例排名第二，“用手机在线看新闻类节目（新闻/娱乐/体育）”以 38.8%的比例排名第三。高资费和慢速度是导致用手机在线看电视和新闻类节目的比例不高的主要原因，一旦这两项问题解决，手机视频新闻将迎来爆发性增长。

二、 手机视频新闻的编辑方式与方法

手机视频新闻的承载平台主要为手机 WAP 网（3G 网）和手机视频客户端。手机 WAP 网可以是以播放视频内容或节目为主，辅以文图、互动等其他内容的手机网站，也可将整个 WAP 网打造成只播放视频内容的、纯粹的手机视频 WAP 网。手机视频客户端则是将视频内容制作成单个产品、应用的形态供用户下载、收看，是手机新闻客户端的一个类别。无论是手机 WAP 网，还是手机视频客户端，都有一套基于手机终端和移动网络的编辑方式。

（一）明确业务

在手机上开展哪一类业务是手机网和视频客户端先要明确的，需要从网站拥有的资源、具备的资质和投入的力量来确定。与手机视频新闻相关的业务包括电视节目直播、电视视频点播和下载、视频节目搜索、视频新闻上传和分享、电视节目预定和收藏、自制视频节目、电视台和视频节目集成。有实力的网站、机构能将这些业务全部囊括，比如搜狐视频客户端，集成有多家电视台的在线直播和节目预告（见图 9—4），开设的新闻频道下有“国内”、“国际”、“军事”、“科技”、“财经”、“社会”、“生活”等若干子栏目可以在线点播和下载后离线观看，“发表意见”的评论窗口和分享到“新浪微博”、“腾讯微博”、“短信”、“邮件”的多个按钮为每一条视频新闻增加了互动的渠道，同时还提供“今日”、“本周”、“本月”和全网视频新闻的搜索选项，功能性按钮“新上架”、“最热门”、“好评榜”展示有特色的视频新闻，而在“个人空间”中，“播放记录”、“我的收藏”、“我的订阅”、“我的上传”等实现了个性化设置。

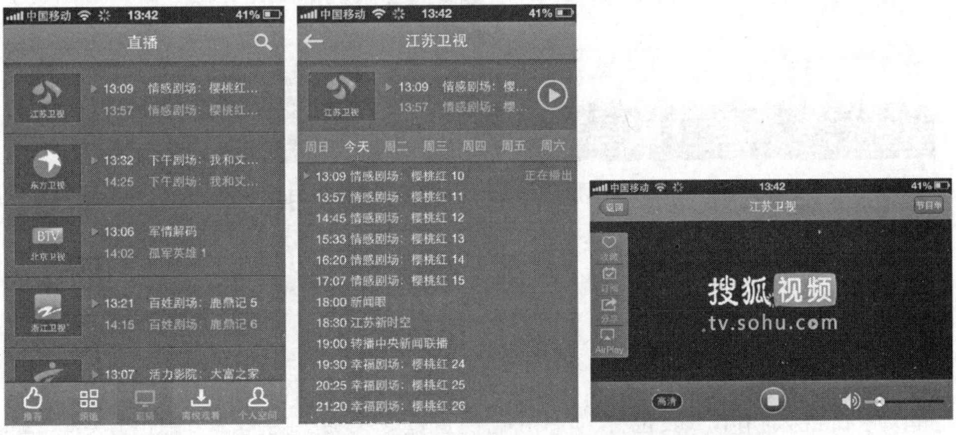

图 9—4　搜狐视频直播集成平台＋功能性服务截图

搜狐视频走的是大而全的手机视频新闻业务模式，央广视讯、人民视讯则偏重单一的手机视频服务，央广视讯以提供新闻快报、娱乐、搞笑、音乐、综艺、时尚、动漫的视频点播为主，人民视讯以原创节目为主，开设有《美的盛宴》、《微电影》、《炫彩剧场》和《英超盛宴》等多个自制栏目。不同类别的视频业务对编辑的要求不同，因而，确定业务类别是手机视频编辑基础而重要的工作。

（二）设置栏目

虽然手机终端现在越来越趋向于大屏幕，但考虑到不同终端的适配需要，设置手机视频新闻栏目依然采取少而精的原则，以大众化、普遍性的一般栏目为基础，以体现亮点和风格的栏目为特色，总体数量控制在 6～8 个（见图 9—5）。一般的手机屏幕能放下的栏目数只有 4～5 个，设置“更多”栏目要采取一定的编辑技巧来呈现。可以采取伸缩式的两行编排，可以用触屏滑动，可以用下拉菜单，也可以用弹出新窗口。无论哪种方式，都需要有简单的提示按钮，告诉用户可以去看更多栏目。

图 9—5　央视手机网与 CNTV 新闻客户端的栏目设置截图

（三）编辑新闻

1. 编辑直播类手机视频新闻

直播类手机视频新闻一般也称为手机电视直播，即通过手机终端在线实时转播电视台正在播放的节目。编辑在手机视频新闻直播中的工作就是完成解码、编码、转码和必要的审核。首先要将直播的电视信号或者现场直播的音视频信号进行数字化处理，以达到手机电视直播对节目源数字化的要求，然后按照手机能够播放的格式以及无线网络条件进行再编码。在播出之前，还可根据需要对节目进行审核和播控处理，随时接通和阻断节目信号进入流媒体平台。一切转码和审核工作结束后，直播节目就可以进入流媒体服务器完成节目流媒体化，这样用户就能以流的方式收看。最后节目被传输、上载到移动运营商网关。整个过程基本是自动完成的，编辑在其中所发挥的作用就是对内容进行必要的审核和把关。

在编辑手机视频新闻直播的过程中，虽然编辑参与度不高，但可以通过提供功能性服务来发挥编辑的主观能动性。早期的手机视频直播几乎没有服务性功能，现在则添加了节目单预告、订阅、下载和回看等多个互动选项。有些手机视频客户端还开设有边看边聊窗口，把网络视频的直播业务全盘搬移到手机终端上。

2. 编辑点播类视频新闻

点播类视频新闻或节目是手机视频新闻的主要类型，也是用户观看手机视频新闻的主要对象。从技术层面上看，点播类与直播类一样，要完成对节目源的数字化处理、转码、审核和流媒体化，然后传输到运营商的网关。不同的是，点播类要满足用户的个性化点播需求，就要按内容、时间或排行榜对新闻进行分类。因此，编辑点播类视频新闻重点而基础的工作是剪辑、编辑和编档。

点播类视频新闻的编辑流程如图 9—6 所示。在这个流程中，除了节目录制、数字化、流媒体化和上传环节由软件和技术自动完成外，编档、剪辑、编辑、审核都需要编辑参与，编辑在其中发挥着重要作用。

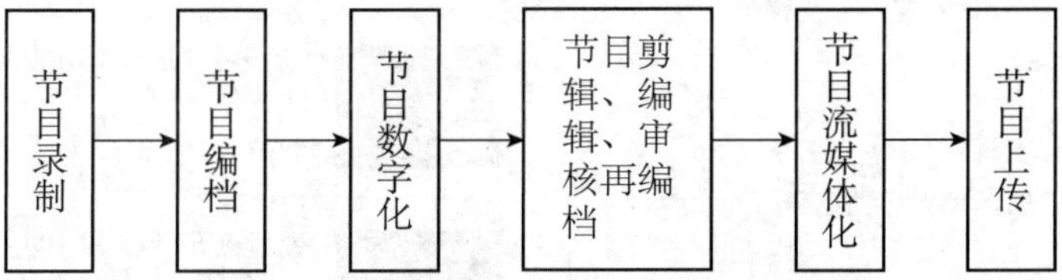

图 9—6　点播类手机视频新闻编辑流程

当前，在手机端收看视频新闻以流量计费为主要方式，考虑到手机屏幕小、资费成本高以及收视环境复杂等因素，在选择、编辑与制作点播类视频新闻时要有一定的针对性。在内容上，偏向于新闻性、娱乐性，强调热点新闻的时效性，娱乐新闻的可视性，精心制作单条视频新闻的标题和摘要，通过标题和新闻摘要来引导用户点击视频。对于没有字幕的视频新闻还应该考虑加上字幕，以方便用户在嘈杂的移动环境中收看。在时长上，一般控制在 3～5 分钟。长时段的新闻文件比较大，不利于下载，即使下载了，也会占用大流量而影响用户的收看。如果新闻很重要，不能压缩控制在限定的时间里，可以将新闻切割，做成连续报道的形式；在文件格式上，MP4、3GP、AVI、FLV、RMVB 等格式都可以在手机终端播放，但是有些格式压缩标准不一，体积庞大，下载缓慢。因此，一般都采用容量小、专门用于手机的 3GP 和 MP4 格式。

（四）策划专题

在面对重大新闻、突发新闻和重要新闻时，还可以根据新闻价值和用户关注度编辑、制作出可点播的视频新闻专题。专题制作较为简单，主要是将多来源、多片段的同类视频集中到一起，形成一个图片＋文字的新闻列表，方便用户集中浏览某一类新闻的视频。同时还需要为专题制作一个手机版的题图，形成一种强势效应。在 CNTV 手机新闻客户端中，就看到有“巴西世界杯预选赛”、“第 15 届全国青歌赛”、“楼市调控‘国五条’”、“2013 全国两会”等各类专题，而在单个专题里，比如“巴西世界杯预选赛”专题，可以按照时间倒排序近期比赛的视频，并在每一个视频标识时间，用户可以点击在新窗口收看，也可以分享或收藏（见图 9—7）。

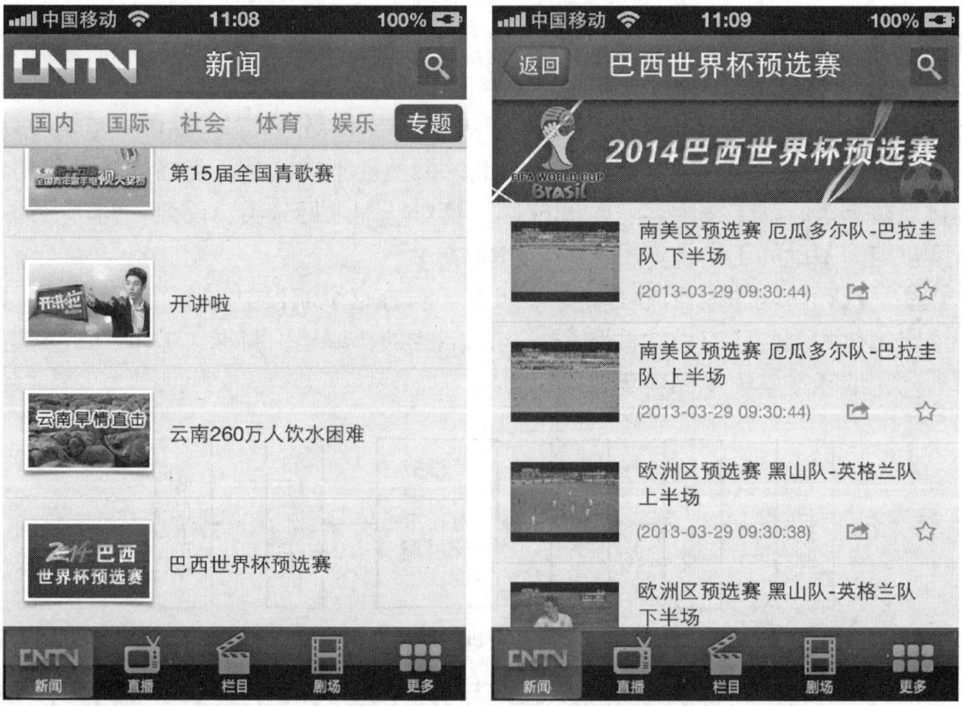

图 9—7　CNTV 视频新闻专题页面与“巴西世界杯预选赛”专题页面截图

手机视频新闻现在还处在起步、发展阶段，编辑和制作手机视频新闻要充分考虑到手机终端的特点、视频新闻的传播规律和手机用户的心理特征。多样化的终端导致用户在收看同一视频时会有不同的视听体验，视频新闻强调以画面和影像来取悦用户，而用户在手机端又极易形成短平快的收视心理。因此，要站在不同用户、不同收视终端的角度来审视手机视频新闻的编辑，最终达到手机视频传播规律与用户收视心理的平衡。

第五节 | 手机新闻客户端的编辑

手机新闻客户端是随着手机APP应用的发展而兴起的一类手机新闻传播新形态。在手机新闻客户端出现之前，手机用户浏览新闻、资讯大多采用手机上网的方式，即将手机作为互联网接入工具，通过手机访问传统的Web网。由于手机的低网速和小屏幕影响Web网在手机终端的显示效果，后又出现了专门的手机网，将传统的Web网内容精简、压缩，制作成符合手机浏览需求的WAP版和3G版网站。在智能手机和多样化APP应用的带动下，新闻客户端目前成为手机用户及时浏览新闻和随时参与互动的主要选择。

一、手机新闻客户端概述

（一）认识手机新闻客户端

客户端是一个计算机的术语，又被称为“用户端”，是指直接安装在用户使用终端（包括桌面终端和移动终端）上的应用程序或软件。这类程序或软件不能单独使用，需要与相应的服务器建立特定的通信联网，并与相应的服务端程序相互配合运行。互联网中经常使用的客户端有浏览器、即时通信、在线播放器和各类APP应用等。

手机客户端是基于手机IOS、Android或其他操作系统为智能手机用户量身打造的各类应用程序，包括新闻、教育、游戏、工具、社交、旅行、健康、商业等。从广义而言，手机上的每一款应用服务都是一个客户端。手机新闻客户端是手机众多客户端的一个类别，基本功能在于满足手机用户在移动状态下实时浏览新闻和资讯的需求。新闻客户端一般由内容提供商或服务运营商设计研发，用户需要将客户端应用下载到个人手机上，在线或离线阅读。

手机新闻客户端不同于手机报的完全离线阅读，也不需要像手机网那样实时在线，它介于手机报与手机网之间，比手机报丰富、灵活、实时更新，比手机网简约、方便、重点突出，尤其是其中的新闻订阅，符合手机个性化、定制化的传播规律。根据易观智库发布的数据，截至2012年5月，App Store新闻类应用数量已达两万多，各门户网站、新闻网站和传统媒体都正在转向手机新闻客户端，为扩大新闻覆盖面和影响力拓展新的传播渠道。手机新闻客户端也同时被认为是手机媒体一种新的运营模式和经济增长点。

（二）手机新闻客户端的类型

目前国内较为典型的新闻客户端有：掌中新浪、搜狐新闻、网易新闻、凤凰新闻、《人民日报》、Zaker、Flipboard、鲜果联播、《南都周刊》、今日头条等。这些手机新闻客户端大致可分为三类。

第一类为平台类新闻客户端。这类客户端没有自有新闻源，而是汇聚了众多媒体及互联网站最新最快的内容，采用实时抓取、自动收集、自由排版的方式，向订阅用户实时更新、自动推送，用户可以选择在线阅读，也可以离线下载阅读。平台呈现出杂志的感觉，内置丰富多样的分类供用户订阅。以 Zaker 为例，“订阅频道”下的分类有“社交”、“主题订阅”、“读览精华”、“订阅榜”、“新闻”、“本地新闻”、“财经”、“科技”、“英文资讯”、“报纸”等 22 大类，每一大类下又有若干种应用内容，比如在“主题订阅”下有“电影资讯”、“食品安全”、“沪深股市”、“军情速递”、“育儿宝典”等 62 种，在“报纸”下有“参考消息”、“京华时报”、“新华日报”、“新闻晨报”、“天津日报”等 50 种报纸。此外，还可以通过输入“RSS 地址”、“QQ 号码”和“新浪微博”实现“自定义内容”的订阅（见图 9—8）。平台类新闻客户端的典型代表有图文类的 Zaker、鲜果联播、Flipboard、网易云阅读，广播音频类的蜻蜓 . FM、窄播，电视视频类的 CNTV 直播、搜狐视频和 UUSee 电视。

图 9—8　Zaker 新闻客户端“订阅频道”、“主题订阅”和“自定义内容”截图

第二类为媒体类新闻客户端。这类客户端大多由传统新闻媒体开发制作，客户端内容完全为自有新闻源，也就是将原来登载在传统媒体上的内容由编辑人员全部搬移到手机端，基本采用与母媒体相同的内容分类，有的新闻客户端还保留有报纸、杂志原汁原味的版式。内容不是实时更新，也不是长期保存，而是固定在一天中的某个时间或几个时段，更新两至三次，保留三天或七天。比如《人民日报》新闻客户端，每天早上 7：30 更新一次，保留七天的报纸；《新京报》新闻客户端每天凌晨更新一次，保留三天的内容。目前，国内一部分报纸、期刊和电台、电视台已推出了基于自身内容的原创类新闻客户端。

第三类为实时新闻类客户端。这类客户端强调新闻的时效性，24 小时更新新闻，与网站同步发布，在第一时间推送最重要、最新鲜的资讯。新闻内容精选自 Web 网络，以文字、图片为主，间或插入少量视频。一般设置有数十个栏目和专业内容的新闻产品，用户可以按照自己的喜好编排栏目，订阅产品。开通有多种互动通道，为网民提供分享选择。典型代表有“网易新闻”、“掌中新浪”、“腾讯新闻”、“百度新闻”、“凤凰新闻”等，是网民下载新闻客户端的主要选择，有的还被预装到多款手机终端中。根据网易公司第四季度财报披露，截至 2012 年 12 月 31 日，网易移动新闻客户端安装量逾 5 000 万，日活跃用户超过 2 200 万。随着移动互联网市场开发步伐的加快，实时新闻类客户端被认为是新闻门户网站转型移动互联网的一条路径（见图 9—9）。

图 9—9　网易新闻客户端的“默认页”、“订阅编辑”和“设置选项”截图

第四类为综合类新闻客户端。这类客户端采用“订阅平台＋实时新闻”的开放模式，“订阅平台”以 B2B2C 为运营方式，引入其他媒体的内容，让用户自由选择和订阅。“实时新闻”由客户端运营商自己制作发布，24 小时全天候实时更新。这样用户既可以定制不同新闻源的内容和资讯，也可以随时看到最新图文、视频新闻和报道。综合类新闻客户端的典型代表有搜狐新闻、CNTV。在搜狐新闻客户端（见图 9—10），用户可以依据自己的爱好“摇一摇”来选择订阅，也可以进入客户端上的“新闻”板块定制频道、实时浏览。与平台类新闻客户端不同的是，这里的订阅平台不但内容供应商可以通过后台与新闻客户端对接，拥有完全的自主编辑、版面制作的权利，而且呈现的是与传统渠道几乎同时发行的当期版面和原汁原味的内容。

二、手机新闻客户端的特点

在 2013 全国“两会”手机媒体报道队伍中，手机新闻客户端异常活跃，仅网易新

图 9—10　搜狐新闻客户端“订阅”、“新闻”和“我的频道”页面截图

闻客户端日活跃用户就超过 2 800 万，大有超过手机报和手机网的发展趋势。目前，门户网站、新闻网站、传统媒体都纷纷抢占移动互联网市场，以新闻客户端作为产品转化的接口。手机新闻客户端之所以备受关注和重视，是因为其具有优于手机报和手机网的显著特点。

（一）内容全面综合，精挑细选

手机有独特的滑屏和滚动加载技术，但手机毕竟屏幕小，单屏承载有限，因此，在内容方面呈现出丰富全面而又精挑细选的特点。首先是整个新闻客户端内容的丰富多彩而简约精练。以“掌中新浪”新闻客户端为例，开设有“头条”、“新闻”、“军事”、“科技”、“体育”、“评论”、“滚动”等 19 个栏目，虽然不能完全比肩 Web 网的频道和栏目设置，但这些栏目显然经过精挑细选，是符合用户需求的基础而重要的内容。此外，“掌中新浪”还单独设置“专题”、“图片”板块，这也是从包罗万象的内容中精心挑选出来的，满足用户对照片和单个话题的阅读需求。

其次体现在单条新闻上。单个文本层不仅可以加载图片、视频和评论，实现了手机新闻的多媒体发布，还能附载新闻跟帖和多类分享，对新闻内容形成有益的补充。此外，手机新闻客户端每天上载的新闻条数不似 Web 网无限制地罗列和堆砌，需要从海量内容中进行严格的过滤、筛选，要充分考虑新闻价值和用户需求，在精挑细选中发挥“二次传播”特有的效果。

（二）新闻更新快速，即时推送

手机媒体具有随时随地阅读的特点，新闻客户端必须满足用户随时随地接收新闻的要求，因此，快速及时更新、实时推送新闻就成为新闻客户端在传播速度上的特点和要求。平台类手机新闻客户端实时抓取、即时更新，综合类手机新闻客户端一般每隔 10 分钟更新一次，有的更新频率更高，遇到重大事件甚至直接用客户端进行在线直播。在 2013 年“两会”报道中，网易新闻客户端每日对两会重要议程进行实况视频直播，安装了相应软件系统的网民都可以在线移动收看。

只要用户许可，新闻客户端都可以将重要新闻、突发新闻在第一时间推送到用户的手机屏幕上。用户可以简单浏览推送的简讯，也可以触屏进入客户端浏览详细内容。即时推送保证用户无论身处何地、无论是否联网，都能第一时间知晓正在发生的新闻。在腾讯新闻客户端，有这样一段广告语：“新闻‘秒时代’，3 秒连接世界，30 秒推送最新要闻，300 秒尽览每日资讯。”尽管这是段广告语，但却真实地表现出移动互联网时代手机新闻客户端“秒”读新闻的特性。

（三）互动纷繁多样，实时分享

互动是互联网的本质特征，移动互联网也不例外，从现有新闻客户端的互动设置来看，有与内容关联的直接互动，如在线投票、调查、评论跟帖、微博热议、论坛、博客，有工具性的间接互动，如绑定账户一键分享，分享到微博、发送到邮件、推荐到 SNS 空间、转发到微信等。在一些新闻客户端里，还提供热点话题讨论栏目，为用户实时化评论提供方便。

从新闻心理学角度观察，读者看完新闻后第一时间最容易做出反应，而第一时间的反应也最真实、最客观。手机新闻客户端设置互动按钮能满足用户第一时间实时沟通、交流的需要，也能真实反映用户的思想和情感。用户一旦满足实时分享需求后就容易形成习惯，习惯的背后是对手机端互动的依赖、信任和黏性，更加积极参与到话题和内容讨论中，实时分享的频率也会更高。

（四）满足个性化需求，定制阅读

在现有的五类媒体中，传统的报刊、广播、电视以大众传播为对象，几乎无法满足个性化需求，网络媒体虽然理论上具备个性、定制阅读的技术条件，但在业务层面操作有一定难度。由于手机终端具有贴身性和私密性，因此手机新闻客户端更容易满足用户本地化、个性化的需求，通过设计友好、交互的产品来实现“我的频道”、“我的资讯”。

手机新闻客户端目前提供的定制化功能包括：订阅频道享受个性化新闻资讯，提交位置信息享受本地化新闻服务，自由选择在线或离线阅读，根据不同终端和不同网速的状况支持图片模式、文字模式和体验模式的切换等。平台类新闻客户端还提供所有刊物订阅/退订、关闭/开启推送的功能。其他的服务性功能如“我的跟帖”、“我的收藏”、“我的股票”、“我的字号”等都可以根据自己的需要设定。

（五）界面简洁明了，操作方便

手机终端的小屏幕在一定程度上会减损内容的丰富度，但也会带来界面简洁明了、编排整齐大方的效果。无论是采用从上至下的板块式布局，还是采用从左至右的抽屉式编排，手机新闻客户端的 UI 设计都以灵活、方便的良好用户体验为原则，以易于用户简单、便利地操作为方向。

在网易新闻客户端 3.0 版中，智能手机的滑屏技术得到充分利用。整个新闻客户端“弱化点击型操作，更多采用抽屉式滑动切换模式，隐藏非核心的操作与功能，让用户更专注于浏览新闻资讯，而不会被显示在页面上的导航分类按钮打扰”①。同时，个人登录界面、功能性按钮和浏览单条新闻的跟帖也都采用抽屉式滑动，这种左右滑动式的设计适宜于用户单手操作的体验。跟帖是网易新闻客户端的特色，为充分利用好跟帖资源，网易新闻客户端设计出针对单条跟帖的编辑模式，只要轻轻点击就可以快速“顶”、“回复”、“分享”、“收藏”和“复制”。

（六）兴趣图谱产生，精准营销

移动终端具有个人身份识别功能，可以精准记录下用户每一次的资讯需求和浏览对象，用户的定制和位置信息也都会留下痕迹，这些都很容易产生个人的资讯图谱和兴趣图谱。这类个性化的图谱为数据挖掘和精准营销提供了条件，内容提供商可以按照受众的资讯图谱来推送资讯，广告商可以按照受众关注的兴趣图谱来推送相关的广告和产品信息。这种基于个人兴趣的营销模式，将颠覆 PC 时代按照浏览位置来投放广告，以及按照点击率和访问量来统计广告的模式。

三、手机新闻客户端的编辑方式与方法

手机新闻客户端是发布实时新闻、资讯的移动媒体平台，无论哪一种类型的新闻客户端，都与网络媒体平台一样，需要快速即时更新、多媒体发布和互动分享。因此，手机新闻客户端有一套适宜移动互联网传播规律的、自有流程的编辑方式和方法，编辑对象包括客户端整体框架的设计和日常的新闻、专题。

（一）手机新闻客户端整体框架的设计与编辑

一个规范的手机新闻客户端由三部分构成：新闻资讯板块、互动分享板块和辅助

① 《网易新闻客户端入选威锋网 APP TOP10》，http://www.techweb.com.cn/news/2012-12-04/1260318.shtml。

功能板块。新闻资讯板块涉及栏目、新闻、专题和话题，在新闻里又包括新闻列表、新闻正文、图片、视频和新闻榜；互动分享板块涉及评论留言跟帖、调查投票、分享到社会化媒体；在辅助功能板块里涉及栏目订阅（又叫定制）、内容收藏、离线下载、新闻推送和阅读模式选择，如图 9—11 所示。手机新闻客户端易被看成网站内容的简约版，但它不是 Web 网站内容的简单缩减，而是基于手机终端的独立设计，在定位、栏目和版式上符合手机新闻传播规律。

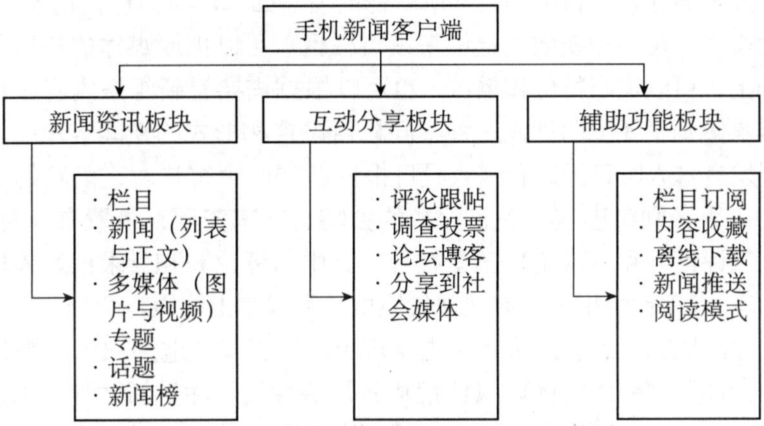

图 9—11 手机新闻客户端框架构成图

1. 明确客户端类型与定位

设计手机新闻客户端，首先要明确拟建成哪种类型的客户端。平台类、媒体类和综合类各有不同的操作后台和编辑系统，也需要汲取不同的新闻资源，采取不同的运营方式。平台类客户端需要考虑新闻源的开发、整合和版权问题，媒体类客户端需要考虑利用原创资源、与媒体其他数字平台打通的问题，综合类客户端需要考虑内容定制与实时新闻的平衡，建设服务于两种模式的综合性技术后台。

在确定类型之后，还要明确客户端的定位。同为媒体类客户端，有的定位为忠实于原媒体，从内容到分类几无二致；有的定位为从原媒体内容中挑选特色和精华，显现出一定程度上的区别；有的则重新打造栏目，定位为对原媒体内容的重新整合和编排；还有的定位为细分类新闻客户端，即只是原媒体的某一个栏目或节目，内容简单而专一。比如 CNTV 有 CNTV-新闻联播、CNTV-经济半小时、CNTV-中国财经报道、CNTV-焦点访谈等数十个新闻客户端，每个客户端都只是这个栏目下内容的点播，没有任何其他视频。

在明确客户端类型与定位时，还要统筹考虑客户端的经营模式。免费或收费都直接影响到客户端的用户下载和使用频率，也关系到客户端的运营效果。

2. 设置栏目和互动

对于平台类新闻客户端，不需要考虑设置栏目的问题，但要考虑订阅的分类和互动的设计。在订阅分类上，除了一般性的“新闻”、“财经”、“科技”、“体育”等大众类别外，还要考虑用户的个性需求，提供细分化的类别和内容，比如“星座”、“本地新闻”、“自选股”、“假日出行”等。在互动设计上，需要接入多类社会化媒体，提供充分、便利的互动和分享应用。比如在 Zaker 客户端里，囊括了赞、评论留言、新浪微博、腾讯微博、人人网、搜狐微博、QQ 空间、POCKET、印象笔记、微信、邮件分享、短信分享和收藏文章等 10 多种链接按钮。互动、分享越充分，平台的作用和价值就越大，新闻报道通过平台类客户端所获得的覆盖面和影响力也就越大。

对于媒体类客户端，需要依据定位来设置栏目。可以把原媒体的栏目和版面直接搬移到客户端上，可以突出特色和重点，也可以根据需要重新组织内容、重新设计栏目。有条件的媒体则呈现出两种或三种不同栏目设置和形式的新闻客户端。比如《人民日报》就开发有《人民日报》和《人民日报》新闻两个客户端，前者的栏目就是报纸的版面名称，后者则突出《人民日报》的独特、独家资源，设置有《时事》、《社会》、《经济》、《评论》和《求证》五个栏目，其中《评论》和《求证》为报纸最有分量和特色的内容。《现代快报》也有《现代快报》和《掌上快报》两个客户端产品，前者保留报纸的原汁原味，后者内置有《热点新闻》、《江苏本地》、《图片视频》、《快报微博》、《快报锐评》、《轻快阅读》、《快报周刊》等栏目，注重新闻性、思想性、互动性和娱乐性。其中，《快报周刊》整合了《现代快报》读者中阅读率和好评度最高的七份周刊——《爱周刊》、《博客周刊》、《发现周刊》、《柒周刊》、《点点周刊》、《健康周刊》、和《成长周刊》。[①]

对于实时新闻类客户端，栏目设置应以全面为出发点。设置较为全面的栏目，一方面在于提供更多的定制选项满足用户个性化需求，另一方面在于突出 Web 网站的特色和原创，在各类客户端中显现出差异化。在下载量较多的新闻类客户端中，每家都设置有 10 多个栏目，此外，又都有各自的特色栏目，“掌中新浪”有《头条》、《博客》、《书摘》，《腾讯新闻》有《星座》、《话题》、《视频》，“网易新闻”有《女人》、《原创》、《轻松一刻》，《凤凰新闻》有《热榜》、《台湾》等，做到了共性中保留个性，个性外不失共识。在互动方面，则需要和网站原有优势互动资源结合，甚至与网站用户平台打通，共享互动内容和反馈。

对于综合类新闻客户端，既要考虑订阅内容的主题分类，也要考虑实时新闻的栏目设置。上述平台类新闻客户端和实时新闻类客户端在栏目设置和互动设计上的编辑思路和方法同样适用于综合类新闻客户端。

3. 编排版式优化用户体验

手机新闻客户端在版式设计上有两个难题：一是手机屏幕比台式机和平板电脑的屏幕要小，很难进行复杂的版式设计；二是手机终端多样，屏幕大小规格不一，需要

---

① 参见周凯：《三网融合背景下的传统纸媒的移动客户端发展路径研究——以〈现代快报〉客户端“掌上快报”为例》，载《中国出版》，2012（8 月上）。

在编排版式时考虑各种手机的适配问题。因此，手机新闻客户端的版式设计应以简洁明了、操作简易为原则，以充分利用好手机触屏和滑屏技术为前提，以用户直观和方便浏览为目标。

手机新闻客户端的操作一般有横向的左右滑动和纵向的上下滑动两种，运用最普遍的技术为触屏式的弹出和隐藏。基本版式采用上下各占一行的栏目导航和不断更新的图文新闻构成，更多栏目被隐藏，更多新闻在滑动中加载。在内容编排上，大多数新闻客户端将默认页设计为焦点图头条和 3～5 条图片＋新闻摘要的列表，将专题页、图片页和视频页设计为整齐划一的列表样式，在文章页则控制页面内容，篇幅长的文章提供切换到下一页的功能，同时还可以提供修改字体、评论、收藏、转发等功能。

受制于手机技术和移动网速，手机新闻客户端目前还很难展现复杂的 Flash 动漫，也不易承载具有丰富表现力的内容，因而版式编排重在用户体验，不断优化用户体验，让用户能操作简便、畅通自如地出入客户端栏目与栏目、栏目与内容、内容与内容之间。比如在腾讯新闻客户端中，不仅栏目、图片可以通过左右滑动切换，文章页也可以通过单手滑动切换到上一篇或下一篇。

（二）对新闻客户端日常新闻资讯的选择与编辑

在手机新闻客户端编辑日常新闻资讯的流程近似于手机报的内容编辑，包括选取新闻、编辑新闻和策划制作专题。不同的是，手机报每天只需完成一次制作，一经发送则为不能更改的“报纸”，因此各方面的规范、要求甚为严格。手机新闻客户端实时更新，无论是选取新闻还是编辑新闻，都有一定的弹性和较为宽松的编辑空间，策划制作专题的频率也远远高于手机报。

1. 选取新闻

任何一种媒介选择新闻的依据都是新闻价值规律与媒介自身传播特点结合的产物。具体到手机新闻客户端，第一要体现的是时效性，让手机端新闻即时发布、即时获知的优势充分发挥。特别是重大突发新闻，应在第一时间选择、录入到手机端的内容管理系统，在新闻客户端平台率先发布并推送。第二是重要性，让用户在狭小的手机页面上获得最有价值的新闻。一般情况下，Web 网的内容更丰富，更新频率更高，手机新闻客户端每日发布数量有限，也不易频繁更新，因此可以参照 Web 网的新闻排行榜和热评榜来挑选新闻。第三是均衡性，满足不同手机用户的多样化需求。手机容量有限，无法用丰富的内容来满足浏览者个性化的阅读，因此只能在选择新闻时尽量集纳不同类别的新闻，做到内容平衡、数量均衡。第四是多媒体性。尽管图片和视频展现在手机端时缺少一定的视觉冲击力，但从传播效果看，多媒体依然会更易于吸引用户眼球。

2. 编辑新闻

手机新闻客户端有独立的内容管理系统，借助这类软件技术实现对内容的编排和发布。客户端的编辑对象分为两方面：栏目页和文章正文。

对于栏目的编辑，一是按照系统规范的要求控制标题字数、摘要字数、图片格式和尺寸、单页新闻数等；二是从内容角度编写标题和内容摘要，制作焦点图；三是对栏目页上的新闻和图片进行排序。栏目页的标题字数一般要求在 15 个字以内，摘要基本为两行 30 个字左右。制作标题同手机报、手机视频新闻做标题一样，新闻要素不一定齐全，体现新闻中最有价值的一点即可，同时要兼顾吸引力和引导性。摘要则要求更高，既不能和标题内容重合，又要把文章的亮点体现出来。图片编辑的重点在裁剪中的取景，狭窄的页面不宜展现太宏大的场面图片，选取裁切时以近景和细节、特写镜头为主。栏目页的新闻排序则需要依据新闻价值叠加及手机端性质综合评估来确定。

文章正文的编辑与网页新闻的基础编辑大致相似，要有修改删添，对图片进行裁切及撰写说明，对长文章尽量写出阅读提示，对评论较多的文章在标题下或栏目页的摘要中标注评论数，技术条件完备的手机客户端还可在文章正文中插入图片和视频。

3. 策划制作专题

随着用户越来越频繁地浏览手机新闻，客户端中的专题也越来越多，但专题的策划制作都较为简单。整个专题页面呈现为题图加新闻列表的版式，在新闻列表中一般分设新闻、图片、视频、评论、背景资料等基础性栏目，此外，有的专题也会开设与主题相关的栏目。但是，新闻列表的版式很难让用户注意到专题里的小栏目，因此设置专题栏目要用技术手段尽量使栏目凸显出来，或者不用传统的新闻列表而采用滑屏的方式把栏目之间呈现在专题默认页中。

在手机新闻客户端的新闻编辑中，还有一类不常用的新闻形态：手机新闻直播。2013 年“两会”期间，网易新闻客户端从 3 月 2 号开始每天进行一场重要新闻的视频和图文直播，包括政协会议开幕式、人大开幕式、总理政府工作报告等，用户一边观看视频画面，一边浏览直播图文。手机新闻直播对客户端和网速的要求较高，用户很难保证长时间用手机在线浏览、观看直播内容。因此，手机新闻客户端一般在面对重大、突发事件时才会考虑采用手机新闻直播模式，并对直播的内容实时编辑成单条新闻报道不断滚动发布。

思考题

❶ 比较手机新闻的编辑原理与网络新闻的编辑原理的异同。

❷ 从新闻传播和内容编辑角度看，手机新闻客户端是否会取代手机报?

❸ 当 4G 普遍应用后，手机视频新闻编辑会出现怎样的发展和突破?

❹ 研究同一媒体在平台类新闻客户端中的内容与作为独立媒体类客户端的内容是如何进行编辑的，比如 Zaker 中的《新京报》与《新京报》新闻客户端（见图 9—12）。

图 9—12　Zaker 中的《新京报》和《新京报》新闻客户端

第十章 平板电脑的新闻编辑

本章要点

了解平板电脑的基础知识，学习平板电脑的技术特征和传播特征，掌握平板电脑的传播形态，重点了解报刊类新闻客户端和网络媒体新闻客户端的编辑要点。

关键词

平板电脑　传播特征　传播形态　报刊新闻客户端　网络媒体新闻客户端

2010 年 1 月，随着 iPad 在美国的推出，一种新型的新闻传播工具——平板电脑就此产生。客观地说，平板电脑并不是专门用于新闻传播的工具，在平板电脑的应用商城中，报纸、杂志、新闻只是 10 多个类别中的三个，以苹果 App Store 为例，新闻类应用只占总体应用的 2.7%[①]。但是，平板电脑带来的新闻阅读体验和移动传播效果却对传统媒体产生了颠覆性的影响，带来了一种基于数字技术的新型编辑模式。

---

① 参见《148Apps：截至 2012 年 10 月 15 日 App Store 应用种类及数量》，http://www 199 it com/archives/73917 html。

第一节 | 平板电脑概述

作为诞生于21世纪的新媒体工具，作为填补小手机与大电脑之间空白点的产品，平板电脑从出现伊始就带有新技术的烙印，它集合了笔记本电脑、电子书、有线设备、手机、电子相框等诸多电子设备性能于一体，强大的功能一旦用于新闻报道，必然产生出不一样的传播特性和价值。

一、认识平板电脑

"平板电脑"这一概念早在20世纪60年代末就曾提出过。第一台商业化的平板电脑GRiDPad于1989年9月上市；随后，富士通、三星等公司都曾尝试涉足，但由于种种当时无法解决的关键性技术如手写识辨率低、机身偏重以及价格问题而以失败告终；微软的比尔·盖茨也曾在2001年提出这个概念，但硬件和软件结合存在的诸多问题最终还是挡住了平板电脑进入大众市场的脚步。

2010年iPad横空出世，实现了IOS软件操作系统和产品硬件的高度融合，加入了云计算、流媒体、高清视频、HTML5技术，产品的便捷性、流畅度以及操作体验得到了大幅度提升，成为文字、影像、娱乐、游戏、教育、工作等各种应用的集大成者。从推出第一代iPad1至今，已研发、生产到iPad4，并且顺应用户需求开发了7寸屏幕的miniPad，iPad成为新一代平板电脑的代表。

有技术专家提出，iPad不是平板电脑，因为在比尔·盖茨提出平板电脑概念时，强调的是能够安装X86版本的Windows系统、Linux系统或Mac OS系统，iPad目前采用的系统是基于ARM架构的IOS系统，属于iPhone、iPod一类，从技术上看完全不同于平板电脑的操作系统架构。虽然有这样的技术之争，但iPad良好的用户体验、强大的性能和数以百万计的第三方应用使其完全具备电脑的各项功能。

平板电脑中的应用数量众多，内容包罗万象。仅以iPad为例，截至2012年11月，App Store中的应用数量突破了100万，活跃应用73.6247万款①，设置的类别有新闻、教育、社交、生活、商业、工具、图书、医疗、娱乐等23种之多。在新闻类别

① 参见《苹果App Store应用程序数量超100万》，http：//news.zol.com.cn/335/3358430.html。

中，有传统媒体机构开发的新闻APP，如《人民日报》、新华社、中央电视台、《南方周末》、《第一财经》、凤凰卫视等，有网络媒体和商业网站制作的新闻阅读器，如网易新闻、凤凰新闻HD、搜狐新闻、今日头条等，还有集成平台类的新闻APP，如Zaker、Flipboard、听新闻、中文报刊、鲜果联播。这些应用有些与手机新闻客户端通用，有些是基于iPad平台单独制作的。iPad新闻类APP每天编排发布最新的新闻资讯，登载报纸、杂志的最新文章，直播、点播最新视频内容，成为移动新闻传播的又一条重要渠道。

二、平板电脑的技术特征

平板电脑作为一种新式便携式电脑目前已在部分人群中普遍使用，用户之所以快速认可、青睐平板电脑首先源于其技术特征带来的愉悦体验，高集成性的功能、合适的外形、可操控的触屏以及高分辨率的视觉画面是平板电脑的技术特征，也是平板电脑优势之所在。

（一）高集成性的功能

随心所欲玩转平板电脑是用户对平板电脑的第一感受。平板电脑是一个开放平台，里面既有自带的浏览器、摄影摄像头、音乐视频软件、书籍阅读器以及日常工具日历、地图、通讯录等，更有通过开放接口由第三方提供的上百万APP应用，这些应用几乎可以满足用户工作、生活、阅读、娱乐、游戏、交流、商务等各方面的需求。高集成性是平板电脑性能的外在表现，其本质技术在于操作系统的开放与分享。无论是基于IOS系统的苹果iPad，还是基于Android系统的其他Pad产品，都以开放的姿态与大大小小的第三方合作，集所有开发者的智慧于一身，才有了千奇百怪、功能特色各异但性能齐全、完备的平板电脑。

（二）适中的外形

平板电脑的屏幕从iPad mini的7.9英寸到一般Pad的9.7英寸不等（见图10—1），这个尺寸区间比日常使用的大多数笔记本以及台式电脑小，同时又比常规的手机屏幕大，其居中的尺寸既满足了用户便于携带的需要，也满足了用户大屏幕阅读的舒适追求。在重量方面，最轻的iPad mini大约为308克，一般规格为600克左右；在体积方面，最薄的为7.2毫米，一般规格约为12毫米。与普通电脑相比，平板电脑超轻、超薄的机身能够让人们就像随身带了一本杂志一样轻便，而其强大的功能却又远非杂志所能比拟。适中的大小、重量和体积非常易于携带，易于取用，给用户带去了良好的体验。

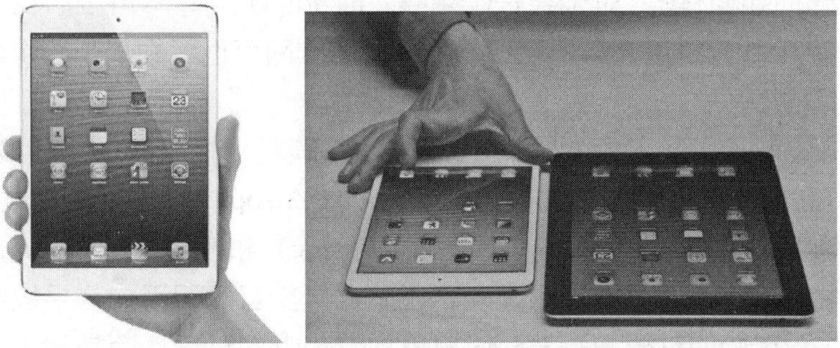

图 10—1　7.9 英寸 iPad mini 和 9.7 英寸 iPad 对比

（三）可操控的触屏

多点触控技术所带来的触屏式操作是平板电脑的一个技术特征，它完美地替代了键盘和鼠标，通过内建的手写识别技术和屏幕上的软键盘实现各项操作。而手控触屏更是增加了用户新的体验，放大或缩小不再需要点击某一个按钮，而只要随意用两个指头在屏幕上如现实般操作就可实现，翻页如同翻书一样，可以左右滑动，甚至还增加了上下"翻页"，手指的点、按、拖拽以及各种方式的操作都可以在瞬间完成。《金融时报》的 iPad 版更有独特设计，只要两只手指捏一下屏幕即可退出当前页面，不需要特意去点击某个位置，这些崭新的体验，让用户在操控平板电脑时更加精准、更加随性，也更有掌控力。

（四）舒适的视觉画面

与普通电脑和手机相比，平板电脑的画面更加绚丽，视觉感更强。以 iPad4 为例，它拥有 9.7 寸 LED 背光 IPS 显示屏，可视角度和垂直可视角度都可以达到 178 度，使得 iPad 的屏幕没有上下之分，无论是从哪个角度看都可以达到很好的显示效果。最高分辨率可达 2 048×1 536，支持当下流行的 1 280×720 高清视频，乃至 1 920×1 080 全高清视频。4∶3 的屏幕比例符合用户的视觉习惯。一些平板电脑还内置环境光传感器，可以根据环境光的亮度自动来调整屏幕背光灯亮度，有效地保护视力并提高阅读的舒适度。此外，iPad 还配备了方向传感器，屏幕会随机身方向而自动旋转，但为了保障阅读又同时提供了锁屏设置。

（五）强大的人机交互

2010 年 3 月 24 日，距离 iPad 正式上市还有整整 10 天时，乔布斯与美国《时代周刊》高层进行会面，决定在 iPad 上市当天，第一期《时代周刊》iPad 版要伴随其出现在 App Store 中。苹果主管乔希・奎特纳（Josh Quittner）说："我们必须做好准备，提供一种全新的阅读体验。对于杂志业来说，创新的融合必不可少。我觉得‘程序型杂志’（app gazines）将是大势所趋，用户体验既非网页也不同于印刷媒体，它更类似于一个计算机程序。”①

说到平板电脑类似计算机的程序，其实是在阐释平板电脑的人机交互功效。InfoWorld 前任总编斯图尔特·艾尔索普（Stewart Alsop）把交互性描述为四个层次：观看（watching）、浏览（navigating）、使用（using）和控制（programming）。② 平板电脑的交互性并不只是人与信息的交互，还有人机交互，即用户与平板电脑之间的互动性。使用平板电脑的过程并不是简简单单地看与听的过程，而是加入了用户的自主选择和亲自执行的过程。

三、平板电脑的传播特征

1997 年，罗杰·菲德勒在其所著《媒介形态变化：认识新媒介》一书中指出，21 世纪初会有一种新型的媒介出现，担起数字时代媒体传播的大角色，“在下个阶段的第三次媒介形态大变化中，报纸、杂志和书籍以漂亮美观、赏心悦目的版式，把书面文字和静态图像同全活动的影视与音响一应俱全地融合起来，将是司空见惯的事情。在下一个 10 年中，个人电脑肯定会变得更加便于携带，……在 2010 年情景中，我把这些装置描述为数据输入平板”③。可以说，平板电脑与生俱来就有传媒特性与传播特征。

（一）融合型的媒介终端

平板电脑的技术特征决定了它能够融合以往所有媒体的特性和优势，加之其便携性带来的移动传播效果，平板电脑被认为是一种融合型终端，可以浏览文字，可以收听广播，可以观看电视，是一类能够服务于新闻传播并进行多媒体报道的新型媒介。它在硬件与技术融合的基础上，吸收、接纳和传播传统媒体提供的各种服务和内容，提供即时发布新闻的平台和强大的信息存储空间，实现了新闻媒体功能和服务内容的多元化、集成化。

特别是平板电脑提供的集成平台功能，可以“把报纸、杂志版面搬上 iPad，让报刊的生命通过这个平台延续，成为很多报纸杂志 iPad 战略的原始动力”④。其实，不止报纸、杂志走向平板电脑，广播电台、电视台及其栏目、节目都已经登录到各种应用

---

① 闵大洪：《新终端 新传播——智能手机、平板电脑时代的传播》，http：//media. people. com. cn/GB/14298818. html。

② 参见 Elliot King，“Redefining Relationship-Interactivity Between News Producers and Consumers，” Convergence：The Journal of Research into New Media Technologies，1998。

③ ［美］罗杰·菲德勒：《媒介形态变化：认识新媒介》，北京，华夏出版社，2000。

④ 彭兰：《iPad 传播——新空间与新模式》，载《对外传播》，2011（2）。

商城，平板电脑作为融合型媒介终端正在成为传统媒体和新媒体竞相角逐的大舞台。

平板电脑具有融合型媒介终端的传播特征还体现在内容上。开放、兼容和平台的性质决定了进入平板电脑的信息没有限制条件，从阳春白雪到下里巴人，从严肃的时政、军事、外交到轻松一刻、娱乐休闲，从理论、观点的学术论文到滚动新闻、快餐新闻，都能够兼容并蓄。一种纸质媒体总是会有一个固定的主题，固定的基调，受众在那里只能获取单一的信息，平板电脑则可以同时提供各种包罗万象的内容资讯。

（二）多媒体的视听效果

尽管平板电脑目前还不能全面支持 Flash，但这并不妨碍平板电脑的多媒体呈现，也不能阻止用户对 iPad 多媒体视听的享受。因此，形式的包装与多媒体的交融是平板电脑对内容展现的重要要求，也是为达到良好传播效果的必然选择。

《南方都市报》在 2011 年 6 月推出南都全媒体 iPad 电子报，将《南方都市报》的精华内容以图文报道和音视频立体传播的方式呈现，特别是《南都 Daily》主界面背景，根据用户所处地理位置，实时呈现相应的天气场景，实现动态天气播报，使用户获得更真切的虚拟体验。用户对《南都 Daily》的评价是“很酷，很炫，很精美”。

旅游类杂志《悦游》每期有超过 100 页的各种旅游资讯，这些内容与纸质版的文字与图片基本一致，但在展现内容时包含了大量多媒体、动漫和互动内容，比如在制作 30 年旅游简史“《悦游》看世界”板块时，用一个动画人物拉着行李箱进入页面到离开的动漫来呈现不同年代航空安全与违禁品的规定（见图 10—2），用纵向滚动轴配之以文字的方式来梳理“30 年旅行之大事年表”（见图 10—3），用户在上下滑动中愉悦地接收了原本枯燥、单调的数据和文字。多媒体的视听效果不但调动了用户的视觉和听觉，还能够融入用户的触觉，在用户弹指轻点平板电脑屏幕之时，完成了一次人机交互。

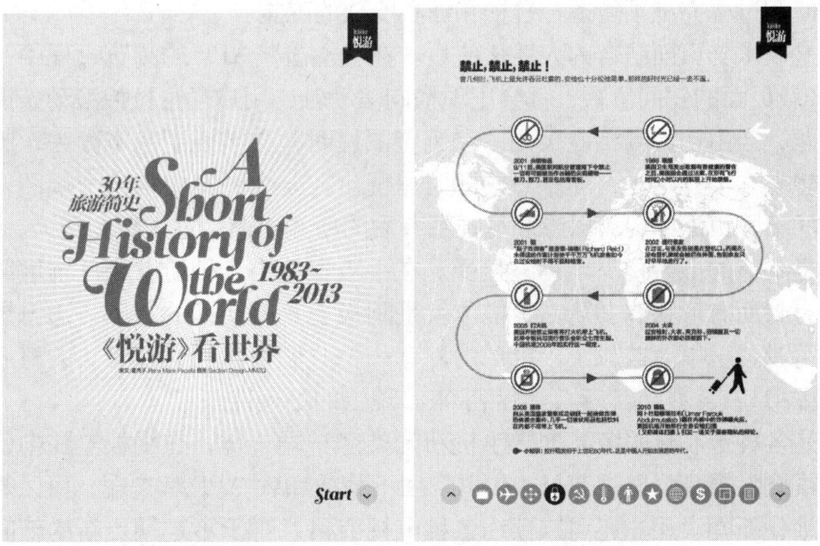

图 10—2　“《悦游》看世界”之违禁品变化

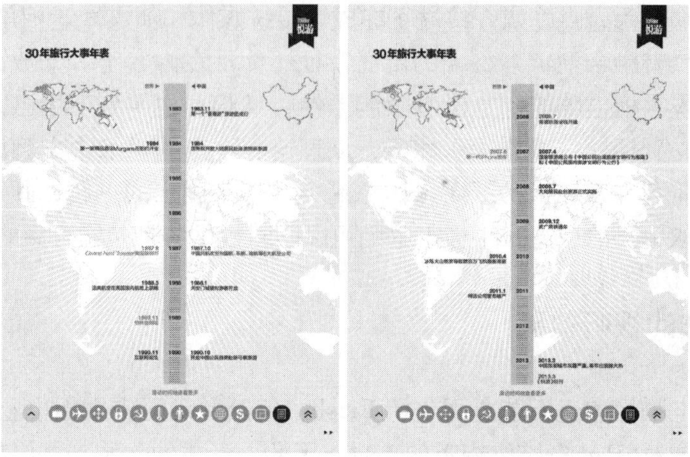

图 10—3 “《悦游》看世界”之 30 年旅行之大事年表

（三）个性化的愉悦阅读

无论是平板电脑里的报纸杂志类 APP，还是综合平台类新闻 APP，个性化的用户体验和愉悦阅读无处不在。

首先是页面尺寸、编排、阅读感受贴近纸质版杂志，减少与用户之间的使用隔膜。标准化的平板电脑 9.7 英寸，大小如同一本 16 开本的书籍，虽然比正常的杂志和报纸幅面要小，但基本进入了用户视觉接受的范畴，随意放大缩小的功能也在一定程度上解决了看不清版面上的字的问题。报纸、期刊可以将新闻的编排打造成原汁原味的纸质版面编排，再提供给用户滑动选择，从左往右的滑动翻页一如惯常，手指在触摸按钮或标识时具有真实感，这种平衡动静的设计极大地提高了用户阅读的易用感受，使得用户的使用过程充满了舒适、轻松和随心所欲的感觉。

其次是技术与页面结合的人性化使用。在《悦游》APP 的浏览过程中，随意点击杂志 APP 版页面的任何位置，都会出现横向滚动轴，用户通过拉拽滚动条选择其他的栏目或专题，自由切换到相应页面。在浏览图片时，文字说明基本隐去，照片相对完整，当你想看文字介绍时，随意点击即时呈现。在一个图集中点击一幅图，就可以进入相对应的新闻页面中，可以看到这幅图背后的新闻报道，进入深度阅读。

再次是细节的拟人化易于用户接受。在平板电脑中，相册就是一堆堆照片，书就是书架上有封面有形状的书籍，素描本就是画板上真真切切的本子，通讯录中央的装订孔清晰可辨，记事簿被赋予了皮革的外套……一切物体都具有真实的材质纹理，一眼看去，虚拟与实物几无二致，自然带来心理上的贴近性。

最后是各种定制化服务。如同手机新闻类客户端一样，在平板电脑中，用户可以随意订阅或删除报刊、电视节目，可以自由下载或卸载 APP 客户端，可以基于地理位置阅读本地化新闻。用户还可以预约各种电视节目，对于不定期更新的新闻报刊可以设置推送服务。

（四）移动化的传受与阅读

平板电脑有两个版本：WiFi 版和 3G 版，WiFi 版在无线上网环境下随时上网，3G 版可以随时联网。无论是哪一种，都可以基本不受地点、时间的限制，在移动状态下随时接收新闻。3G 版的自由度更高，可以随意选择上网的时间和方式，在线浏览或发表意见；WiFi 版可以提前下载、定制或选择离线阅读，满足自己基本的需求。当时间、地点无法束缚用户对于新闻信息的接收时，平板电脑的传播特征就显而易见了。

平板电脑还具有一定的存储空间，从 16G 到 64G 的硬盘空间能够满足用户在移动环境中基本阅读的需求。平板电脑被誉为“随身走的报刊亭和书店”，用户可以下载报刊、杂志和书籍存储到平板电脑中，并按照自己的习惯分门别类地排放，苹果的 iPad 还专门提供了“报纸杂志”书架，每期定时更新并推送，内容集中而不杂乱，丰富而不冗余。平板电脑的存储特性推动了用户利用碎片化时间的移动阅读，体现出平板电脑的新型传播特征。

第二节 | 平板电脑的新闻编辑

史蒂夫·乔布斯说，iPad 是革命性的产品，它比笔记本电脑更方便，比智能手机更强大。[①] comScore 移动业务高级副总裁马克·多诺万（Mark Donovan）称：“平板电脑从根本上重新定义了人们阅读新闻和信息的方式，与 PC 或智能手机相比，它更利于用户阅读较长的内容。”[②] 平板电脑的风靡一方面在于它对传统媒体的突破，给用户带来全新的阅读体验，另一方面在于它提供了多种传播形态、多种编排模式，为不同需求的用户浏览新闻提供了选择。这也带来了基于不同形态的平板电脑新闻的不同编辑方式。

一、平板电脑的传播形态

平板电脑既可以被看做一台没有主机的电脑，又可以看做集成各种功能和特性的手持终端，因此，平板电脑可以运用三种模式传播新闻和资讯（见图 10—4）。

---

① 参见闵大洪：《新终端 新传播——智能手机、平板电脑时代的传播》，http：//media. people. com. cn/GB/14298818. html。

② 《美国 40%用户通过平板电脑阅读报纸》，http：//news. qq. com/a/20121019/001243. htm。

图 10—4　从左至右分别为平板电脑上的新浪新闻传统版、Web 简版和新浪新闻客户端截图

第一，基于浏览器联网的传统版。平板电脑具备上网功能，有自带的浏览器或可下载的移动终端专属浏览器，用户联网后打开浏览器输入网址，如同在 PC 端的电脑上一样，直接进入到各类网站浏览新闻、照片，观看视频，发表评论。通过平板电脑浏览器看到的内容与通过 PC 端浏览器看到的内容是完全一致的，不同的是平板电脑的浏览器比 PC 端的浏览器界面设计简单，按钮只有“前进、后退、书签、添加书签、地址栏、搜索栏、标签栏、主页”等几个基本键，有些平板电脑的浏览器新建标签页面默认为空白页面，没有任何的导航或者常用网址，如苹果的 safari，有些则在新建标签页面上加载导航网址，同时允许用户自定义添加、删除常用网站，如 UC 浏览器。

第二，传统 Web 网的简版。这种模式又被称为专门针对平板电脑的网页“优化版”。依然是运用浏览器作为上网的入口，不同的是页面经过优化处理，设计上更加简单清爽，没有广告等其他插件，加载速度较快，导航条大幅缩减，资讯指向性强，超链接基本一次到位，没有传统版的反复跳跃与转折。在新浪新闻的 PAD 优化版里，导航条甚至被隐藏，只有点击后才会出现，相比传统版导航条设置的 63 个频道和栏目链接，优化版只有 18 个链接指向。

第三，基于应用程序的新闻客户端。性质类同于手机新闻客户端，是指专门针对平板电脑量身定做的包括报纸、杂志、音视频及综合类新闻在内的各种 APP 应用，体现出传统媒体与新兴媒体的整体优势。以报纸的平板电脑应用为例，能够“很好地将报纸的版面语言、互联网的特性以及 iPad 的介质特性结合在一起，充分体现传统报纸版面语言的魅力，互联网互动、超链接、多媒体的特性以及 iPad 轻盈、随心所欲的特性”，因此一出现就引起了受众和业界的热切关注。①

比较平板电脑的三种传播模式可以发现，客户端版和 Web 网简版是专门针对平板电脑的优化版本，传统版是以 PC 端电脑为设计对象的，“复杂与烦琐的页面加上广告插件及 Flash 模块的干扰，使得它的整体流畅度明显落后于另外两个版本，爽快度较

① 参见田勇：《iPad 报：“指尖魔术”能否持久炫彩》，载《新闻实践》，2012 (1)。

低”[①]。当然，客户端版和 Web 网简版由于是优化的版本，内容丰富度和信息承载量相较传统版逊色不少。因此，三种版本适用于不同的网络环境和阅读需求，对于没有流量压力和希望广泛阅读、深度阅读的用户，传统版较为合适；客户端版则适合简洁、快速、精准的精华阅读，不占用太多的流量，以较短的时间了解最主要的、最新的资讯；Web 网简版在一定程度上综合了前两者的优势，流量压力不大，花费时间不多，内容丰富度适中。但在实际业务中，Web 网简版由于需要再制作出一套模版，目前新媒体网站中采用的还不多，客户端版则越来越多地被新媒体开发和推出。

二、报刊新闻客户端的编辑

在平板电脑的新闻客户端中，数量较多的是传统的报刊、杂志和电视台频道、栏目，这其中又以报纸和杂志为重。报刊新闻客户端是将报刊纸质版的内容以应用程序的形式搬移到平板电脑上，用户通过下载每个报刊的独立客户端来浏览、阅读。尽管默多克集团旗下的《The Daily》在创办 22 个月之后夭折，但传统报刊进军平板电脑的脚步却未停下，甚至有业界人士提出“iPad 报”的概念。[②] 姑且不论报刊新闻客户端的未来前景如何，单就目前而言，以平板电脑为载体的报刊新闻传播确有其独特的编辑方式。

（一）报刊新闻客户端的三种编排

报刊转战平板电脑目前有三种编辑和排版样式。

第一种是传统报刊的“原版”，即将纸质报刊的内容全部照搬到平板电脑上，保留原来的版面，无论横置或竖放平板电脑，版面都无变化；同时用两个手指在屏幕上收拢或放开可将内容放大或缩小，放大后字体和图片后可以不用打开文章就能看清内容。考虑到平板电脑屏幕较小、阅读不便等障碍，以及发挥互联网互动、超链接等优势，因此，在设计平板电脑报刊“原版”时，一般都会增加“目录”、“精华”等导读选项和“收藏”、“分享”、“评论”等互动选项。以报刊“原版”呈现于平板电脑，一是让传统报刊用户已形成的阅读习惯得以保留、延续，二是继续发挥出版面语言的价值，让用户看到报纸对新闻价值的筛选、稿件轻重的处理和版式布局的设计。图 10—5 展示了《人民日报》在 iPad 上的原版及目录截图。

第二种是传统报刊的 PAD 版，即在报刊原有内容的基础上，针对平板电脑的尺寸和特性，重新编排、布局和选择内容，以适宜 PAD 上的阅读和体验。以《南都 Daily》为例，每期选择《南方都市报》的部分文章发布到平板电脑上，登载出的文章内容与纸质报纸一致，但在栏目设立、内容呈现上则差别较大。《南都 Daily》主页上有 11 个

---

① 《iPad 看网页 三大版本谁更爽?》，http：//www.icpcw.com/Pad/ipad/ipadpc/2107/210751.htm。

② 参见田勇：《iPad 报：“指尖魔术”能否持久炫彩》，载《新闻实践》，2012 (1)。

图 10—5　《人民日报》在 iPad 上的原版及目录截图

栏目，分别为“封面”、“评论”、“视觉”、“重点”、“时事”、“深度”、“国际”、“财经”、“体育”、“娱乐”、“专栏”，其中“封面”页设计为与报纸封面一致的导读，但选择的照片间或有所不同，“评论”栏目是报纸“社论”和“个论”的合并，“视觉”、“深度”则为全新的栏目，前者全部为高清图片和视频多媒体内容，视频可以直接播放；后者为报纸版面上几篇深度报道的集纳。在内容呈现上，主页以幻灯片形式内旋转播放，点击进入阅读（见图 10—6）。进入内页，用户手指上下滑动可看到新闻全文，左右滑动可看到前后篇文章。

传统报刊的 PAD 版，编排灵活多样，无一定之规，以体现出平板电脑特性和视觉愉悦为原则，在此基础上，每家报刊都可以结合自己的内容进行独特的页面设计和内容安排。比如《汽车族》的 iPad 版，打开后是一段动感十足的汽车视频，配以恰当的音乐。目录页抛开常规性的文字，以全幅、精美的汽车照片作为导读，几乎每一款汽车旁边都设置有“on”或“点击查看”的按钮，轻触按钮则显示出该款汽车的简介或各种参数。这种独特的编排完全是根据汽车类杂志的特性专门设计的（见图 10—6）。

图 10—6　左边为《南都 Daily》PAD 版的封面截图，右边为《汽车族》PAD 版的封面截图

第三种是传统报刊的平板混合版，是将报纸杂志的“原版”与“PAD 版”结合，在一个页面上既有原汁原味的报纸版面，又同时推荐报刊中的精华内容或发布即时新闻。以 iPad 上的《宁波播报》（见图 10—7）为例，设置有四大内容板块，每个大板块下又有若干小栏目，这些板块和栏目既有原版的报纸、杂志，又有凸显移动互联网和 iPad 特性的各种新闻资讯。

图 10—7　《宁波播报》封面截图

原版悦读：集纳了宁波日报报业集团旗下的《宁波日报》、《宁波晚报》、《东南商报》、《新侨报》、《宁波手机报》一模一样的数字版面，除《宁波手机报》外，其他报刊可看到当天及最近三天的报纸。

新闻板块：设有本地新闻、国内国际、热点关注、I 拍的图片视频等四个栏目，全天候发布新闻资讯和高清的多媒体内容，前三个栏目可以在 iPad 终端上自由切换浏览，后一个栏目则链接到网站，与网络版的栏目形成一体化。

互动板块：由“互动空间”、“我来说”、“我要参与”及微博分享构成，将网站论坛、微博里的精华内容推送到“互动空间”，用户可以在“我来说”中在线撰写评论、上传图片，形成实时互动。

服务板块：设置有日历、天气、提示、活动播报等内容，同时还与中国宁波网的“对话”、“网上发布厅”、“法院执行”、“义务红娘”等直接相连，一方面对“中国宁波网”进行导览，另一方面也为用户提供便捷、实时的信息服务。

类似《宁波播报》这样的混合型客户端还有《解放报业》、《京华时报》、《现代快报》等。用户在获得静态的、深度的纸媒内容的同时，还能获得动态的、即时的网媒新闻，并随时随地与外界进行互动、交流。

（二）报刊新闻客户端的编辑要点

1. 灵活编排版式

报刊在 PC 端网页上呈现时，基本采用列表模式，最大的缺陷就是无法识读版面语言，深解编辑用意。平板电脑出现后，适中的尺寸给了报刊新闻客户端极大的版式编排空间，在一定程度上让报纸的版面语言得以重生，既能再现报刊版面语言的魅力，又赋予平板电脑以新闻意义。

平板电脑的版式编排多种多样，有等分编排，即将页面均等划分为若干板块；有范式编排，即将页面按“横二竖三”或“横三竖四”进行分栏设计，栏宽自行定义；有黄金分割编排，即按照黄金分割线将页面分栏；有全幅式编排，即整个页面为一张大图片或一篇文章的图形版；还有头条式编排，即用大幅照片配以标题和正文摘要作为头条，占据页面大块位置。这些版式可以在编排时灵活运用，交叉使用。以《新京报》新闻客户端为例，封面页采用全幅式编排，首页面采用头条式编排，新闻页采用范式的横三竖四编排（见图 10—8）。

图 10—8　《新京报》新闻客户端页面编排截图，从左至右分别为“全幅式编排”、“头条式编排”和“范式编排”

2. 强调图文并茂

随着触摸屏技术和屏幕分辨率的不断提高，平板电脑的屏幕几乎就是为图片量身打造的，高清晰度、大幅面的照片在平板电脑上呈现时，不仅画质完美、视觉冲击力强，而且可以多图切换，随意滑屏，用户浏览便捷。这就要求在编辑内容时，应把握好这一媒介特点，图文并重，穿插交融。有些杂志类新闻客户端，图片的比重甚至超过文字内容，达到 70%～80%。

图文并重有多种编辑方式。以《南方人物周刊》的新闻客户端为例（见图 10—9），几乎每一屏都有图片，全幅图、半幅图、小图、卡通动漫图、示意图一应俱全，在呈现形式上有的编辑为单幅图，有的编辑为组图，组图以左右滑动的方式呈现，还有的编辑为弹窗图，点击小图弹出更大幅面、高清晰的图片。全幅图的图片说明有些与图片融为一体，有些被设计为隐藏式，点击提示按钮后弹出文字，还有一种特殊的设计，用户只要上下滑动屏幕，就会滚动出现文字。

图 10—9　《南方人物周刊》图片编排截图，从左至右分别为“图文一体”编排、“图片弹窗”编排和“文字滚动”编排

3. 注重编写摘要

目前，大多数报刊新闻客户端都会设计一个封面页或首页作为当天报纸或新闻的导读，页面采用标题加新闻摘要的编排方式。因此，标题的制作和摘要的编写就成为客户端编辑的重点。与网页新闻编辑不同的是，标题在一般情况下都会与纸质报纸保持一致，摘要则由于不在报刊上呈现需要重新编写。

摘要的编写可以采用三种方式：一是“5W 式”写作，类似导语的模式，将何人、何时、何事、何处、为何一一在摘要中写清楚，用简洁的语言说明事件的大致状况；二是“悬念式”写作，用最吸引人的兴趣点来吊足用户的阅读胃口，只言片语说其一点但没有更多的解释，以此勾起人们对悬念探究的心理；三是“要点式”写作，摘录文章中最有价值或者最中心的一段话直接编写为摘要，直接、明了，紧扣新闻主题。摘要编写最大的忌讳是将文章第一段的几句话自动编录，这种操作没有突出新闻价值、有效地引导用户阅读，带来的后果是用户的流失。

4. 实时更新新闻

实时更新新闻包括两方面：对于以报纸“原版”和“PAD”版展现的报刊，应尽可能与报纸同步更新客户端；对于以混合版展现的报刊，要做好新闻的实时更新和互动的动态发布。

作为一种移动终端，平板电脑具备随时随地浏览、阅读的条件，新闻客户端应满足用户在移动状态下第一时间获知最新新闻资讯的需求。以“混合版”样式编排的报刊新闻客户端，不仅快速发布、实时更新新闻，而且可以将页面设计为滚屏模式、动态下载模式或切换模式，以登载更多的最新消息。

在《宁波播报》新闻客户端中（见图 10—7），中间区域以小图加标题、摘要形式，追踪当日重大新闻，随时更新；右上角的“活动播报”滚动播出当日生活服务类的一句话简讯；右侧互动分类区域聚合最新网络热点话题及互动内容；顶部的“本地新闻”、“国内国际”、“热点关注”动态切换，以呈现更多的当日重要和热点新闻。

三、网络媒体新闻客户端的编辑

2013 年 1 月，搜狐新闻客户端 iPad 版上线，标志着四大门户网站都已加入平板电脑新闻阅读应用战场。随着移动互联网时代的到来，网络媒体研发、设计平板电脑的新闻客户端占领移动互联网市场是必然之举，利用新闻客户端扩大新闻覆盖面和提升影响力是必由之路。

（一）网络媒体新闻客户端的类型

网络媒体的 PAD 版新闻客户端类型与手机新闻客户端大致相近，分为两类。

一是集成平台类客户端，如 Zaker、鲜果联播、腾讯爱看、搜狐新闻等。这类客户端既提供自己的新闻 APP，又汇聚众多媒体及网站的 APP，用户通过定制、设置推送等方式来实现在线阅读。在搜狐新闻客户端里，除了自己的“搜狐早晚报”外，其他都是可以订阅的产品。搜狐新闻客户端中设有“订阅中心”，旗下有“娱乐”、“悦读”、“科技”等 12 个频道，每个频道里又有若干新闻产品。频道的设置及频道中的产品与手机端几乎一致。

二是实时新闻类客户端，如新浪新闻、网易新闻、凤凰新闻、新华炫闻等。这类客户端强调新闻的时效性，24 小时更新新闻，与网站同步发布，在第一时间推送最重要、最新鲜的资讯。设置有几十个频道和精华栏目，用户可以按照自己的喜好编排栏目在首页面的位置和顺序。新闻内容与手机客户端一样精选自 Web 网站，但数量要大大超过手机新闻客户端。

（二）网络媒体新闻客户端的编辑

1. 集成平台类新闻客户端的编辑

集成平台类新闻客户端以为用户提供订阅为导向，首先在页面编排上要简洁明了，操作方便。版式设计一般采用等分编排，所有的 APP 订阅占用空间均等（见图 10—10），以图片带文字的形式呈现，没有主次之分，整体看上去干净、清爽。提供滑屏操作，以展现用户更多的订阅。考虑到用户个人的兴趣、爱好偏向，需要提供排序操作，让用户自己确定每一个 APP 的位置和前后顺序。

图 10—10　鲜果联播的首页等分编排和单个 APP 的纵横交错编排截图

其次是要设计好每一个 APP 内容的编排、呈现方式。尽量采用不同布局的页面版式交叉呈现，每一个页面上要图文搭配，文章与文章间可以纵横交错，但板块划分要清晰，区隔要明确，界限要分明，每一篇文章由标题和摘要组合，占据的空间可以大小不一，用形成视觉差来抓住用户的眼球。

最后是进出自如。集成平台类新闻客户端注定了用户会在不同的订阅中跳跃浏览，要让用户体验更加流畅和舒适，就要保证用户在点击进入一个 APP 之后能便捷地返回。在网页 Web 端，任何页面在浏览器内打开，统一使用浏览器的前进、后退便能轻松返回之前的页面。平板电脑没有统一的标准设计，因此，需要把一些辅助功能设计到应用之中，让用户轻松自然地进入或退出当下的页面或 APP 应用。

2. 实时新闻类客户端的编辑

虽然网络媒体在手机终端和平板电脑终端都有实时新闻类客户端，但尺寸不同带来的用户习惯不同，导致两者的编排、布局和内容编辑差异较大。

首先是利用平板电脑的技术实现页面容量最大化。以凤凰新闻客户端为例，首页面设置有七个频道和四个栏目，点击频道和栏目图标可以自由切换。整个首页面被划分为四个板块，静态页面看到的只有一张大图、四张小图、六条标题加摘要新闻、五条标题新闻，但是每个区块都可以上下、左右滑动，这样就能浏览到四张大图、24 条标题加摘要新闻和 27 条标题新闻。这些都是 html5 技术在平板电脑中的运用带来的效果。

其次是充分考虑横屏和竖屏的变化，采取不同的编辑方式。平板电脑可根据重力感应，在横屏和竖屏上展示不同的阅览效果。用户采取什么样的阅读方式很难确定，唯一能做的就是在设计时充分考虑横屏和竖屏的变化，无论如何旋转，都能尽量保持阅读舒适度。因此，在划分栏目时可以遵循范式编排的“横三竖二”或“横四竖三”的格局，横放时“左右窄栏，中间宽栏”，竖放时左窄右宽，至于具体的栏宽，可根据文字内容和图片来自行定义。iPad 版的新浪新闻客户端就设计得不太合理，横放和竖放都是两栏（见图 10—11），带来的结果是横放时新闻摘要的单行文字太长，阅读不便。网易新闻则较为合理，当平板电脑被横置时，增加一个“跟帖”板块，这样的编排更为科学与实用。

图 10—11　新浪新闻客户端首页竖置与横置的不同效果截图

最后要发挥出平板电脑的多媒体特性和网络媒体图片、视频源丰富的优势，统筹考虑，让平板电脑新闻“动”起来。在编辑平板电脑中的新闻时，可以在导航中加入视频和图集，方便用户直接点击观看；可以在首页面或频道页面留出空间放置图片或视频；还可以在单条新闻的标题和摘要旁添加“视频”、“图片”小标识，引导用户点击观看。总之，要让平板电脑多媒体化，利用平板电脑良好的视觉效果，集线性传播、非线性传播于一体，融文字图片、音频视频于一页，进行全方位信息发布和传播。

思考题

❶ 比较平板电脑新闻客户端与手机新闻客户端有哪些不同的传播特征。

❷ 选择一家报刊，比较其在平板电脑上的呈现形式与在手机上有何不同。

❸ 比较平板电脑中的搜狐新闻客户端与手机中的搜狐新闻客户端的异同。

第十一章
全能的新媒体新闻编辑

本章要点

认识新媒体新闻编辑，了解新媒体新闻编辑的类别与职责，重点学习新媒体新闻编辑的全能性，包括政治素质、职业道德和职业精神、专业素养以及全媒体思维。

关键词

新媒体新闻编辑　全能　全媒体思维

以互联网为代表的新媒体在自身发展壮大的同时也催生了一个新的职业：新媒体新闻编辑。作为从事新媒体新闻编辑活动的人员，面对新媒体日益上升的影响和复杂多变的环境，编辑的能力、水平、素质和修养都直接关系到新媒体的未来发展。具备全能的素质是新媒体对其编辑人员基本而又高规格的要求。

第一节 | 全能的新媒体新闻编辑的内涵

自 1998 年互联网被联合国教科文组织认定为“第四媒体”以来，随着大量新闻网站和门户网站的涌现，产生了一批专业的从事网络新闻报道与传播的编辑记者。进入 21 世纪以后，随着 Web2.0 的出现，人人都是记者、个个都是编辑的提法模糊了我们对新媒体新闻编辑概念的理解。所以，认识全能的新媒体新闻编辑首先要理解新媒体编辑和新媒体新闻编辑的内涵。

一、新媒体编辑与新媒体新闻编辑

互联网是以网页为传播载体，以文字、图片、音视频作为传播符号的信息交流工具。只要建设了一个网站、新闻组、论坛、博客、微博等，就需要有人员来提供、发布内容，也需要有人员长期更新、维护内容。从广义上说，所有具备发布信息、新闻条件，所有有能力从事文字、图片、视频等编辑工作的人都可称做新媒体编辑，包括新闻组的发布者、BBS 电子版的探讨者、博客的写作者、播客的制作者、维基百科词条的撰写者等。互联网的特性决定了人人都有可能作为新闻编辑来编辑、修改、组织稿件。

虽然还没有将新媒体编辑列为新型职业，但是网络编辑已经被列入。2005 年 3 月，原劳动与社会保障部将网络编辑员列入新职业名单，并颁布了《网络编辑员国家职业标准》。根据《网络编辑员国家职业标准》的定义，网络新闻编辑是指利用相关专业知识及计算机和网络等现代信息技术，从事互联网网站内容建设的人员。由此，网络编辑员被列入国家职业大典，进入国家职业资格考试序列。考试合格者将获得《专业技术水平认证证书》，作为从业资质。

新媒体新闻编辑则是一个特指的概念，是指在拥有新闻发布和转载资质的新媒体中供职的、同时通过相关职业资格考试的专职编辑人员。比如人民网、新华网、千龙网等重点新闻网站的新闻编辑，新浪网、搜狐网、腾讯网等商业网站中新闻栏目的编辑。我们在浏览新闻网页时经常会发现，文末或结尾处注明有“责任编辑×××”、“本期编辑×××”的字样，这里的“责任编辑”、“本期编辑”都是专职的新媒体新闻编辑。

以网站为代表的新媒体出现伊始并不为大众传媒所认可，新闻网站和门户网站也不多，大多数网站以技术、研发人员为主，一般只配备很少的网络新闻编辑。而在编辑人员中，所学专业包罗万象，学科背景比较杂乱，新闻专业出身的编辑记者并不多，甚至一部分技术人员在熟悉新闻业务后也会转入编辑行列。

2000 年以后，随着网络媒体大量涌现，竞争也渐趋激烈，比拼内容的理念对新媒体新闻编辑提出了高要求，有着社会科学背景的编辑逐渐占据主流，网络媒体的人力资源结构开始向专业化方向发展。在其专业化的过程中，传统媒体编辑记者的加入是重要的驱动力，他们既带来了传统媒体的新闻理念和专业精神，也同时融会贯通传统媒体与网络媒体的传播规律，带动新媒体新闻编辑向全能型转变。

二、全能的新媒体新闻编辑

新媒体具有整合性特点，新闻的呈现也是大而全的列表式罗列结构，因此新媒体新闻编辑工作被认为是“复制加粘贴”的工作，编辑人员也就被认为是简单的“剪贴工”、“搬运工”。其实这是对新媒体的运行规律和传播规律认识不透彻而产生的误解和曲解。

早期的网络新闻编辑就具有全能的特征。网络媒体的业务结构不同于传统媒体，它不是单纯的新闻编辑业务，还包括系统软件技术、网页设计制作、频道栏目推介、建立用户互动关系等。早期的网络新闻业务没有严格、细致的分工，网站人员也相对比较少，因此，一个网络新闻编辑几乎要承担从网站架构设计、频道建设运营、新闻编辑制作到专题策划、网页构图、互动审核等一系列的工作。这种“全能型”的特征是由早期的网络环境和条件造成的，尽管是一种被动的“全能”，但网络媒体为编辑提供了一个自由发挥和个性化创造的舞台，由此造就了一批理解网络基本特性、熟悉网络业务流程、掌握网络运营规律、个性化和创造性较强的网络新闻人才。

网络媒体经过 10 多年的发展逐渐成熟与壮大，其业务分工越来越细致，因此，对新媒体新闻编辑的全能型要求发生了相应的改变，全能特征主要体现在编辑业务上，从网络业务流程的全能型转向内容编辑的全能型，从全业务的通才型转向新闻编辑业务的专才型。作为一名新媒体新闻编辑，首先要具备新闻学的基础知识和专业素养——采、写、编、评四大基本功；其次，由于新媒体新闻以“编”为主，因此在编辑业务方面又需要具备信息整合、新闻策划、多媒体运用和组织协调等多项能力；最后，由于新媒体的特殊地位和独特的运作模式，新媒体新闻编辑还需要具备较强的审核把关和舆论引导能力。

第二节 | 新媒体新闻编辑的类别与职责

新媒体新闻编辑是一类全新的职业和岗位，它在新媒体中有着不同于传统媒体编辑的地位和作用，因而其类别划分和岗位职责也打上了新媒体的特殊标签。

一、新媒体新闻编辑的地位

尽管早在1998年互联网就被认定为第四媒体，但是网络媒体从诞生伊始就没有被赋予跟传统媒体一样的采访权，整合式编排成为网络新闻编辑的重要方式，因此在网络媒体中，由于不存在专职的采访记者，编辑在网络媒体中自然就处于核心和主导地位，主要表现在三个方面。

第一，处于网站新闻报道的中枢地位。传统媒体中编辑、记者是相对均衡的，有些媒体单位以记者为中心，有些以编辑为中心，无论以谁为中心，都是相对而言，记者的报道权和编辑的发稿权甚至是彼此制约的。在新媒体新闻报道中，网站、手机几乎没有原创采访权（少数新闻网站依托母媒体身份取得相应的、有限的采访权），编辑的内容以传统媒体已发布内容为主，因此，新媒体的新闻报道工作就是以编辑为中心的选稿、审稿，以及整合稿件、制作专题等，编辑主导着新闻报道的全部流程。

新媒体新闻编辑的中枢地位除了体现在内容的整合与传输环节，还体现在网民、传统媒体与新媒体的交互作用上。新媒体新闻编辑相对于传统媒体而言是信息的接受者，相对于网民是信息的传播者，相对于网站是连接传统媒体与新媒体、网民与新媒体之间的中介者。新媒体从哪些传统媒体中选择哪些内容发布、如何发布，能否掌握住网民的阅读特性和阅读心理，能否拥有有效发挥、利用好传统媒体的作用，能否拥有高质量、高忠诚度的用户，都取决于新媒体新闻编辑能力的发挥，取决于他们所处的中心地位。

第二，处于新闻传播的把关地位。一个新闻频道的编辑一天常常要处理上百篇稿件，论坛、博客、贴吧等互动社区的管理员一天需要看成千上万个帖子。编辑、审核的内容既有文字的，也有音视频的，还可能有动漫的。这些内容在正式发布之前，都需要经过网络编辑这一关。新媒体新闻编辑需要对所有的新闻稿件、博客文章、播客视频等进行分析、判断，及时发现并删除其中违反法律、人身攻击、对青少年心身有害的内容，还需要对新闻稿件进行过滤、选择、取舍，从中发现值得二次传播的有价值的新闻内容。

第三，处于互联网舆论的引导地位。互联网已成为社会舆论形成的主要场所，网络媒体是新闻信息的集散地和社会舆论的放大器，网络舆论在很大程度上决定着社会舆论发展的方向和规模。编辑作为网络信息整合与传播的枢纽、网站与网民之间的中介、网络新闻的把关人，他们决定着新闻在网页上的位置，决定着新闻报道的内容和形式，决定着新闻报道的规模和方向，决定着网站与网民的互动程度与互动状态。因此网络新闻编辑是网络信息与网络舆论的引导员，要适时适当地引导网络帖文，掌控网络情绪有序地流动，该禁行的禁行，该放行的放行，还有提前预测研判什么时候、什么地方可能出现拥堵、阻塞等。2005 年四五月间，人民网针对网上过激的反日情绪，主动组织发布了一系列评论文章和嘉宾访谈，很好地控制了当时的网民情绪，引导网络舆论向理智、健康、合理表达的方向发展。

二、新媒体新闻编辑的类别和职责

我们以网络媒体为例对新媒体新闻编辑的类别进行划分，并介绍其相应的职责。

（一）网站对网络新闻编辑的划分

网站对于网络新闻编辑的划分依托于网络媒体的机构设置，而网络媒体的机构设置类似于传统媒体，分成三级的层级结构。第一级为频道层，根据报道内容和报道对象设置若干个频道，如体育频道、娱乐频道、时政频道、教育频道、社会频道等。频道是网站的基础，频道的人员不仅数量最多，分级也比较细致，从低到高依序为助理编辑、编辑、高级编辑和频道主编。每一职位都界定有明确的岗位职责和工作流程。第二级为中心层，即在频道之上建立高一级的部门机构“新闻中心”、“财经中心”、“文教中心”，将性质相同或相近的频道归为一类，划入某个中心旗下统一管理和调配。比如将时政、军事、历史、社会、台港澳等时政类新闻都归为要闻中心，将股票、证券、期货、金融等都归为财经中心等。中心层的职责主要在于管理和监控，负责内部各频道资源的协调和外部各中心之间的合作。第三级也是最高一级为总编层，掌管所有中心及频道，控制整个网站的业务运营、报道方向和内容质量。表 11—1 展示了某网站编辑的类别划分及岗位职责。

表 11—1　　某网站编辑的类别划分及岗位职责

总编辑	控制整体网站新闻报道方向、内容及质量
总监	监控部门所属频道内容定位及质量
频道主编	监控频道整体内容质量，随时调控要闻重点等
高级编辑	处理频道重要新闻、修改频道要闻、制作专题，必要时行使主编职权
编辑	新闻发布，协助制作专题等
助理编辑	协助发布新闻，新闻批处理等

（二）国家职业标准关于网络编辑的划分

根据 2005 年 3 月原劳动与社会保障部对网络编辑员国家职业标准的认定，将网络编辑划为四个类别，即四个等级：网络编辑员（四级）、助理网络编辑师（三级）、网络编辑师（二级）和高级网络编辑师（一级），并对每一个等级制定了具体的职业功能、工作内容和技能要求。同时还对每一等级提出了应具备的相关知识的要求。

网络编辑员（四级）是网站中的初级工种，其职业功能为网络媒体中的基础业务内容，主要服务于新闻内容，包括素材采集、内容编辑与内容传输，要求网络编辑员在掌握基本的计算机技术、网络技术和新闻学基础知识上学会利用各种工具和外部条件发现新闻源，搜集新闻素材，并对素材进行初级的分类、加工和传输。网络编辑员需要熟练掌握计算机各种软件和网络工具的应用，如 Office 文字处理软件、Photoshop 图像处理软件、文件解压缩软件、搜索引擎检索工具和新闻发布系统等。

助理网络编辑师（三级）对应着网站里的普通编辑，其职业功能包括内容编辑、组织互动和网页实现。内容编辑又分为信息筛选、内容加工和内容原创，重点在前两项。要求编辑运用新闻学、传播学的知识对新闻稿件做出正确的价值判断，挑选出符合网络媒体要求的新闻信息，然后再进行稿件修改、标题制作和提要摘选，必要时还要根据频道需求、栏目需求撰写原创性稿件、制作和修改网页。助理网络编辑师在进行新闻内容处理的同时，还要兼顾网络互动，适当地组织网络调查、互动，参与互动管理等。网络编辑员和助理网络编辑师都有内容编辑的职能，但网络编辑员的内容编辑为简单的素材分类和初步的文、图、音视频处理，助理网络编辑师的内容编辑偏重于稿件的价值判断、选择和内容的深度整理，要根据网民的心理、网站的职责和新闻宣传的需要来进行内容编辑。

网络编辑师（二级）相当于网站中的高级编辑或主编，其职业功能依然围绕着新闻内容进行操作，包括栏目策划、专题制作与内容编辑和管理。其中对编辑的策划能力提出了较高的要求，网络编辑师要能够分析受众需求对栏目定位，提出栏目内容的策划方案，制作相应的信息结构图和选择合适的内容表现形式；还要能够针对大型活动和重大新闻事件进行专题的内容、形式的策划与实施。网络编辑师除担负内容编辑制作职责外，还肩负一定的管理职能，负责内容的审核与监控，处理内容发布中出现的问题，以及对网络编辑员和助理网络编辑师进行业务指导和培训。

高级网络编辑师（一级）承担的职能等同于一个网站新闻总监或总编辑的工作。其职业功能包括频道策划、内容管理与运营管理。高级网络编辑师需要具体市场环境分析与预测能力、互联网内容制作与架构设计的综合知识以及人力资源管理与人员培训等全面的素质，需要站在网站整体发展的战略高度和全局层面进行网站规划、频道设置、部门协调、内容总体把关以及规章制度建立等业务的全面策划与实施。尤其重要的是，高级网络编辑师要能够培养人才，知人善任，带领团队协同工作。

第三节 | 全能的新媒体新闻编辑的要求

要成为一个合格的新媒体新闻编辑，首先要具备新闻编辑的基本素质和修养，其次才是新媒体新闻传播特殊性赋予的职责和使命。新媒体新闻业务是融技术性、网络性、新闻性于一体的全面型业务，因此，新媒体新闻编辑也必须具备全面的素质和技能。

一、政治素质

新媒体新闻工作是党的整个事业的一个重要组成部分，在党的全部工作中有着极为重要的地位和作用。新媒体新闻工作的本质属性是党、政府和人民的喉舌。舆论导向如何，对党的事业兴衰成败、社会进步安宁、国家稳定发展，都具有深远影响。舆论导向正确，是党和人民之福；舆论导向错误，是党和人民之祸。而新媒体新闻舆论导向正确与否，其本质属性是不是党的喉舌，完全取决于编辑自身的党性原则的强弱和思想政治素质的高低。因此，加强新媒体新闻编辑的党性原则必须摆在第一位。

新媒体从制定编辑方针到策划传播活动，从组织稿件、选改稿件、审核稿件、编排网页到制作专题、约写评论、管理论坛等等业务活动都由编辑完成，有时甚至一个任务从头到尾都由一个编辑独立完成，可以说网络新闻的整个采编过程与新媒体编辑的政治素质密切相关。新媒体有强大的交互功能，Web2.0 出现后网民创造的大量的内容良莠不齐，发表的评论观点多元，在这种状况下，新媒体新闻编辑如果没有较高的政治素质，敏锐的政治洞察力，是很难做好编辑工作的。

作为新媒体新闻编辑，必须始终加强自身的党性原则，具有很强的政治敏锐性、政治鉴别力以及高度的政治责任感，要从思想上、政治上自觉地与党中央保持一致，讲政治，讲大局，杜绝在党性原则、政治立场和舆论导向上出问题。

二、职业道德与职业精神

新闻职业道德是新闻工作者在长期的新闻实践活动中形成的调整人们相互关系的新闻规范和准则，是社会道德对新闻记者这一职业所提出的特殊要求。新媒体新闻编辑在新媒体新闻传播实践中承担着活动的策划组织者和网民服务者的双重角色，因此，新媒体新闻编辑的职业道德与其他新闻工作者一样，既要遵循《中国新闻工作者职业道德准则》，还要肩负起网络新闻传播所赋予的特殊使命。

《中国新闻工作者职业道德准则》提出六条准则：全心全意为人民服务，坚持正确的舆论导向，遵守宪法、法律和纪律，维护新闻的真实性，保持清正廉洁，发扬团结协作精神。在这六条准则里，“维护新闻的真实性”对于网络新闻编辑有着更高的要求。互联网具有快速传播、快速扩散和快速放大的效应，假新闻一旦借助互联网实现“二次传播”，危害范围和程度将无限延伸，造成的损失将无法挽回。2005 年一条关于人民币将要升值的假新闻瞬间传遍互联网，结果造成全球汇市、股市大震荡。

新媒体肩负着在开放、共享的网络社会传播世界先进文化和文明成果的使命，也承担着在国际文化传播体系中弘扬本民族优秀文化的责任。网络世界很容易成为信息传播强国向信息传播弱国进行文化渗透、“信息殖民”的无障碍通道。作为新媒体新闻编辑，必须清醒地认识新媒体传播的双面性，冷静面对全球文化借助网络融合可能会带来的观念异化、价值解体等问题，因此，新媒体新闻编辑要自觉维护国家利益，自觉担当对外文化的传播职责，自觉执行国家的法律、法规和其他有关规定，这是新媒体的特殊性所要求的编辑职业道德。

三、专业素养

全能的新媒体新闻编辑要具备全面的信息整合能力、娴熟的多媒体运用能力、整体的新闻策划能力和高效的组织协调能力。而要具备这些能力，首先要培养编辑的“三感”，即新闻感、网络感和技术感。

（一）新闻感

新媒体新闻编辑首先是新闻编辑，传统新闻编辑要具备的素质、修养和能力，新媒体编辑一样要具备，甚至有更高的要求。编辑每天要面对大量的新闻稿件、网民来稿、论坛帖文、新闻留言和博客微博客发文，新闻感就是要求编辑能有“慧眼识珠”的能力，在最短的时间内对新闻价值做出独立判断，善于在海量的信息中发现有价值的新闻，对于真假难辨的新闻，对于是否及时发布网络传闻、微博客提供的新闻源都有很强的新闻辨别、识别能力和新闻敏感，尤其是对来自传统媒体登载的新闻的辨别和识别能力。新媒体新闻现在呈现出碎片化的趋向，编辑的新闻感就体现在如何适时整合碎片化新闻，如何更好地对网友原创的新闻评论、论坛发帖和回帖等进行解读和提炼。

（二）网络感

所谓网络感，首先，掌握网络新闻传播的特性与规律，及时、快速、海量、多媒体等特点是网络新闻传播的优势，但如果应用不当就会走向其反面。因此网络传播是一把双刃剑，任何时候都要把握这一网络特性。其次，掌握自己所在网站的网民的特征和需求，设置与其相符的网络内容和板块，提供相应的网络服务。比如人民网的

“地方领导留言板”栏目，针对的就是人民网偏重于党政领导群体、社会精英阶层这一网民特点而设置的。再次，新媒体新闻编辑在发布、登载新闻时要懂得选择适合的网络发布手段。目前互联网的发布手段多达数十种，除了常用的网页新闻、图片新闻、音视频新闻、Flash 动漫外，还有图文直播、嘉宾访谈、多媒体报道、新闻专题、主题式策划报道、微博直播等。编辑要全面掌握网络新闻的各种传播手段和发布技巧，并针对不同新闻内容和体裁合理选择和娴熟运用。最后，新媒体新闻编辑在发布、登载新闻时要会制作符合网络特点的新闻标题、图文格式和页面编排。标题是新媒体新闻的“导读”、“导引”和“导告”，标题制作既不能为吸引眼球极尽煽情、炒作之能事，甚至色情、暴力都充斥到标题中，又不能过于刻板、严肃而拒人于千里之外。页面编排也是如此，要考虑到网站的广告效益，但也不能为了广告而使整个页面凌乱、色彩混搭，无法入眼。

（三）技术感

虽然随着新媒体的发展，编辑的分工越来越细致，但由于新媒体新闻业务是依托互联网技术甚至是依赖于互联网技术，因此，新媒体新闻编辑需要具备基础的技术知识，需要掌握一定的网络语言和网络原理，追踪最近、最新的技术发展，并随时应用到编辑工作中去。有些编辑工作是一项整体协同、合作的工作，需要技术、设计和编辑多方共同参与，这个时候就需要编辑能在技术语言和编辑语言中进行解读、解码和转化，将编辑的需求转化成技术能理解的内容，将技术的操作能传导给其他编辑。一般情况下各新媒体网站都有专职的技术人员来对日常的编辑业务进行网络技术支持、维护，但编辑也会遭遇远离技术人员的情况，这时候就需要编辑凭借自己掌握的网络技术来应对、处理问题。

四、全媒体思维

随着媒介融合时代的到来，新媒体新闻编辑不只要面对网络媒体、手机媒体，还同时会面对传统媒体，在新媒体与传统媒体两个平台上操作。因此，新媒体新闻编辑还要致力于将自己打造成全媒体人才，以适应时代发展的需要。

第一，要有合理的知识结构，以文、史、哲、政、经、法为基础知识，广泛学习运用信息论、系统论、控制论等思维方法以及社会科学和自然科学等各类知识，强化通识教育，形成宽基础、厚人文的学术底蕴。

第二，全面掌握新闻传播学专业基础知识，特别是不同媒介形态的特点和传播规律，文字报道要求掌握翔实材料，展示内容的深度和逻辑性；摄影报道要求抓取瞬间，展示事件的冲突性和现场感；视频报道则画面先行，叙事直接、生动、故事化、口语化；网络报道要求快速、及时、海量、多媒体；手机报道要体现出移动性、个性化。

第三，每面对一次报道任务都尝试思考是否可以用全媒体手段去报道，或者哪一种手段更适合此类新闻报道，特别需要考虑站在用户的角度选择合适的报道手段。比如历史大事记，可以用文字表述，可以用图片呈现，可以制作出一个视频短片，但这些都不能给用户直观、形象的深刻记忆，而如果采用时间纵横轴并配以文字、图片、视频超链接的方式，用 Flash 合成，则效果完全不同。

第四，研究用户的兴趣爱好与阅读习惯，寻找新闻报道与用户贴近的结合点，学会运用新媒体的互动手段加强与用户的交流沟通，及时获得反馈来增强报道的针对性。过去我们将报纸的读者、广播的听众、电视的观众统称为受众，而所谓受众，就是单向接收信息、被动接受意见的群体，并因此有了“枪弹论”、“议程设置”等传播理论，建立了以媒体为中心自上而下的报道模式。现在，我们更需要强调“用户”的观念，研究用户的兴趣爱好与阅读习惯，寻找新闻报道与用户贴近的结合点，学会运用新媒体的互动手段加强与用户的交流沟通，及时获得反馈来增强报道的针对性。

全媒体报道中有一类做法现在很流行：一个突发新闻事件发生后，先用手机媒体做短信报道，然后是网络媒体滚动播报，再跟上图片报道、视频报道，最后为报纸、刊物提供详细的深度报道。这种做法看似很合理，但却是站在以传播者为中心的立场一厢情愿地推送，在用户那里很容易形成信息轰炸，导致阅读疲劳。作为全媒体人才，有时需要杜绝这种“一鸡多吃”的做法，而应根据用户的特征做出“分割鸡”，切割出不同的部位对应地给真正喜好的人。

第五，将全媒体思维从新闻报道层面向媒体运营层面延伸。从新闻传播的发展趋势看，未来新闻报道与媒体运营是一个事物的两面，报道好还需要传播好，传播力则构筑在好的新闻报道之上，优秀的全媒体人才应该是既能做出“好酒”，又能卖出“好酒”，而卖出“好酒”不单依靠自身媒体，更需要发挥社会化媒体的作用，将大众传播的效应与群体传播、人际传播的口碑效应结合，以最小的成本获得最大的传播价值。以网络贴吧为例，过去我们仅仅将贴吧认为是网民个人兴趣爱好的体现，是类似专题性的小众论坛，但如果将贴吧置于媒体运营层面考虑，那么，每一个新闻贴吧都可以被看做一个主题集中的新闻话题，每一个新闻贴吧的参与者都是精准度极高的新闻受众，贴吧的高度参与性不仅能将其作为收集舆情、了解民意的场所，而且也是扩大新闻覆盖面、提高新闻传播力的重要平台。

附一：《网络编辑员国家职业标准》摘录

…… ……

2. 基本要求

2.1 职业道德

2.1.1 职业道德基本知识

2.1.2 职业守则

(1) 遵纪守法，尊重知识产权，爱岗敬业，严守新闻出版规定纪律；

(2) 实事求是，工作认真，尽职尽责，一丝不苟，精益求精，具有团队精神。

2.2 基础知识

2.2.1 计算机与网络应用知识

(1) 计算机硬件基本知识

(2) 计算机软件基本知识

(3) 计算机网络基本知识

(4) 互联网基本知识

2.2.2　编辑基础知识

(1) 现代汉语基本知识

(2) 数字与单位使用规范

(3) 名称表达规范

(4) 文章修改与校对基本知识

2.2.3　相关法律法规常识

(1)《中华人民共和国劳动法》的相关知识

(2) 著作权法实施条例的相关知识

(3) 互联网信息服务管理办法的相关知识

(4) 互联网站从事登载新闻业务管理暂行规定的相关知识

(5) 计算机信息网络国际联网管理暂行规定的相关知识

3. 工作要求

3.1　网络编辑员（四级）

职业功能	工作内容	技能要求	相关知识
一、素材采集	(一) 采集现有素材	1. 能够根据需要选择计算机外围设备 2. 能够安装外围设备的配套软件 3. 能够使用扫描仪采集文字材料和图像 4. 能够利用音频设备采集音频素材 5. 能够使用数码相机、数码摄像机等数字设备采集图片、影像素材 6. 能够使用电子邮件收集信息	1. 扫描仪、数码相机、数码摄像机的使用知识 2. 计算机外围设备连接知识 3. 文字、图像、音频、视频采集的基本知识 4. 文件压缩与解压缩的方法
	(二) 收集网络素材	1. 能够使用互联网搜索并保存需要的素材 2. 能够收集栏目内的互动信息	1. 搜索引擎的使用方法
二、内容编辑	(一) 素材分类	1. 能够根据内容属性对素材进行分类 2. 能够根据文件类型对素材进行分类	1. 文件格式知识
	(二) 素材加工	1. 能够使用软件进行文字处理 2. 能够使用表格进行文字处理 3. 能够使用软件进行音频处理 4. 能够使用软件进行图像处理 5. 能够使用软件进行动画处理 6. 能够使用软件进行视频处理	1. 文字处理软件操作知识 2. 表格处理软件操作知识 3. 音频处理软件操作知识 4. 图像处理软件操作知识 5. 动画处理软件操作知识 6. 视频处理软件操作知识
三、内容传输	(一) 发布系统的使用	1. 能够利用发布系统将素材入库 2. 能够利用发布系统将素材传递给相关人员	1. 发布系统的基本原理 2. 发布系统的稿件入库和传递的操作方法
	(二) 其他传输方式的使用	1. 能够利用局域网传输文件 2. 能够利用互联网传输文件	1. 局域网使用基础知识 2. 即时通信工具的使用方法 3. 常用传输文件的使用方法

3.2 助理网络编辑师（三级）

<table>
<tr><th>职业功能</th><th>工作内容</th><th>技能要求</th><th>相关知识</th></tr>
<tr><td rowspan="3">一、内容编辑</td><td>（一）信息筛选</td><td>1. 能够根据栏目需要选择有效信息
2. 能够对有效信息进行分类整理</td><td>1. 稿件的价值判断
2. 稿件归类方法
3. 互动信息管理知识</td></tr>
<tr><td>（二）内容加工</td><td>1. 能够对信息进行编辑加工
2. 能够根据需要制作标题
3. 能够根据需要制作内容提要
4. 能够根据需要设置超级链接</td><td>1. 稿件修改知识
2. 标题制作知识
3. 内容提要制作知识
4. 超级链接设置要求</td></tr>
<tr><td>（三）内容原创</td><td>1. 能够根据栏目需要撰写原创性稿件
2. 能够根据栏目需要进行非文字信息的创作或指导创作</td><td>1. 新闻采访基本知识
2. 新闻写作基本知识
3. 视听语言基本知识</td></tr>
<tr><td rowspan="2">二、组织互动</td><td>（一）受众调查</td><td>1. 能够确定调查主题
2. 能够设计调查问卷
3. 能够分析调查结果</td><td rowspan="2">1. 受众调查基本知识
2. 论坛管理的基本要求
3. 其他互动形式的管理知识</td></tr>
<tr><td>（二）论坛管理</td><td>1. 能够对论坛内容进行监控
2. 能够对不良信息进行处理
3. 能够与论坛成员进行沟通
4. 能够对论坛成员进行管理</td></tr>
<tr><td rowspan="2">三、网页实现</td><td>（一）内容发布</td><td>1. 能够利用发布系统发布页面内容
2. 能够利用发布系统对已发布的内容进行修改</td><td>1. 发布系统的稿件发布操作方法</td></tr>
<tr><td>（二）网页制作</td><td>1. 能够使用一种软件进行网页制作
2. 能够使用 HTML 语言进行网页修改</td><td>1. 网页制作软件的操作知识
2. HTML 语言基础</td></tr>
</table>

3.3 网络编辑师（二级）

<table>
<tr><th>职业功能</th><th>工作内容</th><th>技能要求</th><th>相关知识</th></tr>
<tr><td rowspan="2">一、栏目策划</td><td>（一）内容策划</td><td>1. 能够分析受众需求对栏目定位
2. 能够提出栏目内容的策划方案</td><td>1. 需求分析基本知识
2. 策划方案撰写知识</td></tr>
<tr><td>（二）形式策划</td><td>1. 能够根据策划方案制作信息结构图
2. 能够提出栏目相关内容的表现形式</td><td>1. 信息结构图知识
2. 网页构成基本知识</td></tr>
<tr><td rowspan="2">二、专题制作</td><td>（一）专题策划</td><td>1. 能够进行专题内容策划
2. 能够进行专题形式策划</td><td>1. 专题策划知识</td></tr>
<tr><td>（二）专题实施</td><td>1. 能够进行专题内容实施
2. 能够进行专题形式实施</td><td>1. 专题实施方法
2. 网络直播知识</td></tr>
<tr><td rowspan="3">三、内容编辑与管理</td><td>（一）稿件撰写</td><td>1. 能够根据需要撰写评论</td><td>1. 评论的撰写方法</td></tr>
<tr><td>（二）内容审核</td><td>1. 能够判断栏目内容的价值
2. 能够判断栏目内容的正确性和合法性
3. 能够按程序签发稿件
4. 能够定期签发已审阅合格的稿件</td><td>1. 内容审核相关知识</td></tr>
<tr><td>（三）内容监控</td><td>1. 能够监控已发布的内容
2. 能够发现并纠正网页中的错误</td><td>1. 内容监控的相关知识</td></tr>
</table>

续前表

职业功能	工作内容	技能要求	相关知识
	（四）培训与指导	1. 能够对网络编辑员、助理网络编辑师进行内容编辑方面的培训和指导 2. 能够对网络编辑员、助理网络编辑师进行发布系统的培训和指导	1. 培训与指导的基本知识

3.4　高级网络编辑师（一级）

职业功能	工作内容	技能要求	相关知识
一、频道策划	（一）频道内容与形式规划	1. 能够制定频道内容的策划方案 2. 能够确定频道内容的表现形式	1. 市场环境分析与预测知识 2. 网站频道设计知识
	（二）频道内容与形式调整	1. 能够制定频道内容的调整方案 2. 能够确定频道形式的调整方案	
二、内容管理	（一）内容与形式总审	1. 能够判断频道内容的价值 2. 能够判断频道内容的正确性和合法性 3. 能够对频道形式的规范性进行审核 4. 能够把握频道的整体风格	1. 内容管理的相关知识 2. 频道内容管理制度建设的相关知识
	（二）内容协调	1. 能够协调频道内各栏目内容的采集、分类工作 2. 能够协调频道内各栏目内容的使用	
	（三）内容统计分析	1. 能够根据需要对内容统计提出需求 2. 能够对内容统计结果进行分析	1. 统计分析相关知识
三、运营管理	（一）人员协调	1. 能够确定频道人员分工 2. 能够根据网站工作情况进行人员协调	1. 人力资源管理基本知识 2. 公共关系基础知识
	（二）人员培训	1. 能够制订培训计划 2. 能够撰写培训大纲 3. 能够对网络编辑员、助理网络编辑师、网络编辑师进行理论知识培训和现场操作指导	1. 职业培训相关知识

附二：　新媒体编辑要具备八种意识①

新媒体的特殊性决定了新媒体编辑的特殊性和重要性。在瞬息万变、错综复杂的新媒体世界中，要成为一名合格的新媒体编辑，就要特别注意树立和具有八种意识，即主动性意识、公共性意识、互联网意识、专题专栏意识、新闻评论意

① 何先义、戴姝英、李缨：《新媒体编辑要具备八种意识》，载《中国广播电视学刊》，2012（12），摘选时有删节。

识、知识导航意识、遵纪守法意识和防虚堵假意识。

一、主动性意识

新媒体编辑不论是采制信息、收集信息还是发布信息，自始至终都要具有主动性意识，要快字当头，主动为先。

新媒体编辑如何具有主动性意识，即主动性意识体现在哪些方面？

第一，主动采制信息。新媒体编辑要充分利用现代技术，把信息特别是重大事件信息采集在第一时间中，甚至在信息出现的过程中，以掌握信息发布的原创权和专利权。

第二，主动快速传播。新媒体编辑要将第一时间采制的信息，以最快的速度传播出去，抢占话语权。

第三，主动设置议题。新媒体编辑在重大事件的传播中，要主动设置相关议题，通过各种手段，如网络、博客、微博等，主动广泛地同广大网友、粉丝们交流，对相关议题进行互动探讨，进一步扩大传播效果。

第四，主动搞好媒介融合。在当今世界媒体界，任何一种媒体都不可能独善其中，独往独来，新媒体也不例外。新媒体编辑要学会与其他媒体联合，形成联动互动局面，最大限度地把新媒体的优势发挥到极致，扩大新媒体的传播效果和影响力。传统媒体因其具有传统的媒介场效应，往往可以发现新媒体发现不了的问题，提供新媒体采集不到的信息，这已被近几年的媒体实践所证明。

第五，主动重视舆论领袖。名人的作用是巨大的，由名人引导的议题很容易成为舆论的焦点。新媒体编辑要特别重视舆论领袖的议题设置，主动发挥舆论领袖在舆论上的引导作用。

二、公共性意识

现在，网络已成为公众信息交流的自由论坛，成为网民发表个人诉求的民意广场。因为网络的个人化极强，在这个广场上传播的都是大量个性化、碎片化的东西，极具个人色彩，极易夹带个人情绪。作为新媒体编辑，树立公共性意识很重要，不要被极端的个人情绪、言论所左右。美国媒体曾经通过微博考察中国民众对本·拉登之死的反应，大致可为佐证。《华尔街日报》得出的结论是："到目前为止，那些关注中国社交媒体网站上留言的人们应该已经熟悉了这种模式：刚开始围绕一个话题展开讨论时，更多的是极端言论，而到后来则会出现更多深思熟虑的评论。"

因此，传统媒体一定要注意不要一开始就被网上极端议论所左右。

三、互联网意识

互联网意识是相对于传统媒体意识而言的。新媒体与传统媒体是完全不同的，它们不但操作的技术不同、传播的方式不同，就是编辑的手法和内容、传播的对象和途径也不同。因此，新媒体编辑首先要懂互联网，要具有互联网意识。新媒体编辑应先是互联网人才，然后才是编辑人才。新媒体编辑必须对网络媒体的本质与特点有充分的认识和理解，并在工作中培养与强化这种意识。

网络媒体的本质特征是技术驱动，用户中心。新媒体编辑的互联网意识就是要求编辑深刻理解并善于具体运用网络媒体“技术驱动，用户中心”的理念。具备互联网意识就是要具备互联网技术应用能力，理解各种新技术如何推动内容产品推陈出新，并在此基础上进行内容策划与建设。在工作过程中，要始终贯穿信息服务要满足用户需求的观点，养成“以用户为中心”的思维模式。这是新媒体编辑具有的互联网意识的核心所在，也是与传统媒体的根本区别之处。

四、专题专栏意识

新媒体编辑的专题专栏意识，是指新媒体编辑在编辑方针指导下，按相关性的主题制作专题专栏传播的意识。它是网络技术和多媒体的表现手法在特定的主题和议程设置下，对已有的新闻信息资源进行深度开发，探讨挖掘新闻信息背后的真相和联系，使新闻信息的传播效果达到最大化。

在新媒体技术和传播手段的大力推动下，新媒体新闻信息极度丰富，网民目不暇接、眼花缭乱，不少重点信息、焦点新闻被淹没在杂乱性、多元化的新闻信息中。因此，许多新媒体都采取了对庞杂的新闻信息进行梳辫子、结对子、编组入伙的办法进行再编辑，用新闻专题的形式进行发布，收到了良好的传播效果。现在，网络受众新闻专题阅读的可选择空间越来越大，网站间争夺日趋激烈，如何独辟蹊径，从网络受众需求出发，契合网络新闻专题的特点，制作高质量的网络新闻专题，打造网络媒体的品牌，成为对网络新闻专题编辑业务的新要求。

五、新闻评论意识

新媒体要成为有力量的媒体，还要强化新闻评论，要邀请新闻评论员、意见领袖、特邀嘉宾、场外观众参与意见和观点表达。新媒体的新闻评论与传统媒体有很大的不同。新媒体编辑既要具有传统媒体编辑所要求的政治政策、指导性等意识，又要具有新媒体所要求的特殊的新闻评论意识。

新媒体编辑面对如潮的评论，要头脑清楚、方向明确、标准清晰，对消极的、错误的、不合时宜的评论应当删去。新媒体编辑对网络评论严格把关，对可能造成不良影响的评论进行审核和删除，这既反映了社会的主流声音，又维护了网络新闻的严肃性，尽了自己的社会责任。

六、知识导航意识

一些新媒体的编辑认为，传统媒体编辑应该具有科学文化知识的导航职能，而新媒体编辑只要做好信息的采制、分目分类和网址的粘贴与链接就可以了，不存在知识的导航问题，这种认识是不对的。新媒体同样具有与传统媒体一样的传播、积累和传承科学文化知识的基本功能，新媒体编辑同样也要有科学文化知识的导航职能，要把知识导航运用到网络编辑工作中去，为广大的网民上网查询、阅读、学习、研究提供方便。

那么，搞好网络知识导航工作的关键在哪里呢？概括说，就是要当好“三种人”，一是当好“索引工”，二是当好“讲解员”，三是当好“指路人”。

七、遵纪守法意识

新媒体新闻中的违法违规现象，主要表现在侵犯著作权、肖像权、个人隐私权，发布和传播有欺诈、暴力、淫秽和危害国家公共安全内容的信息，以及大量游离于法律法规与社会伦理道德边缘的、违背社会文明、违背中华民族优秀文化传统、违背社会公德的各种低俗信息、垃圾信息、骚扰信息等等。

新媒体中的违法违规信息时有发生，甚至达到了相当严重的程度。2010 年年底在展开“重拳打击手机涉黄”专项行动中，就有 2 300 多家手机淫秽色情网站被举报。近两年来新媒体运营商在大力推广 3G，“手机上网”概念深入人心的同时，不文明、违法违规信息传播也成为一大社会公害。违法违规信息的泛滥，严重地扰乱了社会秩序和人们的正常生活，必须引起新媒体从业人员的高度重视。

八、防虚堵假意识

自新媒体诞生以来，虚假信息、谣言新闻不绝于耳，这是网络的低门槛、广泛性、随意性所产生的副产品。各种形式的网络谣言是世界各国政府面临的共同问题。在打击网络谣言方面，各国的立场是一致的：严厉打击，决不手软。2012 年 4 月 17 日《人民日报》介绍了部分国家打击网络谣言、防虚堵假的做法和经验，并将各国的做法归纳为政府主导型、行业协会主导型与社会公众主导型三大类，很值得我们借鉴。在防虚堵假中，政府行为和社会主流媒体的作用是巨大的。在当前全球网络化的新闻传播形势下，如果政府信源缺失，那么取而代之的必然是各种小道消息。如果丧失了先机，政府再想引导或重新塑造舆论，将要付出高昂的代价。

思考题

❶ 新媒体编辑岗位细分化与做一个全能的新媒体新闻编辑是否存在矛盾？为什么？

❷ 同样都是新媒体新闻编辑，做网络新闻编辑与做手机新闻编辑有何异同？

❸ 如何理解新媒体新闻编辑的全媒体思维？如何将全媒体思维运用到实践中去？

参考文献

一、新闻学类著作

陈力丹．新闻理论十讲．上海：复旦大学出版社，2008

李良荣．新闻学概论（第四版）．上海：复旦大学出版社，2011

蔡雯．新闻编辑学（第二版）．北京：中国人民大学出版社，2010

张子让．新闻编辑教程．上海：复旦大学出版社，2010

方毅华，孙倩．新闻编辑学教程．北京：中国传媒大学出版社，2008

许颖．新闻采访与写作．北京：中国传媒大学出版社，2011

刘保全编著．新闻标题制作技巧百家谈．北京：石油工业出版社，2011

［美］威尔伯·施拉姆．传播学概论（第二版）．北京：中国人民大学出版社，2010

二、新媒体类著作

詹新惠．网络新闻写作与编辑实务．北京：中国传媒大学出版社，2011

彭兰．网络新闻编辑教程．武汉：武汉大学出版社，2007

董天策．网络新闻传播学（第三版）．福建：福建人民出版社，2009

何威．网众传播——一种关于数字媒体、网络化用户和中国社会的新范式．北京：清华大学出版社，2011

陈国权．新媒体拯救报业．广州：南方日报出版社，2012

三、网站类

人民网 www. people. com. cn

新华网 www. xinhuanet. com

央视网 www. cntv. cn

新浪网 www. sina. com. cn

搜狐网 www. sohu. com

腾讯网 www. qq. com

网易网 www. 163. com

凤凰网 www. ifeng. com

国际在线 www. cri. cn

四、新闻客户端类

（一）手机＋平板电脑

《人民日报》

CNTV
掌中新浪
网易新闻
腾讯新闻
搜狐新闻
《新京报》新闻
FT 中文网
《华尔街日报》中文版
Zaker
Flipboard
鲜果联播
（二）手机类
新华炫闻
今日头条
腾讯爱看
网易云阅读
央广手机台
视频中国
央广手机电视
BBCnews
《财经》
《互联网周刊》
（三）平板电脑类
南都 Daily
《南方周末》
解放报业
《宁波播报》
《现代快报》
《每日经济新闻》
《京华时报》
《看天下》
《财新新世纪》
《南都周刊》
《三联生活周刊》
《汽车族》
iWeekly

《环球人物》
《瑞丽》
《悦游》
《读者》
CNN

图书在版编目（CIP）数据

新媒体编辑/詹新惠著．—北京：中国人民大学出版社，2013.7
新传媒时代新闻传播学系列教材．新闻学核心课程 12
ISBN 978-7-300-17786-1

Ⅰ.①新… Ⅱ.①詹… Ⅲ.①互联网络-应用-新闻编辑-教材 Ⅳ.①G210.7

中国版本图书馆 CIP 数据核字（2013）第 153383 号

新传媒时代新闻传播学系列教材
新闻学核心课程 12
新媒体编辑
詹新惠　著
Xinmeiti Bianji

出版发行	中国人民大学出版社		
社　址	北京中关村大街 31 号	**邮政编码**	100080
电　话	010－62511242（总编室）		010－62511770（质管部）
	010－82501766（邮购部）		010－62514148（门市部）
	010－62515195（发行公司）		010－62515275（盗版举报）
网　址	http://www.crup.com.cn		
经　销	新华书店		
印　刷	运河（唐山）印务有限公司		
规　格	185 mm×260 mm　16 开本	**版　次**	2013 年 8 月第 1 版
印　张	19 插页 1	**印　次**	2023 年 8 月第 10 次印刷
字　数	408 000	**定　价**	45.00 元

关联课程教材推荐

书号	书名	作者	定价	出书时间
978-7-300-24588-1	网络传播概论（第四版）	彭　兰	45.00 元	2017-07
978-7-300-21417-7	社会化媒体	彭　兰	45.00 元	2015-07
978-7-300-26519-3	数据新闻概论（第二版）	方　洁	49.80 元	2019-02
978-7-300-21565-5	信息图表编辑	许向东	35.00 元	2015-07
978-7-300-26788-3	新闻编辑学（第四版）	蔡　雯　许向东　方　洁	58.00 元	2019-03
978-7-300-25971-0	自媒体之道	吴晨光	49.80 元	2018-07
978-7-300-30449-6	网络与新媒体概论	詹新惠	39.90 元	2022-04

配套教学资源支持

尊敬的老师：

衷心感谢您选择使用人大版教材！

相关的配套教学资源，请到人大社网站（www. crup. com. cn）下载，或是随时与我们联系，我们将向您免费提供。

欢迎您随时反馈教材使用过程中的疑问、修订建议并提供您个人制作的课件。您的课件一经采用，我们将署名并付费。让我们与教材共成长！

联系人信息：

地址：北京海淀区中关村大街 31 号 206 室　　龚洪训 收　　邮编：100080

电子邮件：gonghx@crup. com. cn　　电话：010-62515637　　QQ：6130616

如有相关教材的选题计划，也欢迎您与我们联系，我们将竭诚为您服务！

选题联系人：	电子邮件：	电话：
翟江虹	zhaijh@crup. com. cn	010-62515636

俯仰天地　心系人文

人大出版社网站　www. crup. com. cn

全国新闻教师 QQ 群：
259226416

欢迎您登录人大社网站浏览，了解图书信息，共享教学资源

期待您加入专业教师 QQ 群，开展学术讨论，交流教学心得